進化思考批判集

デザインと進化学の観点から

CRITIQUES OF EVOLUTION THINKING FROM DESIGN & EVOLUTIONARY PERSPECTIVES

伊藤潤　林亮太　松井実

産業デザイン
研究所出版局

Critiques of *Evolution Thinking*:
From design and evolutionary perspectives

Ito Jun, Hayashi Ryota, & Matsui Minoru
2023
ISBN978-4-991-29881-3

虚栄はかくも深く人間の心に錨をおろしているので、兵士も、従卒も、料理人も、人足も、それぞれ自慢し、自分に感心してくれる人たちを得ようとする。そして哲学者たちでさえ、それをほしがるのである。また、それに反対して書いている人たちも、それを上手に書いたという誉れがほしいのである。彼らの書いたものを読む人たちは、それを読んだという誉れがほしいのだ。そして、これを書いている私だって、おそらくその欲望を持ち、これを読む人たちも、おそらく…

———パスカル『パンセ』一五〇

まえがき
Preface

伊藤 潤

はじめに

批判。

この言葉に皆さんどのような印象を持っているでしょうか？

否定や非難のように、他者を攻撃する語という印象でしょうか。「ひはん」の「はん」の音が「反」の字を想起させることもネガティブな印象を持たれる一因かもしれません。ですが、批判（critique）は学問の基本的な態度です。学問というと大仰に聞こえるかもしれませんが、あらゆる学びというものは、多かれ少なかれ「どういうこと？」「本当かな？」と思いながら見たり読んだり試したりして「なるほど！」と理解する、この過程を経るものではないかと思います。実は学校教育法では高校での教育目標の1つに「社会について、広く深い理解と健全な批判力を養い、社会の発展に寄与する態度を養うこと」*を挙げています。

本書は、2021年当時「日本インダストリアルデザイン協会」に改称したばかりの公益社団法人 JIDA の最年少理事長となったデザイナー、太刀川英輔さんの著書『進化思考』[1] を批判するものです。

通常、デザイナーが書く本では、自説を裏付けるために自身のデザイン事例が紹介されます。こういうことを考えることでこういうことができました、こういうものが生まれました、さあ皆さんもご活用ください、と。手前味噌とも言えますが、研究者やコンサルタントといった第三者が書いた事例紹介集には出せない説得力があります。太刀川さんが『進化思考』以前に上梓した『デザ

---

*　学校教育法
　　第五十一条　高等学校における教育は、前条に規定する目的を実現するため、次に掲げる目標を達成するよう行われるものとする。
　　一　義務教育として行われる普通教育の成果を更に発展拡充させて、豊かな人間性、創造性及び健やかな身体を養い、国家及び社会の形成者として必要な資質を養うこと。
　　二　社会において果たさなければならない使命の自覚に基づき、個性に応じて将来の進路を決定させ、一般的な教養を高め、専門的な知識、技術及び技能を習得させること。
　　三　個性の確立に努めるとともに、社会について、広く深い理解と健全な批判力を養い、社会の発展に寄与する態度を養うこと。

インと革新』[2] はその好例です。一方、『進化思考』では、著者自身のデザイン事例よりもむしろ、生物界の「進化」をはじめとする様々な事象を参照することによって自説の尤もらしさを裏付ける、という新しい試みがなされています。おそらく「デザイン」に興味がある人以外にも自説を届けたかったのでしょう。それが奏功し、山本七平賞なる賞を受賞するに至り、増刷を重ねているほどです。

しかし残念なことに、肝心の「進化」に対する理解が誤っており、また参照事例もほとんどが不正確であったり（例「ラジカセを超小さくした「ウォークマン」」(p.96)）、明らかに誤解をしていたり（例「統合的な進化論（セントラルドグマ）」(p.275)）、あるいは単純に間違っています（例「クマの一種であるコアラ」(p.119)）。読了時間を無駄に喰い、タイムパフォーマンスを下げる贅肉ところか有害なノイズとなってしまっているのです。太刀川さんは「「創造性」と「生物進化」の百科事典として、何度も読み返すことができる一冊となっています」[3] と大言していますが、およそそのような水準には達していません。その分野の百科事典を独りで書けるぞと考えてしまうくらい「わかったつもりになって、実はわかっていない自分に気づかなくなる」(p.207) という慢心は、チャールズ・ダーウィンも ignorance more frequently begets confidence than does knowledge[4]（無知は知識よりも往々にして自信をもたらす）と記しているように、門を入って急に視界が開けた初学者の典型的な昂揚（Mount Stupid[5] とも呼ばれます）です。

なお、参照事例が正しいかどうかは非常に重要と考えます。不正確あるいは誤りの例を挙げているということは、後講釈にもかかわらず適切な例を示すことができていないということ。これは再現性がないことを意味します。それでは科学とは呼べませんし、発想法としても心許ないものです。当書の副題に掲げた「変異と適応」一方の「変異」について、「エラー的な変異」(p.43) と書いた直後に「変異によるエラー」(p.44) と書いて循環定義をするなど、論理も破綻しています。もちろん間違いのない本などこの世に存在しないとは思いますが、あまりにも嘘だらけの非科学的で非論理的な困った本と言わざるを得ません。

主に進化学や生物学について問題のある部分を取り除くと、少し厚めの創造性教育の本となるでしょう（創造性を養うことも学校教育法で目標とされています。前頁脚注）。『進化思考』の掲げる「変異と適応」は創造性教育の分野で言う「発散と収束」、またいわゆる「デザイン思考」界隈では「ダブルダイアモンド」と表現されるオーソドックスな考え方です。ですから基本的な方向性としては大いに賛同で

きるところですが、それならば別にこの本でなくても良いということになります。

　日本で出版される本には「図書コード」が設定されています。本の裏表紙の
バーコードの下に値段と共に印刷されている、Cから始まる5桁のコードです。
『進化思考』ではこの「図書コード」が「C0034」と設定されています。下2桁
は本のジャンルを表していて、例えば「14」なら「宗教」を、「45」なら「生物
学」を、「34」は「経営」を表します。このコードは出版者が自由に設定できま
す（本書は「40」の「自然科学総記」としました）。『進化思考』は「34」を選んでいるので、
「ビジネス書です」と自ら宣言したことになります。その一方で、「学術賞」を
受賞し「文理を超えた学術的な評価をいただ[3]いた書である、というスタンス
を取っています。喧嘩屋が「ストリート最強」を自称するのは自由ですが、あ
らゆる格闘技の頂点に立った、みたいなことを言いだしたとしたらどうでしょ
う。力士も空手家もボクサーもその腕を路上では振り回していません。彼らの
土俵に上がって闘う必要があるでしょう。それと同じで学術的に認められたか
のように喧伝するのであれば、学術の民の目が光ることは避けられません。

　創造性教育をもっと普及させたい、という思いには共感します。しかし、目
的は手段を正当化しません。STAP細胞があれば再生医療に役立つからといって、
実験データの改竄は正当化されません。主義主張先行の誤った学説を採用した
結果、多くの人的損失と共にソ連と中国の農業に大打撃を与え飢饉を引き起こ
した「ルィセンコ主義」という悲劇も人類は経験しています。創造性教育が人
類にとって有益だとしても、擬似科学を流布することは否定されるべきです。

　本書は当然ながら『進化思考』の読者、あるいは興味を持った読者に対して
最も有益に機能します。『進化思考』のどこがどう誤っているか、だけでなく、
どう直せば良いか、あるいは理解を深めるためには代わりに何を読めば良いか、
つまり改善案と代替案も本書は示しています。そういった意味では『進化思考』
未読者も本書単体でも充分に読むことができると思います。またデザインに関
心がある読者のためにも有益であるよう、デザイン分野における批判について
も頁を割きました。ビジネス書としてはあまりお役に立てないかもしれません。

　『進化思考』はNOSIGNER株式会社が41類で商標登録（第6242922号）してい
ます。「進化思考」という語は三中信宏先生が『進化思考の世界』[6]という書籍
を2010年に出しているのに、仁義も切らずに商標登録している、という批判が
ネット上でありました[7]。太刀川さんはその後三中先生とお話をされ、「「三中

先生があらゆる用途で進化思考という言葉を使う上で一切の制限をしない」ことをご本人にお伝えして」[9] いるそうですが、今後太刀川さんが亡くなったりNOSIGNER社が他人の手に渡ることがあったりするとややこしいことになる可能性は残っているようにも思います。なお、本の題名については「朝バナナ」事件の判例[10] があり、商標侵害にはならないという理解が一般的のようです。

批判への批判へ

　批判をする本を出す以上、私たちもまた批判され得ることは承知しています。
　まずこれまでの他の批判本に対してやれ「寄生本」だの「便乗商法」だのと言う人が現れるのを見ているので、本書は電子書籍版を無料として出版します。『進化思考』は増補改訂版を出版するようですが、もし大幅に改善された内容になったとしても、初版本を収蔵した図書館の多くは増補改訂版までは購入しないでしょう。別の本である本書なら図書館に並べてもらえる可能性があるので、紙の本を作りました。材料費や印刷費、また流通にかかる費用があるので無料にはできませんが、ハードカバーにはせず、価格を抑えました。
　批判という行為そのものに対する「自由な発想を妨げるな」という批判も想定されます。しかしそれは見当違いです。批判的思考は「自由な発想」つまり「発散」に対する「収束」、『進化思考』に則って言えば「適応」に相当するものでしょう。学術あるいは研究というものは、「自由な発想」で考えた仮説に対して、それを支持する証拠はあるか、矛盾はないか、他の人が既に唱えたことと同じことではないか、と様々な角度からの検証をします。それに耐えたものだけが残るのです。少なくとも大学の卒業研究、卒業論文で経験すべきものですが、この自説を鍛える過程こそが学問や研究の醍醐味ではないかと思います。
　「重箱の隅を突いてどうする」という批判も想定されますが、ミース・ファン・デル・ローエの言葉（とされる[11]）「細部に神が宿る」(p.244) を太刀川さん自身が引用しているので、細部までの入念な検証はむしろ推奨される筈です。そもそもこんなにも突つける隅だらけの「カドケシ」のような重箱なのが問題でしょう。
　「正しいかどうかなんて学者が騒いでいるだけではないか」という批判（と呼べるのかわかりませんが）もあるかもしれませんが、一般的に「学者が騒いでいる」場合はかなり問題がある状況だと考えていただく必要があると言えるでしょう。
　「世の中が表層的な反知性主義・反教養主義に流れること、あるいは似而非教養

の毒に晒されることに対して強く抗うことは、分野を問わず全ての研究者・学会の責務」[12] ですが、実際のところ、「学者」すなわち研究者にとって、擬似科学を相手にするのは「雪かき」[13] に近いもので、誰かがしなければならないけれど、やったところで得をするわけではない、面倒な重労働です。ブランドリーニの法則（the bullshit asymmetry principle）[12] として知られるように、出鱈目に反論するのに必要なエネルギーは出鱈目を生み出すよりも桁違いに大きいのですが、擬似科学を矯正したところで科学を前進させるわけでもないので研究者としての「業績」としてはほとんどカウントされません。研究者の時間も有限なので、そのようなことに時間を使わずにスルーしたいのが本音です。にもかかわらず、敢えて声を挙げるのですから、相当酷いということなのです。場合によっては研究者の集まりである学会が批判を行うこともあります[15] が、これは稀なことで、ほとんど研究者個人の義務感による自発的な行動[16][17][18] に委ねられているのが現状です。「科学」というと自然科学系だけの話のように思われるかもしれませんが、science の最初期の訳語は「学問」であり（本書 p.182 参照）、人文系も含みます。日本語研究の分野でも「「新説」発見の高揚感を伴って」「単なる「思いつき」を、何の論証もなく示すもの」が巷に溢れているという問題が指摘されています[19]。最近では考古学の分野で「土偶の正体を解明した」とする思いつき本がNHK等で取り上げられ、大手出版社（小学館）がその本を元に作った図鑑が全国学校図書館協議会選定図書となって学校教育に入り込んでしまうという事案がありました。この本は『土偶を読むを読む』[20] という本で徹底的に検証論駁されています。

　疑似科学に踊らされないために、読み手がリテラシーを向上させる必要があるのは勿論ですが、それができる人はそもそも踊らされないはずですし、疑似科学にハマってしまった人を折伏して改宗させるのはなかなか難しそうです。むしろサイエンスコミュニケーションとしては、疑似科学に対してハッキリとダメ出しをすることで、大多数の「SNSで勧められてたけど本当かな…？」「なんかちょっと変な気がするけど…」と不安を抱いていたり、うっすら勘付いている人たちに「その通り、あれはおかしいんですよ」と伝えて安心させてあげることが社会のために重要だと思います。それを繰り返していくことで社会全体のリテラシーも底上げされていくのではないでしょうか。

　また私たちのうち2名はデザイナーでもあり、「学者」だけが騒いでいるのではなく、デザイン業界内から声を挙げていることにも意味があると思います。

執筆者について

　この本の編者である伊藤は生物学（農学）とデザイン（工学）のダブルマスターの研究者です。東京大学の理科Ⅱ類から農学部に進み、園芸学研究室で修士論文を書きました。植物の研究しかしていないため動物については詳しくありません。修論の実験ではネガティブデータしか出せず生物系研究の道に見切りをつけたので、研究者の皆さんには敬意を抱いています。その後はデザインの世界を志向し建築学科に編入（学士入学）、建築構法系の研究室（太刀川さんの大学院時代の指導教員の隈研吾さんも在籍していました）を卒業後、千葉大学の大学院デザイン専攻に通い、７年間のインハウス（企業内）デザイナー経験を経て大学教員になりました。教員業の傍ら東大の建築学科に戻り博士論文を書きましたが、博士課程入試面接の場に教授として隈さんもおられたので、言うなれば太刀川さんと超広義の同門です。

　松井実さんはその隈研吾さんが東京大学に移籍した後を引き継いだ慶應義塾大学建築学科のダルコ・ラドヴィッチ研究室を卒業した、太刀川さんの直系の後輩にあたる人です。その後千葉大学の大学院で文化進化について研究し、博士論文を執筆（その論文を本書10章に収録しています）、インターン先のデザイン・イノベーション・ファーム Takram では「ダーウィン」のあだ名で呼ばれていたようです（本人以外からの証言も得ました）。インハウスとフリーランスのデザイナー経験を経て、伊藤と同時に東京都立産業技術大学院大学に着任しました。伊藤だけではこの本は生まれていませんし、松井さんだけでも本にまではならなかったでしょう。先述の『土偶を読むを読む』にも共著者として名を連ねています。

　林亮太さんとは今回の騒動で知り合いました。武蔵野美術大学で「生態学」の授業を担当しているということで、伊藤と松井とは別に本書2章の元となる解説記事を書いていたので、お声がけして共著者となっていただきました。琉球大学農学部を卒業後、東京大学の新領域創成科学研究科を修了、ウミガメや鯨類に付着するフジツボ類に関する研究で千葉大学で博士号を取得されています。ご本人は「進化生物学者かと問われると自信を持って「そうだ」とはあまり言いたくない感じの、どちらかといえば生態学者と自信をもって名乗れるようになりたい記載分類学者寄りのフジツボ研究者」と自認しているとのことです。

　本文は記名で書いていますが、「編者」＝伊藤、「筆者」＝松井、「評者」＝林、と一人称も使い分けています。「著者」は太刀川さんを指します。この本のことは「本書」と書くことがあり、『進化思考』のことは「当書」とも書きます。

この本について

　この本は3部構成となっています。

　第Ⅰ部は、主に進化学の観点から『進化思考』を批判します。発端となった日本デザイン学会での発表の梗概「文化進化学と生物学の観点からの書評と改訂案」をはじめ、オンライン上で既発のテキストを加筆修正したものが中心となっています。私たちの言いたいことの要旨は第1章（学会発表梗概）に詰まっています。その後は進化に関する理解がどのように誤っているか、の解説、「名誉ある学術賞」[3]とする山本七平賞についての検証と続きます。最後は問題があると考えられる箇所の指摘リストです。これもオンライン上で発表したものに大幅に加筆修正を加えています。その驚くほどの多さから、決して「生物進化に関する一部をとりあげて批判するのではな」いことがお分かりいただけるでしょう。書く側は途中でうんざりして読むのに疲れてしまっているので、その気になって見ればおそらくもっと指摘すべき箇所があるように思います。

　第Ⅱ部は、あくまで「進化論をアナロジーとしてい」[9]るだけだ、としても躱すことのできない問題点、進化学者の監修によって進化学的に妥当な書き方に改善されたとしても解消されない問題点を挙げます。「進化学徒が騒いでいるだけでは？」と思う方はここから読み始めていただくと良いかもしれません。「創造」や「変異」の語の用法の破綻と、ヒューマンエラーに関する先行研究を一切参照していないことによる欠陥と剽窃の疑いについて指摘します。また日本のデザイン界での批判事例と私たちの学会発表後の顛末を紹介します。

　第Ⅲ部は松井さんのデザインの進化に関する学術論文を集めています。文化進化学をデザイン学の分野に応用するという、「もうひとつのありえたはずの進化思考」が垣間見られる内容となっています。最後の英文の博士論文は紙面が限られているため字が小さくなっており、また図版も紙書籍では白黒ですが、電子版はカラーですので、そちらも参照してください。

　この本では『進化思考』の本文を引用した箇所、あるいはオンライン上の太刀川さんの発言などは「書体がこのように変わって」(p. 初版第1刷の頁数)います。2行以上の場合は次のように引用しています。

> 進化という語感は、前よりも良くなる進歩的現象だと誤解されている。しかし実際の進化は必ずしも進歩ではなく、ランダムな変化の連続だ。(p.74)

また、このように字下げされていても書体が同じ場合は『進化思考』以外からの引用です。また左側の傍線はありません。

　この「まえがき」は「ですます調」で書いています。「批判集」という厳（いかめ）しい題を掲げたこの本に少しでも親しみやすさを与えたい、という思いもありますし、断定を避け、我々も批判に対して謙虚でありたい、という思いもあります。第26代東大総長の蓮實重彦さんは「学問の世界においても、「だ・である調」に含まれるある種の排他性が、あたかも語られている事実の有無をいわせぬ真実性の保証であるかのよう」[21]だと指摘しています。『進化思考』に多く見られる断定的な言い切りがまさにこれに相当するでしょう。それに対する批判として「ですます調」が相応しいようにも思います。とはいえ、本文は既発のテキストを元にしていることもあり、「だ・である調」を採用しました。蓮實さんも結局「だ・である調」を続けていらっしゃいますし。

　各章の文章は執筆者3人で相互にチェックしていますが、最終的には執筆者それぞれが文責を負います。また表記の統一性に関しては、主に漢字について、なるべく開き（ひらがなにしたい）ルビをふりたい派の松井と、成（な）る可（べ）く閉じたい（漢字にしたい）派の伊藤とで一種の宗教戦争となりそうだったので、本単位での統一は諦め、執筆者単位で各自が統一を図ることにしました。ご容赦ください。

批判≠嫌い

　最後に、批判に対する大きな誤解を解いておきたいと思います。次の文は、「『進化思考』を読み解く問いのデザイン」というイベントにおける太刀川さんを含む鼎談（3人でのトークのこと）でのやりとりの一部だそうです。

　　続いて編集長の安斎が、「天の邪鬼な質問なんですけど…」と言いながら掲げたのが、「めちゃくちゃ嫌いな人が書いたと思って、『進化思考』をあえて批判するとしたら？」というテーマでした。[22]

　批判というのは好き嫌いでするものではありません。好きの反対は嫌いではなく無関心。編著者の伊藤は太刀川さんとは特に利害関係はありません。仕事やクライアントを取り合ったこともなければ、デザイン賞の審査をする側／さ

れる側となったこともありません。JIDA にも入っていません。太刀川さんのことを知ったのは、まだ NOSIGNER の名のみで活動されていた頃で、東京ビッグサイトでの展示会などでユーモラスな干瓢のキャラクター「かぴょ丸くん」が描かれた干瓢うどん[23] をよく目にしていました。また東日本大震災後の wiki サイト「OLIVE」[24] の素早い立ち上げはリアルタイムで見ながら感銘を受けたものです。ただ、それとこれとは話が別。是是非非謂之智、ダメなものはダメです。

　この本は壮大なる「ボケ」(p.76) に対する全力の「ツッコミ」(p.76) です。ステック天天、ステック天天。当初の計画より 64 頁も増え、3 ヶ月以上もお待たせしてしまいましたが、ようやく開演となります。出囃子にはチャールズ・ダーウィンと同郷・英国の誇るアイアン・メイデン 13 枚目のアルバム『Dance of Death』(2003) から「No More Lies」をリクエストしたいと思います。

参考文献

[1]　太刀川英輔（2021）進化思考：生き残るコンセプトをつくる「変異と適応」．海士の風
[2]　太刀川瑛弼（2016）デザインと革新．パイインターナショナル
[3]　NOSIGNER（2023）進化思考．https://nosigner.com/shinka
[4]　Darwin C（1871）The descent of man and selection in relation to sex. John Murray. 1. 3
[5]　Weinersmith Z（2011.12.28）Saturday Morning Breakfast Cereal. https://www.smbc-comics.com/comic/2011-12-28
[6]　三中信宏（2010）進化思考の世界．NHK 出版
[7]　塩谷舞 mai shiotani@ciotan（2022.8.16）[驚くのは、この本が出るずっと前から「進化思考」という言葉は生物系統学者の @leeswijzer 先生が使用していたのに、著者は「進化思考」で教育分野での商標登録をして、参加費 15 万円のセミナーも自主開催していること。良いメソッドであれば参加費は問題ないと思うけれど、https://j-platpat.inpit.go.jp/t0201]. Twitter. https://twitter.com/ciotan/status/1559390291743744000
[8]　河田雅圭（2023.12.01）増補改訂版の協力にあたって　監修者．『進化思考［増補改訂版］』―増補改訂版の協力にあたって　監修者　公開．note．https://note.com/amanokaze/n/n1087d84f42c8
[9]　太刀川英輔（2023）「進化思考」のこれからについて．https://note.com/shinkalab/n/n12df37960d27
[10]　東京地方裁判所民事第４７部（2009）平成 21 年（ワ）第 657 号商標使用差止等請求事件．最高裁判所．https://www.courts.go.jp/app/files/hanrei_jp/173/038173_hanrei.pdf
[11]　加藤哲弘（2003）ヴァールブルクの言葉『親愛なる神は細部に宿る』をめぐって．人文論究．53(1). 15-28
[12]　矢田勉（2020）日本語学会の社会的役割と『日本語学大辞典』．日本語の研究．16(1). 35
[13]　望月昭秀（2023）はじめに．土偶を読むを読む．文学通信．5
[14]　Brandolini A@ziobrando（2013.01.11）[The bullshit asimmetry: the amount of energy needed to refute bullshit is an order of magnitude bigger than to produce it.]. Twitter. https://twitter.com/ziobrando/status/289635060758507521
[15]　日本物理学会（2006）「ニセ科学」とどう向き合っていくか？．第 61 回年次大会．http://w4.gakkai-web.net/jps_search/2006sp/symp.html
[16]　天羽優子，菊池誠，田崎晴明（2011）「水からの伝言」をめぐって．日本物理学会誌．66(5). 342-346
[17]　安井至（2006）「水からの伝言」と科学立国．化学と工業．59(9). 953-954
[18]　左巻健男（2007）水はなんにも知らないよ．ディスカヴァー・トゥエンティワン
[19]　矢田，前掲書．37
[20]　望月昭秀（編）（2023）土偶を読むを読む．文学通信
[21]　蓮實重彦（1998）言葉による知性の擁護．知性のために．岩波書店．xii
[22]　CULTIBASE（2021）探究とは、専門性の枠内に閉じ込められない横断的な活動である―太刀川英輔さんに聞く創造力の育み方．https://www.cultibase.jp/articles/7133
[23]　小山商工会議所（2010）KANPYO UDON. https://www.oyama-cci.or.jp/kanpyou
[24]　OLIVE PROJECT（2011）OLIVE. https://sites.google.com/site/olivesoce/

目次

松井 実

文化系統学を現代的なデザインに適用する ― 文化系統学を物質文化に適用した先行研究 ― デザイン学におけるデザインの系統とデザインの分類 ― スイスアーミーナイフの類縁関係と類似関係 ― 歴史的なスイスアーミーナイフのモデルとその系統 ― スイスアーミーナイフの文化形質データを収集する ― 収集した文化形質データを系統樹推定ツールで読み込むためのコード化 ― デザイン学で多用される対応分析では類縁関係を示すことができない ― 文化系統ネットワークを推定する ― 現代的なデザインの情報を解きほぐす ― 参考文献

松井 実

設計過程のランダム性と伝達過程のランダム性 ― 現代的な文化に文化進化学の諸手法を適用する ― 非ランダムな文化伝達過程の先行研究 ― 設計過程のランダム性 ― 設計過程が意図の反映であれば、デザインは誘導された変異だ ― ポケモン TCG は現代的な文化進化の分析に最適だ ― ポケモン TCG のデータセットを準備する ― ポケモン TCG の文化形質データを収集 ― データの概略 ― 設計過程の中立モデルを構築する ― ポケモンを平等に愛する中立な設計者のアルゴリズム ― 世代更新の処理 ― 結果と考察：設計過程でのバイアスを検出する ― 新奇性バイアス、クラシックバイアス、不在者バイアス ― 設計過程のランダム性の議論を一般化するには ― 今後の展望 ― 参考文献

Matsui Minoru

1 Introduction ― 2 Design, Memetics, Extended Phenotype & Cultural Evolution ― 3 Cultural transmission
Part I Creativity vs Evolution 318
4 Introduction ― 5 Methods ― 6 Results & Discussion
Part II Population of Popularity 323
7 Introduction ― 8 Methods ― 9 Results & Discussion ― 10 Conclusion ― 11 Author Contributions ― 12 References

松井 実

取り返しのつかないくしゃみを取り返す ― 脳を乗っ取られ資源を費やすに値する（疑似）科学 ― 楽しく批判する ― この本について ― 出版に至るまでの経緯 ― 進化思考の薄い本 ― さらに深く：『進化思考』ではなく何を読むべきか ― 参考文献

I
進化学と『進化思考』

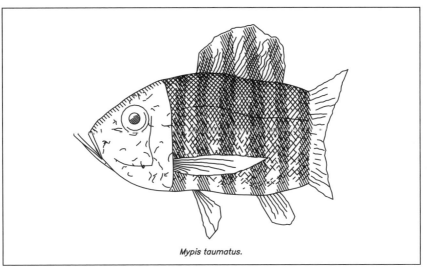

Mypis taumatus.

ここでの問題点は、生物学を知らないほとんどのおとなは進化理論の基本概念を理解することがほとんどできないのではないかということだ。進化の概念が複雑すぎる〔中略〕ことが問題なのではない。もっと基本的なこと、たとえば、種内には変異があるとか、ある種の全個体に共通する属性はないとか、〝人種〟というヒトの群は実在しないという点が彼らには理解できないということだ。

———Gelman SA *The Essential Child: Origins of Essentialism in Everyday Thought.* 訳出は三中信宏『分類思考の世界』

1

『進化思考』批判 – 学会発表梗概
文化進化学と生物学の観点からの書評と改訂案
Critique of *Evolution Thinking*: Review and revisions from cultural evolutionary and biological perspectives

松井 実・伊藤 潤

Abstract: In his recent *Evolution Thinking* Tachikawa presents his view of evolution that diverges from the contemporary, Darwinistic approach to evolutionary biology. Here we point out the fundamental differences between the standard approach of the variationist view of the evolutionary process and his transformationist one, through the vital distinction of biological, random mutations and cultural, sometimes non-random mutations, together with the population thinking, or lack thereof. We pointed out more than 250 problematic descriptions in the book and suggested ideas for improvements for future revisions.

Keywords: evolutionary thinking, cultural evolution, evolution of dcsign

背景

　人工物のデザインの生まれるメカニズムや、その系譜の経時的な変化については、古くから様々なアプローチで解き明かそうと試みられてきた。太刀川 (以下「著者」) の『進化思考』[9] (以下「当書」) は最新の取り組みであり、山本七平賞を受賞するなど高く評価されている。進化を誰でもイノベーションにつながるアイディアを生み出せるようになる方法として紹介した当書は他に類を見ない書籍である。同時に、非専門家によって執筆されたビジネス書である当書には、わかりやすさを重視してか、残念ながら学術的な厳密性が損なわれた記述が多く見られる。我々は決して進化学の専門家ではないが、初学者である我々でも気づく誤りを指摘することで、当書がより科学的に妥当な書籍になるのではないかと考えた。なお、以下で出典を明記していないページは当書当該ページからの出典である。

デザインは擬似的にではなくほんとうに進化する

　当書を批判する前に、前提と用語を整理したい。**生物進化**はたいてい、ある集団内での遺伝子頻度の変化のことを指す。遺伝子に突然変異がランダムに生じ、突然変異が DNA を介して継承され、突然変異によって引き起こされた個体

の形質の差が多少の生存性や繁殖性の差を生み、不利な形質を生み出す遺伝子が淘汰され、遺伝子の頻度が変化する（進化する）。この「変異」「継承」「選択」の三条件が揃っていれば、生物非生物を問わずなんであっても進化する。人間の作り出す文化もまた、個体学習〜変異、社会学習〜継承、バイアスのある伝達〜選択の前述の三条件が揃っているため、進化する。ここで**文化**とは、教示や模倣などの社会的で非遺伝的な方法で伝達される情報のこととする。また本稿では**デザイン**を文化のうち人工物の仕様に関わるものであるとする。この定義に従えばデザインもまた進化する。

当書はダーウィン以前の進化観を採用している

　本を表紙で判断するべからず／外見で人やものを判断してはいけない never judge a book by its cover ということわざは当書には適用できない。当書を開かなくても、当書が進化学に基づいた書籍でないことを判断できてしまうからだ。裏表紙の「進化の螺旋」図（以下「螺旋図」）は著者の進化論の理解の程度を極めてよく表した図である。シュタルマン[2] は「進化を理解していないのにそれを信じる人もいれば、理解しているのに信じない人もいる[3]」ことをテストを通して示した。テストのひとつは、

> 「産業革命のあいだにイギリスの工業地帯は煤で覆われた。すると〔中略〕蛾の一種の多くが黒っぽい色になったのだが、それはなぜか。A: 環境に溶け込むために、体色を黒っぽくする必要があったから。B: 黒っぽい個体のほうが天敵に襲われにくく、繁殖に成功する率が高かったから」[3]

　正解はBであり、自然淘汰の概念の基本を理解しているかを問う問題だ。シュタルマンはAの理解を**変態主義**（トランスフォーメーショニズム）と、Bの理解を**変異主義**（バリエーショニズム）とよび、その差を図（[2] の fig. 1）で示している。螺旋図は変態主義の図解と非常に類似している。当書 p.60 によると、螺旋図は「あらゆる創造」が「変異と適応の往復から生まれる」という「進化論のプロセスの図示そのもの」らしい。著者の記述は数文字足せば正しい表現になる。「ダーウィン以前の進化論のプロセスの図示そのもの」と改訂すべきだ。ダーウィンが葬ったはずの、生物の変化に定向性があ

るという考えは、螺旋図では中心を貫く「最適に向かう」「コンセプト」として蘇っている。連綿と続くある一つの幹が世代を追うごとに「最適」に「収束」(p.60)する螺旋図は、着実に「高みに」「未踏へと」(p.468)向かう梯子を登る生物という、変態主義的な創造論の時代の進化理論の理解を忠実に図示している。

デザインにはダーウィン的な変異とラマルク的な変異がある

　変異は当書の二大テーマのうちのひとつである。生物進化においては獲得形質の遺伝は否定されている一方で、文化進化においては**誘導された変異**（ガイデッドバリエーション）（もしくは個体学習、非社会的学習（エイソーシャルラーニング））という個人が行う試行錯誤をもととしたラマルク的変異と、ダーウィン的な、**文化的変異**（カルチュラルバリエーション）という偶然に生じた意図しない改変の両方が頻度に影響を及ぼすとされている。

　これら二種の変異の区別はデザインの分野でも明確になされてきた。ノーマンは、エラーは目標や計画の設定と、その遂行の二段階で発生し得るとした[4]。前者が個人の試行錯誤によるものなので誘導された変異で、後者が文化的変異に相当する。

　翻って当書では、この二者が「変化はエラーが引き起こす」(p.70)、「進化もまたエラーから生まれる」(p.74)というように、「エラー」というひとつのキーワードとして混同されている。玉入れの例 (p.56) で言えば、「あてずっぽうでも玉を投げまくる」と、ほとんどの玉はカゴと違う方向に投げることになる。これは誘導された変異である。一方、正しくカゴの方向に向かって投げたつもりがコントロールが悪く違う方向に飛んで行ってしまった場合、これは文化的変異である。エジソンのフィラメント探索の過程での「失敗」もとい「一万通りのうまくいかない方法」(p.70)は誘導された変異であり、遺伝子の突然変異はランダムな変異である。現代的な文化的進化は多くの場合意図的な誘導された変異が引き起こし、生物進化はランダムな変異から生まれる。この二つは決定的に異なる概念だ。

進化思考は集団的思考であるべきだ

　二大テーマのもうひとつ「適応」も間違って使われている。自然選択と適応は密接に関連するが別のプロセスで、自然選択によって適応が生じるが、当書では二者が混同されているうえ、変異とも混同されている。たとえば当書と本稿

の関係をとりあげてみよう。当書に従って分類すれば当書が変異にあたり、本稿が適応に相当するのだろうが、実際は、本稿もまた思想・理念のプール内における一変異にすぎず、我々の提案する変異と当書の提案する変異が、読者の時間・同意・もっともらしいと認める知識、などの地位を巡って競っていると捉えるべきだ。もし本稿発表後に「思想の」市場シェアが変化すれば、それが文化的な進化である。競争こそが共創といってもよい。

批判をとおして進化思考を改善したい

　我々は250以上の改訂すべき記述と改訂案のリストをまとめてWeb上で公開[5]した＊。当書の細かな事実誤認から進化の理解の根幹に関わる大きな誤解まで、著者と出版社のみならず当書の読者にも有用な注であるようにした。非常に単純で深刻な間違いをいくつか紹介すると、『種の起源』はダーウィンとウォレスの共著ではない (p.44, p270, p.274, p.476)。ベイツ型擬態は「強いふりをする」ことではないし (p.107)、チンパンジーには尻尾はないしコアラはクマの一種ではない (p.119)。「水平遺伝子の移行」(p.192) は遺伝子の水平伝播の誤りだろう。セントラルドグマは統合的な進化論を意味しない (p275)。ランナウェイ説は行き過ぎた進化を意味しない (p326)。このような初歩的な事実誤認が平均して一見開きに一つ程度の割合で出現するため、当書は、デザインと進化の関連に興味があるもののこの分野に明るくない読者は避けるべき誤情報源となっている。

　著者は当書を「第一版の時点で完成版だとは思っていない」と述べている＊＊。当書を改善するには二通りの道があるように思う。ひとつは進化学とのアナロジーを諦め、題名をたとえば『太刀川の思考』に、「進化」の記述を「進歩」に、「変異」を「新しいアイディア」にするなどして進化学の学術用語を避ける道だ。当書の紹介する「進化との類似性を創造に活かす具体的な方法」(p.51) の大

＊　　それを加筆修正したものが本書第4章「『進化思考』を校閲する」である。

＊＊　初出時は紙面の都合で引用を省略したが、Facebookでのやりとりが根拠。「僕にとっても進化思考の本が完成版ではないので、脇の甘さもある」https://www.facebook.com/tamdai/posts/pfbid0irsR Gw2Xmz7QWAc7gT7SUr8PRvnVMpmYKZki8K1RfVQg2YMHsxp3X9HHRF1QeHG1l?comment_ id=10158646830228195「とりあえず現段階でこの本があるんですけど、改訂版でもっと良くしたいと思っています」https://www.facebook.com/tamdai/posts/pfbid0irsRGw2Xmz7QWAc7gT7SUr8PRv nVMpmYKZki8K1RfVQg2YMHsxp3X9HHRF1QeHG1l?comment_id=10158646830228195&reply_ comment_id=10158652368388195

半は、実際には進化に無関係で既存のフレームワークの焼き直しだ。たとえば当書の変異と適応は、いわゆるデザイン思考におけるダブル・ダイアモンド[6]の発散と収束に相当するし、アイディア発想支援のツールとして提示している9パターンの「変異」は、SCAMPER（SCAMMPERR）として知られるオズボーンの「チェックリスト」に相当する[6]。このように当書に通底する創造的な思考自体は既往のものと大差なく、「創造性とは」「実現可能な技術」(p.40) である、という当書の主張も含め、デザイン教育者にとっては受容しやすいため、大半の記述は残すことができるだろう。もうひとつは現代的な進化学を学び直し、科学的に妥当な表現に書き直すという道だ。著者の進化の理解は残念ながら全面的かつ完全に間違っているため、科学的な妥当性への疑念は我々が指摘した[5]ような変更を施しさえすれば解決できる水準では決してなく、当書のほとんどを書き直すことになるし、客観的な事実のみをもとに論を構築すれば第一版のような個人的なメッセージを伝えるのは難しくなるだろう。しかし、インダストリアルデザイナーのみならず科学者を含む幅広い関係者の参加を目指す公益社団法人日本インダストリアルデザイン協会の理事長でもある著者がとるべき方策は一つであるように思う。

本来の進化思考はデザインの解明に有用だ

　当書の変態主義的アプローチとは異なり、ダーウィン的な本来の進化思考は文化研究に多大な貢献を遺してきた。デザイン分野での文化進化学の応用は限定的ではあるものの、松井は実験室環境でのデザインの伝達が中立進化的でありうることを示した[7]。また今回*の研究発表大会ポスター[8]ではスイスアーミーナイフを題材に系統樹の推定例をとおして、類似関係しか論じられない従来法よりも理論的な根拠のある類縁関係を推定できる方法として紹介する。

おわりに

　極めて興味深い主題に肉薄しているにもかかわらず、学術的知見への理解不足により当書は著者が誇る「創造性を体系化」することに失敗している。「そも

---

*　本梗概は日本デザイン学会第69回 春季研究発表大会での口頭発表のためのものである。同じ大会で、松井はポスター[8]を発表している。

そもヒトは、わかってもいないことを、わかったつもりになる生き物だ」(p.307)。ドブジャンスキーの「生物学においては、進化の光で照らさなければ何もわからない」という格言を借りれば、現時点での当書は、進化の光で照らされていない、断定的な物言いを好む読者むけの疑似科学本であると評さざるを得ない。

　当書の記述に対する、より科学的に厳密な検討はもとより、本稿で我々が指摘した各論点に関しても不備を見つけた方にはさらなる批判をお願いしたい。

　本稿は [9] に加筆修正したものである。

謝辞

　千葉大学大学院工学研究院の小野健太教授と、ヨネックス株式会社の横山雄樹さんの本稿への助言にお礼を申し上げます。

参考文献

[1]　太刀川英輔（2021）進化思考：生き残るコンセプトをつくる「変異と適応」. 海士の風
[2]　Shtulman A (2006) Qualitative differences between naïve and scientific theories of evolution. Cognitive Psychology. 52(2). 170–194. doi: 10.1016/j.cogpsych.2005.10.001
[3]　ピンカー S（2019）21 世紀の啓蒙 下：理性、科学、ヒューマニズム、進歩. 草思社. 239-240
[4]　ノーマン DA（1990）誰のためのデザイン？：認知科学者のデザイン原論. 野島久雄（訳）. 新曜社. 170
[5]　Matsui M, Ito J (2022) Data for Critique of Evolution Thinking. https://osf.io/r864c/ doi: 10.17605/OSF.IO/R864C
[6]　ノーマン DA（2015）誰のためのデザイン？：認知科学者のデザイン原論. 野島久雄（訳）. 新曜社. 増補・改訂版. 308
[7]　オズボーン A（1969）創造力を生かす. 豊田彰（訳）. 創元社. 163-247
[8]　Matsui M, Ono K, Watanabe M（2017）Random drift and design creativity : Evolution of drawings in the laboratory. Letters on Evolutionary Behavioral Science. 8(2). 24-27. doi: 10.5178/lebs.2017.59
[9]　松井実（2022）類似から類縁へ：数量化理論三類の文化系統学への置き換え. 日本デザイン学会研究発表大会概要集. 69. 450-451. doi: 10.11247/jssd.69.0_450
[10]　松井実, 伊藤潤（2022）『進化思考』批判：文化進化学と生物学の観点からの書評と改訂案. 日本デザイン学会研究発表大会概要集. 69. 174–175. doi: 10.11247/jssd.69.0_174

2

『進化思考』における間違った進化理解の解説

Common misconceptions about evolution: Tachikawa's *Evolution Thinking* as an example

林 亮太

> 科学における言葉の意味は、同じ言葉の日常的な意味とは微妙に、しかし
> 本質的に異なっており、複雑に絡み合った理論や実験を知ってはじめて理
> 解することができる。こういった言葉をメタファーとしてだけ用いると、
> 容易に無意味な結論を下すことになってしまう。
>
> ———ソーカル＆ブリクモン『「知」の欺瞞』[1]

はじめに

　本屋で表紙を見かけたときにちょっと気になったものの、「たぶん進化生物学
的に見るところはないだろう」と思いスルーしていた1冊に『進化思考』があっ
た。しかし、著者の太刀川英輔氏はデザインの世界では著名人ということだっ
たので、デザイン・意匠の世界に進むであろう学生も多く在籍する美術大学で
「生態学」の講義を非常勤講師として請け負っている手前、この本に書いてあ
ることを無視してはいけないのではないかと考え、購入して読んでみた。その
結果、考えていた以上にまずい本であった。この本に書いてある進化に関する
理解はまったく完全に間違っていて、これを進化と思ってもらっては困るとい
うことで、講義まるまる1回分を使って当書の進化に関する間違った理解につ
いて解説した。本稿では、講義資料をベースに主に著者の「進化」の理解に関
する間違いを指摘し解説する。

販促画像・宣伝フレーズに見られる間違った「進化」の理解

まずは Amazon の販促画像から見ていきたい。

> 生物の進化は、<u>エラーを生み出す変異の仕組みと、自然選択による適応の仕組みが往復して発生</u>する。[2]

進化は変異の仕組みと適応の仕組みが往復して発生するわけではない。

当書では中立説に触れられていないので、ダーウィンの自然選択による進化を前提として説明するが、教科書的には進化とは「変異・淘汰・遺伝」の3つのステップを経て顕現する現象である。当書の一番の問題は、扱いが難しい「適応」という単語をその場その場で都合よくいいかげんに使用していて、進化生物学における「適応」の意味で使われていないところである。「適応」以外にも、様々な進化生物学用語の扱い方がいいかげんで一貫していないところが当書の進化理解の大きな問題点である。

まず「適応」はそもそも進化が生じるための必要条件でないことをここで説明しておきたい。「適応」がなくても進化することはある（図1, 遺伝的浮動による中立進化）。自然選択（変異・淘汰・遺伝）の3ステップで複数世代を通して顕現する性質が「適応」だ。「適応」は進化の結果生じた性質のことを指すの

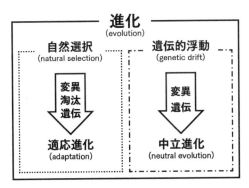

図1　「進化」は自然選択による適応進化と遺伝的浮動による中立進化の両方を含む概念

に、それが必要条件のように書かれているのが当書の最大の誤りである。最近訳本が出版された Williams GC『適応と自然選択』では

> 進化的適応は特殊で誤解されやすい概念であり、必要なく用いるべきでない。[3]

> 適応は、真に必要なときだけに使われるべき専門的でわずらわしい概念である。[4]

と、「適応」がわかりにくい単語であることが冒頭で宣言されている。また、訳者注として、

> 本書では、適応（adaptation）を自然選択を受けて発達した形質、すなわち進化の産物という意味で使っている。しかし、日本語の"適応"は、動詞の適応（していない状態から適応している状態へ変化すること）の意味合いが強いので、訳では適宜（的形質）を追加した。[5]

と注意書きがされている。ここでも、やはり適応は進化の産物、つまり結果としての性質であり、進化の要因ではないことがきちんと宣言されている。そして、この解釈は進化生物学分野における「適応」の理解として進化生物学者たちの合意を得ていると言っていいだろう。

> 私たちは道具の創造を通して「進化」を達成してきた。〔中略〕こうした創造は疑似的な進化そのものだ。[6]

　それは進化ではない。進化は常に現在進行形で走っている現象であり、達成するものではないからだ。また、「疑似的な進化そのものだ」に至っては完全に個人の感想だ。
　なお、生物進化のアナロジーとして、人類の文化多様性の変化を明示的かつ定量的に扱える枠組みを構築することを目的とする「文化進化学」という学問分野がある[7][8]。ダーウィンの「種の起原」以来、生物は「変異・淘汰（選択）・

遺伝」という自然選択の3段階のプロセスを経て進化すると説明されるのに対し、文化進化学では文化は「変異・淘汰（選択）・継承」という3段階のステップを経て進化するというアナロジーで説明される。評者はこの分野の専門家ではないので、本稿では進化生物学的に間違った理解を指摘するにとどめており、文化進化学の立場からの指摘は松井に譲りたい。

著者の進化理解に対する自信

このように、販促画像・宣伝フレーズを一瞥しただけでも進化に関する理解がまったく間違っていることがわかってしまう一方で、著者は力強くこう述べる。

> 「創造性は、人間という生物が起こしている自然現象だ」という信念が僕の中ではあります。なので、この本が生物学的に矛盾がないことはとても大事なんです。同時にそれはすごく高いハードルを自分に課したことになるのですが、新しい創造性教育の根幹を目指すには、そうありたい。それに、僕が嫌いな人であれば非科学性をまっさきに突っ込むだろうし、まず科学好きの僕が、デザイナーの僕に一番ツッコミを入れてる存在でありたいと。僕は創造性という自然を探究したかったので、そういう科学的な客観性を備えた本にしようとは思っていました。[9]

なぜこうも自信をもって言い切れてしまうのだろうか。この著者の進化理解への自信の源には、当書が受賞した山本七平賞の選考委員の中に長谷川眞理子氏が含まれていたことがあるようだ。

> 昨年、養老孟司先生や長谷川眞理子先生が、山本七平賞という賞をこの本に授けて下さいました。だから、この本は学術的な根拠のない議論を連ねたとんでもない本ではなくて、生物学的に見ても、経済学的に見ても、ある程度読める本になっているんじゃないかなと思います。[10]

> 結果としてですが、仮にもし根幹的なところで進化論自体に誤解があっ

たら、長谷川眞理子さんのような厳しい目を備えた進化論の権威が、進化思考を学術賞である山本七平賞に選ばれるとは思えません。また東北大学で教鞭をとる進化生物学者の河田雅圭先生も進化思考に共感してくださり、この本の改訂にあたっての助言をくださっています。出版前にもズーラシアの村田園長などの生態学者の方にも読んでいただきました。そういう査読者のご協力もあって、僕の誤植はともあれ基本的な進化論の構造についての大きな間違いはないと思っています。[11]

　しかし、著者がお墨付きを得たと主張する長谷川眞理子氏の著作では、進化のメカニズムについて以下のように解説されている。

　　自然淘汰は、次の四つの条件が満たされているときに生じる自然現象です。その前提とは、①生物は、たとえ同じ種に属していても、それぞれ個体ごとにさまざまな性質が異なる、つまり種内には個体差がある、②そのような個体差の中には、遺伝的なものがあり、遺伝的に決められている個体差は親から子へと遺伝する、③そのような遺伝的な差異の中には、生存と繁殖に影響を及ぼすものがある、④生まれてきたすべての子が生存して繁殖するわけではない、の四つです。
　　　　〔中略〕
　　さて、この四つの条件が満たされているとすると、どんなことが起こるでしょうか。うまく生き残って繁殖できるような性質が、どんどん集団の中に広まっていくことになります。たくさん生まれてきた個体の中には、生存と繁殖に関して、うまくいく性質を持ったものと持っていないものとがあり、当然ながら、うまくいくものがよく生き残って子孫を残すのですから、世代を重ねるにつれて、そのような子孫の数が増えていくでしょう。そうすると、その生物の集団は、誰もがその環境においてうまく生存して繁殖するような性質を身につけることになります。だからこそ、水の中を泳ぐ魚は、泳ぐために理想的なからだのつくりをしており、空を飛ぶ鳥は飛ぶために理想的なからだのつくりをしているのです。このように、生物が、そのすんでいる環境に対して非常にうまくできていることを「適応」と呼びます。[12]

　ここでは 4 つのステップとされているが、③と④は意味的には実質同じだ。やはり①変異、②遺伝、③淘汰と 3 つのステップが自然淘汰のプロセスとして紹介されている。また、「適応」については、うまくできていること、つまり進化の結果として「適応」という単語を使っており、進化の要因として「適応」という単語を用いてはいない。

　以下は同じく長谷川眞理子氏のより最近の著書からの引用である。

> 　進化論とは、簡単に言うと「変異」「生存競争」「自然淘汰」の三つのキーワードで説明が可能です。
> 　まず、生き物にはさまざまな「変異」というものが生じます。その変異のなかに他の個体よりも生存や繁殖に有利なものがあった場合は、「生存競争」のなかでその個体が生き延びて、変異は子孫へと受け継がれます。そして環境に有利な個体は不利な個体よりも多くの子を残すという「自然淘汰」を何百万年、何千万年も繰り返すなかで変異はどんどん蓄積され、もともとの個体とは違った生き物が誕生していく──このプロセスが進化です。[13]

　ここでは変異・生存競争・自然淘汰の 3 ステップで説明されている。評者の解釈では生存競争は自然淘汰にかなり近いニュアンスを受けるので、ここは生存競争ではなく「遺伝」と表現した方がいいのではないかと感じるが、ある性質が世代を超えて継承されることが「その個体が生き延びて、変異は子孫へと受け継がれます」としてきちんと説明されている。

> 　進化理論自体は、それほど難しい話ではないのですが、根本的な部分でいくつか誤解されがちな点があるので注意が必要です。
> 　まず一つ目の誤解は、自然淘汰が「目的を持って」働いていると考えられやすいことです。自然淘汰が働く大前提は、生き物に遺伝的な変異があることですが、変異は環境とは無関係にランダムに生じます。現れた変異がたまたま環境に適していて、生存や繁殖の上で有利となる場合に自然淘汰が働き、その変異が継承されるのです。現在では、変異は遺伝子の配列の変化によって生じることがわかっていますが、すべての変異

は偶然の産物なのです。[14]

　当書では、生物の「変異」のパターンを学ぶことでアイデアの創出に活用することができると主張されているが、生物進化における「変異」はここに解説されている通り、環境とは無関係にランダムに生じるものだ。パターンはない。
　このように、著者がお墨付きを得たと主張する長谷川眞理子氏の書籍でも『進化思考』の中で説明される「変異」や「適応」、「進化」の使われ方はよくある誤解として説明されており、残念ながら著者が言う「科学的な客観性を備えた本」には遠く及ばない内容になっている。

「変異」と「適応」の使い方に見られる誤った進化理解

　ここでは、著者が強調する「変異」と「適応」の使い方について問題点を指摘とし、解説を続ける。

> 進化論の構造は単純明快で、四つの現象を前提としている。
>
> 1　変異によるエラー：生物は、遺伝するときに個体の変異を繰り返す
> 2　自然選択と適応：自然のふるいによって、適応性の高い個体が残りやすい
> 3　形態の進化：世代を繰り返すと、細部まで適応した形態に行き着く
> 4　種の分化：住む場所や生存戦略の違いが発生すると、種が分化していく (p.44)

　先ほども述べたが、進化は「変異・淘汰・遺伝」という３つのステップを経て、世代を通して顕現する現象である。
　「遺伝するときに個体の変異を繰り返す」というのも意味が分からない。次世代を残すときに様々な変異が生まれ、選択を受け、その一部の性質がさらにその次世代に遺伝していくものである。「個体の変異を繰り返す」というのも主体がわからない。ヘッケルの反復説的なことを言いたいのだろうか？

　「適応性の高い個体が残りやすい」というのもよくわからない表現である（頭痛が痛い、というような違和感）。生き残りやすい有利な性質を持つことを「適応的」と呼ぶのに、これでは「残りやすい個体が残りやすい」という同語反復で何も説明できていない。「自然のふるいによって、生き残りやすい個体と生き残りにくい個体が選別される」くらいの表現が適切ではないだろうか。このあたりが初学者の方にはわかりにくいニュアンスかもしれないが、Williams が「進化的適応は特殊で誤解されやすい概念であり、必要なく用いるべきでない」[3]というようにめんどくさい単語なので、このようにいいかげんに使ってほしくないところだ。

　また、「世代を繰り返すと、細部まで適応した形態に行き着く」ともあるが、細部まで適応した形態に行きつくことはない。進化は現在も走っている現象だからである。終着点があるわけではない。今、完成形のように見えるさまざまな生物たちも進化の途上にいる。もちろん我々 Homo sapiens もそのひとつだ。

　4つ目の種の分化に関する説明だけは間違ってはいないが、これは種分化に関する説明であり「進化論の構造」としてここで挙げるものでもないだろう。

> 　自然界では、この「変異×適応」の仕組みがつねに働いている。(p.45)

　今後も何回もこの「変異×適応」という記述が出てくるが、「変異と適応」ではなく「変異・淘汰・遺伝」である。著者の進化理解には形質が遺伝して集団内に固定されていくというプロセスがまるまる抜け落ちている。

> 　こうした変異と適応を、実に 38 億年続けてきた結果、世界は無数の種類の生物で覆われることになった。つまり生物の進化もまた、卵から毎回違う個が生まれる「変異」の仕組みと、それが<u>途中で死んだり性競争に負けたりしないで無事に次世代に遺伝子をつなげられるかという「適応」</u>の仕組みを長期間繰り返している。このきわめて単純なプロセスを前提とすれば、気の遠くなるような時間をかけて、<u>個体の変異と自然選択による適応</u>を繰り返すことで、しぜんに美しいデザインが生まれると

| いうわけだ。(p.45)

　これは「適応」ではなく「選択（または淘汰）」の仕組みである。当書で著者が「適応」と表現するところを全部「選択（または淘汰）」に置換して読めば多少は違和感なく読み進めることができるかもしれない。また、「個体の変異」は自然選択のプロセスの中に含まれるものであり、自然選択と対をなす単語として用いられるものではない。

> 　進化は、遺伝によるミクロな現象としての「変異」と、状況によるマクロな現象としての「適応」の往復から自然発生する創造的な現象だ。
> 　　〔中略〕
> では、これらの事実に通底する普遍性は何を示しているのか。それは、あらゆる知的構造は、「変異」と「適応」の往復が生み出すということだ。変異と適応をめぐる自然の構造を深く理解すれば、そこから創造性の法則を体系化できるかもしれない。(p.50)

　この文からも著者が遺伝の意味を理解できていないことがわかる。発生したさまざまな「変異」の中から適応的なものが「選択」され、その形質が「遺伝」していく。「遺伝」によって「変異」が生まれることはない。
　また、ここでも著者は「適応」の意味を理解できていないことが示されている。進化の結果である「適応」が、なぜか進化の必要条件になっている。遺伝的でない「適応」は存在しないし、「適応」がなくても「進化」は起こる（図1）。それが冒頭で触れた「遺伝的浮動」というメカニズムによる中立進化である。
　そもそも「進化」とは、『遺伝的な性質の変化』のことを示す単語である。つまり、一個体の中で完結する現象ではなく、複数世代を通して顕現する現象だ。そこには「自然選択」によって変化することもあるし、ランダムな「遺伝的浮動」によって変化することもある。この中で、「自然選択」によって得られた性質を進化生物学では「適応（的性質）」と呼ぶ。
　自然淘汰と遺伝的浮動については、『生き物の進化ゲーム』から引用しよう。

　　自然淘汰による進化が起こるには以下の 3 つが必要である。
　　変異：個体間である性質に違いがある。
　　淘汰：性質が異なる個体間では、残す子の数の平均や子の生存率が違う。
　　遺伝：その性質は多少とも遺伝する。
　　　　〔中略〕
　　一方、ランダムな浮動による進化には淘汰という過程は必要ない。
　　　　〔中略〕
　　変異・淘汰・遺伝の 3 つが揃ったときに起こるのが自然淘汰による進化、
　　変異・遺伝があれば起こるのがランダムな浮動による進化である。[15]

　また、放送大学教材『生物の進化と多様化の科学』からも自然選択（自然淘汰）と遺伝的浮動に関する解説を引用する。

　　自然選択が起こるには、以下の 3 つの要件が必要である。 1 つ目は、変異というものである。変異があるとは、同一の生物種であっても個体ごとに違いがあるということ、つまりは個体差があることをいう。 2 つ目はその変異が遺伝することである。遺伝とは、生物の性質が親から子に伝わることである。 3 つ目は、個体によって、残すことができる子の数が異なる、つまりは生存や繁殖に関する性質に差があることである。これは、生存や繁殖に有利、不利があることともいえる。このような条件が揃ったときに、自然選択がはたらき、その環境において生存や繁殖に適した性質が進化する。
　　　　〔中略〕
　　もともとは少数の個体にのみ見られた性質が、世代を重ねる中でその生物種全体がその性質を持つように変化する。<u>これを自然選択による適応形質の進化という</u>。形質とは生物に見られる形や性質のことをいう。[16]

　このように、進化生物学における「適応」とは、自然選択による進化で得られる『結果』のことであり、当書で書かれているような進化の必要条件を指す単語ではないことがわかる。

　自然選択による突然変異の集団への固定については、図2−1で説明した。有利なものは固定し、不利なものは消失する。一方、<u>中立な突然変異には自然選択ははたらかない</u>。では、どのようなしくみで集団に広まったり、消失したりするのであろうか。

　　　　〔中略〕

中立な変異が集団中に広まり固定されるかどうかは、遺伝的浮動という偶然性に支配されると説明した。しかし、中立な変異も、1つの配偶子上の突然変異がその始まりである。それが、偶然に集団に広まり固定されることを直感的に理解することが難しいかもしれない。〔中略〕

中立説は自然選択を否定するわけではない。有利あるいは不利な突然変異は、自然選択により集団に固定するか消失するかが決まる。つまり、突然変異の生存や繁殖に対する効果の違いによって、はたらく自然の法則が異なるのである。したがって、分子の進化においても有利な突然変異は集団に固定する可能性はきわめて高い。注意すべき点は、このような有利な突然変異が起こる頻度が極めて低いところにある。突然変異の多くは不利な変異や、中立な突然変異である。これは不自然に感じるかもしれない。しかし、多くの生物はすでにその生息環境に適応した状態になっている。よって、新たに生じる変化の多くは、適応した状態からの逸脱か、適応した状態に影響を与えないものであろう。〔中略〕したがって、分子レベルで見ると、有利な突然変異はほとんど起こらないため、分子レベルでの進化にあまり貢献しない。不利な突然変異はたくさん起こるが自然選択により集団から消失する。よって<u>たくさん生じやすい中立な突然変異は、その一部が遺伝的浮動という偶然により集団に固定するため、分子レベルでは進化に貢献する</u>こととなる。[17]

　当書では「変異と適応によって進化する」と説明されるが、進化のトリガーとなる「変異」の多くは中立であり、適応的かどうかを問われない、自然選択による選別を受けない確率的なプロセスだ。

　　　二つの思考の繰り返しから、創造的な発想が自然発生する。変異の思考

では、<u>生物の進化に見られる変異のパターン</u>を学び、いつでもバカになれる偶発的な思考を手に入れる。<u>生物や発明には、ある種の共通する変異パターンが存在している。</u>(p.59)

生物進化において、変異は意味のあるものからないものまで幅広く存在する。そこにパターンはない。そのパターンを学べると思っているところが完全に誤った進化の理解だ。長谷川眞理子氏の著作でも、

進化理論自体は、それほど難しい話ではないのですが、根本的な部分でいくつか誤解されがちな点があるので注意が必要です。
まず一つ目の誤解は、自然淘汰が「目的を持って」働いていると考えられやすいことです。<u>自然淘汰が働く大前提は、生き物に遺伝的な変異があることですが、変異は環境とは無関係にランダムに生じます。</u>現れた変異がたまたま環境に適していて、生存や繁殖の上で有利となる場合に自然淘汰が働き、その変異が継承されるのです。現在では、変異は遺伝子の配列の変化によって生じることがわかっていますが、<u>すべての変異は偶然の産物なのです。</u>[18]

として、変異に共通のパターンがないことがきちんと説明されている。パターンがあるとしたらそれは変異ではなく、進化的制約、あるいは進化という現象そのものだろうだろう。

進化のスピードを研究した木村資生によれば、<u>DNAの変異（アミノ酸100個で作られるタンパク質のゲノム変異）が発生する頻度は二八〇〇万年に一回</u>だという。これを三〇億対の人間のゲノムで考えれば、二年に一回ほどの頻度で人間のゲノムに変異が生まれるらしい。生物の進化という悠久の時間で考えれば、<u>二年に一回という驚異のスピード</u>にも驚くが、人の言語のエラー発生回数に比べたら比べ物にならない。(p.82)

この記述はまったく完全に意味不明である。遺伝子の変異は少なくとも世代

の更新を通して発生する。二年に一回もゲノムの変異が生まれるのだとしたら、人間は二歳で繁殖し次世代を残す生物になってしまう。

　　　アレグザンダーの気持ちはよくわかる。なぜなら私は、創造という現象もまた、生物の進化と同じように、適応に導かれて自然発生すると考えているからだ。(p.290)

　ここまで解説してきた通り、自然選択による進化で得られる結果を「適応(的形質)」と呼ぶ。「適応」に導かれて進化は自然発生しない。進化生物学における「適応」の意味を理解できていない。

　　　生態の複雑な繋がりを理解するには、個体同士に働く適応を丁寧に観察する必要がある。つまり物語の「登場人物」「必要不可欠な道具」「それらが置かれた状況」を観察すると、人間同士やモノ同士の間に適応関係が自然発生しているのがわかるのだ。(p 318)

　　　こうした生存競争は、適応を考える上で無視できないものだ (p.322)
　　　生物は「変異による挑戦」と「自然選択による適応」の繰り返しによって進化してきた。(p.446)

　　　そしてこの思考は、生物学において動物の適応状態を確かめるプロセスから、その本質を学ぶことができる。創造も生物と同じなのだ。状況に適応することで価値を発揮し、時代に生き残る。つまり創造にも自然界と似た生態系があり、モノにもつねに適応のため圧力が働き、自然選択されている。モノを作るには、この適応圧は無視できない。
　　　そして、創造のクオリティを上げるのもまた適応によるのだ。本当にその状況にふさわしいものを追い求めていくと、創造は必然に近づき、クオリティが磨かれていく。(p.206)

> だからこそ知のバランスを取るために<u>適応側の思考を更新したいところ</u>だ。(p.287)

> 本質的な自然選択を無視し、<u>適応しようとしなければ</u>、創造性のクオリティは必然的に下がる。つまり人工物の創造よりも自然界の進化の方がはるかに、本質的かつ強い自然選択圧に長い年月をかけて応え続けてきたのだ。この違いが、生物と人工物のあいだにあるデザインクオリティの、決定的な差を生み出している。(p.437)

　ここで挙げられた「適応」という単語の使い方はまさに Williams『適応と自然選択』の冒頭に添えられた訳者注で指摘されている誤用そのものだ [3][4][5]。この「適応」という単語の扱いにくさについては、Williams『適応と自然選択』の訳者あとがきに愚痴とも思えるような筆致で以下の追記がある。

> 生態学における（評者注：「適応」という単語の）定義のぶれのもう一つが温暖化適応である。これは気候が温暖化したとき、暮らしやすくするために、あるいは生き残っていくために、われわれが意識的に生活を変えることである。これは、生物そのものの理解を目指す基礎生物学ではなく、応用科学・社会科学的な概念である。Williams の使い方と違うのはいうまでもないだろう。本書が提案した、teleonomy という用語を適応生物学と翻訳したのには、温暖化適応という用語が広く定着している背景がある。<u>進化生物学における適応概念が、一般用語としての適応とは違い、特殊で限定的意味をもつことに光を当てたかったからだ</u>。とくに専門家以外と会話するときには、進化生物学者は面倒でも繰り返しこれを説明する必要がある。[19]

「変異」と「適応」以外にも見られる誤った進化理解

　当書における間違った進化理解の主要なポイントはここまで指摘した通りだが、本章では「変異」と「適応」の使い方以外にも見られるさまざまな間違っ

た進化理解について指摘していく。

> あらためて創造性の正体を探求するために、自然のなかにある知的構造に目を向けてみよう。生物科学的な観点で脳のなかに宿る創造的な知性や、種が生き残るための知的な習性をひもといてみると、そこにはバカと秀才の構造との興味深い一致が見られた。(p.37)

> 動物たちが同じ餌を奪い合うように、同じ目的を目指して開発されたさまざまな道具が、同じユーザーのシェアを奪い合っている。たとえある段階で大差がないとしても、こうした状況では競争に対して変化が早いものが勝者となる。競争相手の優位性を学び、相手よりも早く進化したものが生き残るのだ。
> 新しい想像を生み出したとき、それが他の競争相手に淘汰されないためには、周囲のライバルよりも早く進化することの重要性を頭の片隅に置いておきたい。〔中略〕その競争を予見し、進化の競争に勝てる態勢をイメージしておくことが大切だ。そして逆説的には、進化を早めたいのなら、領域内に適切なライバルをつくることもまた、共進化の近道となるだろう。(p.337)

> テクノロジーの躍進と生態系の崩壊を同時に抱える現代は、変化が早くて読みにくいVUCAの時代だと言われている。こんな時代だからこそ、強者であるよりも、誰よりも早く変化する、しなやかな者を目指したい。変化に挑戦してみよう。そして偶発性を手に入れ、生き残る進化へと進もう。(p.339)

　「種が生き残るための知的な習性」とはなんだろうか。これまで多くの政治家や活動家たちによって誤用されてきた進化の用法そのものである[20]。「変化が早いものが勝者」「相手よりも早く進化したものが生き残る」「周囲のライバルよりも早く進化する」…これらの記述はいずれも『種の起原』を読んだアメリカの経営学者メギンソンによる「It is not the strongest of the species that survives, nor the most intelligent that survives. It is the one that is most adaptable to change.

（生き残る種とは、最も強いものではない。最も賢いものでもない。変化に最もよく適応したものである。）」という誤った解釈を未だにダーウィンの言葉であると信じていることによるものと思われる。このメギンソンの誤った解釈については、2020年6月に自由民主党広報部による憲法改正の正当化キャンペーンとして4コマ漫画の中でも取り上げられ、日本人間行動進化学会から即座に『「ダーウィンの進化論」に関して流布する言説についての声明』が出されたことでも注目された[21]。この一連の内容については松永(2021)に詳しい[22]。いずれにせよ、2020年には既にこうしたメギンソン流の進化理解は進化生物学における進化理解とはまったく異なるものであるという声明が進化生物学分野から出され、複数のメディアでも取り上げられる事態となった[23][24][25]。「科学的な客観性を備えた本にしよう」と述べた上でこのように誤った進化理解の記述を残したまま出版してしまうのは著者の不勉強と言わざるを得ない。また、2020年には日本人間行動進化学会会長として声明を発表しておきながら、まったく同様の誤った進化理解がそのまま残されている『進化思考』という書籍を山本七平賞という学術賞に選考委員として推薦してしまった点については、どのような経緯で推薦にいたったのか長谷川眞理子氏による説明が必要だと考える*。もちろん選考委員が複数名いる場合は多数決で押し切られることもあるだろうが、当書の内容を鑑みれば選考委員を辞退してでも進化学徒としてお墨付きを与えることは避けるべきだったのではないか。

> それにしても、考えれば考えるほど、進化と創造は双子のように似ている。あまりにもそっくりなので、ダーウィニズムの登場から160年を経た今では、「製品が進化した」「組織を進化させる」のように、「新しいモノが生まれたり改善されたりすること」の意味で「進化」が使われているくらいだ。当初、「進化」と「創造」を同じ意味で使うことは誤用だったはずだ。それがもはや何の違和感もない自然な表現として、世界中に広がってしまった。ダーウィンが進化論を発表した当時でも、人は「進化」ということばを聞いて、道具や社会の創造にも同じシステムが働い

---

*　（編者註）山本七平賞選考委員としての長谷川については本書第3章「山本七平賞選評を読む」を参照。

　　ていると考えたようだ。
　　〔中略〕創造という知的現象もまた、それがヒトという生物によって自然
　　に起こっているのだから、何らかの自然現象であるはずだ。ならば、進
　　化論の構造を理解し、進化と創造の類似を探求することは、創造という
　　現象を知る大きな手がかりになるだろう。(p.46)

　「それにしても、考えれば考えるほど、進化と創造は双子のように似ている。」
とは、進化学徒が持つ「創造」という単語へのイメージは想像したことがないの
だろうか？　もちろん著者の言う「創造」がいわゆる聖書から生まれた「創造
論」の「創造」とは異なるものであろうということはさすがにそうであってほし
いと期待するが、この文はかなり進化学徒にケンカを売っている。もしその理
由がわからないというのであれば『空飛ぶスパゲッティ・モンスター教』が生
まれた背景を調べてみてほしい[26]。
　また、「当初、「進化」と「創造」を同じ意味で使うことは誤用だったはずだ。」
ともあるが、進化生物学の分野においては現在でも誤用である。日常的に用
いられる「進化」という日本語に進歩史観が含まれていることを残念に思うが、
それはそれとして、少なくとも進化生物学の分野でこの単語を用いるときに
「新しいモノが生まれたり改善されたりすること」の意味で「進化」を使った
らそれは全く間違いであるという指摘を受ける。自己啓発本の中で進歩の意味
で進化を使うのであれば別に何も言うことがないが（そんな本はたくさんあり
すぎるので）、「生物の進化」を謳いダーウィンの名前まで出してくる本の中で
それを誤用し、生物学的正しさを標榜した上で公教育への導入まで主張されれ
ば、それは当然批判されるものだ。
　さらに「ダーウィンが進化論を発表した当時でも、人は「進化」ということば
を聞いて、道具や社会の創造にも同じシステムが働いていると考えたようだ。」
とあるが、これは優生学の考えそのものである。社会のあり方にも進化の考え
を無理やり応用しようとした試みが優生学であり、第二次世界大戦中に行われ
たホロコーストの論理的根拠とされた、誤った進化論理解そのものだ[27]。我々
は歴史からその理解が完全に誤りであり、人類の大きな過ちであったことを強
く認識しなければならない。
　また、「創造という知的現象もまた、それがヒトという生物によって自然に

起こっているのだから、何らかの自然現象であるはずだ。」とは何を言っているのか意味がわからない。当書では「～～だから or ～～だとすれば、～～であるはずだ。」という、特に根拠の示されない著者の仮定に対して特に根拠のない断言が続くことがとても多い。

　道具とは何か。それは疑似的な進化だ。道具はたいていの場合、それまでできなかったことを可能にするために発明される。たとえば5000年前に、アジアで「箸」が発明された。熱い食べ物をつかんだり、衛生的に食べられるようにするためだ。この箸は、指の持つ身体の限界を拡張するために生まれたと説明できる。箸と同じように、人間の身体が不自由だからこそ、身体の一部を進化させるためにさまざまな道具が作られたと考えると、あらゆる道具の理由に説明がつく。創造性は、疑似的な進化を人類にもたらしてきたのだ。この疑似進化能力によって、私たちは身体を拡張し、無数の道具を使って日々を生きている。
　　〔中略〕
たとえば、人の「目」は遠くや微細なものが見えないので、望遠鏡、顕微鏡、はてはビデオ通信まで発明した。人の「声」は遠くまで届かないので、発声法を体得し、メガホンやマイクを作る。（中略）すぐ痛くなり、運動能力の低い「足」を進化させるために靴や乗り物を生み出した。
　　〔中略〕
こうして道具をやむことなく創造し、私たちは疑似的に進化しつづけ、地球上で最強の生物となった。〔中略〕こうしてさまざまな前提を踏まえて、私は、創造という現象について次のような仮説を立てた。

　創造とは、言語によって発現した「疑似進化」の能力である。(pp.47-48)

　「疑似的」とつければ何を言ってもいいわけではない。道具が進化するか？という問いには「進化する」と答えてもいいだろう。たとえば、バイオリンの形態の進化に関する研究などがある[28]。
　しかし、我々が「道具を使ってこれまでできなかったことができるようにな

る」ことを進化とは言わない。進化は、自然選択か遺伝的浮動によって、複数世代を通して結果として可視化される現象だからである。たとえば、評者は卒論のときにはWindows Meを使用していた。修論・D論まではWindows XPだ。そして、学位取得後しばらくはWindows 7を使用し、現在はWindows 10を使用している。これは進化だろうか？　パソコンは進化していると言っていいかもしれない。複数世代（Me-XP-7-Vista-8-10）を通して（淘汰）、WindowsのUIは遺伝し形質が保持されている一方で（遺伝）、旧世代機とは異なる機能が実装されている（変異）。一方で、そのパソコンを使っている評者はたとえ疑似的にでも進化しているだろうか？　していない。進化とは、「変異・淘汰・遺伝」のステップを介して複数世代を通して現れる現象だからである。道具の進化によって自身の能力や行動が進歩することはあっても、自分自身が進化していることにはならない。

> こう考えると、つじつまがぴったり合う。言語の歴史はちょうど約5万年。石器時代を乗り越えた人類の歴史と重なる。それ以降、人類は実際に道具の発明という「疑似進化」によって、今この瞬間にも急激なスピードで進化しつづけているのだ。
> 「創造」は「進化」の未完成の代用品だ。(pp.47-48)

「人類が進化し続けている」というだけなら間違ってはいない。しかし、それは断じて「道具の発明という「疑似進化」」によるものではない。これまで繰り返し説明してきた通り、「変異・淘汰（選択）・遺伝」のプロセスを経て複数世代を通して進化するものだからだ。繰り返すが、進化は個体に対して生じる現象ではない。改めて『自然選択と適応』から引用しよう。

> 生息環境における自然のふるい分けの作用で生物の適応が自然発生するのであり、そこに創造主もいなければ目的もない。進化を進歩という言葉に言い換えることはできない。[29]

「人類は実際に道具の発明という「疑似進化」によって、今この瞬間にも急激なスピードで進化しつづけているのだ」という一文には、著者が「進化」と

「進歩」を完全に混同しており、進化を全く理解できていないことが明確に示されている。

> 卵の<u>産卵数が多いほど生存可能性が上がる</u>のと同じく、大量の変異的アイデアを短時間で生み出すスキルは、新しい可能性にたどり着く確率を上げる。(p.59)

「卵の産卵数が多いほど生存可能性が上がる」、「生物でも、たくさん卵を産めば生存確率が上がるように、ここでは数が重要となる。」(p.89) とあるが、生物では産卵数が多くても個体の生存可能性は上がらない。数で勝負する戦略なのでむしろ個体の生存可能性は下がるだろう。

> 生物の進化は、魔法のようなデザインを生み出す。しかしそれは誰かによる設計ではなく、<u>自然発生する現象だと証明してみせたのが『種の起源』という伝説的な本</u>だ。今を 160 年ほどさかのぼった 1859 年に、<u>チャールズ・ダーウィンとアルフレッド・ウォレスが発表した驚異的な論文</u>である。優れた博物学者で自然主義者でもあった二人が、生物の無数の標本観察から得られた膨大な標本をもとに「進化論」を提唱した。進化論は世界中にすさまじい衝撃を与え、それまでの自然界に対する認識をひっくり返した。生物の形態は神がデザインしたものではなく、<u>種の起源から分化を繰り返して自然に発生したことを論理的に証明した</u>、まさにコペルニクス的転回である。(p.44)

『種の起原』はダーウィンの単著である。さらに、論文ではなく書籍だ。この点については、松井と伊藤による指摘のあとに著者による「それは誤植である」との主張があったが、以下に示す3ヶ所も含めると、全く同じ内容の間違いが4回も繰り返されている。

図14-3

| ダーウィンとウォレスの『種の起源』に登場するダイヤグラム (p.270)

| ラマルキズムから五〇年が経過した一九世紀中頃、進化論の決定版とし
てチャールズ・ダーウィンとアルフレッド・ウォレスによって発表され
たのが『種の起源』（一八五九年）だった。(p.274)

| 『人間の教育』が執筆された三〇年後に登場するのが、チャールズ・ダー
ウィンとアルフレッド・ウォレスによる『種の起源』だ。(p.476)

　これを著者の間違いではなく「誤植」だとする主張はなかなか難しいのでは
ないだろうか。
　また、「自然発生する現象だと証明してみせたのが『種の起源』という伝説的
な本だ」、「種の起源から分化を繰り返して自然に発生したことを論理的に証明
した」とされているが、『種の起源』は進化を論理的に証明したものではない。
現在見られる多様な生物がどのように生まれたのか、どう解釈すれば整合性の
ある理解ができるのか、膨大な資料と実例を元に説明を試みたもので、ダーウィ
ン自身はその証明に参加していない（そもそも「証明」という単語が適切でな
いと思う）。たとえば『種の起原』第 5 章「変異の法則」では、大西洋に浮かぶ
海洋島、マデイラ島に生息する甲虫類を例にダーウィンは以下のような説明を
する。

　　ある場合には、われわれは、完全にあるいは主として自然選択によって
　　おこった構造の変化を、安易に不用のためと結論してしまうことがあり
　　うる。ウォラストン氏は、マデイラ島にすむ 550 種の甲虫のうち 200 種
　　は羽に欠陥があって飛ぶことができず、29 の固有属のうち少なくとも 23
　　では全部の種がこの状態であるという、注目すべき事実を発見した。あ
　　またの事実一すなわち、世界の多くの土地で甲虫が海にふきとばされて
　　死ぬことが頻繁にあること、ウォラストン氏が観察したようにマデイ
　　ラ島の甲虫は風がないで日が照るまでじっと隠れている場合が多いこと、
　　〔中略〕私は、マデイラ島におけるこのように多くの甲虫が羽のない状態
　　にあるのは、主として自然選択の作用によるものであるが、たぶん不用

　もくわわっているのであろうということを、信じるにいたった。という
のは、何千世代も継続するあいだに、羽の発達がはなはだ不完全であっ
たかあるいは怠惰な習性であったためにとぶことのもっとも少なかった
各甲虫個体は、海にふきとばされずに生存する機会をもっとも多くもっ
たであろうし、また他方、もっともとびやすかったものたちは、海にふ
きとばされることがもっとも頻繁で、そのためほろびてしまったのだろ
うと思われるのである。[30]

　ここでダーウィンは、一年中強風に晒されるマデイラ島に生息する多くの甲
虫の翅が退化して飛べなくなっていることに注目する。その要因として、ヘタに
飛べてしまう個体は風で飛ばされて海に落ちて死んでしまうからだろう、と考
察しているにすぎない。ここでは仮説を述べているだけだ。そして、未だに我々
はこの仮説よりも説明力のある解釈を提案できていない。ダーウィンのこの仮
説を実証したのは誰か、といえば、たとえば最近発表されたニュージーランド
に生息するカワゲラの仲間を対象にした研究などがそれにあたるだろう[31]。森
林の残る地域ではもともとの翅が発達したカワゲラが生息しているが、森林伐
採され地表面近くに風が強く吹く環境に変化してしまったところでは、翅があ
ると吹き飛ばされてしまい死んでしまう。そのため、森林伐採によって環境が
変化したこの数十年という短期間で翅が消失する方向に進化してしまった、と
いう内容だ。これはダーウィンが提示した仮説を実証したものだと言っていい
だろう。

> 進化論で言えば、古典的ダーウィニズムでは生存闘争というマイナスの
> 適応関係の繰り返しによって自然選択が起こると言われてきた。しかし
> 現在の進化論の観点では、生存競争による残酷な世界だけが自然選択を
> 引き起こすわけではなく、それとは対象的に生物同士が利他的に互いを
> 支え合うプラスの共生関係も、また進化の重要な鍵だと考えられている。
> 進化論も進化し続けているのだ。(p.344)

　これも著者の思い込みの先入観による勝手な引用だ。ダーウィンは生物の共

生関係についても『種の起原』第三章「生存闘争」の中で以下の通り触れている。

> 私は〈生存闘争〉という言葉を、ある生物が他の生物に依存するということや、個体が生きていくことだけでなく子孫をのこすに成功すること（これはいっそう重要なことである）をふくませ、広義に、また比喩的な意味に、もちいるということを、あらかじめいっておかねばならない。飢餓におそわれた二頭の食肉獣は、食物をえて生きるためにたがいに闘争するといわれてよいことは、たしかである。しかし、砂漠のへりに生育している一本の植物も、乾燥にたいして生活のための闘争をしているといわれる。だが、これは正しくいえば、湿度に依存しているのである。年ごとに千粒の種子を生じ、平均してそのうち一つだけが成熟する植物では、すでに地上をおおっている同種類または異種類の植物と闘争しているということが、前の場合よりもたしかにいえるであろう。ヤドリギは、リンゴやそのほか数種類の樹木に依存して生活しているが、しいていえば、これらの樹木と闘争しているともいえる。おなじ木にヤドリギがあまり多く生育しすぎると、その木はしおれて、枯れてしまうからである。しかしおなじ枝に密生したヤドリギの多くの芽ばえが、相互に闘争しているということは、いっそうたしかにいえるであろう。ヤドリギの種子は鳥によって散布されるから、ヤドリギの存続は鳥に依存しているわけである。それゆえ比喩的には、ヤドリギは果実をならせる他の植物と、他のものより多く鳥をひきつけ果実をくわえて種子を散布させるために闘争しているということができる。私は、<u>たがいにつうじるところのあるこれらいろいろの意味で、便宜のために生存闘争という共有の言葉をもちいる</u>のである。[32]

このように、ダーウィンは生存闘争という単語を用いながらも、それが字面通りの闘争を示すだけでなく、さまざまな生物間相互作用を含めたものであることを『種の起原』の中できちんと説明している。

ところで生物は、自分自身の身体を、<u>自ら望んで進化させることはでき</u>

> ない。トレーニングして筋骨隆々になることはできても、便利だからといってもう一本手を生やしたり、構造自体を変えることはできない。こうした基本構造を変えるには、数百万年という長い年月を必要とする。(p.46)

　それはそうなのだが、そもそも進化とは複数世代を通して顕現する現象なので、自分自身一世代で起こる現象ではない。また、「数百万年という長い年月を必要とする」という記述も何を根拠にしているのかわからない。腕が生えるというレベルの進化のタイムスケールとして数百万年はかなり短い。基本構造は進化的制約・拘束、ボディプランとして成立してしまっているので、数百万年で手の本数が変わることはないだろう。

> だが、こうした発想法や戦略の類は、その成立ちの都合上、どれも効率よく発想するための方法論（HOW）に終始していた。そして巷にあふれる発想法の大半は、それを提案した人の経験則と主観的な方法論に陥った、再現性の乏しい自伝的な内容に思えた。
> 　〔中略〕
> 私なりにたくさん探してみたものの、結局「なぜ進化と発明は似ているのか」に答える内容や、「進化に寄り添った創造の具体的な手法」は発見できなかった。
> 　〔中略〕
> だが、変異と適応を繰り返すのは、生物学的進化も創造的思考も同じだという気づきによって、この謎は氷解する。(p.52)

　当書に対しても巷にあふれる発想法の大半とまったく同じ、「それを提案した人の経験則と主観的な方法論に陥った、再現性の乏しい自伝的な内容」そのものであると評価したい。その理由はここに説明した通りだ。また、著者が期待する内容の書籍が見当たらないことも、ここに説明した通りそもそも著者の進化の理解が完全に間違っていることに要因がある。ここで説明してきた通り、進化は「変異と適応」の繰り返しではない。そのため、著者の言う「創造的思考」と進化はアナロジーにならないし、そのように説明してはならないのだ。

> 進化の一つの前提は、完璧な生物は存在せず、どんなものでもさらに良くできる、ということだ。(p.60)

やはりここでも「さらに良くできる」という、進歩史観を前提としている。「進化」の誤った用法そのものだ。

> 事実として人類史が始まって現在まで、完璧な道具が一度たりとも発明されたことはない。これは地球史上に完璧な生物が存在しないことと、まったく同じことだ。すべてのものは変わり続けているし、まだ見つかっていない他の方法はいくらでもある。(p.69)

この文からも、「完璧な」という実に主観的な評価が生物にも応用しうるのだと考えていることが強く伺える。そもそも進化の過程で生まれてきた生物と、人間が作成する道具を同列に語る必要がないし、そのように並べるべきではない。

> この言語と遺伝子の類似性こそ、言語によって人が道具を発明し、自らを進化させられた理由だと考えると、創造と進化が類似している謎が氷解する。(p.80)

それは進化ではない。進化とは、世代を通して遺伝的な変異が蓄積して結果として可視化される現象であり、自ら主体的に「進化する」ものではないからだ。
長谷川 (2015) でも以下の通り、進化と進歩の違いについて丁寧に指摘されている。

> もう一つの誤解は、「進化の歴史のなかで生き物はだんだん進歩してきた」と考えてしまうことです。「進化」「進歩」という言葉には、梯子や階段を一歩一歩上に登っていくようなイメージがあります。ですから私たちは、生物は下等動物から高等動物へと進化し、その頂点に人間が君臨していると考えてしまいがちなのです。

　でも、<u>それは大きな間違いです。実際は、進化は梯子のようなプロセスではなく、枝分かれの歴史なのです。</u>[33]

　このように進化とは、著者が述べる創造や道具の利用による進歩とは全く異なるプロセスである。ここは進化生物学では特に厳しく教育されるところだ。Williams『適応と自然選択』でも

　　生息環境における自然のふるい分けの作用で生物の適応が自然発生するのであり、そこに創造主もいなければ目的もない。進化を進歩という言葉に言い換えることはできない。[34]

と、進化と進歩の違いについて厳しく指摘されている。

　　歴史上の発明や法則の発見の多くは、偶然起こってしまったエラーや、計算式のなかのわずかなエラーの発見をきっかけに起こっている。事実、<u>天動説</u>も相対性理論のような歴史的な創造も、エラーの発見がきっかけとなって生まれたのだ。(p.88)

　おそらくこの文脈では「地動説」と言いたいのだろうと思う。

　　逆に、目立つことで自分の身を守ろうとする者たちもいる。<u>このタイプの擬態をミミクリー（mimicry）という。</u>(p.107)

　Mimicry が擬態を意味することは間違いではない。しかし、目立つことで自分の身を守ろうとする擬態を指して mimicry と呼ぶわけではない（そのような擬態を指してベイツ型擬態 Batesian mimicry、警告色 Aposematism という）。周辺環境の風景にまぎれて捕食から逃れようとする隠蔽擬態をはじめ、さまざまな戦略も含めての mimicry である。また、ここではフクロウに擬態して身を守る蝶としてフクロウチョウを図 (p.107) 付きで紹介しているが、フクロウの目の

ようにも見える眼状紋を持つだけで、実際にフクロウをモデルに擬態している
かどうかは意見が分かれている。フクロウチョウの眼紋は腹側にあるため、実
際のフクロウのように両眼紋を揃えてみるには、ひも状か細い棒状のものに留
まった状態で翅を広げる必要がある。翅を立てて留まることが多いチョウの仲
間で、実際にフクロウの顔のように見立てる機会は極めて限定的なものだろう。
また、フクロウチョウ以外にも眼状紋を持つものはたくさんいるし、チョウの仲
間以外にもいる。さらに、眼状紋の機能についてはアフリカで行われたユニー
クな研究が知られている[35]。アフリカではライオンが家畜であるウシを頻繁に
襲う。そこで、ウシのお尻に眼状紋を描いて放牧したところ、ライオンによる
被害が劇的に低下したことが報告されている。また、漁業で用いる刺し網の目
印にするブイに、目玉模様のある風船をつけることで、海鳥の混獲が減少した
という報告も知られている[36]。このように眼状紋自体が対捕食者効果を持つた
め、フクロウチョウが実際にフクロウをモデルにしているのかどうかは未だに
議論が続いているところである（肯定的な研究もあるが[37]、かなり強引にこじ
つけた解釈で、眼状紋自体が持つ対捕食者効果の方が強いのではないかと評者
は考えている）。

> 別の例として、ベルクロ、つまり面ファスナーの発明も擬態的発明だった。
> 〔中略〕
> そこで彼はそのトゲを微細に観察し、トゲの先端にある鉤状の構造を発
> 見した。この自然界の機構を真似て、彼は何度も剥離可能なベルクロを
> 発明したのだ。(p.111)

　生物模倣技術の初期の例として有名な面ファスナーを擬態的な発想として
紹介しているが、これを「擬態」と言われて納得できるだろうか。ゴボウの実
の構造を応用した面ファスナーだが、これを「擬態」と表現するのは、著者の
言う「変異の9パターン」の元ネタであろう「オズボーンのチェックリスト」
で「代用」として挙げられている項目を無理やり置き換えたからではないかと
思わざるを得ない[38]。他にも「擬態」の章で紹介されるさまざまな事例につい
て、それは本当に「擬態」と言えるのだろうかという、こじつけにしか思えな
い例が多数あった。たとえば、iPhone (p.113) は携帯電話に「擬態」しているの

だろうか？　また、馬が描かれていない馬車の図面を示し、車の発明は「馬車から馬だけを消し去ったものだ」(p.120)と「欠失」の事例として紹介する。馬を消してできるのは馬がいない、動くことのない馬車である。自動車は馬の代わりにエンジンを搭載して動くものだ。あえて著者の言う変異の9パターンに当てはめるのであれば「欠失」ではなく「交換」の事例として紹介すべきものではないか。

> たとえば、私たちと九八・七七％同じ DNA を持っているはずの<u>チンパンジーには尻尾があり</u>、ヒトにはない。また、<u>クマの一種であるコアラ</u>も同じようにクマにはある尻尾がないし、<u>トカゲに隣接する種であるはずのヘビには足がない</u>。(p.119)

　何をどう指摘すればいいのか、調べればわかることくらい調べてから書いてほしいものである*。生物学というか、生物そのものへの興味のなさがこれ以上ないほどによく表現されていると思う。こうした生物への基本的な興味・知識の欠如は著者の作品にも明確に表れている。

> 系統は、創造の歴史的文脈を理解し、その本質を知るための強力な思考の道具だ。その整理のためには、系統樹、いわゆる進化図の描き方を覚えるとよい。系統樹を頭のなかでイメージしたり、実際に描き出せるようになれば、過去の創造に込められた意図をつかまえ、新しい創造を歴史の大きな文脈の中に位置づけられるようになる。〔中略〕実際に系統樹を描くのはそれほど難しいことではない。系統樹の描き方はおおむね次のプロセスをたどる。
>
> 1　まず、徹底的に分類したリストを作ったら、それらの要素がそれぞれ歴史のいつ頃に登場したのかを調べて、時系列に並べる。
> 2　そして、近い関係を持った分類同士を線でつなぐ。自然に系統が繋

---

*　第4章 p.113 参照

がっていくと、自動的に樹のような図になる。

系統の知恵は、文脈を探求すればどこまでも深く続く道のりで、その探
求に終わりはない。しかし一度その観点での世界の見方を身につければ、
生涯にわたって使える本質的な知恵となるだろう。(p.283)

　p.278 に図示されている動物の系統樹模型（**図 14-6**）を見てみると、驚きの
系統樹が展開される[39]。比較的イメージしやすい哺乳類に当たる、太刀川系統
樹の右側をよく見てみよう。この系統樹によると、エリマキキツネザルとニホ
ンザルがなんと類人猿の中に入り、オランウータンに最も近縁な種はエリマキ
キツネザルであるという。また、ヒトとチンパンジーのクレードに最も近縁な
種はゴリラでなくニホンザルであるという。また、イノシシの家畜化・品種改
良によって生まれたブタに最も近縁なものはイノシシではなくヤギであると示
されている。さらに、食肉目で最も祖先的なグループを鰭脚類とし、それに最
も近縁な種としてライオンが並べられている。ライオン、チーター、ネコ、ベ
ンガルトラらネコ科の生物はなんと間にイヌ科、イタチ科、マングース科、ク
マ科を挟んだ多系統を形成している。太刀川系統樹のすべての系統関係を確認
することはしないが、一瞥しただけでこの有様である。この指摘を枝葉末節だ
と批判する向きもあるかもしれないが、著者が生物の進化・系統関係など本当
に心の底からどうでもいいと考えていることがよくわかるのではないだろうか。
少なくとも評者が同じコンセプトで作品を作ろうとするのであれば、各分類群
の系統関係について最新の論文に当たって、なるべく先行研究の成果が反映さ
れるように努めると思う。しかし、著者が描く生物の系統樹はこれまでの研究
成果が一切反映されていない、それは酷いものだった。系統関係がまったく反
映されず、基礎知識の欠如と思い込みのみによって並べられた系統樹を開陳す
る著者による系統の知恵は、生涯にわたって使える本質的な知恵となり創造性
の役に立つことがあるのだろうか？
　また、2014 年から真獣類、鳥類・恐竜、四足動物、霊長類、カメ、軟骨魚
類などさまざまな分類群ごとに科学的に推定された系統樹をイラスト付きでま
とめた「系統樹マンダラ」が作成されている[40]。これらは進化学の学術性と豊
富なイラストによる芸術性が両立したポスターとして博物館等のミュージアム

ショップでも販売されているものだ。このように、太刀川系統樹のアイデア自体も先人によって既に具現化されたものだ。

> 稀代の博物学者リンネこそ、コレクションで歴史を変えたという意味で人類史上、最高峰のコレクターだった。彼の著書『自然の体系』(1735)は、美しい絵とともに彼の収集が紹介されていて、頁を開くだけでもわくわくする本だ。(p.266)

　1735 年の『自然の体系』は初版本である。初版本は全 30 ページ程度の生物リストのようなもので、少なくとも評者にはわくわくするようなところはない[41]。『自然の体系』の後期版には終わりの方に図が付くが、学術書なのでまずはテキストが膨大な量あり、最後に図版が少しあるだけだ。現代の一般書のように途中に挿絵が挟まれているわけではないので、頁を開くだけではやっぱりわくわくしない（1768 年第 12 版[42]）。

> そんな視点で探してみると、文化と進化の類似性を指摘する論考が数多く見つかった。前述したサミュエル・バトラーの小説や、エドワード・O・ウィルソンが一九七五年に出版した『社会生物学』、最近ではブライアン・アーサーの『テクノロジーとイノベーション』やケヴィン・ケリーの『テクニウム』などである。
> これらの論考では、社会やテクノロジーの進化を自然の進化と対比させることで浮き彫りにしようとしていた。彼らもまた私と志を同じく持ち、ヒトも進化の産物である以上、人間の社会行動や創造性も生物学として同じように扱おうという信念を持っていた。(pp.50-51)

　バトラーの小説やアーサー、ケリーについては評者の専門分野ではないのでここではコメントを控えるが、ウィルソンの『社会生物学』ではまったくそのようなことは書かれていないことを指摘しておきたい。ウィルソンは人類の社会構造の進化を生物学的手続きで説明しようとしたのであって、文化と進化の

類似性を指摘しているわけではない。ジョン・オルコックは著書の中で以下のように述べている。

> 社会生物学者が繰り返し指摘しているように、「これこれの形質は自然淘汰によって生じた進化の産物だ」ということから、「これこれの形質はよいものであり奨励されるべきだ」という結論を導くことは絶対にできないのである。
>
> 〔中略〕
>
> 何の感情も伴わない、盲目の自然淘汰のプロセスから、引き出すことのできる道徳的教訓は一つもない。また、社会生物学者は、進化から、そのような教訓を引き出そうとしているわけでもない。そうではなくて、社会生物学的分析は、人間の社会的営みに対して、中立的な説明を試みようとしているのである。それは、正当化でもなければ、道徳的処方箋でもなく、何をする「べき」かという規範的宣言でもないのである。[43]

　もちろんここで「社会生物学者」とされる研究者の代表がウィルソンである。ここまで解説してきたとおり、ダーウィンの『種の起原』、リンネの『自然の体系』やウィルソンの『社会生物学』など、この著者は本に書かれてもいない内容を勝手に都合よく捏造して引用することに注意しなければならない。当書では生物学分野において正当な引用はないと言っていい。評者の専門ではないデザイン分野の先人たちの成果に関する言及についても同様に、著者の引用を鵜呑みにすることなく注意深くひとつひとつ出典を確認していく姿勢が必要だ。

> 現在ではこれらの理論が融合し、進化はDNAの複製エラーによる「変異」と、生存競争や性淘汰などの「適応」が繰り返されることで進化が発生するという、統合的な進化論（セントラルドグマ）を形成するに至っている。(pp.275-276)

　セントラルドグマとは遺伝情報が「DNA →（転写）→ mRNA →（翻訳）→タンパク質」の順に伝達されるという分子生物学における基礎概念であって、

統合的進化論のことをセントラルドグマと呼ぶことはない（別名としてはネオ
ダーウィニズム、総合説など）。

> もし進化が自然発生しているなら、デザインやアートなどの創造性もま
> た、自然発生する現象と考えられるのではないか。だとすれば、創造性
> を発揮する仕事が、偉大な天才だけに可能だと諦めがちな私たちにとっ
> て、これこそ大いなる福音となるだろう。
> 　〔中略〕
> 　ダーウィンが言う通り、変異と適応が繰り返されれば、そこに誰かの意
> 図がなくても、進化は自然発生する。それと同じように、変異と適応の
> 往復によって、私たちは創造性を発生させられるという考え方が、進化
> 思考だ。(p.276)

　ここでも「もし進化が自然発生しているなら、デザインやアートなどの創造
性もまた、自然発生する現象と考えられる」と何の根拠もなく自説が展開され
る。そして続くテキストは松井らの発表「『進化思考』批判」に関する日本デザ
イン学会への意見書の中でも

> 　例えばこの論文の中では、進化思考は進化論についてラマルク的に捉え
> ていると決めつけているようですが、まずそれは全くの誤解です。よく
> ある誤解されやすい箇所なので何度も僕のスタンスがわかるよう明確に
> 本文に記しています。
> （その一例　進化思考 P276　ダーウィンが言う通り、変異と適応が繰り
> 返されれば、そこに誰かの意図がなくても、進化は自然発生する。それ
> と同じように、変異と適応の往復によって、私たちは創造性を発生させ
> られるという考え方が、進化思考だ。[11]

として、自身の進化理解が間違っているものではない、という言明に引用され
ているところだ。しかし、ここまで説明してきた通り、ダーウィンはそんなこ
とを主張していない。変異と適応の繰り返しで進化は起こらない。Williams『適

応と自然選択』や長谷川眞理子『ダーウィン 種の起源 . 100 分 de 名著』でも繰り返し説明されている通り、「適応（的形質）」は進化の結果であり、進化の原動力ではないからだ。

> 創造と進化は基本的な現象が似ているので、発明も進化図が描ける。そこで実際に生物と無生物の系統樹を比べてみようと思いたち、個展のための作品として乗り物と動物の模型をひたすら集めて立体の系統樹を描くことにした。
> 〔中略〕
> こうしてフィギュアやミニカーを買い漁って分類し、系統樹にする過程では、実にさまざまな気づきがあった。また興味深いことに、乗り物の系統樹を作る際、その母型となるような研究を探してみたが、適切なものを見つけることはできなかった。創造の系統樹に関する研究は思いのほか未発達のようだ。(pp.277-278)

たとえば先ほど紹介したバイオリンの形態の進化の研究のように [28]、文化進化の専門家でない評者ですらパッと思い当たる研究はある。

> 先に述べた通り、生物においては進化の結び目は発生しにくい。しかし、それでも創造と生物の進化は大変よく似ており、生物の進化でも同じことが起こる。頻度の差は違えども、特に原始生物を中心に、実は生物にも「進化の結び目」は頻発しているのだ。
> 近年の DNA 解析によって、異生物間での外来遺伝子の交換が DNA に刻まれているという事実が確認されている。たとえば、最強の微生物といわれるクマムシをゲノム解析した結果、複数の生物界に由来する DNA が大量に含まれていることが判明した。クマムシから発見された外来遺伝子は、細菌（一六％）、菌類（〇・七％）、植物（〇・五％）、古細菌（〇・一％）、ウイルス（〇・一％）の DNA で、研究者たちを驚愕させた。(p.287)

　クマムシのゲノムに複数の生物由来のDNAが含まれるという研究は確かに発表された[44]。おそらく論文出版直後に掲載されたナショナルジオグラフィックの記事[45]をそのままコピー・ペーストしたのだろうが、この研究については翌年のうちにも複数の批判論文が寄せられ[46][47][48]、元の論文で外来遺伝子とされたもののほとんどが実験工程中のコンタミネーションに由来するものであったことが最終的に本人たちにも認められている[49]。このように2016年には既に決着のついている問題で、これも著者の不勉強である。ここでは「遺伝子の水平伝播」になぞらえて創造について何事かを主張したかったのだろうが、これもわざわざ生物に例える必要はないものだ。

> ではもし生物が進化に呼応して、本能的な欲求を進化させたのだとしたら、人間だけでなく他の生物種とのあいだにも同じ欲求が自然発生していることになる。(p.293)

　まったく意味がわからないのだが、これは用不用のことを言っているのだろうか？　ダーウィンの『種の起原』はまだ用不用の考えが完全に否定されていない時代の本なので用不用の記述が一部残っているが、現代の進化理解にこのような考えを持ち込むのはまったく筋違いである。
　先ほども述べたが、当書ではこの文章のように「もし〜〜〜だとしたら」という著者の仮定・仮説に対して「〜〜〜であるはずだ。」という断言が来ることが非常に多い。そして、その仮説の根拠が示されることは決してない。著者の思い込みが出発点なので、結論もまた思い込みによる断言にしかなっていないものばかりである。

> 「欲求の系統樹」の思考は、私たちが自分ごとのように自然を理解し、自然との共生のために不可欠な視点を持ち得るものだ。たとえば、私たちはペットに対して慈しみの愛情を感じるが、これは自分とペットに共通する欲求による共感的な感情と考えられる。

　何を言いたいのかがまったくわからない。著者はペットに対して慈しみの愛情を感じるのかもしれないが、みんながみんなペットを飼っているわけでもない。個人的な感情を勝手に普遍的なものとしてとりあげるばかりで生物進化に何一つ関係がない。

> 　有性生殖の生物はすべて「モテたい」で共感できるし、哺乳類はすべて「一人ひとりの未熟な子どもを大切に可愛がりたい」で共感できる。だからこそ、こうした視点で自然界の生態系を見直すことで私たちはペットなどに共感できるように、人間以外の種の「気持ち」を理解し、共感関係を結ぶことができないだろうか。(p.295)

　有性生殖の生物は繁殖のため、自らの遺伝子を残すために異性を獲得しようとはするだろうが、それを「モテたい」と表現するのはあまりに擬人化が過ぎる。このように擬人化された視点で自然界の生態系など見直すことができるはずもない。また「人間以外の種の「気持ち」」とはなんだろうか。生物多様性保全のアプローチに共感関係は不要だ。生態学の教育を受けていない方々からの外来生物の駆除事業に対する「かわいそう」という声も少なくない。このような安易かつ無責任な擬人化はむしろノイズにさえなるだろう。

> 　また、こうした魅力を巡る競争では、行き過ぎにも注意しなければならない。たとえば、ギガンテウスオオツノジカは、50キログラムにもなる重さの角を持っていたが、その角の形成にカルシウムを消費しすぎて、7700年前に絶滅したといわれている。また、ユミハシハワイミツスイという鳥は、特定の花に合わせて、とても長いくちばしを発達させたが、その花の生息地が消滅したと同時に絶滅してしまった。こうした行き過ぎた進化は、現在の進化生物学ではランナウェイ現象と呼ばれている。(p 326)

　ギガンテウスオオツノジカの絶滅に関する記述は明確に誤りだ。もし、その角が原因で絶滅するようならそのような形質はそもそも進化しない。この絶滅

に角の進化は一切関係ない。7700 年前に絶滅したのは、気候変動による生息
域の減少と人類による狩猟圧が要因であるとされている[50]。また、後半に続く
文章もランナウェイ説の説明としてまったく不適切である。性選択の結果、生
存に不利とも思えるような極端な形質が進化しうるメカニズムを説明した仮説
のひとつを runaway process と呼ぶ。ここでオオツノジカを例として挙げられた
ような「それ自体が絶滅にも至るような行き過ぎた進化」はそもそも存在しな
いし、ユミハシハワイミツスイの例もいわゆる普通の適応進化の一例であって
runaway process の例として挙げるべきものではない。runaway process の一例と
して、たとえばアフリカに住むコクホウジャクという鳥の研究を挙げておく[51]。
コクホウジャクはスズメほどの大きさの小鳥だが、オスの尾羽はしばしば 50cm
ほどにも伸長する。Andersson は、一部のオスの尾羽を切り取り、別のオスに接
着剤で取り付けさらに長い尾羽のオスを人為的に作り出した。その結果、尾羽
を切られたオスの繁殖成功は下がる一方　余計に長い尾羽を手に入れたオスは
通常の長さの尾羽を持つオスたちよりもさらに高い繁殖成功を示した。このよ
うに、自然下では長すぎてかえって邪魔になり存在しないレベルの尾羽に高い
繁殖成功が見られたことは、メスが尾羽の長い個体を選ぶという性選択の効果
が示されたものだ。

　生物は三八億年という気の遠くなるような歳月をかけ、変異と適応を繰
　り返して進化を実践してきた。その結果、三〇〇〇万種類もの形態を創
　造し、多様性のある環境を構築してきたのである。(p.43)

　生物は三八億年の進化のなかで、数千万種もの多様性を生み出してきた
　が、創造の多様性もまた驚異的だ。(p.72)

　地球史に登場した一〇〇〇万種類の生物のなかで、人間だけが膨大な道
　具を発明できたのは、人類のみが言語を発明できたからではないか。デ
　ザインと言語の類似性を研究していた私にとって、この仮説は深く腹落
　ちする。(p.79)

　本質的な指摘ではないが、1000 万種、3000 万種、数千万種、という数字はどこから来たものだろうか。2023 年現在、記載されて学名を持つ生物は約 200 万種、未記載種含めて地球上にどれくらいの種がいるか？という推計では、Mora et al. (2011) による 870 万種（± 130 万種）が今のところそれらしい数字だとされているようだ[52]。同じ本の中で同じことを言おうとするであればせめて数字くらいは合わせてほしいものだ。

　また、「人間だけが膨大な道具を発明できた」というのは間違いだ。道具を使う生物は人間以外にもいる。Animal Tool Use（動物の道具利用）というテーマで一つの学問分野があるくらいだ。また、「人類のみが言語を発明できた」も誤りだ。シジュウカラの鳴き声には文法があることが最近明らかにされているし、その文法を異種間でも共有して理解しているようだ、という研究成果が日本から発表されている[53]。

<blockquote>生物の解剖と家庭科の料理の材料を並べる思考プロセスは同じだ。_(p.212)</blockquote>

　著者は生物の解剖も料理もしたことがないのではないだろうか。両者はまったく異なるものだ。料理は並べた材料を組み合わせ、処理して一つの目的物を作成していくプロセスだが、生物の解剖は切り分けてそれぞれの部位を観察、場合によっては標本として固定していくプロセスである。これを同じと考える人は多くないだろう。

<blockquote>分類学は、系統全体を一つの生物の身体と考えて解剖する学問だと言い換えてもよい。_(p.267)</blockquote>

　まったく完全に間違っている。分類学は、生物のグループを認識し、その特徴を記述してその他と区別し、一定のルールに基づいて生物を命名することで、どの言語においても共通の名前（学名）として認識を共有し、議論できるようにするための学問である。分類学は分類の基準を構築し整理する学問であり、系統関係を考慮しない（してもいいけどしなければならないわけではない）。

教育現場への介入と自己啓発セミナーへの懸念

　当書ではいろいろなところで既存の教育について強い不平不満が表明されている（たとえば p.29 や pp.35-37, pp.211-212, p.305, pp.386-388, p.391, pp.467-468, pp.476-479 など）。創造性を養うための教育になっていないことに強い危機感を持っているということは感じられた。が、これらの教育批判はどの部分もどこかで主張されているのを見たことがあるような居酒屋談義のレベルを出ておらず、いわゆる詰込み型教育批判としてよく聞くものでオリジナルな部分はない。当書で主張される既存の教育への不平不満および著者の目指す教育の志向は個人の経験からくるものに過ぎず、体系だった背景やデータもない。教育分野についてあまり詳しくはないが、たとえばヘックマンの幼児教育に対する提案[54]、またドウェックによるマインドセット教育の成果[55] などは賛否あれど一応きちんとした研究プランをもとに調査・実験を行いデータをとって提案されているものだ。当書のような根拠薄弱な思い込みによって教育に口を出し、ここまで解説してきた通り完全に間違った進化の理解を広められることに生物学者として強い危機感を覚える。まずは自身の進化生物学の誤った理解を自覚し、また教育学としてもきちんとデータと理論に則った、個人の経験に頼らない教育の構築を目指すべきだろう。

　また、著者は松井と伊藤（2022）による批判が公開されたあとも、指摘された間違いを修正することなくセミナーを開催して高額の参加費を徴収しているようだ。このような科学的な誤りに満ちた内容をセミナーやメディアを通して拡散し続けるとして続けるのは似非科学を用いた詐欺的商法であると批判されても仕方のないことだろう。

おわりに

　この調子で一つ一つの事例について指摘していくと本当にキリがないのだが、
- 「変異」になんらかのパターンがあると考えている
- 「適応」を「選択（または淘汰）」の意味で使っていることが多く、場面によって意味がバラバラ

- 「進化」なのに「遺伝」のプロセスがまるまる抜け落ちている
- 「進化」と「進歩」の区別がついていない

というところが当書の「進化」の理解に関する主な問題点である。

　「進化」の理解以外のところについては、生物とデザインについて無理矢理こじつけているだけという印象がぬぐえない。「生物の形態に学ぶ〜」とだけ言っておけばいいところに「進化」を持ち出さなくてもいいだろう。発想法の自己啓発本としても、たとえば古典だが梅棹忠夫著『知的生産の技術』[56] の方がコンパクトにまとめられているし、発想法の技術についてもオズボーンのチェックリストも含めて読書猿著『アイデア大全』[57] でほとんど網羅されている。発想法を生物進化にこじつけたところに新規性を主張しているのだと思うが、内容に目新しさはなく、ここに解説した通りその生物進化の理解も完全に間違っているので発想法の自己啓発本としても生物進化の本としても見るところのない一冊になっている。

　以上、ここまで『進化思考』の進化理解について間違っているところを指摘し解説してきたが、本文中にいくつかいいことを言ってるところがないわけでもないので、最後にその部分を紹介したい。

> 　私たちはだれしもさまざまな経験を積み重ねるなかで、徐々に固定観念を積み重ねていく。カサエルの言う通り、人は自分の物差しでしか物事を測ろうとしない。そうすると、そのモノが何で構成されているのかに無自覚になったり、周囲の繋がりに気がつかなくなったり、過去からの恩恵に目が向かなくなったりする。思い込みの発生だ。思い込んでしまうと、わかったつもりになって、実はわかっていない自分に気づかなくなる。だから自分とは違うモノの見方をする人を見ると、相手が間違っていると考えてしまう。ネット上での匿名の批判は、たいていこの類いだ。知っている範囲で批判をしながら、実際には、単に自分がそれ以外について無知なだけかもしれない。
>
> 　もちろん、目の前にあるモノすら理解していなければ、新しいモノを創造するなど無理な話だ。創造的であるには、世の中に張り巡らされている見えない本質を観察して、自分だけの思い込みを外す方法を培う必要がある。(p.207)

　ここに書かれたように、著者が積み重ねてきた進化に関する固定観念を見直し、「自分だけの思い込みを外す」ために進化生物学をきちんと学びなおしてほしいと切に願う。学生時代を終えてしまい、なんだかんだと忙しい立場の学び直しには、本稿でも紹介した放送大学の「生物の進化と多様化の科学」の受講をお勧めしたい。普通の大学の講義であれば1コマ90分だが、放送大学ではなんと1コマ45分という半分の時間によく練られた講義が用意されている。動画での受講なので1.5倍速再生でもストレスなく聞くことができる。短時間で学び直しを目指すには最高の教材であると自信をもってお勧めする。

> 本当に創造的な人は、より良い方法があれば自分のアイデアを即座に捨て去り、他者のアイデアであっても躊躇なく採用する。こうした創造的成長は、適応の判断に客観的自信を持てるかと、変異的思考によって代案をすぐ出せる自信を持てるかにかかっている。(pp.72-73)

　「この本が生物学的に矛盾がないことはとても大事」[11]という著者のコメントには強く同意する。しかし、本稿で解説してきた通り当書に書かれている「進化」は生物学における進化とは全く異なる「太刀川進化」とでも表現すべき特殊概念である（よくある誤解ともいう）。「今西進化論」や「千島学説」など、これまでも提唱者の名前を冠した主張はある。そこで、当書における進化を「太刀川進化」、変異を「太刀川変異」、適応を「太刀川適応」とし、生物学とは全く異なり矛盾もしない新たな概念『太刀川思考』として提唱するのが最適な改訂方法ではないかと代案を提案して本稿の結びとしたい。

参考文献

[1] ソーカル A, ブリクモン J（2012）「知」の欺瞞. 田崎晴明, 大野克嗣, 堀茂樹（訳）. 岩波書店
[2] https://m.media-amazon.com/images/S/aplus-media/vc/8b275449-feda-4b38-bfb8-1f61f118ee20.__CR0,0,970,600_PT0_SX970_V1___.jpeg
[3] Williams GC（2022）適応と自然選択—近代進化論批評. 辻和希（訳）. 共立出版. xxi
[4] 同書. 2
[5] 同書. xxii
[6] https://m.media-amazon.com/images/S/aplus-media/vc/13757066-3bf7-490e-acb0-227c4c9e7e35.__CR0,0,970,600_PT0_SX970_V1___.jpg
[7] メスーディ A（2016）文化進化論：ダーウィン進化論は文化を説明できるか. 野中香方子（訳）. NTT出版
[8] 田村光平（2020）文化進化の数理. 森北出版
[9] CULTIBASE（2021）探究とは、専門性の枠内に閉じ込められない横断的な活動である—太刀川英

輔さんに聞く創造力の育み方．https://www.cultibase.jp/articles/7133

[10] 太刀川英輔（2022）進化思考で考える地層処分事業の未来．原環センタートピックス．141．7．https://www.rwmc.or.jp/library/file/Topics_No141.pdf

[11] 太刀川英輔（2022）進化思考批判への意見書．http://web.archive.org/web/20220705152337/https://docs.google.com/document/d/1wKacpCXHtoqQPabA6Fy_Hzciz0dL_cCAvSZTbVajGpo/edit

[12] 長谷川眞理子（2002）生き物をめぐる4つの「なぜ」．集英社．27-29

[13] 長谷川眞理子（2015）ダーウィン 種の起源．100分de名著．NHK出版．51

[14] 同書．51-52

[15] 酒井聡樹，高田壮則，東樹宏和（2012）生き物の進化ゲーム—進化生態学最前線：生物の不思議を解く 大改訂版．共立出版．3-4,6-7

[16] 二河成男（2017）生物の進化と多様化の科学．放送大学教育振興会．29-30

[17] 同書．46-49

[18] 長谷川．前掲書（2015）．51

[19] Williams．前掲書．265-266

[20] 河田雅圭（2022.3.20）「種の保存のための進化」はどこが誤りなのか．https://note.com/masakadokawata/n/n41079da12807

[21] 日本人間行動進化学会(2020)「ダーウィンの進化論」に関して流布する言説についての声明．https://www.hbesj.org/wp/wp-content/uploads/2020/06/HBES-J_announcement_20200627.pdf

[22] 松永俊男（2021）ダーウィンと社会思想：悪用の歴史．科学史研究．60．246-252

[23] 毎日新聞（2020.6.21）自民、誤用例の「進化論」で憲法改正訴え ダーウィン模したキャラ漫画．https://mainichi.jp/articles/20200621/k00/00m/010/183000c

[24] 朝日新聞デジタル（2020.6.22）進化論誤用は「分かりやすくするため」 批判に自民見解．https://www.asahi.com/articles/ASN6Q6674N6QULBJ00V.html

[25] 東京新聞 TOKYO WEB (2020.6.26)自民Twitter炎上で注目「ダーウィンの進化論」とは．https://www.tokyo-np.co.jp/article/37932

[26] ヘンダーソン B（2006）反★進化論講座—空飛ぶスパゲッティ・モンスターの福音書．片岡夏実（訳）．築地書館

[27] ムカジー S（2018）遺伝子—親密なる人類史（上）．仲野徹（監修），田中文（訳）．早川書房．164-266

[28] Chitwood DH（2014）Imitation, genetic lineages, and time influenced the morphological evolution of the violin. PLoS ONE. 9(10). e109229

[29] Williams．前掲書．262

[30] ダーウィン C（1990）種の起原（上）．八杉龍一（訳）．改版．岩波書店．180-181

[31] Foster BJ, McCulloch GA, Vogel MF, Ingram T, Waters JM（2021）Anthropogenic evolution in an insect wing polymorphism following widespread deforestation. Biology Letters. 17(8). 20210069

[32] ダーウィン．前掲書．88-89

[33] 長谷川．前掲書（2015）．52

[34] Williams．前掲書．

[35] Radford C, McNutt JW, Rogers T, Maslen B, Jordan N（2020）Artificial eyespots on cattle reduce predation by large carnivores. Communications Biology. 3(1). article 430

[36] Rouxel Y, Crawford R, Cleasby IR, Kibel P, Owen E, Volke V, Schnell AK, Oppel S（2021）Buoys with looming eyes deter seaducks and could potentially reduce seabird bycatch in gillnets. Royal Society Open Science. 8(5). 210225

[37] De Bona S, Valkonen JK, Lopez-Sepulcre A, Mappes J（2015）Predator mimicry, not conspicuousness, explains the efficacy of butterfly eyespots. Proceedings of the Royal Society B. 282. 20150202

[38] 読書猿（2017）アイデア大全．フォレスト出版．163-173

[39] NOSIGNER（2016）動物の系統樹模型．https://cdn.myportfolio.com/d34811da9a50a62738221fa512139d3f/c51bcaf1-05af-4d2d-96a4-a20995607b0f.jpg?h=c7d4556803d189e96afebd084755b22a

[40] 長谷川政美（監修）（2014—）系統樹マンダラ・シリーズ．キウイラボ．https://kiwilab.theshop.jp/

[41] リンネ C(1907)自然の体系(1735初版の復刻版)．京都大学貴重資料デジタルアーカイブ．https://rmda.kulib.kyoto-u.ac.jp/item/rb00000018

[42] Linné C（1768）Systema naturae per regna tria naturae, secundum classes, ordines, genera, species, cum characteribus, differentiis, synonymis, locis. 12ed. Stockholm: Laurentius Salvius. https://gdz.sub.uni-goettingen.de/id/PPN362053855

[43] オルコック J（2004）社会生物学の勝利—批判者たちはどこで誤ったか．長谷川眞理子（訳）．新曜社．296-298

[44] Boothby TC, Tenlen JR, Smith FW, Wang JR, Patanella KA, Osborne Nishimura E, Tintori SC, Li Q,

Jones CD, Yandell M, Messina DN, Glasscock J, Goldstein B（2015）Evidence for extensive horizontal gene transfer from the draft genome of a tardigrade. Proceedings of the National Academy of Sciences. 112(52). 15976-15981

[45] Langley L（2015.12.02）「最強生物」クマムシ、衝撃の DNA 構成が判明 外来 DNA が 17.5%、乾燥、低温、放射線など驚異のストレス耐性を強化？. 米井香織（訳）. NATIONAL GEOGRAPHIC NEWS. https://natgeo.nikkeibp.co.jp/atcl/news/15/a/120100053/

[46] Bemm F, Weiß CL, Schultz J, Förster F（2016）Genome of a tardigrade: Horizontal gene transfer or bacterial contamination?. Proceedings of the National Academy of Sciences. 113(22). E3054-E3056

[47] Koutsovoulos G, Kumar S, Laetsch DR, Stevens L, Daub J, Conlon C, Maroon H, Thomas F, Aboobaker AA, Blaxter M（2016）No evidence for extensive horizontal gene transfer in the genome of the tardigrade *Hypsibius dujardini*. Proceedings of the National Academy of Sciences. 113(18). 5053-5058

[48] Arakawa K（2016）No evidence for extensive horizontal gene transfer from the draft genome of a tardigrade. Proceedings of the National Academy of Sciences. 113(22). E3057-E3057

[49] Boothby TC, Goldstein B（2016）Reply to Bemm et al. and Arakawa: Identifying foreign genes in independent *Hypsibius dujardini* genome assemblies. Proceedings of the National Academy of Sciences. 113(22). E3058-E3061

[50] Lister AM, Stuart AJ（2019）The extinction of the giant deer *Megaloceros giganteus*（Blumenbach）: New radiocarbon evidence. Quaternary International. 500. 185-203

[51] Andersson M（1982）Female choice selects for extreme tail length in a widowbird. Nature. 299(5886). 818-820

[52] Mora C, Tittensor DP, Adl S, Simpson AG, Worm B（2011）How many species are there on Earth and in the ocean?. PLOS Biology. 9(8). e1001127

[53] 鈴木俊貴（2020）小鳥の鳴き声にも単語や文法がある⁉ シジュウカラ語・大研究. Milsil: 自然と科学の情報誌. 13(4). 12-15

[54] ヘックマン JJ（2015）幼児教育の経済学. 古草秀子（訳）. 東洋経済新報社

[55] ドゥエック CS（2016）マインドセット「やればできる！」の研究. 今西康子（訳）. 草思社

[56] 梅棹忠雄（1969）知的生産の技術. 岩波書店

[57] 読書猿. 前掲書

3

山本七平賞選評を読む
Examining Yamamoto Shichihei Award selection reviews

伊藤 潤

山本七平賞は「学術」賞か？

『進化思考』の著者が誇るのが、「進化学の権威」長谷川眞理子博士が選考委員に名を連ねる「学術賞」、山本七平賞の第30回*における受賞である。

松下幸之助が創設したPHP研究所が主催するこの賞の過去の受賞者の一覧[1]を見ると、結構偏りがあるのでは…という感じであるが、趣旨は「「山本学」を顕彰することを目的」とし、「選考基準・対象」は、

（１）政治・経済・歴史・思想・宗教・比較文化等の人文社会科学部門の作品

（２）アイデアに富む着想と平易な表現

（３）日本語表記による既発表論文・著作

となっている[2]。（1）を見ると、同じ人文社会系のサントリー学芸賞[3]との違いがわかる。サントリー学芸賞には「政治・経済」「芸術・文学」「社会・風俗」「思想・歴史」の４部門があるのに対し、山本七平賞は「芸術・文化」を対象としていない。それが（2）の「平易な表現」というユニークな基準にも現れている。回りくどく小難しい文章は対象外ということだ。東大総長就任最初の入学式でその後著作として発表するために書いたであろう難解な文章**を滔々と読み上げて新入生と保護者を辟易とさせた、蓮實重彦のような物書きは相手にしませんよ、ということだろう。（3）については特に言うことはない。ただ、サントリー文芸賞ともども、自然科学とはあまり関係のない賞である。

---

*　なお他の最終候補は吉見俊哉『東京復興ならず：文化首都構想の挫折と戦後日本』（2021，中央公論新社）、森本あんり『不寛容論：アメリカが生んだ「共存」の哲学』（2020，新潮選書）であった。

**　1997年の東大入学式祝辞は蓮実重彦『知性のために』（1999，岩波書店）に収録されている。読んでも難解な文章を耳でどうにかしろ、というのだから初年度の意気込みを考慮しても失礼だったと思う。

　「山本学」というが、そもそも山本七平（*1921―†1991）という人物自体、どう評価すれば良いのか難しい。山本は1970年に日本生まれのユダヤ人という設定の「イザヤ・ベンダサン」として『日本人とユダヤ人』[4]で文筆家デビュー。デビューとは言うが、既に48歳であった。この本は合計300万部も売れたという。その後本多勝一（*1932―）との論争*などで馬脚を現し、数年後には「イザヤ・ベンダサン」を諦め本名の山本七平としての活動に移行したようである。

　作家が別人格あるいは別名義を用いることは珍しいことではない。アガサ・クリスティが「メアリ・ウェストマコット」として小説を書いたり、林佳樹が「白鳥瞳」として作詞をしたり、葛飾北斎が「鉄棒ぬらぬら」として春画に蛸を描いたりしている。また売り出すために外国人を装う例もある。「黒い呪術師」アブドーラ・ザ・ブッチャーは「スーダン出身」ではなくカナダ人だし、「アンドレ・ザ・ジャイアントの足を折った」キラー・カーンこと小澤正志は当然モンゴル人ではない。最近では明らかにギミックとわかる自称イタリア人のパオロ・マッツァリーノのような物書きもいる。インパクトのあるキャラクター設定や覆面（正体不明）でデビューする戦略もよくあることだ。「悪魔」として顔を「鱗粉のようなもの」で塗って「世を忍ぶ仮の」年齢に10万歳プラスしたり、「総理大臣の孫」という特大のインパクトをスペーシーな王子キャラ「☆STARDUST」で覆ったり、あるいは実際に覆面のSlipknotのようなミュージシャンもいる。だが、これらのなりふり構わぬ例はいずれもエンターテイメント**の世界での話だ。48歳といえば、チャールズ・ダーウィンが後に『種の起源』となる原稿を書き始めた頃である。羽柴秀吉が関白となった歳であり、聖徳太子や上杉謙信は病に斃れ、ナチスに追われたヴァルター・ベンヤミンは服毒してその生涯を閉じた歳である。そんないい歳でキャラクター設定での「知識人」デビューは流石に恥ずかしくないだろうか。舶来モノをありがたる日本の「空気」に自説を乗せるため、いわゆる「出羽守」***としてユダヤ人を騙ったの

---

*　　誌上でのこの公開論争の全文は本多勝一『殺す側の論理』（1984，朝日新聞社）で読める。

**　　パオロ・マッツァリーノの正体は社会学者とも噂されるが、少なくともパオロ名義では「戯作者」を名乗っているので、エンターテイメント扱いをしても本人が怒ることはないだろう。またその後の例の「悪魔」は聖飢魔Ⅱ、「総理大臣の孫」はDAIGOのこと。

***　　戦国大名最上義光、ではなく「欧米では」「フランスでは」という言い回しとそれを好む輩のこと。こういうスラングはすぐに廃れて将来読まれたときに理解されないだろうから註を付けようと思ったが、1950年に既に生まれていたという（高橋信夫『昭和世相流行語辞典』（1986，旺文社）p.119）。

だとすれば、批判されても仕方ないだろう。本書まえがきにも書いたが、目的は手段を正当化しない。しかも自分の意志で始めたギミックに殉じず、かといって自分の手で終止符を打って後始末をしないあたり、覚悟も中途半端で無責任ではないか。「こりん星は爆発しました」と自ら宣言するか、さもなくば、好きで始めたわけでもないのに「お前、平田だろ」と生放送で正体を暴かれてからも、引退まで約30年マスクをかぶり続け、さらには息子に受け継がせる、それくらいの気概が欲しい*。またユダヤ人設定も甘いようで、神学者の浅見定雄による批判本『にせユダヤ人と日本人』(1983)[5]の中では浅見本人によ

る批判に加え、ユダヤ人であるMIT教授ハロルド・アイザクスとB・J・シュラクターの2名による「この著者はユダヤ人ではない」旨の書評も紹介されている。『にせユダヤ人と日本人』を読む限り、ユダヤ人に関する知識が正しい正しくない以前に、さほど難解ではない英文すら山本はまともに訳せていない。

　『「空気」の研究』(1977)[6]のように鋭い視点もあるのだろうが、辛口コラムニストのことを学識経験者とは呼ばないわけで、この在野の「批評家」による「山本学」を顕彰する賞を「学術賞」と呼びうるのか、編者には疑問である。

　この賞の記念品として送られる[7]山本の著書『静かなる細き声』(1992)には「科学」と題した一節があり、進化論や江戸時代に『心学奥の桟』(1822)で動植物の単一起源説を唱えた鎌田柳泓にも触れているのだが、科学については「サイエンス」と言い替えるのみで、山本の科学観はよくわからない。ただ、科学よりキリスト教の伝道に重きを置いているであろうことだけが読み取れる。

　　日本における伝道の障害になっているものは、おそらく「科学」と言いかえられた「何らかの宗教的なもの」なのである。[8]

本当に彼女が評価したのか？

　そんな科学への関心の低そうな山本七平の名を冠する賞であるが、選考委員

---

*　「こりん星（のりんごももか姫）」は小倉優子、「お前、平田だろ」は藤波辰巳（現・辰爾）に正体をバラされたスーパー・ストロング・マシンと実子ストロングマシーン・Jのこと。

に学識経験者を集めているという点で「学術賞」の体裁が整えられているとは言えそうだ。しかし、その選考において本当に『進化思考』は評価されたのだろうか。特に、「進化学の権威」の長谷川眞理子博士に。本稿では山本七平賞が発表された『Voice』2022年1月号に掲載された選考委員5人全員の選評を検証する。

長谷川眞理子選評を読む

> 私は、生物の進化という現象を研究する進化生物学者の一人である。本書の著者は、そのような進化生物学者ではない。つまり本書は、題名から思い浮かぶものとは違って、進化生物学の書そのものではないのだ。そうではなくて、著者が著者なりに「進化」という現象の意味を理解し、その本質を抽出して、それを、人間が生み出す技術の発展やイノベーションの創成に応用しようとした考察である。
> 人間は生物であり、生物は進化の産物である。生物が見せる現象のすべてには進化が関わっている。だから私は、人間がやることのすべて、つまり、人間の社会の仕組みも個人の意思決定も文化の変遷も、すべては、進化的思考で解析する余地があると考えている。経済学も、社会学も、法学も、文学も、進化で分析してみてわかることはたくさんあるにちがいないのだ。実際、そのような進化◎◎学という新分野は、今やどんどん創設されている。
> 本書は、そのような試みの一つではあるのだが、そこにとどまらないところがユニークである。技術的、芸術的創作という人間の活動が、進化に照らしてどのように解釈できるか、というのは基本であるのだが、その先に、その仕組みを利用して、より新規な創作をするには、進化的な考えをどのように使おうか、という提案がなされている。ヒトの活動は進化の産物なのだが、今度は、進化の法則を積極的に利用して、新たなものを生み出そうという提案であるところが新しい。[9]

　まずは長谷川博士の選評だが、『生物が見せる現象のすべて』という題がついている。全員の選評の題は選評を読んだ編集部がつけたものではないかと思う。選評を書いてほしいという依頼の際、文字数は指定されても題名をつけることまで求められないのでは、と思うのだ。そのため題は検証対象に含めない。

第1文と第2文で、私（長谷川）は進化生物学者であるが著者（太刀川）は進化生物学者ではない、と自身は専門家であることを宣言し、同時にこの本は門外漢が書いた本だと断じている。第3文は「進化」の語が通常想起させるであろう内容と本の内容が異なっている、と指摘しており、題名に「進化」を使っていることについて不適切だと捉えていることが窺える。第四文では素人なりの「考察」だと評している。考察すること自体は自由である。また第十一文では「提案」とも評している。『進化思考』の文中で「明らかにした」「証明した」といった鼻息の荒いフレーズが目立つのと対照的と言えよう。

次に第二段落であるが、第五文から第八文にかけては『進化思考』のコンセプトにやや好意的な書きぶりであるが、第七文で敢えて「進化的思考」という「進化思考」と一文字異なる語を用いている。ここにも『進化思考』に対する否定的なスタンスが見え隠れする。第九文も難解な文である。「進化◎◎学」に対して肯定的なのか否定的なのかよくわからない。肯定的であるならば、具体例をひとつくらい挙げても良さそうなものだ。

最終段落のはじめの第十文の「そこにとどまらない」という言い回しも褒めているのか皮肉なのかわからない。第十文では「ユニーク」、最終文では「新しい」と評して締めくくっている。例えばプロアスリート—仮に大谷翔平選手としよう—がファンから「こんな握りの独自の変化球を考案したんですけどどうですか？」と訊ねられたとしたら「ユニーク」で「新しい」ですね、くらいは言うだろう。ただこれをプロのお墨付きと言うのは無理があると思う。

以上、全体としてあまり是認しているとは感じられない文章であった。

養老孟司選評を読む

進化にはさまざまな法則が認められている。著者はそれらを参考にして、いわゆるイノベーションの参考資料にしようとする。

各論については、本書を読んでいただくしかないが、進化における諸法則を応用して考えるという着想の新しさは、たんなるノウハウ本の域をはるかに超えている。各項目に関して述べられる事例も生き生きとしていて、読み物としても面白い。この点は、著者が絶えず思考を止めないことを示している。地球上での三十五億年の生物進化の解答が現在のわれわれであって、その過程がわれわれを創りあげてきた。それならその

過程を左右した法則が、今後の過程の進行の参考にならないはずがない。著者の方法は基本的にはアナロジーであり、動物行動学者のコンラート・ローレンツはノーベル賞受賞講演のなかで、自分の方法はアナロジーだけだ、と述べた。いわゆる「独創性」を重視する学問研究の世界では、これをいう人は少ない。しかしイノベーションのように「独創性」が重視される局面では、アナロジーのもつ意味は重要で、本作品はその意味で貴重であり、山本七平賞に値するものといえよう。[10]

　続いて、もう１人の自然科学系の選考委員である養老孟司博士の選評である。『進化思考』を「アナロジー」として好意的に評価している。養老博士は過去2002年にもコンラート・ローレンツのノーベル賞受賞講演について言及し、学問は対象ではなく方法論だ、という持論を展開している[11]が、「アナロジー」としたことによって厳密性・正確性に関する評価から降ろしたとも言える。第三文で各論について自身の評価を明らかにするのを避けているのは科学者としてのせめてもの矜持だろうか。もっとも上の記事では「一度も科学者だったという記憶がない」[11]とうそぶいているが。

　第四文の「述べられる事例も生き生きとしていて」というのは表現としてよくわからない。当書に生き物の事例が多いのは確かだが、「生き生きと描写する」というような場合も基本的には生き物を対象として使う語だと思うのだが。

八木秀次選評を読む
　知的刺激に満ちた著作だ。読み進めるごとに目の前が開かれ、新しい世界を見る思いがした。
　デザイナーとしてすでに名を知られた著者は学生時代からの長い経験・思索の末に「進化思考」という独自の発想に辿り着く。
　「創造（イノベーション）」に似た現象が生物の進化にあると気付き、独学で生物学や進化学を学んで得たのは、生物の進化も創造も「変異」と「適応」の繰り返しで生じているという結論だった。
　「変異」は「変量」「融合」など九つのエラーのことで、たとえば「変量」では「超大きく」することで全長二四メートルの「シロナガスクジラ」、商店を大きくした「スーパーマーケット」が生まれた。「超小さく」

することで最小の哺乳類「コビトジャコウネズミ」、ラジカセを小さくした「ウォークマン」が生まれたなどとする。
「変異」だけでは自然界で生き残れないことから、「適応」が必要になる。「適応」には「解剖」「系統」など四つがあるとする。
三十五億年の生物の進化を体系化する試みには、選考委員会でも細部に異論があるとの指摘もあったが、それをおいても、生物の進化と創造の近似性の指摘、生物の進化から自然と調和する創造を導き出そうとする試みは著者の発明発見であり、「進化思考」を教育に応用したいとの志を含めて、他に代えがたい優位性があるとされた。
多くの人に読んでほしいとの思いによる丁寧な本づくりも評価された。本書の内容が広く共有され、「創造」に寄与することに期待したい。[12]

　次は「Y染色体の刻印」[13]として、蔵琢也や竹内久美子らを引用しながら神武天皇のY染色体が引き継がれることが重要だと唱える八木秀次による選評である。もしY染色体に突然変異が起きた場合は神武天皇と同じY染色体ではなくなってしまうがどうするのか、という素朴な疑問への答えに詰まるような論なので（神武天皇より「進化」した天皇になったから良い、とでも言うのだろうか）、その提唱者の選評が進化学的に重要だとは思わないが、一応読んでみる。「目の前が開かれ、新しい世界を見る思い」、それはそうだろう。本来無関係のものを無理やり結びつけているのだから、他の誰も描いていない「新しい世界」には違いない。これはトンデモ本や陰謀論に共通する問題点なのだが、その業界で誰も言っていない（歯牙にも掛けない）が故に新規性があるように見え、また「隠された真実であるが故にこれまで誰も言っていない、誰も言っていないことこそが隠された真実である証拠」という強弁がまかり通ってしまう。
　「ウォークマン」が「ラジカセを小さくした」ものではないことは次章参照。
　ちょっと驚くのは最後の「丁寧な本づくり」である。装丁が評価されたのだろうかと思ったが、授賞式の八木の講評によると「図や写真を多用したわかりやすい説明や、巻末に詳細な目次をつけているなどの工夫」[14]のことだという。図や写真を用いるのはごく普通のことだと思うのだが…。
　さて、重要なのは第九文の「生物の進化を体系化する試みには、選考委員会でも細部に異論があるとの指摘もあったが」という箇所である。八木以外の委

員から『進化思考』の「進化」の部分について異議が唱えられていたことが明かされている。その人物は誰なのか。

伊藤元重選評を読む

創造ということは、いろいろな分野の人たちがそれぞれの視点で考えるテーマだ。ただ、自分の領域を超えて創造や創造性のあるべき姿について考える機会は少ない。ましてや創造について体系化して考えようという人はもっと少ないだろう。その意味では本書は野心的な試みである。本書では、生物の進化の考え方に基礎を置いて、創造のあるべき姿について徹底的に詰めた議論をしている。

「生物は〝変異による挑戦〟と〝自然選択による適応〟の繰り返しによって進化してきた」が、創造は「『どうできるか（HOW）』試し続ける偶発的な変異と『なぜなのか（WHY）』に基づいて選択し続ける適応を往復する進化ループ」から生まれると著者は主張する。そうした主張が説得的であるのは、変異を九つのパターンに、適応を四つの特徴に整理し、著者の専門であるデザインの分野での事例などを使って具体的に説明しているからだ。変化の九つのパターンは生物の変異の事例を使って説明しており、そうした変異を描いた挿絵や写真での描写が説得的である。

生物学の進化を論じた本としてみると専門的な知見と異なることがあるのかもしれない。ただ、生物の進化のプロセスに徹底的に拘りながら創造や創造性について論じた点が本書を魅力的にしている。本書を読みながらあらためて創造や創造性とは何か真剣に考える読者も多いはずだ。それも他人事としての創造ではなく、自分がどう動いたら良いのかというHOWの部分に拘っていることが本書の魅力でもある。[15]

第二文、第四文の「創造や創造性のあるべき姿」や「創造のあるべき姿について徹底的に詰めた議論」が本のどの辺りを指しているのか不明である。創造の方法論については書いてあるが。本当に当書を読み通したのかやや疑問が残る。

第二段落はあらすじ説明的読書感想文といった体裁である。

重要なのは最終段落である。「生物学の進化を論じた本としてみると専門的な知見と異なることがあるのかもしれない」と他人事のように書いていること

から、異議を唱えたのは伊藤博士ではないことがわかる。

　なお「拘る」という語は「拘泥」のように本来は良い意味の言葉ではない。「私のこだわり」のような用法も今では誤用とまでは言えないが、賞の選評のような公式の文章で使うのは不用意だろう。皮肉で使っているのであれば話は別だが。

中西輝政選評を読む

　本年度の山本七平賞受賞作となった『進化思考』は、日本文化と「創造性の方法」をめぐる戦略という、長年にわたる私自身の関心に有力な示唆を与えてくれた作品です。

　歴史や国際関係を専門とする私の立場からは、もとより専門的な視点からの評価をするだけの自信はないのですが、著者の強い問題意識に裏打ちされた本作は、今日の日本を取り巻く諸状況を考えるとき、たいへん重要な知的貢献を行なっている試みと感じました。

　創造性の源泉を探る試みには多くのアプローチがあり得るが、日本人には伝統的に感性に傾斜しやすい特性のゆえか、いわゆる「ひらめき」を重視する傾向がとりわけ強いように思われます。つまり直感、それもたいへんに個人的あるいは属人的なものによってこそ真に価値ある知的創造がなされるのだ、という考え方です。

　こうした発想の背景にはとても深遠で高邁な精神の志向が横たわっていて、これはこれで高く評価すべきアプローチだと思います。ただ、そこには多くの人が追随したり応用したりすることができる方法論が欠如しており、ともすれば職人的な「縮み志向」が壁となって、〝創造性の普及〟が阻まれている実態があるように思います。

　本書はこうした隘路をぶち破るため、われわれ人間界の周囲に広がる自然界に眼をやり、生物進化のなかに見出しうる「匠の技」の構造を果敢に解明することで、創造性の根幹に関わるロジックに光を当てようとしている。専門的な見地からは、おそらく多くの留保や異なる評価もあり得るでしょうが、世代や分野を超えた関心と現下の社会的課題に答えようとする試みとしても、受賞作として価値ある一作ではないでしょうか。[16]

　第2文にあるように「歴史や国際関係を専門とする私の立場からは、もとよ

り専門的な視点からの評価をするだけの自信はないので」あれば、専門家の意見を尊重すべきだと思うのだが。中西は15年ほど昔の著書『本質を見抜く「考え方」』(2007) で「「直感」を大事にすることです」[17] と書いているのだが、この選評では直感重視は第六文で「多くの人が追随したり応用したりすることができる方法論が欠如して」いるとして批判的な見解を示している。しかし第2文後半で「たいへん重要な知的貢献を行なっている試み」と「感じ」て評価をしているのだから、結局のところ「考えるな、感じろ」派なのだろうか。

　最終文には「世代や分野を超えた関心と現下の社会的課題に答えようとする試みとしても」価値がある、とあるが、「高邁な精神」で「隘路をぶち破るため」という目的が「試み」にすぎない手段を正当化してしまっている。

　最終文に「専門的な見地からは、おそらく多くの留保や異なる評価もあり得るでしょうが」とあるので、異議を唱えたのは中西でもない。

結論

　さて、これでわかったであろう。長谷川眞理子博士か養老孟司博士のどちらか、あるいは両名が選考会で反対したのだ。

　進化学会で聞いた人の話では、長谷川・養老両博士は『進化思考』の選出に大反対したが、他の審査員が聞く耳持たなかったとのことである。また、これも筆者松井を通した伝聞の伝聞なのだが、長谷川博士ご本人が「過去の失点なので考えたくない」と言っているらしい。本書の企画にあたり、長谷川博士に本書への寄稿依頼の文書をお送りしたのだが、特に返答は頂けなかったため、確証は得られていないが、以上のように、彼女が進化生物学者の観点から『進化思考』を高評価した、ということはなさそうなのである。だが、結果としては賞を与えてしまったため、著者に余計な自信を与えてしまった。著者が講演などで

> 昨年、養老孟司先生や長谷川眞理子先生が、山本七平賞という賞をこの本に授けて下さいました。だから、この本は学術的な根拠のない議論を連ねたとんでもない本ではなくて、生物学的に見ても、経済学的に見ても、ある程度読める本になっているんじゃないかなと思います。[18]

と吹聴してまわるのも無理からぬことではある。長谷川と養老の責任は重い。

審査員に求められるリテラシー

　本書まえがきに書いたように、『土偶を読む』[19] という本がある。見仏やゆる
キャラと同じようなもので、大槻ケンヂと並んでの「第24回みうらじゅん賞」[20]
受賞が丁度良いオモシロ本なのだが、何をどう間違えたのか第43回サントリー
学芸賞が「社会・風俗」部門（「思想・歴史」部門ではない）に選出してしまった。養
老博士はその本にも好意的な書評を寄せている。「土偶には私はまったく興味が
なかった。」[21] と書いているので、コロッと騙されてしまったのだろう。騙され
てしまうリスクは各分野の専門家以外の審査員には避けがたく付きまとう。
　通常、賞や設計競技（いわゆるコンペ）は審査員より応募者の方が圧倒的に真剣
である。ノーベル賞のような他薦のものはともかく、自ら応募する場合は過去の
受賞例から「傾向と対策」を分析するのが常だし、応募書類に多少内容を盛っ
て書くこともあるだろう。一方の審査する側は、自身の専門分野での審査です
らそう簡単ではない上に、賞の運営側が審査員にもネームバリューを求めた結
果、専門外の分野の審査に駆り出されたであろう例も多い。「書籍は情報源とし
て信頼性が高いと一般的に思われている」[22] し、過去の多くの著者や編集者の
良心によって積み上げられてきた出版の文化がそれを担保している。そこに賞
という「お墨付き」まで加わったとなれば、よほどの強い関心がない限り、無批
判で受容してしまうのも無理からぬことである。例えばピューリッツァー賞を
受賞し、東大生協書籍部でも20年以上の長きに渡って売れ続けている（コロナ禍
で「病原菌」が再注目されたのか2020年3月にも月間4位にランクインした）進化生物学者ジャレ
ド・ダイアモンドの "Guns, Germs, and Steel"（邦題『銃・病原菌・鉄』）も「英
語圏では地理学者をはじめ学術界から数々の強い批判を受けてきた」[23] ことを
ご存じだろうか（浅学な編者も本稿執筆の課程で知ったのだが）。審査員の目が利かない
と、結果的に不確かなものの拡散に加担することになってしまう。
　それは本に限らない。工業製品でも同じことが言える。図1は2013年度の
グッドデザイン賞を受賞した掛け布団『オンドチョウセイ カケフトン スマー
トセル』（受賞番号13G020171）[24] である。

　　　　コンセプトは「一年中使えるふとん」である。「快適な睡眠環境の提供」と
　　　　「収納しないことによる省スペース化」を実現した。温度をコントロール

　　　する植物性特殊繊維の使用とキルティングデザインによって一年を通し
　　　て快適な寝床内気候を提供することに成功。いつもベッドの上にあること
　　　で寝具の収納行為そのものを不要にした次世代寝具「温度調整掛け布団」。

が応募者によるコンセプトである。対する審査員の評価コメントが次の文章だ。

　　　温度調整機能を持つ繊維を用いた一年中使える布団。年間通して使える
　　　ため、使用しない布団を収納するスペースを必要としない。肩口を冷や
　　　さないよう体にフィットする立体的なキルティングパターンが特徴であ
　　　る。収納を必要としない布団という切り口がユニークで、素材と造形の
　　　組み合わせで問題解決を実現した良い事例である。

　この受賞対象の評価ポイントは「収納を必要としない」というコンセプトを
「実現した」「素材と造形」である。コンセプト自体も評価されているが、実現
しなければ絵に描いた餅なので、つまり「温度調整機能を持つ繊維」と「体に
フィットする立体的なキルティングパターン」がポイントということである。
　使用されている「温度調整機能を持つ繊維」は「Cell Solution®」という商品で
あり[25]、業界関係者なら容易に予想がつくのだが、PCM（Phase-Change Material、
相変化材料）を用いた繊維である[26]。2023 年に PCM を使ったネッククーラーが
大量に出回りだしたので、PCM の語を目にしたことがある読者も多いのでは
ないかと思う。建材として「潜熱蓄熱材」の呼び名でも知られている。PCM は
簡単に言えば個体（固相）から液体（液相）になる際に熱を吸い、逆に液体から
個体になる際に放熱する性質を利用するものだ。水では通常状態で 0 度で氷か
ら水になるが、PCM はその温度を例えば 28 度あたりに設定して作られる。氷
と同様に PCM も一度融けてしまうともう熱は吸わない（冷たくならない）。だが
人間は恒温動物である。一晩中発熱は続く。逆も同じで、冬場、夜になって部
屋が冷えて来ると日中に蓄えた熱を放出して固くなるが、一度放出すればもう
それ以上の熱は出てこない。「温度調節機能」というのはその程度のことである。
多少の性能（吸熱量）の差はあるにせよ、原理的に限界があることは明らかだ。
もしこの繊維がエアコンの冷媒のように、そして電力などのエネルギーを必要
とせずに、掛け布団内外で熱交換ができると思ったのだとしたら、おめでたい

図1　グッドデザイン賞 13G020171　　図2　グッドデザイン賞 02A05014

限りだ。地球のエネルギー問題が解決できてしまいそうな大発明だろう。審査員たちは素材を過大評価（実態は応募者の説明を鵜呑みにしただけだろうが）している。

　もうひとつの「体にフィットする立体的なキルティングパターン」も噴飯ものだ。図2[27] の 2002 年度グッドデザイン賞金賞の掛け布団『エルゴスター』（受賞番号 02A05014）[28] をご覧いただきたい。「立体的なキルティングパターン」を採用し、寝具で初めて金賞を受賞した、業界では有名な製品だ。グッドデザイン賞の受賞対象は毎年千件程度あるのだが、金賞は年度ごとに十数件しかないため注目されやすく、当時まだ農学部にいた編者もネットニュースか何かで目にしなんと画期的だろうと感心した記憶がある。その過去の金賞の模倣だとすれば評価には値しない（すべきではない）し、11 年も前の金賞だからもう業界スタンダードだ、というのならわざわざ顕彰すべきものではない。もしその部門における過去の金賞を審査員が知らない（調べていない）のだとしたら、怠慢だ。

　好評価の商品レビューも見られるが、詰め物がへたっていない新品の掛け布団はボリュームがあり、買い替え前より相対的に気持ちが良いものである。「全然温度調節されない」というようなレビューこそが実情を伝えていると考えるべきだ。

　以上のように、この受賞対象は「素材と造形」どちらも高く評価すべきではないものである。それを評価してしまったのは、科学リテラシーの欠如と賞に対する勉強不足が原因だ。まさに本書が警鐘を鳴らしていることである。個別のファクトチェックは難しいとは思う。だからこそ、それを補う最低限のリテラシーが重要なのだ。基本となるのは義務教育、中学校までの算数と理科であ

る。さらに高校の数学と理科4科目までしっかり学べば相当のリテラシーが身につく筈である。この時の審査委員は山本秀夫、池田美奈子、左合ひとみ、松田朋春の4名である。少なくとも半数の2名、最終的には過半数の3名以上が迂闊にもこの審査対象を評価したということであろう。山本はインダストリアルデザイナー、左合はグラフィックデザイナーであるが、残りの池田は「編集者」、松田は「プランナー」の肩書であった[29]。近年、グッドデザイン賞は「デザイナー」以外を積極的に審査員としている。個人的にはこの傾向には反対である。「デザイン」は「デザイナー」だけが担うものではないとして「デザイン」の概念を拡大し、「デザイン経営」宣言[30]や「デザイン思考」の広まりなどと相まって「デザイン」の地位を向上させているようでいながら、「デザイナー」の地位を相対的に低下させているからだ。例えば「バイヤー」の審査員など「グッドデザイン」の審査に必要なのだろうか。「バイヤー」の評価は市場での評価で十分ではないのか。JIDAが「日本インダストリアルデザイナー協会」から「日本インダストリアルデザイン協会」に改称し、その理事長が「デザイナー」よりも「デザインストラテジスト」や「進化思考家」の肩書を掲げていることも、この「デザイナー」軽視の風潮と無縁ではないように思う。「○○デザイナー」のような細分化した新しい肩書を作るのはまだ良いとして、「デザイナー」の肩書を避け、「クリエイティブディレクター」*のように他の肩書を名乗る者も少なくない。「デザイナー」を名乗ることにプライドを持てないのだとしたら、業界としてあまり健全な状態ではないだろう。なお、建築界ではこのような傾向は見られないように思う。合格率が10%程度という難関国家資格である「一級建築士」であっても、それなりの実績がないと「建築家」を名乗るのに気後れするくらい、建築界では「建築家」の価値が保たれている。もちろんそのことにも是非はあるだろうが、デザイン界と正反対であることは意識しておいても良いだろう。

　さて、なぜこの掛け布団の例をここで出したかというと、この時の審査委員のひとりである池田が2022年の放送大学の面接授業「創造の思考法」を担当し、全8回のうちの最後の1回を「進化思考を考える」にあてていた[31]らしいからだ。シラバスは前年度のうちに書くのが通例なので、我々の発表以前に企画したものだと推測するが、実際にどのような授業だったのかはわからない。多少

---

*　「クリエイティブディレクター」と「デザイナー」は仕事の内容が異なるのであまり良い例ではないが。

は批判的な視点を加えてくれていたら良いのだが…と願うばかりである。

　審査員というのは責任が重いものだ。一度与えてしまったお墨付きを消すのは難しい。賞はすぐに権威化するし、権威化しない賞は存在意義がないとも言えるだろう。「見破る判断力が社会の側に求められる」と言えなくもないが、一応「専門家」「有識者」として選ばれている筈の審査員が見破れなかったものを社会に見破れというのは無理な話だ。朝日放送テレビ『M-1 グランプリ』のように、審査員の発する評や点数が話題になるくらいが健全なのかもしれない。

参考文献

[1] PHP研究所(n.d.)山本七平賞受賞作品一覧. https://www.php.co.jp/company/yamamoto/winning_work.php
[2] PHP研究所（n.d.）山本七平賞. https://www.php.co.jp/company/yamamoto/
[3] サントリー文化財団（n.d.）サントリー学芸賞とは. https://www.suntory.co.jp/sfnd/prize_ssah/
[4] イザヤ・ベンダサン（1970）日本人とユダヤ人. 山本書店
[5] 浅見定雄（1983）にせユダヤ人と日本人. 朝日新聞社
[6] 山本七平（1977）「空気」の研究. 文藝春秋
[7] PHP（2021）第30回「山本七平賞」最終選考結果のお知らせ. 受賞作は太刀川英輔著『進化思考』. https://www.php.co.jp/news/2021/09/yamamotoshichihei30th.php
[8] 山本七平（1992）静かなる細き声. PHP研究所.
[9] 長谷川眞理子（2021）生物が見せる現象のすべて. Voice. PHP研究所. 529. 184-185
[10] 養老孟司（2021）ノウハウ本の域をはるかに超えている. Voice. PHP研究所. 529. 186
[11] 養老孟司（2002）科学者のありかた. 科学. 岩波書店. 72(4). 381
[12] 八木秀次（2021）長い経験・思索の末に辿り着いた独自の発想. Voice. PHP研究所. 529. 185-186
[13] 八木秀次（2005）本当に女帝を認めてもいいのか. 洋泉社. 76-83
[14] 松下幸之助創設PHP研究所（2021/12/22）第30回山本七平賞・贈呈式（太刀川英輔著『進化思考』）. YouTube. https://www.youtube.com/watch?v=a56k8q_cVD0
[15] 伊藤元重（2021）創造や創造性とは何か、自分事として考える. Voice. PHP研究所. 529. 183-
[16] 中西輝政（2021）現下の社会的課題に答える取り組み. Voice. PHP研究所. 529. 183-184
[17] 中西輝政（2007）本質を見抜く考え方. サンマーク出版. 38
[18] 太刀川英輔（2002）進化思考で考える地層処分事業の未来. 原環センタートピックス. 141. 3-16
[19] 竹倉史人（2021）土偶を読む. 晶文社
[20] みうらじゅんチャンネル（2021）2021年 第24回みうらじゅん賞 発表！. YouTube. https://www.youtube.com/watch?v=_oL1_3aaqjc
[21] 晶文社（2021）養老孟司先生「偏見を打ち破る学問の仕事」――『土偶を読む』書評. https://note.com/shobunsha/n/n4cae4fc16cff
[22] 矢田勉（2020）日本語学会の社会的役割と『日本語学大辞典』. 日本語の研究. 16(1). 37
[23] Jared Diamond（1997）Guns, Germs and Steel. W. W. Norton
[24] ニトリ（2013）オンドチョウセイ　カケフトン　スマートセル. グッドデザイン賞. 13G020171. https://www.g-mark.org/gallery/winners/9d91d5f4-803d-11ed-862b-0242ac130002
[25] ニトリ（2013）「温度調整掛ふとん　スマートセル3」が2013年度グッドデザイン賞を受賞！. https://www.nitorihd.co.jp/news/items/20131001.pdf
[26] Cell Solution（n.d.）. https://www.cellsolution.eu/
[27] 西川（n.d.）「エルゴスター掛けふとん」2002年度グッドデザイン賞 金賞受賞（寝具初受賞）. https://www.nishikawa1566.com/company/history/19.html
[28] 大阪西川（2002）ERGO-STAR（エルゴスター）. グッドデザイン賞. 02A05014. https://www.g-mark.org/gallery/winners/9d07c571-803d-11ed-862b-0242ac130002
[29] グッドデザイン賞（2013）審査委員. https://archive.g-mark.io/past-awards/2013/judges.html
[30] 産業競争力とデザインを考える研究会（2018）「デザイン経営」宣言. 経済産業省・特許庁. https://www.jpo.go.jp/resources/shingikai/kenkyukai/kyousou-design/document/index/01houkokusho.pdf
[31] 放送大学教養学部（2022）2022年度第2学期面接授業時間割表 九州・沖縄ブロック版. https://www.sc.ouj.ac.jp/center/fukuoka/upload/2022年度第2学期面接授業時間割表.pdf. 31

4

『進化思考』を校閲する

Factchecking *Evolution Thinking*

伊藤 潤・松井 実

本章は、『進化思考』の記述の科学的・論理的妥当性に関する問題点を中心に指摘したリストである。ウェブ上に公開したもの[1]に加筆・修正を加えている。ウェブ上のリストより本章のほうがより入念であるため、参照する際は本章を優先してもらいたい。指摘のうち伊藤による指摘の冒頭に🄘を、松井による指摘の冒頭に🄜を付記した。二人で担当章は分けていないため、中には伊藤と松井がそれぞれ指摘している箇所もある。逆に言えばほとんどの指摘はどちらかしか問題視していない箇所とも言え、伊藤と松井の問題意識の向かう先が違うことを示しており、それはそれで興味深いことかもしれない。

本章は『進化思考』の校閲として機能すると考えているが、指摘そのものは互いに最低限のチェックをした程度で、本来の意味での校閲 factcheck はされていないことに注意してほしい。

☞　｛帯｝

> 結合の要素が分かれば、誰もが創造できる。
> この本は、流し読みにはもったいない。
>
> ——ビジネスデザイナー　濱口秀司

🄘 お愛想としては「この本は、流し読みには悪くない。」くらいが適当だろう。

　あらゆる人に創造性を発揮してもらい、美しい未来をつくりたい、という著者の意図には全面的に賛成できるし、「変異」と「適応」も発散と収束の言い換えであり、デザイナーにとっては馴染み深い（が特段目新しくもない）ものだが、この分野に馴染みの薄いノンデザイナーにとっては気付きも多い本かもしれない。「デザイナーってこんなに色々なことを考えてデザインしているのか」と認識してもらえるようになるのであれば、ありがたいことでもある。参照されている生物学の事例も読者が自分でも調べてみるきっかけとなるのであれば良いと思う。

　だが全編にわたって誤りが多過ぎるし、基本的に非論理的な文章である。「流し読み」

にとどめておくべきだ。これがどこかでの「講演」の文字起こしであれば目くじらを
立てることもないのだが、編集を経た本として世に出すにはあまりにもお粗末である。

　そもそも「結合の要素」というが「結合」の語はたった5回しか出てこない。そのうち
2回はシュンペーターの「イノベーション」の「新結合」としてである。むしろ当書で
は「オズボーンのチェックリスト」の「結合」との差別化を図ろうとしたのか「融合」
の語を用いているわけで、この推薦文は本の内容に対して不適当とも言える。濱口は
当書を「流し読み」してこの推薦文を書き、出版サイドはその推薦文を「流し読み」
して修正を打診することもなくそのまま帯にレイアウトした、ということだろうか。

　濱口も『進化思考』の「バカと秀才」(p.42) 同様の「〈正気〉と〈狂気〉」[2] の混在モー
ド「Structured Chaos」[3] の重要性を説くが、明快に整理され構造化されている。学術
を気取ることもなく、あくまでツールだとする濱口の言説の方がむしろ一読の価値が
ある。

☞ {本表紙}

※ EPUB 版には本表紙が存在しない。

| 　　thantaz（ゲルマン祖語）→ think

Ⓜ Etymonline によると、

> think(v.)
> Old English *þencan* "imagine, conceive in the mind; consider, meditate, remember; intend,
> wish, desire" (past tense *þohte*, past participle *geþoht*), probably originally "cause to appear
> to oneself," from Proto-Germanic **thankjan* (source also of Old Frisian *thinka*, Old Saxon
> *thenkian*, Old High German *denchen*, German *denken*, Old Norse *þekkja*, Gothic *þagkjan*).
> Old English *þencan* is the causative form of the distinct Old English verb *þyncan* "to seem, to
> appear" (past tense *þuhte*, past participle *geþuht*), from Proto-Germanic **thunkjan* (source also
> of German *dünken*, *däuchte*). Both are from PIE **tong-* "to think, feel" which also is the root of
> thought and thank.[4]

とあるので、ゲルマン祖語であれば **thankjan* か **thunkjan* を語源としてあげるべきだろ
う。ちなみに語源学においてアスタリスク（*）はその語が理論的に再構築された、推

定されたものであることを示す。この理論的な再構築には文化系統学がしばしば用いられるようだ[5]。私は同様の祖先形質の復元を最近の研究[6]* で行った。think の語源についてはハイデッガーも古英語の thencan - to think と thancian - to thank が関連していることを指摘している**。それではいったいどこから thantaz がでてきたのかと思って調べてみると、「日本にいながら英語・英会話力爆上げ」さんによる「英単語「thought」の語源や由来」[7] という Note 記事のみが think の語源として thantaz を紹介している。私は語源学の専門家では決してないが、「日本にいながら英語・英会話力爆上げ」さんの記事には Etymonline では全く登場しない語源が複数あるため、参考にすべきでないと思う。

| 思

Ⓜ漢字「思」の成り立ちとして小児の脳（田）と心臓（心）が組み合わさったものであるという説を採用している。「思」は Wiktionary によれば会意形声文字であり、当書で表記されているような会意文字としては説明されていない[8]。意符が心、声符が田のもととなった囟（もしくは異体字の𦥓 U+26953 による形声文字とも[9]）であるとされる。

　思の田は赤子の脳であるとしている。囟はひよめき〔赤子の頭蓋骨にある泉門〕であり、「脳」の右下の字源ではあるものの赤子の脳のことではない。これが形声文字もしくは会意形声文字であるとすれば声符である囟は「音だけ」で意味を持たない。こちらもウェブで検索してみると、thantaz と同様 OK 辞典という字源のソースとしては信頼性が低いとされるウェブサイト[10] がヒットする。OK 辞典によれば確かに田は小児の脳だし、会意文字ということになってしまう。

| Brain─気持ちを司る臓器─Heart

Ⓜ心臓は血液のポンプであり「気持ちを司る臓器」とするのは妥当ではないと思う。文学的表現であればもちろん話は別だが…。

---

*　第 8 章に収録
**　たとえば Purino (2020) A Revisiting of Heidegger's Thinking-Thanking and Zen's Non-rationality にある。ハイデッガーの原著の英訳はたとえば以下の p.139 で読める。
　https://ebookppsunp.files.wordpress.com/2016/06/martin_heidegger_j-_glenn_gray_translator_frebookfi-org.pdf

☞ ｛はじめに｝

> ダ・ヴィンチが描いた人体図あるいは若冲が描いたニワトリの絵をじっと見つ
> めてみる。チック・コリアの「リターン・トゥ・フォーエヴァー」を耳を澄ま
> して聴く。アントニオ・ガウディのサグラダ・ファミリアの空間に圧倒される。
> 理解できない。〔中略〕
> あるいは、飛行機を完成させたライト兄弟、ガソリン自動車を初めて販売した
> カール・ベンツ、印刷機を発明したグーテンベルク、コンピューターを開発し
> たフォン・ノイマン。(p.4)

■ 文中にフルネーム表記とファミリーネームのみ表記が混在しており、本全体を貫く
「統一性」というものに関して早々に暗雲垂れ込め不吉な予感がする…。

　例えば「フォン・ノイマン」は当書の中で3回出てくるが、すべてフルネームの
「ジョン・フォン・ノイマン」ではなく「フォン・ノイマン」のみの表記である。一
方「ダ・ヴィンチ」は p.12 や p.420 では「レオナルド・ダ・ヴィンチ」と、「グーテン
ベルク」も p.146 では「ヨハネス・グーテンベルク」とそれぞれフルネームで記して
いる。字数に制限がある箇所でもないのに何故ここでは初出にもかかわらずフルネー
ム表記ではないのか、理解できない。フルネームでなくても誰のことだかわかるから、
という理由も考えられるが、それを言うなら「アントニオ・ガウディ」もファミリー
ネームだけであの「ガウディ」だとわかる。「アントニオ」ではなく「アントニ」と表
記すべきではないか、という議論はここではおいておくとしても、文章のリズムとい
う観点でも「アントニオ・ガウディ」だけ他と比べて長いように思う。「ガウディ」
だけの表記で良いのではないだろうか。理解できない。

　なお「若冲」は適切な表記であろう。本の中でここにしか登場しないし、雅号とし
ては「伊藤」は不要だ。

☞ ｛序章：創造とは何か｝

> 古来から創造性を発揮してきたデザイナーたちには、現在のような専門分化し
> た姿はなく、ただ創造性を発揮するための技術と思考があった。(p.12)

Ⅲ 専門分化が古来からいかに創造性の発揮・文化進化に貢献しているかはリドレー
『繁栄』[11] などを参照のこと。

　　木々はただ美しい造形であるだけでなく、葉は光をエネルギーに変える変換器
　　であり、道管は水を吸い上げるポンプだ。(p.20)

🅘 道管を例えるならポンプではなくパイプだろう。強いて言うなら能動輸送をするのは
篩管（「師管」と書くと細胞壁が篩のような形状をしているという情報が失われるのでよくない）である。

　　あらゆる種のなかで、私たち人間だけが特にモノを作れるのは、いったいなぜ
　　なのか。〔中略〕そんな人類がある日突然、約五万年ほど前に爆発的に道具の創
　　造を開始している。(p.21)

🅜 その後自ら書いているがチンパンジーやゴリラ、カラスも道具は使うし、鳥は巣を
作るし、ビーバーはダムを作る。ハチの巣、ニワシドリの求愛用の飾り付けは太刀川
の考えでは作られた「モノ」ではないのか？ここで太刀川の提示する疑問「なぜ石器
を作っていた私たちがこうなったのか」の回答は『繁栄』の冒頭[11]にあるので、そ
ちらを読めばこの本を読む必要はないように思う。人類はある日突然爆発的に道具の
創造を開始したわけではない。人類はある日突然人類になったわけではない。

☞ 〔第一章　進化と思考の構造〕

|　　狂人性と流動性知能性の一致をここに見ることができる。(p.31)

🅘 狂人性は犯罪を犯すことと同義となってしまう。p.30 の定義「人のやらないことを
やること、すなわち常識からの変異度を指している」と違う。

　　さらに調べていく中で発見した興味深い事実は、図1-2（33頁）のように、こ
　　の流動性知能の曲線が、犯罪をどの年齢で犯しやすいかを調査した「年齢犯罪
　　曲線」のピークとほぼ一致することだ。

🅜 疑似相関の一種ではないだろうか。無理やり解釈すれば、開放性のピークと同調性
の低さが若年期に重なる、と言えなくもないかもしれないが別途分析が必要だ。
🅘 元のグラフと思われるもの（グラフの出典元については☞〔出典一覧〕にて述べる）

を以下に示す。読み取りやすくするために補助線を加えた。

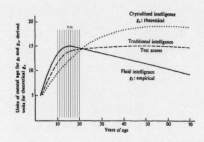
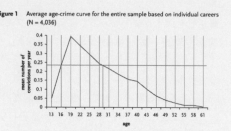

　左のキャッテルの「流動性知能 Fluid intelligence」の曲線のピークは15歳から16歳の間であり、70歳にはほぼ半減している。一方、右の「年齢犯罪曲線」のピークは19歳である（目盛の位置が変だが）。16歳では29歳くらいと同じ水準であり、19歳のピークの6割くらいである。これを「ほぼ一致する」とするのはかなり苦しいだろう。

　そもそも10代後半にピークを迎え、その後ゆるやかに衰えるというデータは無数に存在しそうである。「一番好きな飲み物がコーラの人の割合」とか「TikTok に毎日動画を上げている人の割合」とか。

> 現在よく知られている『感覚的な右脳』と『論理的な左脳』の違いは、彼が発見した理論を基にした考え方だ。人は大昔から、煩悩や葛藤を「天使と悪魔のささやき」というたとえ話で語ってきた。このたとえ話が、実際に脳の思考プロセスのなかで起こっていることを、右脳と左脳の働きの違いによって証明したのだ。(p.38)

■ 「彼」…?　夕方を黄昏（誰そ彼）時と言うのの逆で明け方を「彼は誰」時と言うそうだ。ここでの「彼」は誰ぞ。スペリーかガザニカか、はたまた図 1-3 の引用元のソボッタ（そもそも何故別人の書いた図を引用するのか理解できないのだが）なのか。右脳と左脳の機能の違いは研究されているが、「感覚的な右脳」と「論理的な左脳」は俗説である [12]。また仮にそうだとしても、働きが違うからといって天使と悪魔のせめぎ合いや葛藤を「証明」したことにはならないだろう。すべてが出鱈目な文章である。

> こうした考察を通して、私はひとつの結論に達した。

　　創造性とは、「狂人性＝変異」と「秀才性＝適応」という二つの異なる性質を
　　持ったプロセスが往復し、うねりのように螺旋的に発揮される現象である、と
　　いう考えだ。(p.39)

■これが『進化思考』における独自の「創造性」の定義であろう。とすると
　「創造性」＝「螺旋的に発揮される現象」ということになり、
一般化すると
　「○○性」＝「××する（される）現象」
ということになってしまう。だが、言葉の定義として
　「○○性」≠「××する（される）現象」
であろう。この時点で定義が破綻しているため、はっきり言ってしまえばこの後の議
論はすべて無駄である。

　　その不思議を実現するのが、化学走性と呼ばれる仕組みだ。(p.41)

■「走性」は本文で言うところの「適応的な知覚」あるいは「周囲の食物に対する知覚
　（秀才性＝適応の思考）」(p.42)のみを指す。ランダムに動くことは「走性」とは呼ばない。

　　そして化学走性の原理はバカと秀才のたとえと同じような構造を持っている。
　　つまり「ランダムに動く不規則性（狂人性＝変異の思考）」と「周囲の食物に対
　　する知覚（秀才性＝適応の思考）」の二つのプログラムにおける、最小の組み合
　　わせとして説明できる。(p.42)

Ⓜ個人の頭の中での発散と収束を変異と適応に言い換えているようだが、生物での変
異も適応も集団的な現象であることがまるまる抜けている。

　　あらゆる生物は、不思議なほど、形態や行動、身体機能などが、その生存戦略
　　とうまく合致している。
　　　　〔中略〕
　　生物学ではこの合致を指して「適応」と呼ぶ。(p.42)

Ⓜ 適応はその生物が環境の提供する諸条件への合致であり、生存戦略との合致ではない。また、あらゆる生物のあらゆる形質が適応的であるわけではない。

> では進化とは何なのか。まさに進化とは、エラー的な変異と自然選択による適応を繰り返す、生物の普遍的な法則性のことなのだ。(p.43)

Ⓘ「変異」は進化学以前からある語であり、variation のことを指していた。「バリエーション」はほぼ日本語として通じるであろう。一方、進化学では多くの場合「突然変異」mutation を意味する。この生物学と遺伝学での「変異」の語が意味するものの違いは問題視されている [13]。どちらの意味で「変異」を用いているのかを明確に宣言する必要があるが、「エラー的な変異」と言うからにはどうやら著者は遺伝学の立場に立っているようではある。ところが次ページには「1　変異によるエラー」(p.44) と書いている。これではエラーと変異の循環定義（無限ループ）である。詳細は次章参照。

> チャールズ・ダーウィンとアルフレッド・ウォレスによる共同論文であり、追ってダーウィンが一八五九年に発表した『種の起源』という驚異的な書籍だ。(p.44)

Ⓜ『種の起源』がダーウィンとウォレスによって発表されたということになっている。p.270 図 14-3、p.274、p.476 も。これは著者から「誤植だ」とのコメント [14] があり、その後正誤表で訂正された。

> 生物の形態は神がデザインしたものではなく、種の起源から分化を繰り返して自然に発生したことを論理的に証明した、まさにコペルニクス的転回である。(p.44)

Ⓜ「自然発生することはないと証明した」(p.122)「白い光になることを証明した」(pp.174-175)「パターン形成仮説が分子生物学的にも証明された」(p.250)「間違いが証明されてしまう」(p.274)「ダーウィンらは、論の構成とその証明に慎重を期して」「ダーウィンらの進化論を証明する科学的証拠は」(p.275)「進化論の証明に繋げていく本なのだ」(p.460)というふうに科学的仮説に対して証明という言葉を多用しているが全て間違いだ。証明は数学のような形式科学において命題に対してなされる。検証されたとか確かめられた、であれば問題ないだろう。この区別は非学術系の読者にはどうでもよいかも

しれないが、どうでもよくない者にとっては、シリコンとシリコーンの混同、Java と JavaScript の混同、ガソリンと灯油をごちゃまぜにするようなものだ。そして、人はたいていガソリンと灯油をごちゃまぜにするバス運転手のバスには乗りたくないものだし、もし乗ろうとしている人がいれば止めたくなる。

1　変異によるエラー：生物は、遺伝するときに個体の変異を繰り返す
2　自然選択と適応：自然のふるいによって、適応性の高い個体が残りやすい
3　形態の進化：世代を繰り返すと、細部まで適応した形態に行き着く
4　種の分化：住む場所や生存戦略の違いが発生すると、種が分化していく (p.44)

Ⓜ ルウォンティンは変異‐適応度の差‐継承の3条件が揃えば必ず自然選択が生じるとした[15]。1–3はこれらの3条件をそれぞれ大幅に改悪したものに対応するように思う。まずはこれらをルウォンティンの示した自然選択の3条件と同内容に書き換えたほうがよい。1の改善：生物は遺伝しない（遺伝するのは遺伝子）し、個体は変異しない（変異するのは遺伝子）し、系統が世代を更新しない限り、変異は繰り返すことはできない。「変異：生物の遺伝子は変異することがあり、その結果集団内の個体は多少異なる特徴を備えることがある」とすべきだろう。2の改善：自然選択というより適応度の差を説明すべきだろう。「残りやすい」ということがそもそもふるいなので、トートロジーのような表現になっている。「適応度の差：そのような変異の中には、個体の適応度を高めるものや、逆に低くするものがある」ならよいと思う。適応度という表現を使いたくなければ、生存率や繁殖率ともいえる。3は残念ながらどう好意的に解釈しても意味がわからない。削除し、遺伝／継承についての記述にしたほうがよいと思う。たとえば、「継承：遺伝子内の変異は次世代に引き継がれることがある」などとする。4の記述じたいは受け入れられるが、「進化論の構造」の一部とすべきではない。種の分化は進化の結果であって、進化に必須の条件でも「構造」でもないというのが私の理解だ。種の分化は至近要因としては遺伝子距離の乖離によってうまれるし、究極要因としては地殻変動などの環境変動があげられると思う。「種分化：住む場所や生存戦略の違いが発生すると、種が分化することがある」ならまだ受け入れられるが、4は削除して、1–3について「進化論の構造」ではなく「自然選択の3条件」として上記のように書き換えて提示したほうがよい。p.30「「変異」と「適応」の使い方に見られる誤った進化理解」でも林が同じ箇所を批判しているため参照してほしい。

❙　道具とは何か。それは擬似的な進化だ。(p.47)

Ⓜ デザイン〔人工物の仕様〕は進化するが人工物は進化しない[16]。人工物はデザインというアイディアの乗り物（ヴィークル）と考えたほうがよい。道具は人工物だから、道具は進化の主体ではない。擬似的なものでもない。「パソコンが進化する」とか「ヴァイオリンの形状が進化する」といっても問題ないと思うが、たとえば「耳が進化する」といっても耳の形質が親の耳から子の耳に受け継がれて進化するのではなく耳を生じさせる遺伝子が受け継がれて進化するように、パソコンもパソコンじたいが自己複製するのではなくパソコンを作れるような人工物の仕様＝デザインが自己複製し進化する。本書7章で同様の内容を詳述しているので参照してほしい。

❙　創造とは、言語によって発現した『疑似進化』の能力である。(p.48)

Ⓜ 創造は疑似進化ではない。疑似というタグをつければ科学的に妥当でない牽強付会のアナロジーを展開しても問題ないことにはならない。「もし言語が文化の進化のカギを握っており、ネアンデルタール人が言語を持っていたとしたら、彼らの道具はなぜ文化的な変化をほとんど見せなかったのだろう？」[17]
Ⓘ 唐突な「言語」の話はどこから出てきたのか？　また「能力」はむしろ「創造性」ではないか。次章で詳細に述べるが、「創造」と「創造性」の用法が破綻している。

❙　おまじないレベルの発想法が横行していて、創造性の仕組みは天才的な人の暗黙知のなかにあり、今もまだ魔法のままだ。(p.53)

Ⓘ 既存の「発想法」を「おまじないレベル」とし、「創造性の仕組み」は「天才的な人の」「魔法」としていることから、おそらく「おまじない」は子供だましのもの、「魔法」は不思議なすごいもの、という使い分けをして揶揄しているのだと思うが、本来「呪い」は「魔法」と同じような言葉である。「横行している」と具体的な批判もなく罵倒するのは感心しないし、既存の「発想法」には当書では存在が隠蔽されている「オズボーンのチェックリスト」こと SCAMPER のように優れたものは多数ある。

❙　創造は、進化と同じく変異と適応の繰り返しによって生まれる。(p.54)

Ⓜ生物進化のことを単に進化と呼んでいるのだとしたら、略さず生物進化と書くべき
だと思う。生物の進化は進化というクラスの1インスタンスである。

| 自然のように考えるための新しい哲学とも言えるだろう。(p.54)

Ⓜ自然という環境は考えたり学習したりしている「かのように」ふるまうことはあっ
ても「考え」たりはしない。

| 進化思考では、進化における生物の知的構造と同じように、(p.54)

Ⓜ「進化における生物の知的構造」という語が何を意味しているのかを理解している
自信がないが、遺伝子じたいは当然考えることができないので進化する生物の遺伝子
に知的構造を認めなくても、遺伝子は進化する、というのが進化学の考え方だ。その
ため、完全に間違った記述としか解釈できない。私のこの解釈が完全に誤解であるか、
著者が進化を全く理解できていないかのふたつにひとつである。

| 創造とは、変異によって偶発的な無数のエラーを生む思考と、適応によって自然選
  択する思考の繰り返しであり、自然に則った形でその構造を捉えられるのだ。(p.54)

Ⓜ意味がわからない。進化学における適応は自然選択の結果生まれる環境への適応の
ことであって、適応によって自然選択する、というのは…何を意味しているのだろう
…?　よくいって怪文である。

| 変異を生み出すミクロな構造と、適応性によって自然選択されるマクロな構造
  は、そもそもまったく質が異なる。(p.55)

Ⓜこの記述じたいはかなり*正しい記述だと思う。分子レベルの、どこまで大きく見積

---

*　完全にとは言えない。適応性が何を指すのかがわからないので「適応性によって自然選択される
　マクロな構造」は意味不明ぎみになってしまっている。せめて適応度 fitness の差によって自然選
　択される、としてほしい。

もっても表現型レベルのミクロな変異と、集団的でマクロな自然選択、という区別は本を通して維持してほしかった。残念ながら、きちんと書かれているのはこの一文を含めごく一部である。

> この進化思考の変異と適応の往復を説明するとき、私はよく「暗闇での玉入れ」を例にあげる。(p.55)

Ⓜ 適応と自然選択と変異に関する暗闇での玉入れアナロジー。懐中電灯で照らすのが適応で、玉投げが変異、自然選択は適応が「わかる」とおのずと発生するらしい。理解が追いつかない。ここではカゴではなく、進化学でよく用いられる**適応度地形** fitness landscape を使ったほうがよいのではないだろうか。適応度地形のようにすでに非常によく使われ、有用であることが知られている考えを借用するのではなく、より不正確で理解の浅い自前の考えを使うことで読者を一層混乱させているという意味で、車輪の再発明よりもたちが悪い。Framework is like a toothbrush; everyone has one, but nobody wants to use anybody else's.*

> このときの懐中電灯が『適応』を、玉投げが「変異」を表している。〔中略〕しかしこのゲームは、新しい玉を無数に投げてエラーを起こしつづけなければ絶対に達成できない。(p.57)

Ⓜ この記述が筆者のいう「適応の思考」であるとしたら、適応の思考は進化学で言うところの適応とは無関係である。デザインの淘汰には、生物進化とはやや異なる淘汰のフェーズがある。大きなスケールでは市場などの資源をめぐる大規模なシェア争いがある。これはダーウィンのいう「生存闘争」と類似する。あるスマホのモデルが他社のスマホモデルのシェアを奪うといったケースがこれにあたる。これはデザインにとっては「本番」の淘汰環境である。野に放たれたデザイン案の成否を握るのは多数の、財布を握った消費者によるドル投票であったり、ある部署が提案したものが社内の他部署に拒絶されるような企業内などでの淘汰もあるだろう。あるプロジェクトである人が提案した案ではなくもうひとりの同僚の提案した案が採用されるようなデ

＊　（編者注）「誰も使いたがらない歯ブラシ問題」は Mischel W (2008) The toothbrush problem. APS Observer. https://www.psychologicalscience.org/observer/the-toothbrush-problem が初出とされる[18]。

ザイン室での淘汰もありえる。これは実験的な淘汰であり、品種改良する際などに行われる非社会的学習のプロセスである「誘導された変異 guided variation」に相当する。意識的に行われるなかではおそらく最も小さな実験室による耐久試験が、個々人のなかにある。ここではいくつものアイディアが生まれるが、実現性や面白さ、伝えやすさ、他人に伝えたときに得られる評価など様々な要素が勘案され、問題がないと判断されたときのみ、口や手などを伝って体外に漏れ出る。アイディアが体外に漏れ出るだけでなくそれを同僚や上司、友人などの他人に伝えようとすればもう少し大きなスケールに移行する。そのため、もし「意志をもって、意図をもって、方向性をもって独力で新しいデザイン案を考えつく」ことを懐中電灯でたとえているのならば、それは誘導的な変異である。*

> 逆に変異的に玉を投げ続ける人は、いつのまにかコントロールが良くなり、偶発によって答えを発見するかもしれない。(p.57)

▣「コントロールが良」いかどうか、はエラーの発生率の問題であるが、あらゆる可能性を試す、あるいはパラメーターを変化させる、のが「当てずっぽうでも玉を投げまくる」ことである。
Ⓜ変異するだけでなぜコントロールがよくなるのかよくわからない。適応度地形において、生物（より正確には生物の遺伝子）は適応度地形の全体を理解していなくても、一部さえ理解していなくても、適応度地形のより高いところへ登っていけるのが生物進化のアルゴリズムのプロセスとしての根幹である。それに対して、たしかに人間による文化形質の創造においては、ある程度適応度地形を理解していることがある（たとえば、鉄ではなくチタンを使えば同じ重さで強くできる、など。さらに高度に、スマホを薄くすればより売れる、などの理解もありうるだろう）。そのため方向性をもたせた変異、「誘導された変異」を生み出すことが可能な場合がある。このように適

---

*　ただし、誘導的な変異は非社会的学習のプロセスであるから集団内での選択のプロセスとは異なるとする文化進化の考え方はやや単純化が強いように個人的には思っている。脳内でもアイディアの集団に対する選択は起きうる。ドーキンスも同様のことを書いている。「システム最適化のために、いかにもダーウィン主義的な手法を使うエンジニアもいる。最初は性能の劣るものを改良に通じる傾斜に乗せて、最適に近いものへと押し上げていくのだ。このプロセスのようなことは、たとえ本人たちがいかにもダーウィン主義的だと思っていなくても、すべてのエンジニアに当てはまるかもしれない。エンジニアのくずかごには、テストする前に捨てた『突然変異』のデザインが入っている。紙に描かれるまでにいたらず、エンジニアの頭のなかで捨てられるデザインもある。ダーウィン主義の自然淘汰が、クリエイティブなエンジニアやアーティストの脳内で起きていることの良いモデル[...]かもしれないし、そうでないかもしれない」[19]

応度地形を不完全ながらも把握（コントロールがよくなる現象）できるためには様々な筋道があるが、たしかに教育や訓練によって適応度地形を他の人よりもより正確に把握できるようになることはある。しかしそれは「変異的に玉を投げ続ける人」だからとは限らない。その意味で、「リサーチだけで創造を生み出すのは不可能」と断言する意味がよくわからない。リサーチも適応度地形の（より）正確な把握には役立つことがありうる。ランダムな、あてずっぽうな変異に関しては、意図しないコピーミスなどの「文化的変異 cultural variation」という概念があるが、ここでのカゴの考えとはかなり違った考えであるように思うので割愛する。

　物質文化における自然選択に比するべきものはドル投票、つまり市場での受容だと思う（他にも、生殖や発生の時点での自然選択に比するべきものとして前述のデザイン室内や発案者個々人の脳内から外へでるときの自然選択はある）のだが、そうではなくアイディア発想段階で「おのずと生じる」「必然的に起こる」とされているのがよくわからない。

> 創造的な人の脳内ではこの往復が暗黙的に行われていて、吟味された発想が飛び出すから、いきなり的を射ているように思えるのだ。(p.57)

🅼非常に惜しいところまできていると感じる。ここで著者が「吟味」と表現するプロセスはたしかに生物進化における自然選択に比することのできる、文化・アイディアがフィルター＝ふるいにかかるプロセスのひとつだ。しかし真に進化的に思考するなら、もっと集団的思考を織り込んだほうがよいと思う。いくつもの対立するアイディアの集団がある人の脳内にあるとしよう（集団）。脳内にあるアイディアたちのうち、実際に人に伝えたり（伝達、社会学習）、より磨き上げたり（個体学習）することのできるアイディアは少数だ。どれを選択してお話しようか／磨き上げようか、という吟味をして選ばれてから、次のステップ（他人に伝達したり、個体学習として試行錯誤するプロセス）に移る（継承）、というような説明ができるだろう。

　この吟味は、アイディアが市場で成功するかとか、アイディアが社内で承認されるかとかの適応度地形上の争いではなく、個人の頭の中での適応度地形上の争いなので、文化小進化よりもさらにミクロなｽステージでの進化であり、ミーム学以来ろくにとりあげられていない分野でもある。こhere こそがまさにデザイン・創造性の観点から文化進化にアプローチする際の独自性になるのではないかという気もする（し、そうでないかもしれない…。ノーエビデンス）。

　なんにせよ、カゴと球のアナロジーは進化の観点からいうと絶望的にわかりにくい

というか端的に言えば完全に間違っているのでぜひとも改善を望む。

| 　イノベーションを目指すさまざまな現場での間違いにも気付くかもしれない。(p.57)

Ⓜいくらなんでも藁人形論法ではないだろうか。

| 　卵の産卵数が多いほど生存可能性が上がるのと同じく、大量の変異的アイデア
| を短時間で生み出すスキルは、新しい可能性にたどり着く確率を上げる。(p.59)

Ⓜもしこの記述が真ならば、なぜ人間の女性は毎年１億の子を産まないのだろう？めちゃくちゃな記述である。進化思考よりMCMC*思考のほうが近いのでは…試行、評価関数による吟味（ただしこの評価関数がとてもノイジー）、確率的な移動、また試行、吟味、確率的な移動などの概念が説明できる。そのサイクルが速いほうが「新しい可能性にたどり着く確率を上げる」のは確かだ。

| 　これはまさに進化論のプロセスの図示そのものだ。(p.60)
| 　図 1-8　進化の螺旋 (p.61)

Ⓜ「進化の螺旋」図においてなぜ適応側でも枝分かれしているのかわからない。同様に、変異側でもバツ印はついていないにしても剪定が起きている。単に、枝分かれ＝変異、剪定＝適応なら非常にわかりやすい。しかしこの図はそうなっておらず、適応側でも変異側でも枝分かれと剪定が起きている。
　「最適に向かうデザインの収束」が生物進化とはかけ離れている。（さまざまな局所）最適に向かうデザインの発散、枝分かれが進化と理解しているが。これでは樹状になっているとは言い難く、ダーウィン以前の、梯子を登っていくかのように単純→複雑に、よりよくなっていくというチェインモデルの側面を強調したもののように思える。
　進化とは「どんなものでもさらに良くできる (p.60)」ことらしいのだが、それは進化ではない。生物を死に至らしめる有害変異も進化の重要なプロセスの一部だ。著者は全体的に「進化とは進歩で、よりよくなっていく梯子を登る行為」というダーウィン

* 　（編者注）MCMC は「マルコフ連鎖モンテカルロ法」(Markov Chain Monte Carlo method) の略。

以前の考えで創造を説明している。cf. p.468 への指摘

■ なぜ「振り子」ではなく螺旋なのか？　中心軸からの距離は何を表しているのか？
なぜ縦軸の Generation が等間隔でないのか？　仮にこの「Generarion が進むにつれて
コンセプトが上昇（？）する」というモデルを受け入れるとしても、進化においては変
異の発生確率は変わらず、横軸方向への動きが狭まっていくのはおかしいのではない
か？　いずれにしても単位が何なのか不明である以上、この「なんかそれっぽい図」
を読み解きようがない。

☞〔第二章　変異〕

|　　　変化はエラーが引き起こす (p.70)

■「エラー」を十把一絡げに扱い議論をしているので、破綻が生じている。
　ドナルド・ノーマンの『誰のためのデザイン？』[20] に従い、「エラー」を計画段階
での「見当違い」である「ミステイク mistake」と、実行段階での「し損い」である
「スリップ slip」に分けるとする。創造性で必要とされる「エラー」は様々な可能性
を試し、正解以外を選んだ「ミステイク」である。一方、DNA の変異は複製を正しく
遂行できなかった「スリップ」である。本文中の「エラー」を正しく「ミステイク」
と「スリップ」のどちらかに置換すると相当読みやすくなり、また論理の破綻もより
明らかになるだろう。詳細は次章参照のこと。
　「エラー」を 2 種類に分けて考えることは世間一般的とは言い難いかもしれないが、
質的に異なることは明らかであるし、著者の提唱する「解剖」の視点を「エラー」に
適用しさえすれば達することのできる視点であろう。少なくともデザイナーがノーマ
ンのベストセラーを読んでいない、では不勉強の誹りは免れられまい。

> では、何が創造を洗練させるのか。欠陥があるものや需要のないものは自然淘
> 汰される。物を作る人はエラーしつづけることで創造を前進させるが、創造を
> 洗練させるのはユーザーや市場への適応なのだ。(p.72)

Ⓜ この記述はほぼ同意する。当書での数少ない集団的思考への言及である。市場こそ
が自然淘汰の舞台だ。とはいえ色々と改善できるのではないかと思う表現はある。創
造を洗練させる、というのはやや主観的な表現だし、適応が洗練「させる」という表現

はピンとこない。自然淘汰という言葉は生物進化にとっておいてほしい（自然 natural という言葉が、人為的でも higher entity によるものでもないことを意味するので）。また、創造という言葉選びも当書を通して同意しがたい。デザインもしくは設計のほうが私はしっくりくる。たとえば、次のような文章であれば私も同意できる＊。

　　　では、何が設計をより複雑だったり、より使いやすかったり、より製造しやすかったり、より安価だったり、むしろより高価だったり、より壊れにくかったりするのか。すでに市場にある競合にくらべて欠陥が多かったり、総合的な価値が著しく劣るものはその市場において満足な需要をうめず、市場から淘汰されやすくなる。物を新たに作る人は、既存のデザインを意図せず改変してしまったり、意図を持って変更したりという変異を生み出すことで、デザインのプールを変更・更新するが、デザインの良し悪し・成否・繁栄と衰退を決定するのは、その物のユーザーたちだったり市場といった環境であり、それらへの「物」の適応ぐあいである

｜　　そもそも失敗＝変異的エラーがなければ、成功＝創造的進化もないのだ。(p.73)

Ⓜここでの失敗・成功の定義が曖昧だが、適応度の上下につながる変異をすべて変異とするのなら、失敗の要因⊂変異だし、成功の要因⊂変異となる。有害変異は失敗である、というのであれば、有害変異がなければ成功しないという論は成立しない（実際には有害変異なしで有益な変異ばかり作り出す、という）ので、この記述は間違いになる。

｜　　部下の発想は論破するのに代案を出せない残念な上司のような、非創造的な人が社会に増えてしまう。(p.73)

Ⓜこの上司は「非創造的な人」か？　変異と適応が両輪だというのなら、部下の提出した変異を適応（というか吟味による棄却）するのはたいへんに創造的な人だと思う。

＊　前半が非常に長くなってしまっているのは、当書が「洗練」、つまり「優れたデザイン」を定義していないからだ。安価であることが優れたデザインなこともあれば、高価であることが優れたデザインであることもあるので、これらの衝突する「よさ」は互いに排他的ではないことを示すために、〜だったり、という表現を用いた。後半が非常に長くなってしまっているのは、当書に欠如した集団的思考を詰め込んだためだ。

また部下の（実現すればたくさんの複製を産めるようなポテンシャルを秘めた）有益な変異をもってきていたとして、それを棄却するのもまた進化のプロセスの一部だろう。

> 進化という語感は、前よりも良くなる進歩的現象だと誤解されている。しかし実際の進化は必ずしも進歩ではなく、ランダムな変化の連続だ。(p.74)

Ⓜ こういう進化学にとって基礎的で重要な記述は確かに当書に登場するのだが、それが全文に反映されていないのは残念だ。ただし、自然選択は非ランダムなプロセスなので進化はランダムな変化の連続だという表現は適切ではない。*

> リチャード・ドーキンスは、ミーム（文化的遺伝子）という言葉を提唱して、文化の進化における遺伝子を仮定した。(p.75)

Ⓘ 「ミーム」は当書ではこの1文にだけ登場する。詳しく知りたい方は本書7章参照。

> 進化思考的に今考えてみれば、ボケは変異、ツッコミは適応だ。(p.76)

Ⓘ それをいうなら「ツッコミ」は「淘汰圧」(p.83) である。

> 私のゼミの教授だった隈研吾先生も、建築で卒業しないという宣言にもかかわらず、「太刀川君、結論は断言するなよ」という含蓄ある大人のアドバイスとともに、この研究を快く許可してくれた。(p.76)

---

* 以下林からのコメント。「ここは「適切でない」と断言するほどのところでもないと考えます。変異はランダムだが選択は非ランダム、というのはその通り。ランダムな「変異」が含まれるので「自然選択はランダムな変化である」というのは生物学者としてそれほど不自然な記述ではなく、僕も流してしまったところ。一方で、「進化は無目的である」という意味での「ランダムな変化の連続だ。」という解釈はありうるし、僕はそのように受け取ったのでここは流しています。「自然選択は非ランダム」と「進化は無目的」の間の説明がないとイチャモンに見えます。当書では珍しく「進歩ではなく」と留保がついていますし、少なくとも僕はここは「適切でない」と一言で断じるところでもないと考えます。」

■大学院で学生の研究指導をする立場からすると、他大学からわざわざ自分の研究室を選んで入学してきたのに「何をどうすればいいのか」と「大学院を休学し」(p.12) てしまった学生の修士論文の指導はなかなか大変そうである。隈先生の慧眼に感心すると同時に、師のアドバイスというものには素直に耳を傾けるべきだと痛感する。この本には明らかに根拠レスな断言が多すぎる。

| 人類は爆発的なスピードで道具を発明し、発展してきた。(p.78)

■当書の論旨に沿えば、ここは道具を「創造」し、であるべきではないのだろうか。　と思ったら既に「発明」と「創造」はあちこちで混用されていた。読みやすさのために同じ語の繰り返しを避け、類義語を使う、という文章の技法はあるのだが…。

| その後、紀元前三五〇〇年頃にシュメール人が文字を開発すると、人類が道具を創造するスピードもさらに速くなった。(p.78)

■スピードをどう計測するのかわからないが、「人類は言語の発明によって、変異的な構想が自然発生する仕組みを身に付け」(p.79) たかどうかはなんとも言えないだろう。相関関係があるとしても、それが因果関係と言えるのかは別である。1つの可能性として、言語によって知識の伝達、継承が可能になり、変異の結果が残りやすくなったため、次なる変異に至れるようになった、ということは考えられる。

| たとえば、複雑な形態をした動物たちは、別々の進化を遂げてきたのではなく、DNAのなかに共通の文法となる「ホメオティック遺伝子」を備えていて、この発現によって生物の多様な形態が決定されることが分かったのである。つまり、DNAにも文法があり、言語的な規則性が発生するのだ。(p.80)

■動植物の体の特定の部位の発現をつかさどる「ホメオティック遺伝子」(あるいは「ホックス遺伝子」) のはたらきの理解を別にしても、共通する、あるいは似た塩基配列を言語に例えるならば、どちらかというと「文法」より「語源」と言うべきではないだろうか。そもそも「DNAが文章だとしたら、ヌクレオチドが文字、それらを三つ組み合わせたコドンが単語に相当する。」(p.80) というアナロジー前提で話が進んでいるので、なんら

かの規則性があることを「文法」だと後から強調してもほとんどトートロジーである。

> この言語と遺伝子の類似性こそ、言語によって人が道具を発明し、自らを進化
> させられた理由だと考えると、創造と進化が類似している謎が氷解する。(p.80)

Ⓜ 言語そのものが進化するので、この記述は「人間の進化と遺伝子の進化の類似性が、人間がこんなに複雑な人工物を発展させた理由だ」と言っているようなものだ。原因と結果がめちゃめちゃになっている。

🅘「謎が氷解する」、「この仮説は深く腹落ちする」(p.79)、「創造性という人類だけに起こった奇跡に合点がいく」(p.83)。このように論証なく独り合点で論を進めてしまうのには閉口する。小学生でなくとも「それってあなたの感想ですよね？」* と言いたくなる。

> 〈創造にとっての言語≒進化にとっての DNA〉(p.82)

Ⓜ この記述じたいはなるほどとは思う。しかし図面は？楽譜は？手にとって触れる実物は？言葉がないビーバーにとってのダムづくり遺伝子は？となり、言語以外にも DNA の座の候補はいくらでもある。一言で言えば、「メディア」はすべて DNA の座の候補だ。

> これらの会話が DNA の交配に相当するなら、(pp.82-83)

Ⓜ 会話はたしかに言語に変異を生む重要なメカニズムのひとつではあると思うが、ひとつにすぎないし、交配という有性生殖のメカニズムとは関連が薄い。「会話はアイディアのセックスだ」という言葉のキャッチーさはわかるし主旨にも同意するが、それを科学的に妥当な仮説だと捉え、科学的に検証するには非常に長い道のりが待っている。交配は遺伝子変異とはイコールではない。しかも DNA は交配しないのでは？個体が交配する。「もし A なら、B である」という文章が非常に多く登場するが、仮定しているA の妥当性、説得力が弱く、そのあとの議論が滑っているのは、もはや伝説となったヒストリーチャンネルの「古代の宇宙人」シリーズを思い出させる。「もし古代の宇宙人が地球を訪れていたなら、彼らは何者で、一体どこからやってきたのでしょうか

---

*　ベネッセ調べ[21] の「小学生の流行語ランキング 2022」1 位が西村博之由来のこのセリフであった。

…！？」エリオット・ソーバーのグレムリン仮説にも関連した考えがある。実際に色々と実験室環境で調べてみればこの仮説が妥当であるかどうかはわかるはずで、著者のやるべきことは、この未検証の仮説Ａが尤もらしいという前提からさらに未検証の結論Ｂを引き出すことではなく、仮説Ａを検証すること、もしくは仮説Ａを検証している学術的な研究を紹介することではないだろうか。これもまたリドレーの『繁栄』の冒頭「アイデアが生殖するとき」[22]や田村光平『つながりの人類史』[23]が参考になる。■相当しないだろう。DNAの交配は物理的に交換されるが、会話における言語のやりとりは「交配」あるいは「交換」ではないだろう。日本語と英語の交配はルー大柴の「ルー語」みたいになるとでも言いたいのであれば別だが。言葉の誤解の例としては「sewing machine」の「sewing」が「欠失」した「ミシン」だろうか。

| 言語から創造につながる変異の発生数は、進化より桁違いに多くなる。(p.83)

Ⓜ意味がわからない。比較できるものではない。まず言語の変異と創造につながる変異は違う。仮にここで言いたいことが、言語の変異は生物進化での変異よりも頻繁であるということだとしても、変異が多ければよいということでもない（生物進化でも、遺伝子の変異率が今より高くなるとうまくいかないと読んだ記憶がある）。変異率じたいはたしかに文化伝達のほうが高いと言われているが、それは「会話がDNAの交配に相当する」からではないし、その数が1年間に4京880兆語にのぼるからでもない。変異が発生しうる回数だけでいえば、細菌の数、彼らの分裂頻度、彼らの染色体の総塩基数を考えれば「（生物）進化のほうが桁違いに多くなる」ことは容易にわかりそうだ。言語の進化が生物の進化よりも早い、という主張であれば同意できる。

| 結果として、文化の進化は自然の進化よりもはるかに速く、進化に比べて淘汰までの時間が短い。(p.83)

Ⓜ「淘汰までの時間」とは何を指すのだろうか？生まれて数分で死滅する細菌は淘汰までの時間が短いのではないのか。もし人間進化のみを比較対象にしているならそのように書くべきだ。たとえば、ここ数十万年の人類にとっては表現型の進化よりも文化の進化のほうが重大な影響を及ぼした、という記述であれば同意する＊。ヘンリック

＊　常にそうだというわけではないが。例えば石器をつくったことによって我々の肩は回りやすく

『文化がヒトを進化させた』[24] も参照してほしい。

> 自然のほうがデザインが巧妙なのは、こうしたスクリーニングのプロセスの圧倒的な違いが原因だと考えられる。(p.83)

Ⓜ文化においては変異が桁違いに多く、また淘汰圧がゆるすぎるからだという主張だ。研究開発にかけた時間と資源の差ではないかと思う。デネット『ダーウィンの危険な思想』[26] のリバースエンジニアリングについての記述も参照してほしい。

> 地球上で人間以外に言語を操る生物が確認できていないことを見れば、創造性という人類だけに起こった奇跡に合点がいく。(p.83)

Ⓘそんなことはない。すぐ後に著者自ら書いている鳥の鳴き声の言語性については中学国語の教科書にも取り上げられている。本書p60も参照。「言語」ではなく「文字」と言いたいのではないかと思うが、人間においても文字の発明と言語の発明は明らかに異なる事象である。

☞ {変異の9パターン} (p.84, p.85)

Ⓘ「オズボーンのチェックリスト」の派生版と言えよう。p.89にオズボーンの言葉を引用しているのに、チェックリストには触れていないのは不自然である。盗用とまでは言わないが、様々な「共通」性を見付け出すことに興味があるのであれば、異なる観点から始まり、たどり着いた発想法のパターンが9つと「共通」したことについて何らかの言及があって然るべきではないか。次章参照。

> 言語のエラーには特有のパターンがある。言い忘れたり、何度も同じことを言ったり、誇張してしまったり、別の単語を言ってしまったりする。

なったらしい。この場合は「文化の変化スピードに生物的世代交代による進化が追いついている」と言ってもそこまで間違っていないだろう。

　　〔中略〕
　そのなかで私が見つけた言語的エラーのパターンを羅列してみよう。(p.84)

▣「特有の」パターンというからには他にも別のエラーを想定しているのだろうか。この例は言語に「特有の」パターンだとは思えない。前出の玉入れの例で考えてみよう。
　玉を投げ忘れたり、何度も同じ方向に投げたり、剛速球で投げてしまったり、別の物（小石とか）を投げてしまったりする。
　いかがだろうか。つまり、言語的エラーではなくヒューマンエラー全般の話なのである。まあ「ヒューマン」の定義をカッシーラーに倣い「ホモ・シンボリクス（*Homo symbolicus*）」だとすれば言語と不可分だということにはなってしまうが。ただ少なくとも、玉入れの玉ではなく小石を掴んで投げてしまった場合は言語的ではなく視覚的エラーということになるだろう。

　　創造におけるエラーのパターンの根源には言語的性質がある。だからこそ言語
　　にそっくりな構造を持ったDNAが引き起こす進化上の変異も、同じパターンを
　　生み出すのではないか。こうした考察から、言語構造がもたらす変異的エラーが、
　　創造と進化の本質に共通するパターンを形成しているという仮説に至った。(p.86)

▣著者の「言語的」の定義は、「たとえ話や誇張やイントネーションのような言語的性質があり、また言語的に伝達しやすいアイデアを、明快なコンセプトとして捉えているようだ。」(p.76) ということらしい。だが上述した通り、言語的性質というよりヒューマンエラー、あるいは認知の問題である。従って、創造におけるエラーと進化におけるDNAの変異がどちらも言語的である、という論は誤りである。創造と進化を結びつける根拠は棄却された。創造と進化は残念ながら無関係なのだ。

　　ある意味ではエンジンが馬に「擬態」したともいえるだろう。(p.86)

▣「変異のパターン2　擬態」(pp104-117) は形態の話に終始している。「動力という目的が共通している」場合は「交換2　意味的な交換（WHY）」(p.161) だと書いているが？

　　創造が生まれるとき、偶然にあとから理由がつくのか、それとも論理を積み上げ

> た先にあるのか。この問いに対して私は、つねに偶然の変異が先にあると考える。歴史上の発明や法則の発見の多くは、偶然起こってしまったエラーや、計算式のなかのわずかなエラーの発見をきっかけに起こっている。(p.88)

Ⓜ この問いに対して「偶然の変異が先にある」が答えである、というのは対応しない。偶然にあとから理由がつく、というのと偶然の変異が先にあるというのは同じことを言っていない。さらに続けて、「歴史上の発明や法則の発見の多くは、偶然起こってしまったエラーや、計算式のなかのわずかなエラーの発見」から来ているとするが、その 2 つのエラーは別物だ。前者はアクシデントとしてのエラー、後者は測定と理論の差としての誤差（エラー）だ。多義的に用いられる語を定義せずに曖昧なまま記述しているために論理が破綻している。「エラー」や「進化」のように一般的に広く用いられる語はどうしても多義的になりがちだ。「適応度」のような専門用語ですら定義が錯綜するので、「あれもこれもエラーだよね」と独り合点する前に一度立ち止まって、語の用法を見直したほうがよいように思う。また、天動説（というか地動説）も相対性理論もエラーの発見というよりも実測値と旧理論がずれるという後者の「誤差としての」エラーに関する議論をもとに構築されており、それはまさに「論理を積み上げた先にある」創造だ。アクシデントをきっかけに起きた創造として有名なペニシリンやポストイットを例にあげればよかったと思う。

Ⓘ 重要なパートだが、ここも「エラー」が問題である。「偶然の変異が先にある」「偶然起こってしまったエラー」はスリップである。一方、創造性を高めるための「エラーへの挑戦の数」はミステイクである。上で松井が言う「多義的」とは、この「エラー」の語のように質の違う意味を複数包含していることを指している。

> 創造的な成功は通常、案出した試案の数に正比例する。
>
> ——A・オズボーン (p.89)

Ⓘ 直前に「——アルフレッド・ノーベル」と書いているのだから、ここは「アレックス・オズボーン」と書くべきである。引用元の本の著者表記が「A」だとしても、並列して書くなら書式を揃えるべきである。p.51 の「A・オズボーン」も直すべきだ。

> ノーベルやオズボーンが語るように、肝心なのは成功確率ではなく、エラーへの挑戦の数だ。(p.89)

Ⓜそうではなく、成功確率も試行回数と同様に重要なのだが、成功確率は試行回数のようには線形には伸ばせず、訓練によってある程度伸びるにしても頭打ちであるが、試行回数は誰でも伸ばせるからがんばろうねということだと思う。

> 生物でも、たくさん卵を産めば生存確率が上がるように、ここでは数が重要となる。(p.89)

Ⓜあるひとつのサケの卵が生存する確率≫ある一頭のゾウの子の生存確率ではないので、たくさん卵を産んでも生存確率は上がらない。むしろたくさん卵を産めば産むほどひとつひとつの卵の生存確率は下がるというのが一般的な傾向だろう。

☞ {変異のパターン 1　変量}

> ミクロの細胞が人間の身体ほどの大きさを構成するまでには、わずか四六回程度の細胞分裂で十分なのだ。(p.93)

Ⅰ細胞分裂だけでは十分でない。細胞分裂と細胞肥大は異なる現象である。桑実胚までは受精卵の全体の大きさは大して変わらない。

> もし細胞分裂がわずか一回でも多ければ、私たちの身体はすぐに２倍の質量になってしまう (p.94)

Ⓜ「もし細胞分裂がわずか一回でも多ければ」、私たちの細胞数は２倍になってしまうかもしれないが、質量は変わらないのではないだろうか。大人の半分くらいの体重の子どもの細胞数は大人の半分よりも多い。彼らの細胞そのものが小さく、体も小さい。

> ・ラジカセを超小さくした「ウォークマン」(p.96)

Ⅰ言わんとすることはわかるが、実態としても歴史的経緯としても「ラジカセを超小さくした」ものではない。日本インダストリアルデザイン協会の理事長として、日本の

産業界、デザイン界のマスターピース[27]である「ウォークマン」を正しく扱うべき
だろう。創造の例ということなので、はじめに創造された1979年の初代「ウォークマ
ン」(TPS-L2)で考える。次の例に挙げられているように、「スピーカーを超小さくした
「ヘッドフォン」」がなければ初代「ウォークマン」では音楽は聴けない。「ウォークマ
ン」のほとんどの機種はスピーカーを内蔵していない。実際は「テープレコーダー」
から「レコーダー」の機能を「欠失」し、「ヘッドフォン」を「付加」して開発された
ものであり、強いて言えば「融合」に当たる。この「レコーダー」を削ぎ落し再生に特
化したところが革新的であったのだ。また、「ラジカセ」の「ラジ」は「ラジオ」のこ
とであるが、初代「ウォークマン」はラジオチューナーを搭載していない。1981年10
月に登場した「埼玉県の吉田くん」考案の「ウォークマン」をモチーフとした悪魔超人
ステカセキング[28]は「超人大全集」のカセットテープに加えてラジオを使った必殺
技「地獄のシンフォニー」も使う[29]で、そのイメージが強いのかもしれないが、ラ
ジオチューナー内蔵の「ウォークマン」WM-F2が登場するのは1982年10月である。
実は1980年に初代「ウォークマン」に続いて「FMウォークマン」(SRF-40)という製
品が出ているが、これはカセット再生機能のない単なるポータブルラジオであった。

| ・木を超薄くした「紙」(p.96)

■前者と後者はかつおぶしとツナマヨくらい違うと思うが…。木のルーバーがトレー
ドマークの建築家である隈研吾の教え子を自認していながら、また当書出版時著者が
特別招聘准教授の立場にあった慶應大学SFCには紙（の管）を用いた建築で有名*な
坂茂も教授として在籍していたのに、こんな認識で大丈夫なのだろうか。紙管の建築
は法的に「木造」ではない（建築基準法第38条認定を取得しなければならない）。「紙」が「木
を超薄くしたもの」ではないことくらい牛乳パックから紙を漉く体験をすれば小学生
でもわかるだろう。和紙でも洋紙でも不適当な記述だ。なお「木を超薄くしたもの」
には「経木」というちゃんとした名前がある。紙的に使えないこともないが。むしろ
紙は繊維を取り出して再構成したという観点で言うと「分離」の例ではないだろうか。

| 宇宙飛行士の毛利衛氏は「宇宙からは国境線は見えなかった」と語っている。(p.100)

---

* 紙の建築だけでなくポンピドゥ・センター・メス（2010）をはじめとして木造建築も数多く手がけている。

Ⓜとても良い言葉だと思うと同時に、好むと好まざるとにかかわらず、国境線は大きな文化の差を近距離で保持しうるため環境の差異を産みうる。北朝鮮と韓国は採用しているシステムが非常に異なり、その差は宇宙からも明るさの差として国境線沿いにくっきり見えたはずだ[30]。統合して久しい東西ベルリンについても未だに言える[31]。均質な環境で似たような遺伝子をもっていた生物の集団が地理的隔絶[32]により種分化することがある。国境線もまた文化的な断絶と種分化（と表現するには非常にためらいがあるが）を生む重要な要素だといえる。

☞ {変異のパターン 2　擬態}

Ⓜ擬態と真似、模倣は違う。モノマネは擬態ではない。子が親の鳴き声に影響を受けるのも擬態ではない。模倣 imitation は集団内、特に親子の社会的学習の方法のひとつで、サルや鳥もする。擬態が真似に似ているからといって、これらを結びつけることはできず、擬態でくくるのはあまりに乱暴だろう。擬態はほとんどの場合種間だろう（脱皮後の弱さを隠して強がるなどの同種をだます擬態もある）。

　　さらに遡れば数万年前、人類も国家やコミュニティを作るよりも前から、動物の声真似をしていたと考えられている。(p.104)

Ⓜ動物の声真似をしていたことが言語の起源であるとする、ダーウィンも採用した 19世紀の「ワンワン説」[33] と呼ばれる学説からそう言っているのだとしたら、少なくともその説は現在は支持されていない。模倣する能力じたいは言語の進化に影響を与えていたにしても。また、そのはるか前からヒトは集団で生活していたと思うのだが、それはコミュニティではないということだろうか。

　　相手の目を欺く擬態は、生物の生存戦略にとって主流な方法として観察される。

(p.106)

Ⓜ主に視覚的なものが多いのはたしかだが、擬態はそれだけにとどまらない。音を真似するもの、化学的なもの、触覚的なもの、はてには電気的なものさえあるらしい[34]。

> このように、自身の天敵にとって嫌な相手に化け、強いふりをするタイプの擬態はベイツ型擬態と呼ばれている。(p.107)

■ ベイツ型擬態の「嫌な相手」は「有毒」あるいは「食べると不味い」ということであって、「強いふり」ではない。強いふりは直前の「トラカミキリは強力なアシナガバチにとても似た外観を獲得している」の mimicry（標識的擬態）の例が妥当だったのに、何故余計なことを書いてしまったのか理解に苦しむ。

> フクロウチョウは、その名の通り、羽の上に目を開いたフクロウそっくりの模様が描かれている。(p.107)

Ⓜ フクロウチョウは人間から見れば確かにフクロウの頭部っぽいが、フクロウを模しているかはわかっていないようだ。また、目のような模様は非常にポピュラーだが、それが「驚かせるため」「強そうに見せるため」ではなさそう、というのが最近の学説だったと記憶している。むしろ、お腹を攻撃されるよりは、羽の端っこが破れるほうがまだマシだという囮としての役割が確認されている。つまり、羽の辺縁部に目のような目立つ模様を設け、そこを攻撃されてもお腹への攻撃に比べればクリティカルなダメージを避けられるということだ。

> 擬態的な思考プロセスで発想された発明やデザインは数多く存在する。たとえば人型ロボットやノート型パソコン、迷彩柄（葉っぱ型の洋服）など「〜型〜」と呼ばれるものは例外なく擬態的な思考による発想だ。(p.110)

Ⓜ 「ノート型パソコン」はノートっぽいだけでノートに擬態しているわけではないと思う。ノートを半開きにして横にして指で打つことはないからだ。擬態のような設計例なら、無害な添付ファイルのふりをするコンピュータウイルスとか、信頼できる仲間であるように思わせる潜入捜査とか、ステマとか、偽ブランド品とか、監視カメラありますとか猛犬注意とか、伊達メガネとかのほうがよい例だと思う。迷彩柄もよい例だと思うが、迷彩服を「葉っぱ型の洋服」と呼ぶ人はいないのではないだろうか。
　「既にあったAと新奇のBは似ている。だからBはAの擬態だ」というのはさすがに無理がある。タラバガニはズワイガニの擬態ではない。「既にあったAに似せて、Aの外見的・構造的特徴を真似てBを作ったら、それは擬態的発想だ」と『ラビット』(p.112)

の例をあげているが、これも違うと思う…。「外見的・構造的特徴を似せることで、環境に溶け込んだり相手（たいていはデザインにとっての資源を持っている人。たとえばウイルスメールを開こうとしている人の PC とその連絡先）を騙して資源を奪おうとしているデザイン」であれば擬態的発想からうまれていると言えると思う。この定義でいえばたとえば地球儀は地球に擬態したものではなくて、単に似せることによって情報を記述しようとしている媒体だ。

　人工物における擬態の例が悪すぎる。すべて単なる模倣である。たとえば外国のパッケージの、（本当は全く意味をなさない）日本語の表記はどうか。読める人からは珍妙な日本語に思えるのだが、当地の消費者に「日本っぽい商品だ」ということを伝えるには十分なレベルまで擬態している。生物の擬態も目的を達成するまで似せるので、人間には到底似ていないように見えるものでも十分うまみのある擬態できている場合がある。

Ⅰ「迷彩柄」は「デザートカモ dessert camouflage」もあるので「葉っぱ」とは限らないのだが、それよりも「葉っぱ型の洋服」とは…？『創世記』のいちじくの葉は服ではないとすると「はっぱ隊」しか思い浮かばないのだが、何かを忘れているだろうか…？

｜　この絵からもわかる通り、彼は一貫して鳥の真似をしようとしていた。(p.110)

Ⅿ リリエンタールのやっていたことは擬態ではなく模倣だ。また、リリエンタールはプロペラを不自然であるとして嫌い、羽ばたき型の飛行機を模索していたので、カワサキの言うところの Ice 3.0[35] のウェーブに乗れなかった。リリエンタールの死が技術を革新させた。リリエンタールについては p.281 への指摘（本書 p.143）も参照。

｜　それは彫刻家ジェフ・クーンズの「ラビット」という作品で、二〇一九年のオークションで記録をたたき出した。その額なんと約一〇〇億円。彼の彫刻のモチーフは明確にバルーンのラビットだ。素材はステンレスでできている。(p.112)

Ⅰ「バルーンのラビット」はウサギの「擬態」だとしても（そうは思わないが…）、クーンズの彫刻は素材の「交換」では？

｜　たとえば元祖スマートフォンであるアップルの iPhone は、Phone（電話）でな

くてはいけなかった。もし iPhone が電話機能のない月額制の電子手帳だった
ら、ほとんどの人は買わなかっただろう。まったく新しいインターネットデバ
イスの契約体系をユーザーに理解させるには、彼らがすでに持っている携帯電
話に擬態するのが手っ取り早かった。(p.113)

■ まさか iPhone のコンセプトでもモノでもなく契約体系を評価するデザイナーがい
るとは…。しかし Wikipedia（をソースとするのは個人的には避けたいのだが）によると、

> これまでの一般的な携帯電話は、キャリアなどの店頭でアクティベーションや回
> 線契約を行うのが基本であったが、この初代 iPhone は、iPod のように iPhone 本体
> を購入してユーザーが自ら自宅やオフィスの Mac やパソコンの iTunes 上でアクティ
> ベーションとキャリアとの回線契約を行うという大変ユニークなものであった。[36]

ということらしいので、携帯電話の契約体系よりもインターネットのプロバイダ契約に
近そうだ。また IBM Simon（1994）、Nokia 9000（1996）、BlackBerry（1999）、Ericsson R380
（2000）あたりを無視した「元祖」認定には異論が噴出しそうである。また電子手帳の
話を持ち出す意味が不明だ（アップルは PDA『Newton』を 1993—1998 年に販売していた）。「電
話機能のない iPhone」は「iPod touch」として初代 iPhone 発売の 3 ヶ月後には発売さ
れている。ついでに言えば初代 iPhone は日本未発売だが、iPod touch は日本でも発売
された。まあ確かに「月額制」ではないが、「擬態」の例として iPhone は不適当だろう。

> 擬態的な発想は、意図して真似ようとしなくても、偶発的に発生することがあ
> る。ある日、大学の食堂で誰かが皿を投げ上げて遊んでいた。皿がグラグラと
> 揺れる動きを眺めていたリチャード・ファインマンは、その動きを方程式にす
> ることを思いついた。この皿の動きを真似た方程式によって電気力学と量子力
> 学が融合し、彼は一九六五年にノーベル物理学賞を受賞した。(p.113)

■ 「動きを真似」るのはタモリのモノマネ (p.104) のようなことを言うのではないか。動
きを「再現」する数式を考えることまで「擬態」に含めるのは妥当ではないように思
う。そもそも「擬態的な発想」以外の発想も「偶発的に発生する」と思うのだが。

> あらゆる形態には理由が宿っている。(p.113)

Ⓜ生物のあらゆる形質はすべて適応的であるといったん仮定（いわゆる作業仮説を設定）して、そのメカニズムを究明しようとするアプローチを適応主義という。この記述はそれに近い姿勢であり、非常に賛同できるものなのだが、わずかな変更が必要で、「あらゆる形態には理由が宿っているはずだという姿勢で臨もう」であれば賛同できる。偶然によって形態が決まっている（遺伝的浮動、中立進化など）ことも十分にあるし、理由が解明できないものもある。

> 適応主義は何もないところに適応を見つけ出すかもしれないという問題がある。しかし作業仮説であるから、研究の結果その形質は適応でないと結論されることもある。適応主義アプローチは「全ての形質が適応である」のような信念を告白しているのではなく、仮説構築の指針である [37]

　すべての形質が適応である、あらゆる形態には理由が宿っている、というのは汎適応主義の誹りを免れない。

> 地球史を遡ってみると、闇夜を照らしつづけてきた最も明るい光は、月にほかならない。つまりあらゆる照明は、すべて月をコピーしたものだ。(p.114)

Ⓘ何故ここで「擬態」ではなく「コピー」という新しい語を用いるのか理解に苦しむ。これまでの話ではこここそ「擬態」と言うべきなのではないか。「コピー」には「模倣」の意味もあるが、語源は「たくさん」であり [38]、日本語訳としては「複製」が第一義である。『進化思考』第二章的には「増殖」で使うべき語ではないか。

> 擬態的な思考は現在まで、「見立て」や「メタファー」など、人類史の数千年にわたってさまざまな文化領域で発想の手法として用いられてきた。(p.116)

Ⓘその通り。既に名前の付いた概念に新たに別名（「擬態的な思考」）を与えるのは単なる無駄である。「見立て」と「メタファー」でおそらくほとんどの日本人に通じるのだから。

> たとえば猫型ロボットを考えているなら、猫についてしっかり観察していないロボットはうまくいかない。(p.117)

Ⅰ「猫型ロボット」が最適な例なのだろうか。文中で既に「犬型ロボット」を揶揄しているので猫にしたのかもしれないが、クマとかブタとかでも良かったのではないだろうか。世界中で最も有名な「猫型ロボット」は耳がなく、青い。2足歩行が基本だし、爪もない。擬態という点ではどちらかというと不出来な方であろう。逆に「猫型ロボット」を考えろと言われて「耳がなく青い」ロボットはまず思い付かない筈であり、藤本弘* の天才ぶりをこれ以上ないくらいに示しているとも言えよう。

☞{変異のパターン 3   欠失}

Ⓜ欠失はDNAの一部が失われることであって、退化とは違う（「系統発生における退化とは、進化の過程における器官の縮小、萎縮、消失など…」）。退化という言葉を使わなかった理由はなんとなくわかるが、欠失を使う積極的な理由もない。なぜこの区別にこだわるのかというと、遺伝子の欠失ではなくむしろ「ある遺伝子があることによって」なにかの部位が親個体のようには発生しない・成長しない・形成しない場合が十分ありえそうだからだ。何かを阻害する働きをする遺伝子というのはよく聞く。つまり、DNAの欠失によって生物になんらかの機能が追加される・形質が複雑化する、ということもありうるし、なにかが退化をしたからといってそれが欠失によって引き起こされているとは限らないということだ。

| あまつさえ言語には抜けやすい性質があるのに、そもそも人は忘れる。(p.118)

Ⅰ「あまつさえ」（剰え）の意味は「そのうえ」「moreover」といったところで、段落文頭でいきなり使う語ではないような…。「ただでさえ」とでも言いたかったのだろうか。

| うっかりすると失われる。この欠失的な性質は、言語にもDNAにも共通している。生物変異では、まるで言葉の言い忘れのように、しばしば作り忘れる。たとえば、私たちと九八・七七％も同じDNAを持っているはずのチンパンジーには尻尾があり、ヒトにはない。(p.119)

---

*   言わずと知れた藤子・F・不二雄（*1933—† 1996）とドラえもんのことである。

Ⓜチンパンジーには尻尾はない。チンパンジーは Ape であって Monkey ではない。

🅸ヒトに尻尾が無いのは表面的なことである。当書の「進化」的に言うのであれば、尾骨が数個残っているので「うっかり」「作り忘れ」られたものではなく、短くなった「変量」ではないか。「進化」とか「生物学」とか言わなければ、表面的になくなったことを「欠損」と表現しても目くじらを立てる必要もないので、「進化」を援用することの弊害がここに出てしまっている。

> またクマの一種であるコアラも同じようにクマにはある尻尾がないし、トカゲに近接する種であるはずのヘビには足がない。(p.119)

Ⓜコアラはクマの一種ではなく有袋類だ。

🅸「近接する種であるはず」の「はず」の意味が不明だが、トカゲやヘビという「種」は存在しない。同じ有隣目に分類され、トカゲはトカゲ亜目、ヘビはヘビ亜目である。亜目の下には科、属、種の3階級がある。この「八段階のフォルダに分けて分類されている」(p.267)という認識は太刀川も有しているようだ。例えると、東京都（有隣目）23区内（ヘビ亜目）中央区（科）銀座（属）四丁目（種）と東京都23区外（トカゲ亜目）武蔵野市（科）吉祥寺本町（属）一丁目（種）くらいの感じである。「近接する」とは言い難い。

> 形ばかりでなく色が欠失することもある。多くの種では一定の確率で色素を持たない個体、アルビノが生まれてくる。(p.119)

Ⓜアルビノは色が欠失した個体ではなくメラニン色素の生成に障害をもつ個体であり、このふたつは同じではない。小人症が身長が欠失する障害ではないように。

> 図5-2　馬のなくなった馬車「ベンツ・パテント・モートル・ヴァーゲン」の特許図

🅸これはどう考えても「〈馬のなくなった馬車〉にエンジンを積んだもの」であり、「欠失」の例として不適当である。そもそも「馬のなくなった馬車」は「車」そのものである。日本語ではかつて「牛車」があったため、それと区別して「馬車」と呼ぶように、あるいは「人力車」があるように、馬（強いて言うなら「馬車馬」という語はある）は後付けである。車本体は「馬車」ではない。「車」はドイツ語では「Wagen」、英語で

は「wagon」(ワゴン)(もしくは carriage や coach)である。「モートル・ヴァーゲン」は英語なら「モーターカー」である。「欠失」と言いたいのなら『F-ZERO』(1990, 任天堂)シリーズのマシンのように「車輪のない車」を挙げるべきなのではないか。

> ダイソンは羽根のない扇風機を発売しているし、共鳴胴(振動音に共鳴する胴)を持たないサイレントギター、バイオリン、チェロがヤマハから発売されている。(p.121-122)

Ⓜ既存のものから不合理な部分を取り除くのは人工物における退化(という言葉をここでは使う)なのか？　一見合理的に見える足をなくしてしまったヘビ、バランスとるのに有利そうな尻尾をなくした Ape、顎を小さく弱くした人間、そういう大胆なトレードオフをあげたほうがいいのではないだろうか。

> あるのが当たり前だと思っていた概念がないことを仮定したときに、科学や社会が一気に進むこともある。たとえば〇(ゼロ)という数字もそうだ。(p.121)

Ⓜゼロの概念が欠失だというが、ゼロという概念はむしろ付け加えられたことによって数学を進歩させたので、それは欠失でも退化でもないのでは…。たとえばなにかを仮定して解けないはずのナヴィエストークスを解けるようにする、とか、モアレフィルターなくして画質向上なら退化かも。いや、前者は違うな…。

> 当然のように起こっている差別もまた、存在する必要はないはずだ。(p.122)

Ⓜお気持ちは大変そのとおりだと思うのだが、差別のメカニズムと著者のお気持ちは関係がない。進化の看板を掲げるなら差別はなぜ起こるのか？のメカニズムを進化的に説明すべきで、差別をすることが適応的であるからこそ根が深く厄介なのであって、「差別は悪いですね、存在する必要がないからやめましょうね」というのは中学の道徳の授業である。よそもの差別の適応的メカニズムについてはヘンリックの『文化がヒトを進化させた』[24]、ミラーの『消費資本主義！』[39]が詳しい。

☞〔変異のパターン4　増殖〕

> 牛、羊、山羊などは反芻動物と呼ばれ、四つの胃を持っている。消化しにくい草を
> 食べるので、第一胃に飲み込んだ食べ物を、第二胃を使ってまた口に戻し、何度も
> 咀嚼しながら食べる。そして十分に咀嚼したものを第三胃と第四胃で栄養に変える
> 仕組みだ。どうやら四つの胃のうち三つは正確にいうと食道を変形させたものら
> しいが、その様子を見れば明らかに胃袋が増えている様子がわかる。(pp.129-130)

■反芻動物の四つの胃は草のセルロースなどを分解吸収するための仕組みであるが、
「三つは正確にいうと食道を変形させたものらしい」という由来もさることながら、
役割も異なっている。焼肉としてもミノ（第一胃）とハチノス（第二胃）だけを比べ
ても色も形状も触感も全く違うことが一目瞭然であろう。同じものを増やすのが当書
の言う「増殖」ではないのか。内臓（焼肉）で言うならば肺（フワ）や腎臓（マメ）
が左右2つあることの方がまだ「増殖」の例と言えるように思う。

> 生物の発生自体が細胞の増殖によって起こるため、複製は仕組みとしては容易
> なのだ。(p.133)

■仮にこれを正しいと認めるとしても、直前の椎骨は1つ1つが同じものではないの
は挿絵からも明らかである。「既に獲得した要素の増殖は、細胞分裂の時点で分岐を
増やすだけで発生できる」と言えないことは明らかであろう。多指症を例に出すなら
ば、阿修羅のような多腕症や三つ目などの多眼症は何故頻発しないのか？

> わずかに違う同じようなものをアソートした（分類して組み合わせた）、トラン
> プ、色鉛筆、マニキュア。(p.135)

■「わずかに違う同じようなものをアソートした」というのは「増殖」ではなくパラ
メータの「変量」ではないのだろうか。色鉛筆を例に出すならば、進化ワーク03「超
〜なx」(p.103)的に「超色がいっぱいある色鉛筆」となるであろう。
　トランプやタイプライターは数と文字の問題なので、「増殖」なのか？と思うが、ま
あ著者の考えということで尊重しておく。

> 　一本だけでは機能性に乏しい糸を、たくさん束ねて布にしたのも、増殖的な創
> 造だ。(p.136)

■ 人類が「一本だけ」の糸を手に入れるのはそう簡単なことではない。布は「進化」
のプロセスからすると「増殖的」な創造ではない。糸を一本だけ作れるのは蚕や蜘蛛
であるが、人類がはじめに手にした糸（繊維）は麻などの植物性繊維であろう。その
場合は一本だけ手に入れる、ということはできない。すでに最初化から「増殖」され
「たくさん束ね」られた茎の状態で手に入れた筈である。また糸よりもつる性植物の
「つる」の利用が先だったのではないかと思う。大きな葉や動物の皮のように面積の
あるものがつるから作れないか、とその「構成」を創造したのが布もしくは網だろう。
　布は糸を縦横に「構成」せねばならず、そこでは「増殖」の思考とは別の思考が必
要である。またその実現も容易ではないという点でも布は「増殖」の適当な例とは思
えない。経糸を固定するためのごく「原始的な織機」がないと織るのは難しい。当書
の記述の年代が正しいとするならば、34000 年前の繊維から 6000 年前の布の服まで、
相当な年月を経ている。布を織るまでには、繊維を紡績して糸を作るプロセスも必要
で、糸車のようなイノベーションが生まれている。さらに織機というイノベーション
があってようやく実現されたものである。つまり、布の創造においては、それを実現
可能にする製造工程の技術が非常に重要であり、「糸を「増殖」させた」という発想
のもつ重要度は比較的小さいのだ。織機や紡績などの繊維産業から産業革命が起こ
り、さらにそこから近代デザインが興ったことを考えると、「インダストリアルデザ
イン協会」を名乗る集団の長がこの程度の理解だというのは嘆かわしいことである。
　同じように植物性の長いものを「増殖」させた例としては、木片を並べて繋げ、紙
のように文字を書いた木簡や、細い茎を並べて繋げた簾などがわかりやすいだろう。
これらを挙げた上で最後に布を挙げるのであればまだ良いと思う。

> 　織機のスピードは音楽と同じ rpm（分速）で表される。(p.136)

■ 通常、音楽で使う速さの単位は bpm（beat per minute）である。少なくともメトロ
ノームでは bpm が用いられている。rpm（revolutions per minute）は確かにレコードの
ターンテーブルの「33 回転」や「45 回転」を表すのには使うので、「音楽＝レコード再
生」あるいは「音楽家＝ DJ」というような認識であれば正しいと言えるかもしれない。
だが「はじめに」でジャズピアニストのチック・コリアの名を挙げているので、DJ だ
けを音楽家と認識しているわけではないようだ。やはり bpm の誤りであろう。

　　メンデレーエフが発見した元素の周期表なども、元素がたくさん発見された末
　　に誕生した増殖的な創造といえるだろう。(p.138)

Ⓜメンデレーエフの元素周期表は増殖的らしい…わからない…。当書であげられる9
つの変異はどれも互いに独立でなく、馬車から馬が「欠失」させたのが車で、馬をエ
ンジンに「交換」したのが車で、馬車に「擬態」したのが車で…といわばラベル状に
付与できるのが違和感がある。
∎法則性を発見し、表の形にまとめることが「増殖的な創造」の筈はないだろう…。

☞ ｛変異のパターン 5　転移｝

Ⓜ最も一般的な「転移」の用法はガンのそれであって、変異のパターンとして適当
ではないように思う。水平転移＝水平伝播は生物進化では世代間（垂直）ではなく世
代内での遺伝子のやりとりだし、文化進化では水平伝達、垂直伝達、斜めの伝達を類
似の意味で使い分ける。このあと水平転用 (p.146) という横井軍平の水平思考のような
言葉も出てくるが、これらをまたぐ転移という曖昧な言葉を使うことでこれらを結び
つけようとしているが実際にはメカニズム的な繋がりは薄い。生物にとって移動する
ことやニッチが重要なのはそのとおりだが、それと水平転移はつながらない。転移よ
りもたとえば「移動」「移住」のほうが近いのではないだろうか。

　　　日本人としてアボリジニの皆様にかたじけない気持ちである。(p.142)

∎「かたじけない」（忝い）は現代語では感謝の意を表す語である。さすがに編集者
もこれくらいは気付いて欲しい。確かに古語では「面目ない」の意味もあるが…。

　　　イチイヅタは急速に大量発生し、毒を持っていたため数年のうちに在来種の海
　　　藻を死滅させ、地中海の生態系に壊滅的なダメージを与えてしまった。(p.143)

∎この書き方だとイチイヅタがアレロパシー（Allelopathy、他感作用）を持っている
ように読める。だが、イチイヅタの「毒」であるコーレルペニン（Caulerpenyne）は
捕食者（つまり動物）に対する「毒」である。イチイヅタだけ生存能力が高く、結果

的に繁殖したと解釈するべき現象である。

| 　　太古の昔に魚類が陸に上がって爬虫類になったり、(p.143)

Ⓜ魚類が陸に上がってティクタアリクのような陸生動物、四肢動物にはなったといっていいと思うが、四肢動物には両生類なども含むため爬虫類のみになったわけではないし、そもそも爬虫類は側系統群なのでここで魚類の陸生版としてあげるには流石に不適切ではないかと思う。

| 　　私たちが子どもの頃を思い返してみると、おもちゃ屋とテレビゲームの関係は
| 　　現在よりも深かったように思える。(p.152)

Ⅱ単著なのでここは「私」でなければならない。読者の年齢はわからないのだから。

☞ {変異のパターン 6　交換}

| 　　カッコウの托卵も、交換によって適応した進化だ。(p.157)

Ⓜ交換によって適応する、適応した進化、托卵が進化である、と、この文すべての表現に問題があるが、表現はさておき、托卵は Brood Parasite という片利共生的・寄生的な習性である。寄生であることはこのページでも述べられており、なぜ p.340 の寄生ではなく交換としたのかわからない。
Ⅱ托卵はどう考えても「交換」ではなく、孵化させる場所の「転移」だろう。カッコウが托卵先の「巣にある卵を一つ落と」すのではなく、一つ持ち帰り自分の卵として孵化させて育てていくのであれば「交換」と呼べるが。

| 　　托卵をする鳥はカッコウだけでなく、〔中略〕世界中のおよそ八〇種類、全体の
| 　　約一％の鳥が托卵鳥として知られている。(p.157)

Ⅱおそらく参照した資料が古いのだろう。鳥約一万種のうち托卵鳥は一〇二種らしい[40]。

> その卵は不思議なことに、もともと巣にあった卵の色にだんだんと似ていき、親鳥の目を欺くのだ。(p.158)

Ⅰ この書きぶりだと、あるカッコウの卵が托卵先の親鳥に温められているうちに変色していく、と解釈できるが、だとすれば残念ながら「不思議なこと」ではなく誤りだろう。カッコウの雌には宿主特異性があり、托卵する相手（宿主）が決まっている。卵の形、色、模様は、雄の遺伝子が関係せず、雌のみがもつ W 染色体上の遺伝子によって決定されていると考えられている[41]。

> 親鳥はその頃になっても、まさか自分の子が偽物だとは気づかない。　(p.158)

Ⅿ そういう場合もある。托卵された側の親鳥は、差に気づいてはいるが、それに対する反応を持ち合わせていない場合が多いという研究がある。
　言葉の曖昧さが気になる。カッコウの托卵の「交換」と電球の「交換」は交換という言葉でのみつながっていて、メカニズムもなにも違う。変量：10x thinking, 擬態：アイディアは既存のものの組み合わせ, 欠失：10x thinking, TRIZ の 5. Merging, 増殖：TRIZ 26copying 19periodic action, 分離：TRIZ の 1. 分けよ 2. 離せ といった既存のフレームワークの提案を再話して、進化という串で通そうとしているが進化とのアナロジーとしての関連は弱いように思う。

> 手段がなければ目的は達成されないが、目的は手段よりも常に優先される (p.161)

Ⅰ この本を貫く哲学と思われる。「進化思考」を提唱するという「目的」が「手段」である「進化学」や「生物学」あるいは「正確な文章」よりも優先されてしまっている。

☞ ｛変異のパターン7　分離｝

> 生物進化における「分離」(p.165)

Ⅿ 進化のプロセスの話をしているのだから、単に形質としての分離だけではなく、集団の分離として地理的隔離をはじめとした生殖的隔離を紹介してほしかった。

　　実は水鳥の体内には二種類の体温を保つ血管が走っていて、脚から上がってく
　　る冷たい血管と、脚に向かう温かい血管が平行に体内を走っている (p.166)

■ 別に何のことはない。静脈と動脈のことである。もちろんヒトも同じである。

　　その血管同士の熱交換によって血管が凍らないようにできているのだ (p.166)

■ 著者は対向流熱交換について誤った理解をしていると思われる。鳥は「ワンダー
ネット」(熱交換の「仕組み」のことではなく、網の目状の毛細血管のことである)
での熱交換により、足に向かう血液が持っている熱を無駄にせず、どうせ水温で冷や
されてしまう（熱が奪われてしまう）足に温かい血を流し込む前に「足から上がって
くる冷たい」血液を温めることで先に使ってしまう。その結果、足に流れる血液はは
じめから冷たくなっており、冷たい水温との温度差は少なく、奪われる熱も少なくな
る。そして心臓に戻っていく冷たい血液はまた「ワンダーネット」で温められるため、
心臓や脳に冷たい血液が流れ込まないようになっている。鳥の命にとって重要なのは
足の「血管が凍る」のを防ぐことではなく、体温が下がるのを防ぐことなのである。

　　膜にほぼ等しい、さまざまな素材でできた分離壁で何層にも包まれている (p.167)

■ 膜と壁の使い分けが不明である。膜は生物で壁は人工物と言いたいのか？とも思っ
たが、「進化の過程で袋状の分離壁を発達させたのだろう」(p.165) と書いているので、
生物にも壁はあるらしい。厚みのあるものが壁なのか？

　　一八九三年にジッパーを発明した (p.169)

■ 細かい話だが、「Zipper」の語を最初に使ったのは1923年の B.F. Goodrich 社とされ
（かつては登録商標だった）、「一八九三年」の30年も後のことである。一般名詞であ
る「ファスナー」もしくはウィットコム・L・ジャドソンが特許図に使った「CLASP
LOCKER」と書くべきであろう。「ファスナー」よりも「ジッパー」の方がわかりや
すい、と言いたいのかもしれないが、既に「面ファスナー」(p.111) の語を使っている
のだから、ここも「ファスナー」で良かった筈だ。

> 「1　膜の分離」
> 「2　開口の分離」(p.175)

▣「1　膜」と「2　開口」だけの方がわかりやすいのではないか。特に「開口の分離」は言葉だけ見ると意味不明である。どうしても分離の語を使わなければならないのであれば「1　分離における膜」「2　分離における開口」という感じであろうか。

☞ {変異のパターン8　逆転}

> その結果として、私たち人間の六人に一人は左利きとなって左右が逆転するし、一三人に一人がLGBT（性的マイノリティ）として性自認が逆転し、二万二〇〇〇人に一人が内臓逆位、つまり体内のすべての内臓が鏡のように左右を反転した状態で生まれてくる。こうした反転は特別なことではなく、ただ一定の確率で生まれるし、進化のために必要なエラーでもある。(p.177)

Ⓜ左利きは左右が逆転しており、LGBTは性認識が逆転しているわけではない。「正常」から逆転しているのではなく、単なるバリエーションだ。LGBTはエラーという立場なのだろうか。確かに「染色体異常」とかも異常・エラーなのかという話はあるとは思う。同性愛が進化的にどんな適応なのか、そもそも適応なのかについては未だに決着していない。全人口の1割程度を占める左利きは負の頻度依存の自然選択の結果維持されたもので、協力のためにはみんな同じ利き手がよく、競争のためにはマイノリティの利き手がよいというせめぎあいであるとされている[42]。逆転の生物をあげるならハルキゲニアが最もよいと思う。彼らは何も逆転していないが、人類は彼らの前後ろや上下をさかさまに勘違いし続けていた。「逆」という感覚そのものが人間の固定観念由来の主観な気がする。

> ネズミと同じ真獣下綱なのに空を飛ぶコウモリも「空飛ぶネズミ」だ。(p.179)

▣ネズミ目（齧歯目）とコウモリ目（翼手目）は確かに真獣下綱であるが、カンガルーなどの有袋類を除いた、有胎盤哺乳類つまりほとんどの哺乳類が真獣下綱に属している。つまりヒトを含むサル目（霊長目）も同様である。そのためコウモリを「空飛ぶネズミ」だと言うのであれば「空飛ぶヒト」とも「空飛ぶカバ」とも言えてしまうの

だ。系統樹的にはコウモリ目はネズミ目よりもネコ目やウマ目の方が近い。

> またアルバート・アインシュタインは、どうしても計算が合わない数式のちょっとした矛盾から、空間と時間が絶対的だという固定観念を打ち破り、光の速さこそが絶対で、空間や時間は相対的だと考えた。(p.184)

Ⓘ ちょっとした矛盾を無視しない、本章へのお墨付きと言えよう。

☞ ｛変異のパターン 9　融合｝

> たとえば腸内や皮膚に棲む細菌層もその一例だ。(p.192)

Ⓘ 細菌叢が正しい。「レイヤー」ではなく「くさむら」である。

> 一九四〇年代頃に、微生物が水平遺伝子の移行によって交配していることが発見された。(p.192)

Ⓜ 水平遺伝子とは…遺伝子の水平移動のことか？　もしそうであっても、遺伝子の水平伝播は交配ではない。交配とは基本的に人為的な有性生殖をさす。「微生物が遺伝子の水平伝播／水平転移によって変異」であれば良いと思う。
Ⓘ 「水平遺伝子」というものはない。何らかの文章で「水平遺伝子移行」という語の並びでも見て誤解したものと想像する。この場合は「水平遺伝子の移行」ではなく「水平な遺伝子移行」と解釈しなければならない。親から子へという世代を経ての遺伝子の伝達が通常であり、これを垂直伝播と呼ぶのに対し、親子関係もないのに侵入などで他の遺伝子が入り込むのが水平伝播である。
　また、細かいことではあるが、交配の語は個体間での受精を指すのが通常であり、遺伝子やDNAのレベルでの現象に用いられる語ではない。

> 生物学的には、私たち人間が犬と交配しても犬男は生まれない。遺伝子プールを保つため、DNA遺伝子がそのまま足されるような融合はめったに起こらない。(p.193)

Ⓜ遺伝子プールを保つため…？　犬と人間が生殖できないのは、生殖的隔離、つまり両者の DNA の遺伝的距離があまりに大きいせいだと思うが。

> 融合的な思考から発明された道具は、身近なモノでも挙げていたらきりがない。カレーうどん、弓矢、ペットボトル、水陸両用車、多機能ナイフ、カメラ付き携帯電話、レンズ付きフィルム、電気こたつ、クレーン車、車椅子、原動機付き自転車、合金、ブレンデッドウイスキー……(p.193)

Ⓘ「融合」と「結合」は違うと思うが、そこは受容するとして、「弓矢」は弓と矢を融合したのではなく、矢を飛ばすために弓が発明された、あるいは石を投擲する弾弓が発明されそれに合わせて投槍器の槍（ダーツ）が小型軽量化して矢が生まれたと考えるべきではないか*。「ペットボトル」はガラスボトルの「ガラス」を「ポリエチレンテレフタレート」と「交換」したものだろう。「白熱電球から LED 電球へと、より性能が良いものに交換」したのと同じ「交換 1　物理的な交換（WHAT）」(p.159) の事例とするべきだ。「電気こたつ」も p.86 で『馬がエンジンに「交換」された、あるいは内燃機関と荷車が「融合」した馬車でもあった』という例で挙げているように、炭火から電熱器に熱源を「交換」した例である。馬車の場合には、元々動力である馬と荷車が分離していたのを「融合」したといえるが、こたつは元々熱源の上にふとんをかぶせるという構造は変わっていないのではじめから「融合」している。自分で提唱する分類の適用があやふやでは困る。それくらいは自力で精度を高めてもらいたい。

> DNA の構造を発見したジェームズ・ワトソンとフランシス・クリックは、彼らの共同研究のあり方そのものが融合的創造だった。(p.196)

Ⓜノーベル賞を受賞したのはもうひとりモーリス・ウィルキンスがいるし、その前にはウィルキンスの同僚ロザリンド・フランクリンがいる。決定的な論文を発表したのは確かにワトソンとクリックだが、決して二人だけの功績ではない。そしてここには「学際融合」を超えた研究倫理が絡むので、融合が無条件によいものであるわけではないという意味で紹介する意義があるのではと私は思う。

---

*　　日本での出土品では石の鏃よりも弓の方が 7,000 年程新しいという[43]。

イノベーションを提唱したシュンペーターも「郵便馬車を次から次へとつなげるようなことをしても、鉄道は決して生まれてこない」と語る。つまり融合から発想するには、足してもなおシンプルな状態を保つ工夫、すなわち最適化を目指すデザインが不可欠だ。(pp.197-198)

🄸 シュンペーターの郵便馬車の話の原文を確認したわけではないが、同じものを「増殖」させるのではなく、異質なものを新たに結合することがイノベーションには必要だというような文脈だと推測する。それが著者のシンプル云々という見解とどうつながるのか全く理解ができない。

進化は、偶然だ。(p.200)

🄼 キャッチコピーかなにかか？ 生物の変異や中立進化はたしかに偶然といってもいいが、文化の変異（特に誘導された変異）、自然選択、バイアスのある伝達は偶然ではない。「あらゆる生物進化は、偶然からはじまる」であればまあ問題ないと思う。進化をはじめとした難しくて巨大な概念を、よく読むと意味のわからない、短くてそれっぽい言葉で断定的に決めつけることに魅力を感じる読者むけの本であることは重々承知しているが…。

無数の変異的挑戦による、壮大な結果論なのだ。(p.200)

🄼 結果論とは、結果がわかってからあとづけで結果のみを根拠に説明することだと思っているのだが、違うのだろうか。進化理論じたいは後付けではないし、適応主義にしても結果のみを根拠にするアプローチではなく、結果をもとに原因まで逆流する推論で、リバースエンジニアリングに近いものだ。

そして変異のパターンとは、結果を恐れずに偶然に向かおうとする挑戦のパターンそのものでもある。(p.200)

🄼 偶然に向かおうとする挑戦のパターンとはなにものをさすのか理解できている自信がないが、生物の変異は挑戦ではなくエラーである。文化の変異についても、挑戦

であるとは限らず、偶然によってうまれたコピーミスだったりする。デザインにおいて新しいアイディアを創造することは挑戦だ！と著者が閃くことは自由に表現していただければと思うが、そのひらめきを説明し正当化するのに「変異」という学術的な用語を使ってよい妥当性はないと私は思う。

☞ ｛第三章　適応｝

| 　　　失敗するくらいなら、やらないほうがましだ。(p.206)

Ⓜ変化の回避は創造性を阻害する、ということらしい。それはそうかもしれないが、進化は（基本的には）変化を嫌う。そのため、失敗するくらいならやらないほうがましだという判断は進化によって得られた形質ともいえる。ヒトの進化においても、進化適応環境 EEA では risk aversion 的なバイアスを進化の途上で獲得したらしい。それが生存などに関わらない起業などでも発揮されてしまっているため、もっと起業すればいいのにという意味で risk taking な行動を勧めることがある。つまり、本能的に勘定するリスクは過大評価しがちなので、努めてその感覚に抗って、「怖く思えるけれど、実際のリスクは今私が感じているものよりも矮小なはずだ」と思えるかが成功の鍵となる、という研究がある。

| 　　　思い込みの発生だ。思い込んでしまうと、わかったつもりになって、実はわかっていない自分に気づかなくなる。だから自分とは違うものの見方をする人を見ると、相手が間違っていると考えてしまう。(p.207)

Ⅱ第2章で林も絶賛しているが、同感である。この文で締め括りたい。

| 　　　動物行動学（ethology）を確立したニコ・ティンバーゲンは、動物の関係性を理解するために「四つのなぜ」を提唱した。

| 　　　1　解剖生理学（内部の機構がなぜ、どのように機能するのか）
| 　　　2　発生学（どんなプロセスで生物が生み出されるのか）
| 　　　3　系統学（どんな歴史的経緯をたどって進化してきたのか）

| 　　4　行動生態学（生態系のなかで生物がどんな適応的関係を持っているか）(p.208)

Ⓜ個体発生学を解剖として統合するのは無理がある。発生生物学は解剖の一分野ではない。適応はティンバーゲンの4つのなぜにあてはめれば静的な究極要因にあたる。適応を観察するために予測を加えるのはどういう理由で？　ティンバーゲンの4つのなぜは動物の行動を対象にしていて、適応は「この行動にはどのような繁殖・生存上の利益があるのだろうか、という適応の観点からある行動を分析（リバース・エンジニアリング）する」ということであって、「この適応を解剖しよう」とか「この適応を系統にあてはめよう」ということではない。ほとんどあらゆる動物行動は適応の結果であるからといって、ティンバーゲンの4つのなぜが適応を対象にしているということにはならない気がする。学習 learning をあてているが、ティンバーゲンの4つのなぜは探究 studying のほうが近いのではないか。時空観とは？　結局、著者の提案する「時空観マップ」とティンバーゲンの4つのなぜには関連はあまりないといわざるをえない。用語の借用と、用語の奥にあるコンセプトの援用には深い溝がある。別物として捉えなければいつまでもティンバーゲンの4つのなぜの表との対応を見出せず苦しむことになる。

Ⓘ　「四つのなぜ」に関してだが、参考文献に挙げられている長谷川眞理子氏の『生き物をめぐる4つの「なぜ」』[44] では「至近要因」「究極要因」「発達要因」「系統進化要因」とされている。そもそも参考文献 (p.503) に挙げられているニコ・ティンバーゲンの『動物の行動』[45] には「四つのなぜ」も書いていないように思うが…。

| 　　そして四つの観点が揃うことで初めて、現在の事象を網羅的に理解できるのだ。(p.209)

Ⓜ進化生物学は基本的には未来をうまく予測しないので、現代の生物学は生物を網羅的に理解できないということだろうか。

| 　　時空観マップ：時空観学習の4つの観点 (p.210)

Ⓘ外部—内部、過去—未来の2軸自体は良いと思うので、生物学の援用は全く必要ないだろう。「予測」は生物学ではない。

> 私の目標の一つは、時空観学習の四つの軸を、現在の義務教育のカリキュラム
> に導入してもらうことだ。(p.212)

Ⓜ ぼくのかんがえたさいきょうの教育法だ。EM菌、江戸しぐさ、水の記憶の類だ。
当書のように完全に間違った進化学の理解を子どもに教えるのだけはやめてほしい。
自己啓発スピリチュアルデザインセミナーはそれ相応の聴衆が（主に企業などに）い
るはずだ。疑似科学は20歳になってから。

> 生物学における解剖は、次の三つの考え方に大別できる。(p.223)

■ 根拠が不明。形態学的な解剖に尽きると思うが。少なくとも「3　要素がどのように
発生するのかを理解する─発生学的な解剖」は時間軸に沿った「形態学的な解剖」では。

> 生物も無生物も共通して、それぞれの膜ごとに要素がコンポーネントになって
> いるので、臓器移植やコンピューターのメモリ交換のように、それらを交換す
> ることができる。(p.226)

Ⓜ 生物も無生物もコンポーネントを交換できるということになっているが、交換可能
なモジュールの単位として臓器をだしてくるのはさすがに無理がある。臓器は自然科
学の発展によって人工的に無理やり交換できるようになったのであって、生物全般で
いえば臓器は交換できないものの代表である。逆になにであれば交換可能なのかとい
えばたとえば体細胞があげられるだろう（とはいえ色々条件が揃わないと正常に交換
できないが）。造血幹細胞などでは細胞というモジュールを壊してはまた新しい細胞
を作っている。臓器は不全に陥れば基本的に死あるのみだ。蟻の足は要素がコンポー
ネントになっているが、一度失えば二度と生えてこない。

> こうした要素同士の繋がりを観察して、部位の意味を理解する学問は、生物学
> では「解剖生理学」と呼ばれている。(p.228)

Ⓜ 解剖生理学が生物学の一分野とされているが、医学ではないだろうか。生物学は自
然科学（理学）の一分野で、医学は生物学や他の自然科学を応用する、応用科学の一

分野だ。解剖生理学ではなく、解剖学であればそこまで問題ないように思う。

> スイッチを入れれば電気がつくし、アプリをクリックすればソフトウェアが立
> ち上がるが、なぜなのかは考えないのだ。(pp.228-230)

Ⓘ「クリック」するのはアイコンであり、「アプリ」は「ソフトウェア」である。

> つまりテーブルと食事は、目的のベクトルで繋がれている。(p.230)

Ⓜ目的のベクトルとは？　目的のベクトルで繋がるとは？

> すこし抽象的な話になるが、目的にも入れ子構造があることを補足しておきた
> い。たとえば、テーブルの天板の目的が「モノを置くための平らな平面」なら、
> その奥に広がる意味をさらに問いかけてみよう。(p.230)

Ⓜこの記述じたいは正しいと思う。しかしここでは解剖をとりあげており、個体発生
学と生物の機構という HOW を問う観点を（「解剖生理学」）を解剖として集めてい
るのだから、目的（機能、適応的な視点）はスコープ外のはずだ。「なぜこの人工物
（テーブル）はこういう機能（「平面を提供するため」「モノを置くため」「食事を便利
に扱うため」）があるのか？」を考えるのは機能・適応を考えるフェーズでやるはず
だ。つまりこのパラグラフは「生態」のところで展開するべきだったのではないだろ
うか。ティンバーゲンの 4 つのなぜを自ら取り上げているが、正確に援用できていな
い。ティンバーゲンの 4 つのなぜは、対象を深く知るためのフレームワークであって、
対象を改善するためのフレームワークではない。深く知ることで改善に結びつけるこ
とができる、という主張はよくわかるし私もそのとおりだと思うが、「対象を知る」
と「対象を改善する」はそれこそ混じり合うことのない、振り子の両極端だと思う。
Ⓘ目的に「入れ子構造」という語を使うところに筆者のオリジナリティを感じる…。
こういった「顧客が欲しいのはドリルではなく穴」[46] 的な話の場合、「上位目的」や
「メタ思考」のように、上あるいは外という感覚を用いることが多いように思う。ま
たその際に一般的に用いられるのは「入れ子」ではなく梯子だろう。長谷川眞理子氏
がよく「入れ子構造」の語を使う [47][48] から使いたかったのだろうか。

　こうしてモノに秘められた目的は、入れ子構造の内側から外側へ向かって広がっていくのだ。(p.231)

■やはり「外側へ向か」う感覚だったようだ。入れ子構造 nesting は「ファイルシステムのディレクトリ構造」(p.226) のように下位や内側に意識の向かう表現である。「重くなる」ことを「軽さが減る」とわざわざ表現しないように、「内側から外側へ向かって広がっていく」ことを述べるのに内向きの方向性を持つ「入れ子」の語を用いる必要はあるまい。「多層の構造」(p.231) もしくは「多層構造」で十分な筈だ。

　そもそも「入れ子構造」という語が多義的である。元々の「マトリョーシカ人形」(p.225) のように物理的な「入れ子構造」は相似形（正確にはオフセットした形状）を重ねるものだが、プログラミングでは再帰的な構造を指す。長谷川眞理子の言う「入れ子構造」[47] は「コンポーネント」(p.231) や関係代名詞のように、関係する複数の要素をひと括りにするものだ。こうみるとあまり良い語ではない気がしてきた。

　　自然選択　張力——それは関係と形が一致するか (p.236)

Ⓜ自然選択としての張力などというものはない。物質や構造が十分な時間をかけるとある安定な形状に落ち着くことは確かにあるし、それが自然によるデザインであるということができるということに関してはよいと思うが、それと進化学における、集団を篩にかける自然選択を結びつけるのは無理がある。皮肉でもなんでもなく、この「自然選択」アイコンはなんのためにつけているのだろう？　カッコつけだろうか…。学術用語を適当に散りばめればカッコつくとは私には思えないのだが。

　　さまざまな幾何学的構造を持つことで知られる放散虫の一種に、カリミトラという生物がいる。カリミトラの構造はまさに、泡そのものの形だ。(p.237)

Ⓜこのことと、放散虫などの生物の形状に泡のような構造が現れることの間に関連はない。泡は最小の材料で作れるので、進化上も有利の構造となりうる、という記述はそのとおりだと思うが、だからといって張力が直接自然選択と関係があるわけではない。同じ物理法則に従うこの宇宙で、1) 自然選択が最小の材料で作れるようなある特定の形を選好した結果似たような構造が生物にも非生物にも現れたか、2) 発生の際に泡と同様のメカニズムで構造をつくるように進化したか、その両方であるだけで、張

力が自然選択の決定要因であるわけではない。この反論の記述そのものが意味のわからない文章になってしまっているが、当書にそのように書かれているのだから仕方ない。生物の「形態はどのようにして決まるのか」に対して、「張力こそが、あらゆる形態を決定する鍵となるのだ」と記述されている限り、反論はこのような書き方になる。張力はあらゆる形態を決定する鍵とはならない。

> 下図のバックミンスター・フラーのジオデシック・ドームはまさに泡の形を再現した建築だし、ガスタンク、ガソリンボトル、水筒など、私たちはさまざまな膜を道具として用いている。(p.238)

■ ガスタンクは球だと思うが、ガソリンボトルと水筒は単なる円筒形のもののことだろうか…？　何故わざわざジオデシック・ドームと並べて例に挙げているのか、意図が読み取れない。水筒はスキットル（ヒップフラスコ）のような曲面があるもののことを指しているのだろうか。それにしても泡と膜とあまり関係がない気がするし…。

> アントニオ・ガウディの代表作であるバルセロナの教会「サグラダ・ファミリア」の構造は、このカテナリー曲線をもとに設計されている。(p.239)

Ⓜ カテナリー曲線はロープを垂らしたときの曲線であって、ガウディが有名な鎖や糸と重りで模型を作ったのはカテノイド（曲面）である。さらに、鎖でできた模型はカサ・ミラに展示されている模型、もしくはコロニア・グエル教会のためのものではないか。紐をたくさん垂らした、という記述からはおそらく紐と重りをつけた模型 [49] のことを指しているのかと思うが、こちらもコロニア・グエル教会のための模型で、サグラダ・ファミリアの設計のためであることが明らかなポリフニクラ構造の模型は私は知らない（サグラダ・ファミリアにカテナリー曲線が使われていない、という意味ではない [50]。ガウディの当初のデザインでは確かにカテナリー曲線を使うことに構造的な利点があった可能性は高いが、工事が遅延するのに伴って建設に応用できる技術も進展し、現在ではより簡便で低コストで高性能なカテナリー曲線とは似ても似つかない直線的なコンクリート構造の上に、装飾的にカテナリー曲線を模している（まさに先述の、騙しの要素のある擬態の一様態）という大変に教訓的な事態に陥っていることにも、建築意匠出身の者としては触れてほしかった。

　カテナリー曲線や泡の張力 (p.238) は生物学の文脈で言うところの自然選択とは全く

関係がない。泡のような幾何学的構造を生物が獲得したのは、カリミトラ *Callimitra* ならカリミトラの集団において変異・継承・適応度の差によってカリミトラの遺伝子に選択圧が生じたからだ。もし泡の形態が自然選択の産物であると論じたいのなら、泡一つ一つを無理やり生物個体に準じる個体に見立て、それらにバリエーションがあり（これは実際生じるだろう。大きさや位置、形、不純物の具合など）そのバリエーションによって泡の生存率に差があり（これも一応ありうる。不純物が多い泡は潰れやすい、など）、もしくは繁殖率に差があり（これはありえない。泡は繁殖しないし、一度できたら静的な環境であれば基本的には個体数は減るばかりだ。常に外部から泡を発生させ続ける機構があれば別である）、しかもその特徴が次の世代に継承されなければいけない*、ということを論じなければいけない。このように、裏付けとなるメカニズムの精査なしに理論の適用範囲を闇雲に広げてもアナロジーが弱まるだけでなく、牽強付会の印象を与えるだけではないだろうか。

| 私は、デザイナーには暗黙知としての張力感があると感じている。(p.240)

１「張力感」という感覚を否定はしないが、さすがに文字のカーニングとカーデザイナーの空力に対する感覚を一緒にするのは無理がないか。そもそも科学的な泡やカテナリー曲線などの記述に続けて「張力観」という視覚的な感覚の話を続けてしまうことで、一気に擬似科学感が発生してしまっている。

| 自然選択　最適化──それは徹底的に無駄がないか (p.241)

Ⓜ自然の世界での最適化（エネルギー最小化）と、自然選択による最適化と、人工物

---

*　もし先述の通り外部の泡発生機構を想定するなら、ある「硬くて長持ちする泡の、硬さや長持ちを生み出し維持する要素が外部の泡発生機構にフィードバック」されなければいけない。これは考えつかないため、泡が進化すると考えることは基本的に無理であろう。と思ったら、ドーキンスが1982年に先回りして指摘してくれていた。「普遍的な味方をすると、「単発淘汰」と「累積淘汰」と呼べるものの区別を強調することになる。日生物の世界の秩序は、初歩的な類の淘汰として描けるプロセスから生まれるかもしれない。海岸の小石花見によって分類されて、大きい小石は小さい小石とは別の層に重なる。これを、最初のランダムな無秩序から安定した構造が淘汰される例と、考えることができる。同じことが、〔中略〕結晶、泡、水滴の形〔中略〕にも言える。しかしこれらはすべて単発の淘汰である。複製も世代の継続もないので、漸進的進化は発生しない。複雑な適応には、幾世代もの累積淘汰が必要であり、各世代の変化は過去を土台に築かれる。単発淘汰では安定した状態が生まれ、そのあと維持される。増えることはないし、子孫をもうけることはない」[51]

の改善プロセスでの最適化（なにかの、多くの場合数値的な評価基準を改善するための方策）は似ている点よりも異なる点のほうが多い。自然の世界での最適化は、自己組織化のような条件が揃えば自ずと独特の形態をとり、それがあるパターンを形成する、というものだろうし、自然選択による最適化は適応度地形上を変異によって探索するプロセス（最適をめざすのであって最適であるわけではない。進化は完璧な生物を産まないというのは当書の指摘する通り）だし、人工物改善プロセスでの最適化は境界条件をはっきりさせたのちの（つまり問題設定がはっきりしており、ある数値を改善するためにチューニングできる変数も多くの場合限定される）試行錯誤プロセスで、問題設定次第では厳密最適解にたどり着ける場合もあるだろう。しかし当書ではこれらは明確に区別されておらず、「自然界には最小になろうとする小さな圧力がまんべんなく働いている」という曖昧な説明がされる。何が最小化されるのだろうか？たとえば煙は放っておけばどんどん拡散する。星は引力により大きくなる。生物も自然界に含めるのであれば、子どもは大きくなるし恐竜のなかには極めて大きくなるよう進化したものがいる。先述したように、無生物自然界であればエネルギーを最小化する方向にダイナミクスが働くという説明がされることが多いと思うが、生物・遺伝子の場合は自身の適応度を最大化するようなダイナミクスが働くというべきだろう。

| 進化のなかでは、不要な部位はいつかなくなる。(p.241)

Ⓜ誤り。何をもって不要とみなすのかも曖昧で、なるべく正確に表現すれば「適応度の向上に直接貢献する部位をさしおいてその部位をつくるにはコストがかかるのに、その部位はコストに見合う適応度の向上が見られない場合、その部位を不要な部位とよぶ」ということだろう。そうだとしても、不要な部位はいつかなくなるには「不要な」部位をなくすような変異が起き、しかもその変異がその個体の適応度を顕著に害さない必要がある。その両方を進化プロセスは保証しない。直後に例示されるヒト（より正確にはヒト上科か？）にはもうない尻尾は「不要だから」ではなく、いわばコストパフォーマンスが悪かったために（つまり尻尾の提供するベネフィットが尻尾を持つことによる適応度低下リスクを下回ったために）たまたま起きた変異に十分な正の自然淘汰圧がかかったと考えるほうがよいのではないだろうか。

| 生物の形態進化の過程には絶えず、減らす負圧がかかりつづけている。(p.241)

Ⓜ それはそうかもしれないが、より強く、より大きく、より多い子孫を残し、と「増やす」正圧も場合によってはかかりつづけているので、負圧のみを取り上げることにさしたる意味はないように思う。

　　オリーブの木は、大まかに分類すると実・葉・枝・根・花の五種類の構造で成り立っており、それらすべてを構成しているのは1種類の植物細胞だ。(p.241)

🅘幹は枝と同じものという認識だろうか。植物の形態を考える際は地上部はshoot（苗条）を単位として考える。発生する葉や花弁をshootの一部と考えるか、別物と考えるかは人によるかもしれない。
　また「1種類の植物細胞」というのがよくわからない。例えば葉の表皮の気孔を形成する孔辺細胞（最近は気孔細胞と呼ぶのかもしれない）は明らかに他と区別可能だが。

　　デザイン的観点から見れば、どちらが優れているかは明白だろう。(p.242)

🅘オリーブの木と扇風機はそもそも機能が異なるので比較対象とすること自体無理がある。「ただ風を発生させるだけのために」と言うが、それならオリーブの木は何のために存在すると言うのだろうか。

　　生物の構成は現在の人工物よりも、はるかに効率的かつ美しくできている。(p.242)

Ⓜ そういう部分ももちろんあるだろうが、生物は進化という厄介なプロセスのせいで無駄だらけの設計になっていることに言及しないのはやや自然選択びいきと感じる。たとえばヒトの眼球において、網膜の上に血管を走らせるというとんでもない位置関係を採用したせいで血管を除くよう画像処理をしなければならず、しかも盲点が生じるという欠陥が挙げられる。こういった無駄な設計ミスが適応度を左右するレベルになっても改修がなされにくいのも、設計ミスの上でのさらなる新設計の積み重ねによって発生の根幹部分を変更できない*という生物特有の宿痾で、人工物の創造はその

＊　そういう変異が起きる可能性じたいはあるが、あまりに根本を変更するためほとんど確実にほかの部位で重大な欠陥が生じて淘汰されてしまう。

宿痾からかなり解放されていることに言及したほうがよかったのではないだろうか。いずれにせよ、「無駄のない生物・無駄だらけの人工物」という二項対立はやや一面的という印象を受ける。

| 　　そんなミースは「細部に神が宿る」という言葉も残している。(p.244)

Ⅰ その通り。本にも言えることである。重箱の隅すなわち細部に神が宿るの精神である。ミースの言葉かは本書まえがき参照。ミース以降がファミリーネームなので、本の中で一度はルートヴィヒ・ミース・ファン・デル・ローエとフルネームを書くべきであろう。

| 　　シナジーという言葉は、シナジェティクスから来ている。(p.244)

Ⓜ おそらく確実に誤り[52][53]。
Ⅰ 語源が同じ、ならともかく、言葉の成立順として名詞が形容詞（synergetics は名詞化して複数形になっているが）から来ている、などということがあるだろうか。

| 　　できるかぎりシンプルな造形を追求した伝説的なデザイナーもいる。電気
| 　　シェーバーで日本でもおなじみのブラウン社のプロダクトデザイナーだった
| 　　ディーター・ラムスだ。彼のシンプルなデザイン哲学は、現代プロダクトデザ
| 　　インの一つの原型だ。(p.244)

Ⓜ ここでの著者の主張はつぎのうちどれだろうか。
　a) 人工物はなるべくミニマルな見た目である「べきだ」という（私を含めた）デザイナーに広く受け容れられている教条を伝えたい。
　b) 人工物は生物や非生物自然物同様に時が経つにつれミニマルな見た目になるのだ、という一般的な法則をアナロジーとして伝えたい。
　c) 人工物を創造する際、生物の進化と同様に製造の無駄や部材の無駄を省く「べきだ」という教条を伝えたい。
　d) 人工物は生物や非生物自然物同様に時が経つにつれ無駄が省かれるのだ、という一般的な法則をアナロジーとして伝えたい。
　さすがに a) ではないと信じたいが、もしそうであれば著者のあげるようなラムスや

アイブのミニマリズムと最適化・無駄の削減にはさしたる関係がないと私は思う。装飾としてのミニマリズムはその製造に多くの無駄が生じる（たとえば例に挙げられているMacBookはとても生産効率の悪いCNC削り出しで作られている）し、機構的な機能にも悪影響を与えがちだ（MacBookの角が掌に刺さる、他の「ミニマルでなく無駄な造形の」同程度の性能のノートブックPCよりも重い、など）。b) であればもし人工物にミニマルな見た目になるような淘汰圧がかかっているのならどの製品もミニマルになっているはずだが、私にはそのようには見えない。c) であればその信条には私も同意するが、そのためにラムスやアイブのミニマリズムをあげるのは前述のa) に対する指摘と同じ理由で不適当だろう。それよりも無駄な部材を使わないことによってコストを削減するトポロジー最適化の事例や、しばしば長年の洗練により力学的にムダの少ない形態をとることのある伝統的な民具などをあげるのが適しているだろう。また生物の進化には無駄を極限まで削減する力だけでなく、宿痾のような大きな無駄を保存する力もあるため、前者に絞ったほうが比較としてはよいのではないか。たとえば鳥の骨の部材削減などに限定したほうが議論が単純になってよいのではないだろうか。d) はおそらく本文の主張する点とは異なるので考えない。人工物の傾向としてはある程度はあると思うが、必ずしも強くなく、しかもその洗練度合いは生物のそれに比較すれば明らかに低い。ただし、生物の神経回路や会話よりも圧倒的に高スピードで情報をやりとりできるようになった事例（電線やインターネット）など、明らかに生物側に不利な比較をしようと思えばできる。

| デザインを駆使して減らそうとしなければ、どこまでも無駄は増殖してゆく。(p.245)

Ⓜ ここでいうデザインが何を指すのかによるが、現代的な分業としてのデザイン業を指すのなら、上述の伝統的な道具の形態的な洗練からいってあてはまらない。もしそうではなく伝統的な道具のデザインも含めているのであれば箸のような伝統的な道具に現代的なデザイン業のような能動的な「デザインの駆使」が働いてきたのかについては疑問だ。デザインの駆使というよりもむしろ、無駄があったりなかったりする様々なバリエーションの箸が生まれ、それらが生活の中で揉まれ、あるものはたくさんコピーされ、あるものはほとんどコピーされなかったためにだんだんと変わっていった形態だという論のほうが説得力があるように思う。つまり能動的で意識的なデザインの駆使なしでもデザインの洗練はありうるし、大半の道具のデザインはそうやって進化してきたのだと思う。

|　　人工物は無駄に満ちあふれている。(p.245)

|　　こうした無駄が発生する要因の一つに、過剰供給がある。「量が心配だから多めにしておこう」とか「安く作れるから作れるだけ作ろう」といった考えだ。(p.245)

▌この本の無理やりな生物学の援用がまさに「過剰供給」であり、かつ不適切な例が多いため「無駄」だと言わざるを得ない。

Ⓜ過剰という言葉じたいに「多すぎて無駄」という価値判断が含まれているためややトートロジーぎみだが、これをその人工物の本来想定されている機能に必要とされる最低限までコストをさげることを最適化というのならば、まあそれは無駄ではある。しかし生物の進化はこういった無駄をたくさん用意している。たとえばヒトの平均寿命（繁殖が不可能になる年齢を大きく超えて長生きする）や生理での出血、有性生殖のコスト、同性愛など。そしてこういった一見無駄に見える機能を適応の観点からよく調べていくことによっておばあさん仮説のような興味深い考察がうまれる。生理の出血はいくつか説がでているがよくわかっておらず、有性生殖のコストの説明には有力な説がいくつかあるがコンセンサスには至っておらず、同性愛についても同様だと聞く。比較のために想定した「人工物の本来想定されている機能に必要とされる最低限」という閾値の想定がそもそも主観によるものであり、本質主義的だと感じる。

|　　いつのまにかそのモノは贅肉だらけの美しくないモノになってしまう。(p.245)

Ⓜ美しくないからと言って何が悪いのか？　たとえば文字通り贅肉だらけのオットセイ（厚さ15cmにもなる[54]）は美しくないということか？　ここでいう贅肉は比喩であってそのものではないということだろうけれど…。無駄があれば美しくない、というのと無駄があると競争に勝てず淘汰される、というのは別の問題だ。淘汰されないことが善であると仮定すれば様々な無駄があるにもかかわらず淘汰されずに繁栄しているデザインはいくらでもあげられるし、むしろ私が無駄であると感じるものがむしろ誰かにとっては価値のあるものであるからこそ繁栄している楽天のサイトのようなものもたくさんある。ここでいう「無駄」や「美しい」がなにを指すかわからないまま、「無駄」や「美しい」などの主観に依存する価値観をもとに議論しているため説得力のないものになっている。このように、「作りすぎるべきでない」とか「ミニマルな見た目にすべきだ」とか「美しくあるべきだ」といった著者がもつ「人工物の創造のプロセスにおいて創造する者はこうすべきである」という自論と、生物進化や設計の

進化との関連はどんなに甘く見積もってもほとんどない。解剖を説明する章においては、「人工物をリバースエンジニアリングする際には、生物学におけるリバースエンジニアリングと同様の手法が有用である」という主張にとどめておいたほうがよかったのではないか。「である」から「べきだ」を導くにはかなりの説得力が必要（理論としては不可能、主張としては可能）で、この章で説明されるアナロジーは最適化という言葉でゆるくつながった表層上のものになっている。

> 二〇一二年には生物学者の渡邉正勝や近藤滋らによって、CX418 遺伝子が、斑点模様を作る leopard 変異、すなわちチューリングパターンを発生させる原因遺伝子として特定され、チューリングのパターン形成仮説が分子生物学的にも証明された。(p.250)

■CX「418」遺伝子、ではない。最早固有名詞が間違っているくらいどうでも良いことのような気さえしてくるが、調べてみると「CX41.8」遺伝子であった。渡邉・近藤両名による 2012 年の論文 "Changing clothes easily: connexin41.8 regulates skin pattern variation"[55] の本文を読むと、「CX41.8」という遺伝子が登場し（既にタイトルに「41.8」という数字が出ているので予想通りである）、「CX418」という遺伝子は登場しない。

　ただし、本件に関しては情状酌量の余地がある。大阪大学の近藤滋氏の研究室の web サイトには「ＣＸ４１８遺伝子」とピリオド無しで書いてあるからだ*。だが、他の論文や科研費の報告書などを読むとコネキシン 41.8（connexin41.8）やコネキシン 39.4 について研究しているので、41 と 8 の間に「.」が入ることは間違いなく、近藤滋氏のサイトのテキスト入力時の誤りであると断言できる。

　通常、ここまでのファクトチェックが必要かと言われると微妙だが、一応一次資料に当たる習慣があれば、論文タイトルから気付けると思う。念の為にファクトチェックをしてみると、悉く間違っている本はやはり問題だろう。

> スズメバチや唐辛子のように赤や黄色の危険色をしている商品はアピール性が強い。〔中略〕私たちの色彩感覚が、自然界がそもそも持っている模様や色彩の

---

*　近藤氏のサイト、正確には大阪大学大学院生命機能研究科パターン形成研究室のサイト（https://www.fbs-osaka-kondolabo.net/research）には 2023 年 8 月現在でも「ギャップジャンクションを作るＣＸ４１８遺伝子は、斑点模様を作る leopard 変異の原因遺伝子です。この遺伝子に活性を変化させていくと、動物の皮膚に存在するあらゆる模様ができてしまいます。」と書かれている。

| 　　　意味と重なるのは興味深い。(p.251)

■「危険色」でも通じるが、aposematism は「警告色」と訳すべきであろう。例えば地球外生命体の色彩感覚が地球の自然の色彩の意味と重なるのであれば「興味深い」と思うが、地球で暮らす「私たち」にとっては「自然」なことのように思うのだが。

| 　　　流動と張力が、さまざまな生物やモノの形を決定している (p.253)

Ⓜ「内部と外部に発生する張力の類似によって、必然的に似た形態を生み出す」(p.253) とあるが、なぜ適応による説明をしないのだろう？　張力は張力であって、サメやイルカ、ペンギンが流線型になるという流体力学的な要請とは関係がない。作用・反作用の法則を張力という本来別個の力に利用される用語で代表させているのだとしたらあまりに乱暴だと思う。作用・反作用が学習指導要領上教えられないからといって、ばねの力で無理やり教えていた、20 年ほど前のつくば市の理科の授業を思い出す。

| 　　　これは、身体内部の圧力と、外部の水圧とのせめぎあいによって、形態がおの
| 　　　ずと決定されたからなのだ。(p.253)

Ⓜ進化は試行錯誤の連続であって「おのずと決定」しない。本章を通して、著者は自然選択をひとつの最適解をまっしぐらに目指し、そこに落ち着くプロセスであるかのような説明を繰り返しているように思えるが、自然選択はそのようなプロセスではない。そうではなく、「無駄」な探索を繰り返し、「無駄」死にを繰り返し、あるものは局所最適解に陥って衰退し、あるものは自滅するという極めて惨たらしい無駄足を踏みながら、長期的には極めて優れた機能を形作る可能性のあるプロセスであるという説明が欲しかった。生物は決して最適化された体を持っていない。それどころか我々は最適化されていない体の、放置された問題箇所に苦しみながら生きている。痔になる肛門は無理な直立歩行の突貫開発が遺したといわれているし、前述のとおり目の網膜の上に毛細血管を置いてしまったものだから常に脳での画像処理でそれをキャンセルしなければならない。

| 　　　この収斂進化と同じ現象は、モノでも確認できる。(p.253)

Ⓜ スポーツカーやミニバンというジャンルで切り分けて収斂進化の例とするのは無理がある。スポーツカーはいわば「種」や種のグループに相当するカテゴリーなので、「まったく違う進化をたどったはずの種同士」とはいえないだろう。ある文化形質が収斂進化の成果である可能性を指摘するには、ほとんど交流のない文化圏で独立に発見された事実や発明された人工物をあげたほうがよい。たとえばベルヌーイ数がほぼ同時に発見された（関孝和）とか、ブランとスペースシャトル、電話の発明（文化的には同根だがグレイとベルはたしか個人的には交流がなかった）、ケニアの部族にみられるラクダの放牧形式[56]（祖先部族が遊牧をしていたからではなく、乾燥した環境への適応であると示した。詳細は[57]あたりか。しかし基本的には相似よりも相同関係がまずは疑うべき第一被疑者であり、「収斂進化は最小限のはずだ」という前提をおいたほうが自然だろう。また、ここでスポーツカーのような人工物に種の概念を持ち出す意義が果たしてあるのかは一言ではいえない。ここでの種の概念の借用は「ポルシェのスポーツカーでできることはだいたいベンツのスポーツカーでもできるだろうけれど、ホンダのミニバンにはポルシェのスポーツカーではできないことばかりだし、逆にミニバンしかできないことも多い」という大雑把な交換可能性の高さでくくっている。曖昧と言われる生物種の概念よりもさらにその垣根は曖昧で主観的だ。

解剖の文脈で収斂進化をとりあげるのも適切とはいえないだろう。ある機構（たとえば水中生物に共通する流線型）がどのように（HOW）機能しているか（流線型が抵抗を少なくし、同じスピードで泳ぐ際のエネルギー消費を抑える効果がある）という機構的な観点と、なぜ（WHY）そうなっているか（エネルギー消費を抑えることで繁殖にまわせるエネルギーを増やせるし、漁に行く回数を減らせるので漁に伴う生存に関わる怪我などのリスクを減らせる、行動時間が長くなるのでよりたくさんの魚を捕らえられる、など）という適応的な観点をわけるのが4つのなぜのキモとなる考えのはずだ。

> しかし実際には、形の背景には張力の流れが渦巻いていて、〔中略〕
> 適応に向かう張力と流動の力学に沿って、形はほぼ必然的に決まる。(p.255)

Ⓜ 張力や流動といった用語がカーニング時に作業者が感じる文字間に働く「力」などにまで乱用されているため、全く進化と関係ないように思われる。進化学の概念を取り入れられていない以上は、進化という語を進歩に読み替えるなどしたほうが読者の混乱は避けられる。

Ⓘ 「流れ」や「渦巻く」、「力学」といった語が科学的なものなのか、比喩なのかがわからず文意を掴めない。「流動の力学」とは「流体力学」とは違うのだろうか。

ものを作るには膨大な工程が必要だが、その工程の一部に過ぎないこの図面からも、美しいプロセスを生もうとする愛情を感じないだろうか。(p.257)

Ⓜ生物進化とデザインの進化のアナロジーと応用を語っているのかと思って当書を読み進めてきた読者は、ここに至って愛を持ち出した説明に頭を抱える。生産性と愛を結びつけるのは自由だが、この「生産性」というセクションには自然選択と関係のある部分は一文もない。私の理解では、ティンバーゲンの4つのなぜは「いま興味を持っている疑問は、どの立場から投げかけているのか」を明らかにするものであって、4つとも揃っている必要があるわけではない。こどもに「どうして目はものが見えるの？」と聞かれたときに、4つの非常に異なった答え方ができてしまう。当該質問には4つのなぜがオーバーラップしており、どの観点からの質問であるかが指定されていないからだ。同様に、「どうしてこのボタンを押すと写真が保存されるのか？」について4つの観点から答えることができる。それらを理解するのは重要だと私も思うが、はたして人工物に投げかけられる4つのなぜが、生物の4つのなぜのそれぞれに相当するほどに重要なのかは疑問がある。また、たとえばメスーディは研究が進んでいない分野として文化的進化発生学をあげている[58]。

☞ ｛適応の観点 2   系統｝

「それは違う。なぜなら、すべての創造は未完成で、進化のように変化しつづけるからだ」(p.260)

Ⓜすべての創造は未完成であるという表現はとても興味深かった。ソフトウェアは永遠に未完成であるとマエダ[59]は言っていたが、その対比としてハードウェアは出荷されるたびにひとまずの完成をみるのだとされていた。どちらも正しいと思うが、巨視的に見れば確かにすべての創造は未完成であると私も思う。完璧な道具が存在しないというのにも感銘を受けると同時に、進化がそれ以上必要ない、という意味では、絶滅した種や陳腐化して誰も使わなくなった道具は完成したと言ってしまってもよいような気もするが、レトリック上の問題だろう。

分類学は、系統全体を一つの生物の身体と考えて解剖する学問だと言い換えてもよい。(p.267)

Ⓜ意味がよくわからなかった。そういえる根拠はなんだろう？

> 評価軸を知るためにも、世界中のさまざまな分野のトップクオリティのモノを通常のモノと比較して、両者のあいだにある違いの因子を自分なりに定義してみるとよい。(p.268)

Ⓜこの作業のデザイン業での効果に異論はないけれど、そこに分類学を持ち出すほどの関連があるのだろうか。たとえばリヒテル演奏の平均律クラヴィーア曲集と無名のピアニストの平均律クラヴィーア曲集を聞き分けようとしている音楽愛好家が「私のやっていることは分類学です」と言ったとして、分類学の専門家は「そのとおりだ」と思ってくれるだろうか…。

> こうした進化の歴史における時間的な繋がりを理解し、進化図に描く学問を、生物学では系統学と呼ぶ。(p.269)

Ⓜ「進化図」とは系統樹のことだろうか。また次の行には「個体のランダムな変異」とあるが、変異するのは遺伝子である。

> 現在ではこれらの理論が融合し、進化は DNA の複製エラーによる「変異」と、生存競争や性淘汰などの「適応」が繰り返されることで進化が発生するという、統合的な進化論（セントラルドグマ）を形成するに至っている。(pp.275-276)

Ⓜ適応ではなく自然選択が適当だろう。セントラルドグマは DNA から mRNA、そこからタンパク質へと情報伝達され、その逆がありえないという考え方のことで、現在一般となった進化理論全般を指す語ではない。統合的な進化論をまとめるのならばネオダーウィニズムでよい。セントラルドグマはネオダーウィニズムを構成する一部であり、進化学全体を統合する考えではない。
Ⅰ何をどう読み齧ったらこのような理解に至ってしまうのか…？　誰もが DNA という語を知る現代となってはセントラルドグマは別に大層な考え方ではない。高校の教科書にも載っていて、センター試験にも出題される程度の基礎知識である。2020 年度センター試験「生物基礎」の第 1 問の問 4 から引用しよう。

　遺伝情報はDNAからRNA、そしてタンパク質へと一方的に流れていくという考え方がある。この考え方を［　ア　］という。

　この［　ア　］に入るのがセントラルドグマである。「セントラルドグマ」という名前が大仰すぎるだろ、と高校生時代に思ったものである。

　もし進化が自然発生しているなら、デザインやアートなどの創造性もまた、自然発生する現象と考えられるのではないか。(p.276)

Ⓜ自然発生という言葉が何を指すのかわからない。進化は確かに条件が揃えば自ずと発生するメカニズムと言って差し支えないと思うが、創造性が自然発生するとはどのような状況を指すのか？　自然発生しない創造性とはなにか？　直後の記述にあるように創造的な仕事は偉大な天才だけに可能であるという意味であれば、そう信じている人はあまり多くないのではないだろうか。そうではなく、積極的な創造性を想定しなくても、製造された人工物に差異があり、見た目が少しだけ好まれたり、機能が少しだけ優れていたり、ユーザーが大変に魅力的だったり、その他いろいろな要因で好まれるときに、その変異体は他の競争相手に比べてよりコピーされやすいため、何かしらの変更が蓄積していくはずで、個々人に特筆すべき創造性がなくとも、文化は進化しうるということであれば私は全く同意する。残念ながらそういう文脈ではないようだ。「誰もが人工物にまつわる文化を進化させる一端を担える」という主張には私も同意できる（あなたがあるプロダクトのメーカーAとメーカーBで悩んでAの製品を選ぶとき、明らかにその一端を担っている）が、「誰もが積極的な創造性を発揮して人工物を意図通りに改善できる」という著者の提案する文脈は進化理論とはあまり関係がなく、進化理論によって裏付けられる主張ではない。

　それと同じように、変異と適応の往復によって、私たちは創造性を発生させられるという考え方が、進化思考だ。そう、進化思考の挑戦は、創造が自然発生するプロセスを解き明かし、多くの人に創造性を伝えられる教育を生み出すことだ。(p.276)

Ⓘ発生させられる、なら人工発生とでも言うべきで、自然発生ではないのではないか。意味が全く逆だと思うのだが。相変わらず「創造」「創造性」の定義が不明だ。

　　このように、あらゆる創造は、共通の目的を持つ原始的な創造を起源として世
　　の中に出現する。(p.277)

Ⓜ キーボードのキーキャップを外すクリップ[60] はどんな共通の目的を持つ原始的な創
造があるのだろうか？　無理やり、本当に無理やり結びつければ、たとえば「この工具
の祖先は旧石器時代にも使われていたであろう、何かをほじる工具から派生したもの
です」などと主張することはできるだろうが、誰がその妥当性を検証できるのだろう
か？　現代の生活は旧石器時代とはかけ離れており、当時の環境では考えられないよう
な要請によって特定の目的を満足するための手段としての現代的な道具は枚挙にいと
まがない。むりに生物学的な万世一系の考えを援用を夢見るのではなく（生物進化の考
えを少しでも人工物文化に応用したい立場からは非常に魅惑的なのだが、上記のよう
に遅かれ早かれ破綻するので）、文化的な形質をコード化できる範囲で進化系統樹のロ
ジックを借用する、というのが現時点での現実的な到達点だろう。この記述は「あらゆ
る創造は、原始的な創造を起源として世の中に出現する」であれば問題なかったように
思う。共通の目的を持たなくても、たとえばピンセットのようにキーキャップを外すク
リップそのものには影響を与えたであろう道具があるから、そこに直接の継承関係を
見出すことはそこまで不自然ではない。目的の共通性さえ仮定しなければ、系統的な
関連の強い道具どうしを時間軸を逆にたどっていくことは可能で、十分な回数を重ね
ればすべての現代的な創造も太古の原始的な創造を起源とするはずだと主張するの
はそこまで無理がない。現代的なヒトには、アメーバのごとき Last Universal Common
Ancestor とは似ても似つかない「目的」を果たせる（ヒトはキーボードを叩く目的に
従事させることが可能）としても、その間に先祖子孫関係がなくなるわけではない。

　　リリエンタールも〔中略〕何年も前から内燃機関を内蔵しようと実験を繰り返
　　していた。だが、小型化が追いつかなかった。つまりライト兄弟の発明は、内
　　燃機関の小型化がもたらしたのだ。(p.281)

Ⓜ 内燃機関のサイズはリリエンタールが動力飛行に成功しなかった唯一の原因でも
最大の原因でもない。彼はライト兄弟の考案したようなプロペラによる推進を嫌って
羽ばたき機構に拘泥していたので、仮に彼の存命中に内燃機関が十分に小型化されて
いたとしてもライト兄弟のような成功は収められなかっただろう。ライト兄弟の飛行
機とリリエンタールのグライダーの間にはプロペラの採用やねじれによる姿勢制御
など内燃機関の小型化以外にもいくつもの技術革新があるので、内燃機関の小型化

のみがライト兄弟の発明をもたらしたわけではない。しかも、ライト兄弟は飛行機に
搭載できるような内燃機関が市場に存在しないことを知り、それを自作している。つ
まり小型の内燃機関はライト兄弟自身がより大きな発明のために改良/発明した部品
だ。ライトフライヤー号に使われたものよりずっと強力で鈍重なエアロドロームのエ
ンジンと比較するのなら、この記述は間違ってはいないと思う。

> つまり新しいモノを作るには、前例への敬意だけでなく、その前例を疑うこと
> も、大切な姿勢だ。(p.282)

◨ その通りである。その「疑う」姿勢こそが「批判」である。

> 敬意と疑問の繰り返しによって前例を超えたとき、初めてその創造は歴史に刻
> まれる。(p.282)

Ⓜ 敬意や疑問がないと歴史的な創造は生まれない、というのは成り立つのだろうか。
石器が改良されるとき、ヴァイオリンのf字孔が改良されるとき、箸がピンセット型
から分割型になったとき、そこに敬意と疑問はあったのだろうか。それらの存在をど
のように調べるのだろうか。

> 系統樹に正解はない。(p.284)

Ⓜ 正解と正確は違う。真の系統樹（仮にそれがあったとして！）に達することはできなく
ても、新しいデータや精密なデータを追加したり、過去の解析の誤りを正したり、より精
密な仮定をおいたアルゴリズムの開発などにより、より正確にすることはできるはずだ。

> これは創造に限らず生物学でも同じで、近年まで生物の進化図も厳密な正確さ
> は保証されていなかった。(p.284)

Ⓜ 厳密な正確さとは？　真の系統樹には至っていない、という意味であれば、今もそ
うだろう。どれだけデータを追加しアルゴリズムを改良したとしても、我々は真の系

統樹に至ることはできない。そうではなく、より正確になった、ということであれば、近年のどのような進歩によって正確さが保証されるようになったのだろうか。生物の進化系統樹には confidence を付記することがあるが、それはアルゴリズムから見た自信であって、たとえそれが 100 であってもそれが「絶対に正しい宇宙の真理」であるということにはならない。また、p.293 などにもでてくるが、「進化図」＝「系統樹」ならば「系統樹」に統一したほうがよいのではないだろうか。

　　その後に正確な系統樹が描けるようになったのは、なんとリンネから二五〇年近い歳月を経た二〇世紀の終盤に、DNA の解析技術が確立した以降のことだ。(p.284)

Ⓜ表現型をもとにした分岐学が、遺伝子型をもとにした分子系統学へ発展したことに言及したいのだろうと推察するが、そのためにはまず分岐学の説明をしたほうがよいのではないだろうか。また恐竜など遺伝子型をもとにできない古い昔の生物に関してはまだ表現型をもとにせざるをえない。

　　分子生物学の台頭によって、いきなり系統の順番がわかるようになったのである。(p.284)

Ⓜ今までも地層などで判定する方法はあったのだし、表現型をもとにした分岐学でも表現型が出現した順番は推測することができる。また分子系統学を使えば 100% の確度で順番が「わかる」ようになるわけではなく、より頑健で信頼性が高く客観的な証拠が手に入るようになったという改善だった。それが途方もない改善だったことに異論はないが、「いきなり」すべてがありありと見えるようになったわけではない。

　　逆にいえば、分子生物学が登場する以前の系統樹は、正確ではなかったけれど、大局としては十分に機能し、生物進化の系譜を理解するのに支障はなかった。(p.285)

Ⓜ分子系統学の登場前後で不正確な系統樹が正確になった、というのはあまりに単純化していないか。前述のように、正確性や信頼性は飛躍的にあがったけれど、分子系統学の登場以前からの手法も依然として使われているし、それらすべてを分子系統学が置き換えられているわけでもない。

> つまり系統樹による分類の細部は、自然科学ですらも絶対的ではない。(p.285)

Ⓜ自然科学に絶対なとあるのだろうか。「ですら」とあるが、自然科学ほど「絶対」から遠い理念もない気もする。反証可能性のない絶対的な分類が自然科学で受け容れられることはないと思う。

> 実際の発明者が、他から強い影響を受けていたとしても、それが客観的な記録に残されていなければ、その発明の先祖を正確に定義することは不可能といえるだろう。(p.285)

Ⓜここでの「定義」という言葉の意味がわからないが、単純な誤植かもしれない。系統学でいうところの祖先推定のことだと仮定する。前述の生物の進化系統樹と同様、より精密で信頼のおけるデータの追加や推定アルゴリズムの改善などによって、発明の先祖をより正確に推定する試みは不可能ではない。たとえば人工物のコード化であれば、椅子の差異を印象からコード化する方法（日光浴にむいていると思うか、ワクワクする気持ちになるか、3万円なら欲しいと思うか、など）よりも、形状や部品の有無によってコード化する方法（背もたれがあるかどうか、背もたれはフカフカか、背もたれの材質は布か、など）のほうが客観的で信頼がおけるだろう。そしてそういった方法を使えば、もしかすると東京オリンピックのロゴのようなパクリ疑惑が生じた際に、それらが相同なのか相似なのかが議論できる…と思っているのだが、そういった研究は寡聞にして知らない。

> そこで開きなおって言えば、創造の系統樹は、私達が納得のいくまで調べて、間違いを恐れず忠実に描けばよいのだ。(p.285)

Ⓜあまりに非科学的で、ダーウィン登場以前の博物学と大差のない思い込みに感じる。文化系統学を使わない理由はどこにあるのだろう。当書は進化学に関連する本であると謳（うた）っているが、進化学が提供する既存の手法や考えをとりあげずに、しばしば自らの思うところを述べるのみにとどまっており、進化学との関連は基本的にない。Ⓘ何に対して「忠実に」描け、と言っているのかよくわからないが、次の文に「肝心なのは正確さではない」とあるので、「事実」に対して忠実に描け、というわけではなさそうだ。「こうかもしれない」「こうであってほしい」という己の「願望」や「妄

想」に忠実に描け、ということだろうか。そして正確ではないものを「系統」と呼べるのだろうか。要はトニー・ブザンの発想法である「マインドマップ」に時系列を取り入れたもの、ということだろうか。

| 実際は、近い遺伝子プールを共有した生物間にだけ生殖的交配が成立する (p.286)

Ⓜ遺伝子プールの定義が「繁殖可能な個体からなる集団が保有する遺伝子すべて」なので、「近い遺伝子プール」が何を指すのかよくわからない。また、通常「交配」は人為的なものをさす言葉なので、「繁殖」としたほうがよいと思う。交配は生殖的なので生殖的交配とは同語反復ではないか。生殖的でない交配は存在しないと思う。交配という言葉の濫用は「交配的思考による創造のプロセス」(p.462) などにも見られる（「交配、すなわち有性生殖の獲得」など？）。

| 遺伝子の変異では、数百万年かけて適応してきた遺伝子を未来につなぐほうが生存確率が高いので、既存の遺伝子を保存する仕組みが働くようになったのだ。(p.286)

Ⓜなんの生存確率だろうか？　もし遺伝子であれば、生存確率ではなく継承される確率ではないか？　遺伝子に生存・死滅の概念はないからだ。保存・絶滅であればよいかもしれないが、そうであれば保存確率よりは継承される確率のほうがやはりよいだろう。もし遺伝子ではなく個体であれば、適応してきた遺伝子を未来につなぐというのは生存には関係ない。サケは遺伝子を未来につなぐ行為によって生存確率をゼロにする。もしここでの著者の主張が、交雑によって大きく遺伝子を変異させるくらいなら古から受け継がれてきた秘伝のタレたる遺伝子をそのままコピーしたほうが適応度が高まる可能性が高い、ということだったらそのように記述すべきだろう。実際には交雑によって適応度が大きく下がる場合もあれば*、生まれるまでに死ぬとか受精しないなどで交雑がそもそも成り立たないとか、適応度にたいした差が生じない場合も**、適応度が大きく伸びる場合もわずかながらあるだろう。いずれにせよ、この記述はよくわからない。
　「既存の遺伝子を保存する仕組みが働くようになった」という記述もよくわからな

---

* たとえばラバは不妊なので生まれても次の孫が生まれず適応度はゼロになる。
** バフンウニなど自然で起きている交雑はおそらくだが適応度にたいした影響がないと理解している。

い。遺伝子が大きくかけ離れたヒトとイヌの間で繁殖が成り立たないのが自然選択による適応であるという主張だとしたら誤りではないだろうか。たとえば天変地異により一つの繁殖可能な集団が地理的に分断され長い時間が経ち、その2群からつがいを作ろうとしても遺伝的な乖離が大きすぎて繁殖できない場合、その乖離自体には自然選択が貢献していた*としても、自然選択がその2群を遺伝子的に乖離させようとしたわけではない**。ただ、生殖的隔離自体は適応的なシチュエーションは考えられると思う。たとえば虫Aのうちの一部がある特定の花Xの形にあわせて口吻を変化させBに進化したが、ほかの花Yの形にあわせて進化したCと交雑すると口吻の形がXにあわなくなってしまい適応度が下がるとする。そのためCとは交雑しないように性器の形を独自のものに変えたりすることはありえたのではないかと記憶している。このあたりは専門家ではないので確かではないが。

| このように異種交配は、自然界では稀にしか発生しない。(p.286)

Ⓜ それはそうだが、ポピュラーな種の定義においては、生殖が可能な個体どうしに同種と考えるので、まず種が思ったほど明確な分割を提供しないことを念頭に置く必要がある気がする。同時に、人為的な交雑であれば自然界ではまず起こらないような交配も起こせることを説明したほうがよい気がする。

| それに対して、創造では頻繁に発生する。(p.286)

Ⓜ まず創造における種と異種、交配の概念を整理しなければこの主張はできないだろう。当書では「空想のなかでの犬」や「空想のなかでの人」が種であり、それらが異種の関係にあり、狼男はそれらの交配であるとしている。まず、ここでの文化的な交雑を無理やり「思いがけない、くっつきそうにもない文化的な概念がひとつの塊として新たに生成される」ことであると定義してみよう。「思いがけない」とか「くっつきそうにもない」といった判断基準が主観的で好ましくないと思う方は、「今までくっついたことのない、実践されたことのない、実装されたことのない、発話されたことのない、概念」でも構わない。すると犬と人は、生物学的には、生殖的隔離が甚だしいために

---

*   隔離されたうち片方には水源があまりなく、水の消費を抑えるように発汗が少なくなった、など。
**   つまりこの場合の片方の群もしくは両方の群に、もう一方の群と相対的に異なる遺伝子を蓄積するような方向に自然選択が働くということは考えられない。

「かけ離れた」種であることは一目瞭然である。それに対し、「空想のなかでの犬」と「空想のなかでの人」はそこまでかけ離れているといえないのではないか、という気がしてくる。それどころか、理念や概念に関して言えば、いくらでもかけ離れた二者をくっつけて発話し、他のひとに伝達することができそうだ。「メタルなごぼうが支配する非営利国会」。「1億年先から来た家康がノートPCを開発する」など。いくらこれらがクレイジーで意味不明であっても文としては成り立っているし、あなたの脳にはメタルなごぼうに支配された国会が思い描かれているはずだ。それに対し、持続的に、継続的にある人からある人にその新概念が伝達され、変異されるかどうか、つまり文化的な適応を獲得できるかどうかを基準に加えると、生殖的隔離ならぬ「アイディアが融合してひとつになれるかどうか」の隔離の基準になる。メタルごぼうの独裁のような意味不明なアイディアは受け入れられず、この新概念が継続的に伝達されて人々の意識や知識の片隅を占拠し続けることは難しくなる。さらに、単なる概念ではなく、実際に現実世界に存在できるか、になると一段と厳しい隔離条件となる。まずは異種交配ではなく、単体で存在できるかを考えてみよう。永久機関の考えは昔からあるものの、それが頭から漏れ出して現実世界で実現したことは一度もない。三角形の概念は小学生以上であれば誰でも持つことができるが、この世に三角形は存在せず、概念の世界でのみ存在できる。創造にも前述のような「自然条件下」の交雑と「人為的な」交雑のような区別はしようと思えばできる。たとえば前者が意図しない交雑、たとえば誤植によって「不幸の手紙」が「棒の手紙」になった事例のように、棒の概念が不幸の手紙の文脈と「交雑」するもの、後者は意図した交雑、たとえば狼男のようなものだ。

> この創造の系統樹上で頻発する再結合を、進化思考では「進化の結び目（evolutionary knot）」と呼んでいる。(p.287)

Ⓜ わざわざ新語を開発しなくても進化学には水平伝播という用語があるので、そちらを使ったほうがよいと思う。

> 頻度の差は違えども、特に原始動物を中心に、実は生物にも「進化の結び目」は頻発しているのだ。(p.287)

Ⓜ 生命の歴史全体を眺めればたしかに水平伝播は頻発しているし、その進化上の意義も非常に大きい。しかし、その前のパラグラフでは「異種交配は、自然界では稀にしか

発生しない」としているのが気になる。多細胞の有性生殖を行う生物の間では、異種
交配は水平伝播よりも頻繁に起きているのではないだろうか（そもそも種の概念が人
間による恣意的なものであるため）。どのタイムスパンを想定して「頻発」とか「稀」
と表現しているのだろうか。たとえば大量絶滅は生命の歴史全体のスパンであれば頻
発しているが、日常的な人生くらいのタイムスパンであれば極めて稀だというべきだ。

| 今から五〇年前の道具を、私たちはもうほとんど使っていない。(p.289)

Ⓜ実感できない。「今から五〇年前の道具」の意味するところが「50年前に使われて
いた道具」であれば、服、鉛筆、メガネは50年前も今も使われている。「ちょうど50
年くらい前に開発・発明されたもの」であれば、MRI は 1969-1977 年あたりだ。パー
ソナルコンピュータは Xerox Alto が 1973 年だ。Alto そのものを使っていないから PC
は 50 年前の道具ではないというなら、私の万年筆は 70 年代、ダイニングテーブルは
60 年代の製造だ。開発・発明が 5 0 年前で、そのころからほとんど全く姿を変えずに
使い続けられているものであれば、Wikipedia[61] を参考にすればペットボトル (1967)、
ハイパーテキスト (1968)、CCD イメージセンサ (1969)、カップ麺 (1971) などは（も
ちろん数々の改良が加えられているとはいえ）今も生きる技術だろう。電子メール
(1971) や QWERTY 配列 (1880 年代) など、むしろ今風にアップデートされるべきでな
いかと感じられるような化石技術も未だに広く使われている。

| 不適合が変化の誘因となる。申し分のない適合からは何も生まれない。
　　　　　　　　──クリストファー・アレグザンダー 41(p.290)

🛈出典一覧41(p.498) を見たらペトロスキー『フォークの歯はなぜ四本になったか』が
挙げられていた。孫引きか…。確かにペトロスキー本ではそのように訳されている。
原典は "Notes on the Synthesis of Form"[62]、日本では『形の合成に関するノート』[63] と
して出版されている。Misfit provides an incentive to change; good fit provides none.（不
適合は変化の動因となり、良い適合はそうはならない。）

| それが不都合だと気づき、解決方法を思いついた人であれば、誰もがそれを創
造し得たからだ。(p.290)

■ 恣意的になのかわからないが、アレグザンダーと違うことを書いている。この書き方だと「解決方法を思いつく」つまりある種の正解を出す力が要求されるかのように思える。アレグザンダーは「不都合に気づいたとき、何らかの変化をほどこせば良い」とし、その変化は「必ずしも」「正しくある必要はない」、またその際には「代行人には強い創造力は不要であることを理解するのが特に重要である」と言っている[64]。これは進化における遺伝子のランダムな変異変異と近いので、アレグザンダーの言葉を正しく引用しても当書にとって都合の悪いところはなかったと思うのだが。

> なぜなら私は、創造という現象もまた、生物の進化と同じように、適応に導かれて自然発生すると考えているからだ。(p.290)

Ⓜ 適応に導かれるとは一体どのような状況を指すのか？ 適応というか自然選択は進化の中核をなす1プロセスなので、生物進化は適応に導かれるわけではない。
■ 創造は「代行者」（agent）を依り代に「自然発生」する「現象」、という立場をこれ以降とるのだろうか。しかし、続く文では「個人の意志」が必要なようなので、いわゆるアイディアなどが「降りてくる」と言いたいのだろうか。だとすると「次なる創造性に火をつけるのだ」という文の「創造性」という語がよくわからなくなる。「創造」の「自然発生」の確立を高める性質が「創造性」ということか？

> 物質に寿命はないけれど、使われなくなるという意味では道具も絶滅する。系統を注意深く俯瞰し観察していけば、失敗した前例や失敗の理由、あるいは本質的な願いもまた浮かび上がってくる。(p.290)

Ⓜ 絶滅を失敗と捉えているのだろうか。恐竜は失敗したのか？あんなに繁栄したのに？ リョコウバトは失敗作だったのか？あんなに繁栄したのに？ Bf-109は現代では全く実戦に使われなくなったが失敗作だったのか？あんなに大量生産されたのに？

> なぜなら、変化しなければ進化もまた発生しないからだ。(p.290)

Ⓜ 当書の失敗を恐れず変化していこう、という文脈を考えると、進化を進歩と混同しているのではという印象が強くなる。そのような文脈からの判断なしに純粋にこの文

章を読むと、そもそもこの文章はトートロジーになってしまう。（生物）進化は（遺伝子頻度）変化だからだ。進化はよいものだ、進化とは数々の失敗を乗り越えた先にある成功だ、という印象は全編を通して常に拭えない。生物進化における変異から学ぶことがあるとすれば、変化は基本的に悪である（突然変異は大半が有害だから。実際、現代社会でもほとんどの新製品は既存製品を置き換えられず淘汰されていくではないか）、現状維持は基本的に善である（既存の戦略でうまくやってこれたのだから、進化的に安定なはずだ。実際、現代社会でもほとんどの以下略）という、むしろ著者の主張の全く逆のことすら言えるのだ。同じ事実から全く逆の教訓が引き出せる場合、どうすればいいのかは私にはわからない。少なくとも無責任に「変化しないと変化できないから変化していこうよ」と焚きつけることではない気がするのだが…。

> 一つは、失敗したものが次世代に遺伝しづらい自然選択の仕組みで、もう一つは、かつてうまくいった方法をなるべく保存しようというDNAプールの仕組みだ。(p.291)

Ⓜ「DNAプール」は遺伝子プールの誤りだろう。そうでなければここでのDNAプールが何を意味する言葉であって、遺伝子プールと何が違うのか説明すべきだ。そして、遺伝子プールそのものにかつてうまくいった方法をなるべく保存しようという仕組みはないと思う。むしろかつてうまくいった方法が環境の激変などにより適応的でなくなりうる。遺伝子プールが多様であれば多様であるほどそういった急激な変化には対応しやすいはずだ。
🅘DNAと遺伝子の区別がついていないのか、単なる誤りなのか不明だが「遺伝子プール」である。また、遺伝子プールはある集団の遺伝子全体を考える際に人間が勝手にモデル化した「概念」である。「仕組み」ではないし、「性質」もない。同様に「メスの持つ適応的な遺伝子プールを保つ卵子」(p.452) もおかしい。

> 一個体の失敗が種全体の失敗になりにくいのは、この二つの仕組みが巧みに組み合わさっているからだ。(p.291)

Ⓜ一個体の失敗とは有害な変異ということだろうか。有害な変異が種全体に広まらないためには、遺伝子プールの仕組みというよりも集団サイズの大きさが重要になる。たとえば「絶滅危惧集団に蓄積した有害変異を解明」[65] という国立遺伝学研究所のプレスリリースにそのことが書いてある。

| 個体が生まれるたびに細部に変異が発生する。(p.291)

Ⓜそうとは限らないのではないか。単為生殖ならば子は親のクローンのはずで、ひとつの変異もなくコピーされることはしばしば起きると思う。

| 変わるものと変わらないもの。この 2 つのバランスが保たれたときに適応進化が発生する。(p.291)

Ⓜよくわからない。そうなのか？　この 2 ページの記述はよくわからなかった。一般の読者にもわかりやすく嚙み砕くという意図なのかもしれないが強引な読み替えがかえってわかりにくくなっている。素直に赤の女王仮説と進化的に安定な戦略の紹介をすればよいのではないだろうか。

| 長い時間を生き抜いてきた創造性は、成功要因の保存と、失敗や変化への体制を備えている。(p.292)

▮ここは「創造性」ではなく「創造」なのではないかと思うが、どうやら「創造性」は「新規性」や「新奇性」のような「クリエイティブ度合い」の意味で用いられているようである。次章 p.187 参照。

| 系統樹を眺めながらじっくり考えてみると、私たちの欲求は、本当に私たちの意思が生み出しているのかという疑問が湧いてくる。(p.292)

▮心理学では欲求は「動機付け」として整理されていることが多いのではないかと思う。つまり、意思より欲求の方が先だ、と。

| その研究で、ダグラス・ケンリックらが新しい欲求のピラミッドを提案したのである。それによれば、進化的に正しい欲求の段階は、「自己防衛」「病気回避」「協力関係」「地位」「配偶者獲得」「配偶者保持」「親族養育」だという (p.293)

Ⓜ もしこの文献[66] のことであれば、間違っている。ケンリックのピラミッドでもマズローのピラミッドと同じく生理的欲求が最も根底に据えられているし、病気回避はでてこない。何を参考にしたのだろう…。なぜ人の提案したものを何食わぬ顔で改変できるのだろう。

> 何より身体の進化によって生理的な欲求が生まれたという考え方はきわめて興味深いものだ。(p.293)

Ⓜ それっぽい書き方をしているが、読めば読むほどどういう意味かわからなくなってくる。おそらく書いている本人も意味がわからず書いているのだろうと思うが、進化心理学ではこのような主張がなされているのだろうか。それとも単に「我々の生理的な欲求（immediate physiological needs）が進化から生まれたというのは興味深い」という意味だろうか。トイレに行きたいとかご飯が食べたいといった欲求が進化から生まれた、という考えは 150 年前ならともかく、21 世紀においても興味深いとはさすがに思えないので、意図するところをもういちど説明し直したほうがよいと私は思う。

> そもそも私たちは、人間以外の生物に共感することが苦手だ。(p.296)

🄸 この文が言わんとすることがよくわからない。「ペットに対して慈しみの愛情を感じる」「共感的な感情」(p.295) という話は何だったのか。それとも植物とか大腸菌とかと共感できないと言いたいのだろうか。その割には「「要求の系統樹」の要点」(p.296) の最後が「異種間でも共感が生まれている」という結論なので、混乱する。最後を「共感が生まれ得る」とでもした方が良いのではないだろうか。
　その前の「種が分岐を繰り返すごとに、本能的欲求も多層かつ複雑なベクトルの合成になっていく。そのベクトルの合成として本能的欲求が個体にも現れる」のあたりは何が言いたいのかよくわからない。突然「ベクトル」の概念を持ち出すのが良くないように思う。特に、ベクトルの向きをどう捉えているのだろうか。少なくとも p.294 の系統樹にはベクトルは描かれていない。点線のことだろうか？

> 図 14-13　自動車に至る欲求の系統樹 (p.298)

■ 面白いのだが、これは単なる関連部品の年表でしかなく、系統樹を援用する意味が
ない。むしろ前章で散々「変異」を語っていたのが台無しになってしまう。何かに変
異が起こって新しい分岐が生まれる、というのが系統樹であり、一つの「道具の起源」
から様々に分化した多用な道具が生まれた、という図になっていなければならない。

> この二〇万年間にわたって、人の身体は DNA レベルでは九九・九％変化してい
> ない。(p.298)

Ⓜ 次のページの図 14-14 では 30 万年となっている。どちら？

> 系統樹には、不変の願いが流れつづけている。(p.300)

Ⓜ 意味がわからない。系統樹は変更の記録でもある。目を失えば著者のいうところの
「ものを見たいという願い」が消えていることになる。そもそも欲求が系統樹を生み
出したという考えがおかしいのだが…。「系統樹には、不滅のコイルとしての遺伝子が
流れつづけている。我々の遺伝子の中にも、我々とは全く似ても似つかない生物だっ
たころから維持されてきた根源的な欲求を生むようなものがある」であればある程度
妥当だし、興味深い書き出しだと私は思う。

> 言うまでもなく、本来の願いを見失った創造は脆弱で、急速に廃れていく。(p.300)

Ⓜ 本来の願いとか不変の願いとかの言葉の曖昧性を少しでも減らすため、「本来の願
い」を「当初の設計意図」と読み替える。すると電子レンジの「本来の願い」は遠隔
で人を煮殺すことだったし、ポストイットに使われた糊の「本来の願い」は強力で剥
がれにくい糊だった。日本の古来の武術は安土桃山時代でいったん終わったが剣術や
弓術は剣道や弓道として、そして日本刀は美術品としてしぶとく生き残っている。著
者の意図しているのはこういうものではなく、むしろ「最初は A を目指していたのに、
途中から B ばかり追い求めるようになった」かもしれない。その場合の反例は Google
だろう。当初は検索結果が歪むために検索エンジンと広告は根源的に相性が悪いので
広告で稼ぐビジネスモデルは絶対に嫌でござるみたいなことを言っていた[67] のだが、
こんにちの Google は今日も全力で広告にまみれた結果を返してくる。Google は急速

に廃れているだろうか。それとも、違うとは思うが、昔からの、系統樹に流れつづける不変の願いを見失わせるような創造は脆弱だということだろうか。もしそうだとしたら、コンドームは生殖という系統樹に流れつづける「不変の願い」を見失わせ、適応度を確実に下げるが、廃れるだろうか。

|　そもそもヒトは、わかってもいないことを、わかったつもりになる生き物だ。(p.307)

Ⓜ ほんとうにそう。

|　例えば、タイタニック号の沈没事故がきっかけで開発されたソナー（音波探知機）は海洋事故を減らした。(p.318)

Ⓜ タイタニック号の沈没事故はソナーの開発が加速したきっかけではあったが、ソナーじたいはもっと昔からある。「タイタニック号の沈没事故がきっかけで開発が加速したソナー」なら受け入れられる。

|　それぞれ特殊なルールに基づいてクオリティを競争する姿がよく見られる。(p.323)

Ⓘ クオリティの語の意味するところが不明だが、前文の「形質」のことなのだろうか？また、「こうしてキリンの首は長くなり」だが、当書ではここまでは高所のエサを取るためという解釈[68]が書かれていた（「・高いところの草を食べる「キリンの首」」(p.97)、「キリンの首が長くなったのは、親が高いところにある葉を食べるために首を伸ばしたから」(p.274)）。それが突然ここで性競争の例[69][70][71]として挙げられても読み手は困惑する。

|　専門分野内での競争は、こうして目的を超えて特殊化するのだ。(p.325)

Ⓜ 目的を超えているのではなく、目的が増えているだけだろう。当初とは違う目的ではあるにしても。誇示的消費についてはミラーの『消費資本主義！』[39]が詳しい。

> こうした行き過ぎた進化は、現在の進化生物学ではランナウェイ現象と呼ばれ
> ている。(p.326)

Ⓜ ランナウェイ説は行き過ぎを意味しない。性淘汰は、傍目には暴走 runaway したか
のように奇妙な形質を生み出すことがあるが、彼らの遺伝子にとってはそのような形
質を生み出すほうが適応度をあげるのだから、奇形のような非適応的な、行き過ぎた
変異とは一線を画す進化である上に、自らの生存率を害するほどに奇妙な形質に投資
しすぎ暴走した者は淘汰されるので、行き過ぎないギリギリのところまで発達させ
る。つまり、自然淘汰を性淘汰以外の淘汰と定義すると、自然淘汰と性淘汰が逆の方
向をむいている場合、それらが釣り合うところまでモテと生き残りの両者を同時に最
大化するように進化する。また、花の生息地の消滅のような環境の急変によって絶滅
するからといって行き過ぎた進化と断ずることはできない。そもそも行き過ぎという
言葉が主観的であり、少なくともそのような、特定の花にあわせて進化するのは適応
であり、長期的にその適応のおかげでニッチを獲得できていたのなら、その当時は十
分に成功した生物種といっていいと思う。しかしどんな生物種も著者がいうように完
璧ではなく、しばらくは利益が大きくても、急な環境の変化に脆弱になるような変異
はしばしば起きているはずだ。進化には先見性がないためだ。その後絶滅したからと
いって行き過ぎと評するのは後知恵だろう。

> また、ユミハシハワイミツスイという鳥は、特定の花に合わせて、とても長いくち
> ばしを発達させたが、その花の生息地が消滅したと同時に絶滅してしまった。(p.326)

Ⅱ 明らかに「魅力をめぐる競争」ではないと思うのだが…。こちらが不安になってくる。

> 一方で、ペストのような疫病とルネサンスの出現時期が重なったり、一九一八
> 年のスペイン風邪の翌年に、モダニズムを代表する創造性の学校のバウハウス
> が創立されたりといったように、感染症という恐るべき脅威が、私たちをより
> 創造的にするきっかけになった側面もある。(p.333)

Ⅱ 黒死病と呼ばれたペストの流行は 1347 ～ 1351 年頃のことである。一方のルネサン
スであるが、「あらゆる文化が花開いた五〇〇年ほど前のルネサンス期」(p.431) と書き、
また「ルネサンスの時代に優れた創造性を放」(p.421) ったとしてダ・ヴィンチ、ミケ

ランジェロ、ラファエロの3人を挙げているから、イタリアルネサンス、いわゆるルネサンスのことを指している筈だ。だが、この3巨匠の生年は黒死病から100年以上後の1452年、1475年、1483年である。またブルネレスキ (p.421) の名も挙げているが、彼がフィレンツェのサン・ジョヴァンニ洗礼堂の扉のコンペでギベルティと競った1401年をルネサンスの始まりだとしても、ペストの流行とは50年のずれがある。「今から五〇年前の道具を、私たちはもうほとんど使っていない」(p.289) というくらいの大きなずれである。

　バウハウス創立とスペイン風邪に関しては、「もちろんこれは偶然」(p.478) だと考えるべきだろう。まったくの無関係とは言わないが、ブラジルの蝶の羽ばたきで桶屋が儲かる、程度のこじつけに近い因果関係ではないか。「創造性は豊かな時代だけでなく、むしろ感染症の蔓延や災害の発生、あるいは戦争など、厳しい時代にこそ発揮されてきた」(p.360) と書いているが、戦争（第一次大戦）を挙げた方がまだ頷ける。大戦末期にドイツ革命がおこらなければヴァイマルにバウハウスは創立されなかったかもしれないが、スペイン風邪が流行らなくてもドイツ革命は起きたのではないか。「白バラ」の弟妹をナチスに処刑されたインゲ・ショルが設立した、バウハウスの継承者とも言えるウルム造形大は第二次世界大戦がきっかけと言っても良いかもしれない。

> こうした現象を、ルイス・キャロルの『鏡の国のアリス』に登場する軍拡競争になぞらえて『赤の女王仮説』と呼んだりもする。(p.336)

Ⓜアリスに登場するオリジナルの赤の女王じたいは軍拡競争とは関係がない（はず。読んでない）。「同じ場所にとどまっているためには走り続けなければいけない」という物語上の奇妙な状況が、同じ生態的地位を確保しとどまり続けるには進化し続けなければいけないという進化上の概念に援用されただけのはずだ。「こうした軍拡競争に邁進する進化の特徴を説明する仮説の一つは、ルイス・キャロルの『鏡の国のアリス』に登場する赤の女王様になぞらえて『赤の女王仮説』と呼ばれている」なら受け入れられる。

> しかし、車は急に止まれないし、新しいことに挑戦しろと言われても、それまでの適応圧に縛られてしまい、変化できないままでいることも多いだろう。(p.338)

∎無粋なツッコミであるが、車が急に止まれないのは慣性のためである。この例で言

えば、「挑戦しろと言われても」難しい「新しいこと」は「アクセルからブレーキに
踏み替える」ことになるだろう。

> そこで生き残るのは、激変以前の価値軸で強者だったものではなく、偶然にも
> 変化に柔軟に対処できたものだ。(p.338)

Ⓜ ここにも著者の変態主義的な理解が色濃く現れている。生物の進化は環境の変化に
「対処」してあるものが違うものに変わるものではない。

> その一例として、恐竜の絶滅後にさまざまな形で進化を遂げた、私たちを含む
> 哺乳動物があげられるだろう。(p.338)

Ⓜ 単弓類は？ そして絶滅「後」という表現がまた変態主義的、チェイン的な進化の
理解だ。哺乳類は恐竜が絶滅してから進化をはじめたわけではない。哺乳類は恐竜の
後継者ではない。恐竜の絶滅はたしかに哺乳類にとっての環境の変化としては大きな
もので、哺乳類とその繁栄に大きく影響したと思うが、恐竜がいたときも、恐竜がい
るまえも、恐竜が絶滅したあとも、哺乳類は進化してきた。

> こうした変化の激しい状況下では、強いものではなく、変化しやすいものこそ
> が生き残りやすい。(p.339)

Ⓜ r-K戦略説のことか？ そうであったとしたら、変化しやすいものではなく「強く大
きい、生き残りやすい子を少数ではなく、弱く小さい、生き残る確率の低い子を多数
生むものの子孫こそが繁栄しやすい」であればそこまで間違っていないと思うが、変
化しやすいものこそが生き残りやすい(変異率をあげると生き残りやすくなる？)と
いうのは違う気がする。というか「強い」とか「変化しやすい」とかの言葉が定義さ
れずに使われるのでよくわからない。

> 無数の精子によるランダムさと、生態系でのオスのバリエーションのなかから
> の性選択によって、生物は偶発性を高め、生き残れる可能性を向上させた。(p.339)

Ⓜ有性生殖が無条件に適応度を高めるのなら、あらゆる生物が有性生殖になっているはずだがそうなっていない。性選択によって生き残れる可能性を向上させた、というのは意味がわからない。性選択されたらその時点で生き残っている。間違いだらけでほんとうにどこから突っ込めばよいのか…。

　　　　息子が引きこもりだからといって、彼が寄生者だとは断定できない。(p.340)

Ⓜ「進化」という語を日常会話では「進歩」の意味で使っても特段問題ないように、「寄生」という語を「あいつ、親に寄生して生きてるよな」のように用いるのは日常会話では全く許容されると思うが、寄生は生物学上の専門用語であり、もし生物学の文脈を持ち出すのなら慎重に使わなければいけない。現代の引きこもりの息子は生物学上の寄生者にはなりえない。寄生はヒトとシラミなど基本的に種間の関係だからだ。生物の親子でも競争は生じうる。親は不出来な子を殺すことがあるし、子は親が飢え死にしないギリギリのところまで資源を提供させようとしうる。しかしこれは競争であって、寄生ではない＊。ここでも著者は日常会話で用いる生物学っぽい語から無理に関連を見出している。

　　　　自然界では、寄生者は宿主が死ぬと自身も死んでしまうので、宿主を殺すことは稀だ。(pp.340-341)

Ⓜ捕食寄生という、卵を産みつけて孵化した子が宿主を食い殺すタイプの寄生がよくあるのだが…またそのあとに自分で「よりよい宿主を探すために、現在の宿主を殺そうとする」(p.341)ロイコクロリディウムを紹介しているではないか。

　　　　進化論で言えば、古典的ダーウィニズムでは生存闘争というマイナスの適応関係の繰り返しによって自然選択が起こると言われてきた。しかし現在の進化論の観点では、生存競争による残酷な世界だけが自然選択を引き起こすわけではなく、それとは対象的に生物同士が利他的に互いを支え合うプラスの共生関係も、また進化の重要な鍵だと考えられている。(p.344)

＊　ただし、体の大きさがあまりに違い、生殖後にメスの体に半ば吸収されるチョウチンアンコウのオスやボネリムシのオスなどは性的寄生ということがある。

Ⓜここでいう生物同士が、血縁関係にある者のみをさしているならば問題ない記述だが、p.474の利己的遺伝子に関する誤った解釈から類推するにここも混乱しているのだろうと思う。このパラグラフは誤りが多すぎるので全面的に書き直したほうがいい。

❘　実際に、自然界の生態系は共生系によって保たれている。(p.344)

Ⓜここでいう共生が共生なのか相利共生なのかわからないが、どちらにせよ原因と結果を混同している。「保たれている」生態系には共生関係が多く成立しているだろうし、そのなかには相利共生関係もみられるだろうが、それはトートロジーだと思う。生態系が共生によって保たれているのではなく、生態系には共生がある。相利共生のことであれば、相利共生がなくても生態系は成立しうるのではないか。

❘　例えば、ミーアキャットの群れを見てみよう。(p.345)

Ⓜこれは群れの説明ではないか？　少なくともミーアキャットの例は共生ではない（共生は基本的に種間関係なので）。

❘　ニッチの獲得競争は、環境負荷を低減させる効果もある。
　　〔中略〕
　　余剰を互いに価値化し合えば、生態系は効率化し、安定化していく。(p.348)

Ⓜ余剰を活かせば環境負荷が低減する、というような書き方をしているが、たとえば余剰であるプラスチックごみを埋め立てず燃やして有効活用すればそれだけ CO_2 は「余分に」大気中に開放されるので、そんな単純にはいかない。

❘　自然選択　群れ──それは目的を共有しているか (p.349)

Ⓜこちらが共生の説明だろう（おそらく誤植）。「生物学では相利共生あるいは「共生」と呼ぶ」(p.349) この mutualism と symbiosis の区別を全編通して行ってほしかった。これを混ぜてしまっているがために雑な記述になってしまっている。

> イソギンチャクのなかにいれば外敵は攻撃してこないため、弱いクマノミに
> とってイソギンチャクは安全な住処になっている。(p.349)

Ⓜ むしろカクレクマノミを捕食しようとやってくる魚をイソギンチャクが捕食することもあ
るらしい（つまりカクレクマノミは囮、餌の役割をしている）ので、そうとは言い切れない。

> なぜなら共生は一般的な関係ではなく、固い絆で結ばれた特定の種間にだけ起
> こる現象だからだ。(p.350)

Ⓜ 相利共生と共生を混ぜてはいけない…。共生は非常に一般的でそこらじゅうにあ
る。相利共生はたしかに「掃いて捨てるほど」にはないと言っていいと思う。「相利
共生は一般的な関係ではなく」なら。
　またここで相利共生を説明するのに絆という我々の社会でも曖昧な概念を持ち出
す必要があるとは思えない。相利共生は単純に利益があるからやっているのだから、
気持ちベースの絆ではなくもっと損得勘定に依存した関係だ。あえてヒト間の関係を
持ち出して説明するなら業務契約だろうか。しかも相利共生は進化の過程でしばしば
崩壊する（契約解除される）ので、そんなに固くもない。片利共生（寄生）関係に移
行したりすることもあるので。

> たとえば、個人的な痛みに訴えかけない反戦の歌や、特定の誰かに寄り添えな
> いデザインは、感動に乏しいことがある。(p.351)

Ⓘ 私的な語りが他人に響き共感を呼ぶことがある、という表現側の話と「特定の相手
を深く理解」するという受け手側の話を混ぜて語っている。共生関係にある相手と共
感しあうことはできそうだが、共感し合った相手と共生関係を築けるかは互いの手持
ちのリソースやポジションに依るだろう。

> それは、真に強固な共生関係は、お互いを深く理解した特殊な個と個のあいだ
> に起こるということではないか。(p.351)

Ⓜ 前ページの表現から、ここでいう真に強固な共生関係とは相利共生関係のことだと

仮定する。その場合、少なくとも生物の相利共生関係から学べることはこれではない。お互いを深く理解していなくても利が生じる、渦巻の数式を知らなくても渦巻の殻が作れる、反応拡散方程式を知らなくても縞模様が作れる、カテナリー曲線を知らなくても垂れるだけでカテナリー曲線を構成できる、というデネットのいうところの competence without comprehension（理解なしの有能さ）が進化のキモであるはずだ。また個と個に限定する必要はない。削除すべき記述だと思うが、もし無理やり書くなら「真に強固な人間同士の共生関係は、お互いを深く理解した特殊な個と個のあいだに起こるべきだ、というのが私の考えだ」であればまだよいか。

> 　生物学者のヤーコプ・フォン・ユクスキュルは、それぞれの生物が異なった世界の認識を持つことを、「環世界」と呼んだ。(p.353)

Ⅰ この文は「環世界」の語について誤解を招きかねないので、「それぞれの生物が異なった世界の認識を持つとし、そのそれぞれの認識のことを「環世界」と呼んだ」とでも書くべきであろう。

> 　ヒトは赤緑青の三色を認識できる錐体細胞を持つのに対して、イヌは青と黄を認識できるだけだ。つまり、イヌはほとんどモノクロームの世界に生きているのだ。(p.353)

Ⅰ イヌが二種類の錐体細胞を持つことを自分で書いておきながら、なぜ「モノ」クロームと書いてしまうのか理解に苦しむ。

> 　世界の全体像は、個の視点だけでは正しく捉えられないばかりか、その視点を相手に押し付ければ分断が生じるだろう。(p.354)

Ⅿ このリストじたいのことを指摘されているようで心苦しいが、我々と著者との分断は明らかであり、この分断は埋められるべきで、埋める（歩み寄る）作業はいくらなんでも我々ではなく著者がするべきだと私は思う。また、我々の視点の押し付けは、まずはこの分断を認識していただくために必要なことだと考えていただければと思う。問題を認識することが問題を解決する第一歩なので。

> 生態系マップの中にある負荷や競争相手、あるいは寄生者など、負の関係を持
> つものは、さらなる負の連鎖を生み出す。(p.357)

Ⓜ 生物間の競争や寄生があたかもよくないことであるかのように書いているが、理解
に苦しむ。これらと人間による環境破壊を結びつけることは難しい。あえて環境破壊
と結びつけたいのなら、生物の習性と生物進化の近視眼的な性質をあげたほうがよい
と思う。たとえばシャーレの中の栄養を食い尽くし、自らの排泄物の毒素にやられて
死滅する微生物など。"Are we better than yeast?" [72]

> キリスト教の伝来も同じで、江戸時代にハブとなっていたイタリアの聖地から
> 遠路はるばる長崎へ、宣教師が越境している。(p.374)

Ⓘ 確かに 1602 年にイタリア人宣教師カルロ・スピノラ（Carlo Spinola）が来日している
が、キリスト教の伝来は 1549 年のフランシスコ・ザビエルの鹿児島上陸からという
教科書的理解が一般的であろう。確かにザビエルはローマを発ってリスボンから出航
したので「イタリアの聖地から」と表現し得るかもしれないが。何故「戦国時代」で
はなく「江戸時代」と書いているのか理解できない。

> その観点から、聖書・十字架・賛美歌、お経・数珠・声明といった拡散の道具
> を観察すると、再生産数を生み出す仕組みとして実に良くできていることがわ
> かる。この繋がりの構造を知っていれば、生態系の全体像を把握できなくとも、
> 共生的な繋がりを増幅させ、闘争的な繋がりを遮断し、ポジティブな繋がりを
> 広げていくことができるかもしれない。(p.374)

Ⓜ ほかにも p.390 の空海の引用、p.430 の「もし私が神様だったら」p.442「適応は愛
を目指す」p.472 創世記引用など、スピリチュアルな表現が当書の終盤に向かうにつ
れて特に多くなっており、当書は学術書よりもビジネス書よりもスピリチュアル自己
啓発本のカテゴリに近いのではないかと思わずにいられない。このような「共生」と
か「適応」といった学術用語の濫用とスピリチュアルな概念との結びつけにあふれた
記述は当書の科学的妥当性を直接に損なっているように思う。
　また、デザインの進化において闘争的な繋がりが悪であって害ばかりを生む、とい
う立場なのだろうか。資本主義経済において各社はしばしば闘争的に競争をしつつし

のぎを削っていると思うのだが、共産主義的なデザインを育みたいということだろうか。私としてはこういう闘争的な共生関係も興味深い進化を生み出す原動力だと思っているので、非倫理的な攻撃（丸コピや、逆に Patent troll など）や全体の利益にならない破壊行為（相手企業のサーバーのクラッキングやコモンズの悲劇）は法律で縛りつつ、フリーファイトがよいと個人的には思う。

> たとえば、山に生息する雑食性の野ネズミのなかには、主食にしている笹の葉の豊作具合を予測して、出産数をコントロールしているものがいるらしい。(p.393)

■引用元が示されていないので信じられない。雑食性なら笹の葉以外のものも食べるだろうから、笹の生育が悪いのなら他の動植物の生育も悪く、単純に繁殖期の栄養状態が悪いのではないか？

> 図 16-2　フォアキャスト
> 図 16-3　バックキャスト (p.397)

■矢印が何を表しているのか不明な図である。勿論フォアキャストとバックキャストの違いはなんとなくは伝わるが。上段中央「未来 予測」の「予測」の語が不適当なのではないだろうか。中段から上段に向かう矢印はすべて「予測」のように思われる。また左右の「解剖」と「生態」は、「ミクロ」と「マクロ」という対になる概念で整理した方が簡潔で万人が理解可能なのではないか。1977 年にイームズ夫妻が『Powers of Ten』で示したように、オーダーの大小を考えることはデザインにとって重要な視点である。

> 相関関係と因果関係を読み取る (p.406)

> この例からも、相関関係だけを信じるのがいかに無意味かがわかるだろう。(p.408)

■ここだけ読むと著者は相関関係と因果関係の違いを理解しているようだ。それこそ「無意味」な「相関関係」である狂人性云々 (p.31) を書いたのと同一人物とは思えない。

> たった一度、残念な結果が出ただけなのに、すぐに諦めて二度と挑戦しない人がいるが、この人は確率を無視している。(p.413)

Ⓜ リスク回避的な行動は進化的に身に着けたものであり、べつに確率を無視しているわけではない。コストが見合わなかっただけだろう。このような計算こそ期待値計算であり、成功に対するリターンと、失敗した場合のコストを計算しているはずだ。それを無視している著者こそ確率を無視している。つぎの指摘にも書いたリスク回避的な本能に言及して、「現代的な業務の範疇で、すぐに諦めて二度と挑戦しない人がいるが、この人の心は小さな怪我や失敗が生死に直結したころに磨き上げられたものなので、失敗したときのリスクを過大に評価している可能性が高い」であれば受け入れられる。

> 成功確率が一 % ならば、あと九九回挑戦すれば、求めていた結果が得られる期待値計算になる。(p.413)

Ⓘ「釣り」なのだろうか。自己啓発本であれば「100 回やれば必ず成功する！」というマインドでも良いのかもしれないが、確率というものはそうではない…。「期待値計算」の前段階の確率計算が明らかに誤っている。「成功確率が一 %」の場合、100 回挑戦しても、$(0.99)^{100} \approx 0.366$、つまり約 37% の確率で 100 回全部失敗するのである。つまり、100 回挑戦しても成功確率は約 63% しかない。

Ⓜ 求めていた結果が絶対に得られる保証ができるのは無限回の試行を行ったときのみ。期待値の損得を議論したいのなら、コストとリターンを定義しなければいけない。もしくは、コストを考えず、「少なくとも一度成功する」ときの確率変数を 1 に、そうでない場合を 0 に設定すればたしかに期待値は 100 回の試行の際に期待値は 1 になる。が、それは「求めていた結果が得られる」期待値ではない。中学数学でやるはずだが…。そして、コストとリターンを一旦定義してしまえば、失敗はするもののリターンが大きいので何度も試すべきなのか、試行を繰り返すごとにコストばかりかかる、わりに合わないくじなのかが議論できるようになる。たしかに人間の損得勘定は現代の社会ではあまりにリスク回避側に偏っているために損をするという知見はあるので、それを引用すれば著者の言いたいことが説得力をもって伝えられるだろう。

> しかし、考えたくないからといって悲観的シナリオから目をそむけているのは創造的な姿勢ではない。(p.416)

Ⓜ なにが創造的な姿勢かは限りなく主観的なものだ。悲観的なシナリオから目を背けながらも生まれた（私の感覚では）創造的なアイディアをいくつか紹介しよう。大戦末期はイノベーションの宝庫だ。ナチスドイツは敗戦というシナリオ濃厚だったが、Me262 のような先進的なジェット戦闘機で爆撃機の迎撃をしようとしたり、戦況は変えられないことはおそらく知りつつも V2 ミサイルで一矢報いようとしたりしており、これらの技術は終戦後の世界を形作った。旧日本軍は数々の希望的観測で「ユニークな」作戦を編み出した。そのなかには真珠湾攻撃のようにたまたま大成功してしまったものも、特攻のようなイノベーティブな（と表現せざるを得ないほど、自爆攻撃は第二次大戦以降世界各地で使われるポピュラーなものとなった。その前から存在していたにせよ、一般化するほどに普及させたのは日本軍の（恥ずべき）「功績」といってよいと思う）攻撃法もあるし、ちょっとした戦果をおさめたコンニャク風船爆弾のような特殊兵器、竹槍のような実際には使われなかったが当時のメンタリティの象徴として有名になったものもある。ナチスドイツにせよ旧日本軍にせよ、そんなおもちゃのような新兵器を開発して徒に双方の犠牲を増やすくらいならさっさと全面降伏すべきだった、それが悲観的シナリオを直視した際の創造的な姿勢だと後知恵ではいくらでもいえる。モアイ像にまつわる環境破壊には諸説あるが、モアイ像製造にあまりに莫大な森林資源を費やしてしまったために深刻な環境破壊に陥り、ヨーロッパ諸国に「発見」されたときには人口が激減していたという説がある（人口減の原因については奴隷狩りとその後の疫病によるものなど諸説あるが、森林伐採も関連しているのではないかとされていたと記憶する）。ナチスドイツや旧日本軍のような新兵器による戦況打開を狙う姿勢、イースター島の人々のような美？信仰？道楽により身を崩す姿勢を創造的でないと断じることは私にはできない。どうしてもこれを書きたいのなら、「考えたくないからといって悲観的シナリオから目をそむけているのは私がみなさんに望むような創造の姿勢ではない」などとしたほうがいいと思う。私はAだと考えていない、というのと、事実としてAではない、というのと、私はあなたにAだと考えてほしくない、というのは違う。

> 一四二五年頃、フィリッポ・ブルネレスキによって透視画法が確立されると、それまで存在しなかったまったく新しい機械や建築を、あたかも実物のように美しく描くスキルが芸術家たちの手に渡った。(p.421)

Ⓘ パースペクティブ、透視図法のことを透視「画」法と書き損なう建築・デザイン関係者がいるとはにわかには信じがたい…。画法という語はそもそもあまり使われない

ように思うのだが、強いて言えば、点描とか塗り方とかの技法に近いだろうか…？
図法でも画法でも伝わるだろ、大差ないだろ、と言われればそうかもしれないが、例
えば遺伝子を遺伝児と書く人がいたら「どちら様？」という反応をされると思う。

> しかしこうした発想が SF や空想の中では数多描かれていて、未来の誰かによっ
> て実現される時を待っている。(p.425)

■ SF の後の「空想」は「空想小説」のことだろうか？　「視覚的な思考力」を表現す
るのが文章による描写で良いのであれば、数ページ前の透視図法云々のくだりはまる
で意味がなくなってしまう。逆にこの文の「描く」が文字通り絵を描くことを意味し
ているのであれば、p.427 の図 16-13 のアルバトロス号の挿絵を描いたのはレオン・
ベネットであり、ジュール・ベルヌ本人ではないことを指摘せざるを得ない。もちろ
んこういう絵を描いて欲しい、という指示はしているとは思うが。

> 成功組織には強いビジョンを持った人、すなわちビジョナリーがいるといわれ
> ている。〔中略〕こうして視覚は思考に軸線を与える。(p.426)

■ 組織における「ビジョン」は比喩的なビジョンである。「視覚」すなわち網膜で知覚
するものとは違う。この話と「ディープラーニングなどの先端的 AI 技術は、CPU よ
りも GPU での処理を多用している」(p.426) というのは全く別の話である。

> 進化思考の提唱者の Eisuke Tachikawa から思想を引き継ぎ、(p.431)

> 進化思考は、太刀川の言葉を借りれば (p.432)

■ このフィクションにおける初出で「Eisuke Tachikawa」と英文表記だったものを何故
2 度目では「太刀川」と和文表記するのか理解できない。わずか数ページの文章内で
表記ゆれが発生してしまうのは良くない。

> こうした適応圧にさらされた先には、意図したような知が自然発生する。適応

| を読み解いていくと、その知が向かう方向性に必ず出会う。(p.440)

∎知の定義がよくわからない。他者が読み取ったものを知と表現しているのだろうか。「知が向かう方向性」はさっぱりわからない。具体例がこの先書いてあるのだろうか？

> その感受性を使って、私たちはモノに込められた真意を読み取り、価値を判断する。たとえば、同じメニューの食事を別のレストランで食べると、丁寧に作られたものか、そうでないかによって、まったく違う感覚を得る。〔中略〕私たちは明らかに、〔中略〕見えない関係性を読み取って価値を認識している。(p.440)

そう思って読み進めたら「知」の話ではなくなってしまった。「意図したよう」に「自然発生」した筈が、「込められた真意」となっており、何者かの意思が働いた結果だと読める。

「食事」のくだりはおかしいだろう。「丁寧に作」る、が「真心を込めて」というスピリチュアルな意味でなければ、肉をもみこむとか隠し包丁を入れるとか、下茹でしておくとか灰汁をこまめに掬うとか、そういうことだろう。当然食感や味の染み込み、香りなど「感覚」も異なる筈だ。また「見えない関係性」は少なくとも「知」ではないだろう。

> 細部に至る細かい配慮、過去から現在までの繋がりに対する敬意、相手に対する思いやり、未来に対しての希望。(p.443)

∎前半２つが当書には圧倒的に足りていない。また情報の正しさという意味での、読者に対する誠実さも。

☞ {第四章　コンセプト}

| 　図 17-1　精子と卵子の授精は、コンセプトの誕生と相似形をなしている。(p.453)

∎前ページの「この「受精」と「コンセプト」には深い意味での類似性があり」は良いのだが、何故「類似性」が「相似形」になってしまうのか。形のないもの（コンセプト）と「相似形」ということなどあり得ないことは言うまでもないだろう。

> 有性生殖の生物がたくさん存在しているのは、もちろんそこに適応的な優位性
> があってのことだ。(p.453)

Ⓜ有性生殖がなぜ進化したのかは非常に興味深い進化学上の課題で、いまだに定説は
ないため、「もちろん」と言い切れるほどに（本来の意味での）適応かどうかはわか
らない。その証拠に、少なくない植物が単為生殖に移行している。生物進化は長期的
なビジョンを持たない。なので、同じ趣旨のことを書くとすれば「多細胞生物の大部
分がなぜコストのかさむ有性生殖を採用しているかの解明は進化学上の難問で、いく
つもの仮説が提示されているが、そのどれにも共通するのは『こんなに成功を納めて
いるからには、きっとそのようなコストを上回る適応的な利得があるからだろう』と
いう適応主義的な作業仮説だ」だろうか。

> 有性生殖の理由は、進化しやすくなり、環境の変化についていけるようになる
> ためだったといわれている。(p.453)

Ⓜこれは Wikipedia の Speed of evolution の項[73]にあるように、基本的には支持されて
いない仮説だと思う。有性生殖のパラドックスについては反寄生説やラチェット説な
ど少なくとも多数の仮説が並立しており、いまだにホットな分野なので、そのうちの
ひとつ（しかもよりにもよって支持の薄い学説）をあげて「これのせいだといわれて
いる」とは言うべきではないのではないだろうか。これは「交配、すなわち有性生殖
の獲得は、進化のスピードを加速した」(p.462)にもあてはまる。

> 要するに、オスは変異のために進化の中で追加された機能なのだ。(p.454)

Ⓜ進化学の研究者はおそらく誰もこのようには断言しないと思う…。前述のように、
オスの「発明」「機能追加」はいくつか有力な説がでるくらいには解明しているが、ひ
とつの仮説を定説として専門家の誰もが合意できるほどには証拠が出揃っていない
ので、変異のためなのかどうかは著者以外には断定しようがないはずだが。専門家の
意見が聞きたい。

> 交雑による品種改良がわずか数年のあいだに起こるように、生物の変異スピードは人

｜　　為的に選択するほうが、選択が発生する寿命を待つよりも短期間に発生する。(p.460)

Ⓜ選択が発生するのは寿命が来たときとは限らない。生殖の際にも、受精の際にも、発生の際にも、成長の過程でも、配偶者探しの過程でも起きうる。

｜　　創造も交配できるのか。そうはいってもオズボーンさん、そんなの、いったいどうやるんだ。そんな声が聞こえてきそうだ。大丈夫。ここまで進化思考を一緒に探求してきたあなたなら、そのための方法はすでにあなたの手中にある。(p.461)

Ⅰ既に指摘しているが、オズボーンの同書から言葉だけ引用し、いわゆる SCAMPER を一切無かったことにして話を進めるのは白々しすぎないか。

｜　　こうして変異と適応を往復し、その山を登るうちに、適応圧はどんどん強くなり、酸素も薄くなるだろう。なぜ山を登るのか、麓の人は不思議に思うかもしれない。それでも、高みにおいてなお、変化の可能性を確かめることが、まだ見ぬ景色を観ることが、本人は楽しいのだ。こうして多くの人が到達できない高さまで到達したとき、雲を突き破って、初めて創造性は価値として姿を表す。(p.468)

Ⓜ著者が進化を天まで続く梯子のように崇高なものへと登っていくものととらえているのはここでの表現から明らかだ。p.61 への指摘参照。
Ⅰ雲を突き破らないと価値が生まれないとは…。誰もが創造性を諦めることなく発揮できるようになる思考法、の割にはそこから生まれるものの評価はかなりシビアだということが本の最後に明かされたわけで、結構衝撃的なラストである。

｜　　図 17-2　創造性の螺旋階段を登っていく (p.468)

Ⓜこの図で唯一よいと思うのは、個人学習に比すべき「個人の遊びと好奇心」と、社会学習に比すべき「社会への価値」*をわけつつも順に繋がったプロセスとしている部分だ。文化進化学でいうところの誘導された変異の生成プロセスにおいて個人学習の

---

*　やや意味不明ぎみなので、社会での篩とか、市場での試練とかのほうがまだよいと思う。

試行錯誤のプロセスの中においてすら脳内で競争するアイディアどうしの集団的な進化のアルゴリズムのプロセスが走っていることを示す際には同様の考えを使うことになるだろう。この観点は現在の文化進化学研究においてほとんど重視されていないため、デザインの立場から主張していきたいと個人的には考えている。ただし、そもそも筆者が前提としている「進化の螺旋」が全面的に間違っているため、その部分に関しては作り直しが必要だ。

☞ ｛終章　創造性の進化｝ (p.472)

> かつてリチャード・ドーキンスは、個体が種全体を保存する本能（群淘汰）を否定し、個体の利己性が進化を生み出すと説いた。(p.474)

Ⓜ誤り。『利己的な遺伝子』の「三十周年記念版への序文」での記述を引用する[74]。

> このタイトルがどれほど誤解されやすいかは容易に理解でき〔中略〕『利他的なヴィークル』はもう一つの可能性だったかもしれない〔中略〕自然淘汰の単位には二種類があり〔中略〕遺伝子は自己複製子という意味での単位であり、個体はヴィークルという意味での単位である。両方とも重要なのである。

　自己複製子のヴィークルとしての個体は、遺伝子にとって利己的である範囲内に限られるものの、利他性を獲得できる、というのがドーキンスの主張であるはずだ。著者は利己的な遺伝子を読んでいないか、満足に理解できていない。私もできていないが…。

☞ ｛出典一覧｝

図 0-1　Marc Pascual, 2018, PIXABAY, https://pixabay.com/ja/photos/romanescu-3297134/
図 0-2　E. Haeckel, E. H. P. August, *The evolution of man : a popular exposition of the principal points of human ontogeny and phylogeny*, 1879, 179, fig. 204-208

図 1-1　Cattel, *Theoretical life span curves of intellectual ability*, 1987 をもとに著者作成.

図 1-2　Blokland, *Average age-crime curve for the entire sample based on individual careers*, 2005 をもとに著者作成.

図1-3　Dr. J. Sobotta, *Atlas and Text-book of Human Anatomy Volume III*, 1909. (p.496)

■出典をちゃんと書くのには、一次資料（原典）に当たるのも含めて大層手間がかかり、骨が折れる。本書でも一番時間と労力を割いたのは参考文献リストであろう。まだ不完全で誤りも多いのではないかと思うが、ここではそれを棚上げして『進化思考』の出典一覧を見ていきたい。

　まずは出典一覧があることは評価したい。フィクションは別として、出典一覧のない本など与太話と大差ないからだ。年配の大学教員でもたまに「専門書じゃないから」と出典一覧のない本を書く不心得者がいるが、読者に失礼であろう。

　当書の〈本文〉のリストはそれほど悪くなさそうなのだが、〈図版〉のリストは著者の書式がめちゃくちゃである。図0-1では「Marc Pascual」とフルネームで書き、図0-2では「E. Haeckel, E. H. P. August」とファミリーネーム（姓）以外を頭文字で略している。図1-1と図1-2は「Cattel」「Blokland」とファミリーネームのみである。図1-3では「Dr. J. Sobotta」と「Dr.」の敬称が付いてしまっている。冒頭5つで4パターンを網羅しているのだから畏れ入る。学術的な素養がなかったとしても、「グラフィックデザイナーの私」(p.404) として統一感のなさが気になってもよさそうなものだが。

　まず図1-1と図1-2のファミリーネームのみ表記はまずい。誰だかわからないからである。確かにデザイン界において「太刀川」という姓から思い浮かべるのは著者ひとりだが、「伊藤」や「松井」や「林」となると、編者の知り合いの中だけでも別の誰かを思い浮かべることができてしまう。

　ページ数が書いていないのもよくない。どの図だかわからないからである。図1-3は100年以上前の原書を見た筈はないだろうから、第何版を見たのかも書く必要がある。

　文献リストでは「Dr.」の敬称は付けないのが普通である。もし「博士」に対して並々ならぬ畏敬の念を抱いているというのであれば付けても（そして我々「博士」三人からの批判に耳を傾けていただけるとなお）良いと思うのだが、付けるのであれば全「博士」に付ける必要がある。流石に面倒なので調べていないが、他にも博士号持ちの著者は沢山いるであろう。少なくともレイモンド・キャッテルは1929年に心理学の博士号を取得しているため、「Dr.」の敬称を付けてもよいはずである。そして最早些末なことのようにも思えてくるが、このレイモンド・キャッテル博士の綴りは「Cattel」ではなく「Cattell」である。一般的な書式は、図0-2のようにファーストネームを省略してファミリーネームのみを書くものである。ただし、図0-2の「E. Haeckel, E. H. P. August」のように2人の場合（3人以上の場合は最後の2人）はカンマではなく and で繋ぐの

が、学術論文に限らず一般的な英文のルールである（APA スタイルのように&で繋ぐ場合もある）。〈本文〉の 10 (p.499) ではちゃんと「Lydia Ramsey Pflanzer and Samantha Lee」と and で繋ぐことができているのだが、たまたま引用元がそうなっていたのだろう。&や and を使うなら使う、使わずカンマのみならカンマのみ、と統一することが肝要だ。

　と書いてきてここで気付いたのだが、図 0-2 はヘッケルの単著の本の図である。この書式では「E. H. P. A. Haeckel」とならなければならない。何をどう参照し損なうと「E. Haeckel, E. H. P. August」と複数著者のような書式になってしまうのだろうか？

　以上のように、とにかく統一性がない。おそらく適当にググっただけなのであろう。所謂「孫引き」というやつである。〈本文〉の出典も、25、35 (p.498)、49、56 (p.497) のように稀にページ数が書いてあるものもあるが、基本的にはページ数が書かれておらず、一次資料を確認していないことが明らかである。コロナ禍で図書館などへの物理的なアクセスが困難であった、ということはあり得るが、それは世界中の人が同じ状況下にあるため、言い訳にはならない。出典の書き方については、分野や学会によって形式が様々であるが、重要なのは同じ本や論文、レポートの中で書式を統一することである。「特に学会にも所属していないし専門分野もまだ決まっていない」という場合は差しあたり（ベストな書式かはともかく）科学技術振興機構が制定した科学技術情報流通技術基準（SIST）の小冊子『参考文献の役割と書き方』[75] の書式にでも倣えば良いだろう。なお本書は最も簡略化した書式を採用している。

　さて図 1-1 の出典だが、図の名前「Theoretical life span curves of intellectual ability」で検索すると、キャッテルではなく Roberto Colom による文献の Preprint 版 [76] がヒットする。その中の Figure 2. がこの図であり、キャプションは「Theoretical life span curves of intellectual ability (Cattell, 1987).」となっている。これを書いたのだろう。だが、この文献の References にはちゃんと「Cattell, R. B. (1987). *Intelligence; Its Structure, Growth and Action*. North-Holland.」とその出典が書いてある。せめてこれくらいの正しい情報を読者に提供する努力をして欲しいものだ。Cattell の文献の p.206 の fig. 7.11. が元の図であり、本来のタイトルは「Derivation of phenotypic from genotypic maturational process illustrated by investment theory of fluid into crystallized intelligence.」である。

　図 1-3 は原書を見たとは思えないので何か違う本から引用したのだろう。

参考文献

[1] 松井実, 伊藤潤（2022）『進化思考』批判. Zenn Books. https://zenn.dev/xerroxcopy/books/9d41f9b4f1701f
[2] 森旭彦（2016.03.11）未来の必須科目,「正気と狂気」のビジネスデザイン：濱口秀司が「WIRED の学校」で教えてくれること. WIRED. 23. https://wired.jp/2016/03/11/bbc-hideshi-hamaguchi/
[3] 濱口秀司（2019）SHIFT：イノベーションの作法. ダイヤモンド社
[4] https://www.etymonline.com/search?q=think

[5] http://langevo.blogspot.com/2013/05/mind-asterisk.html
[6] 松井実(2021)スイスアーミーナイフの文化系統学的分析. 東京都立産業技術大学院大学紀要. 15. 85-90
[7] 日本にいながら英語・英会話力爆上げ（2020.04.29）英単語「thought」の語源や由来．https://note.com/englishplus/n/n85471b30b616
[8] https://ja.wiktionary.org/wiki/%E6%80%9D
[9] http://web.archive.org/web/20200727003403/https://twitter.com/kanji_jigen/status/1287546563741364225
[10] https://okjiten.jp/kanji259.html
[11] リドレー M（2013）繁栄—明日を切り拓くための人類10万年史. 大田直子，鍛原多惠子，柴田裕之（訳）．早川書房
[12] 八田武志（2013）「左脳・右脳神話」の誤解を解く．化学同人. 183-184
[13] 浅原正和（2017）「Variation」の訳語として「変異」が使えなくなるかもしれない問題について：日本遺伝学会の新用語集における問題点．哺乳類科学. 57(2). 387-390
[14] NOSIGNER@NOSIGNER（2021.06.18）[あ、これ素で誤植だ。熱心に読んでくれて感謝 🙏] Twitter. https://twitter.com/NOSIGNER/status/1405871064291319812
[15] Lewontin RC (1970) The units of selection. Annual review of ecology and systematics. 1(1). 1-8
[16] 松井実，小野健太，渡邉誠（2015）人工物は進化しない．日本デザイン学会研究発表大会概要集. 62. https://doi.org/10.11247/jssd.62.0_5
[17] リドレー．前掲書. 100
[18] Scaccia J（2021.08.23）A useless history of the "Frameworks are Like Toothbrushes" quote. LinkedIn. https://www.linkedin.com/pulse/useless-history-frameworks-like-toothbrushes-quote-jonathan-scaccia
[19] ドーキンス R（2018）魂に息づく科学. 大田直子訳．早川書房. 251-252
[20] ノーマン DA（1990）誰のためのデザイン？―認知科学者のデザイン原論. 野島久雄（訳）．新曜社
[21] ベネッセホールディングス（2022.12.01）<「進研ゼミ小学講座」 小学生13,000人に聞きました！2022年総決算ランキング．https://prtimes.jp/main/html/rd/p/000001094.000000120.html
[22] リドレー．前掲書. 15
[23] 田村光平（2023）つながりの人類史—集団脳と感染症．PHP研究所
[24] ヘンリック J(2019)文化がヒトを進化させた：人類の繁栄と〈文化-遺伝子革命〉.今西康子(訳).白揚社
[25] 鈴木俊貴（2021）「言葉」を持つ鳥、シジュウカラ．中学校国語1．光村図書出版. 126-133
[26] デネット DC（2001）ダーウィンの危険な思想―生命の意味と進化. 山口泰司（監訳），大崎博，斎藤孝，石川幹人，久保田俊彦（訳）．青土社. 802
[27] 発明協会(2016)戦後日本のイノベーション100選, http://koueki.jiii.or.jp/innovation100/innovation_detail.php?eid=00017&age=topten&page=keii
[28] ゆでたまご（1981）キン肉マン「7人の悪魔超人編② さけたミート!!の巻」. 週刊少年ジャンプ. 46. 239
[29] ゆでたまご（1981）キン肉マン「7人の悪魔超人編⑤ 全治10日の巻」. 週刊少年ジャンプ. 49. 33
[30] https://en.m.wikipedia.org/wiki/File:Korean_Peninsula_at_night_from_space.jpg
[31] Plumer B (2015) You can learn a lot about cities by how they light up at night. Vox. https://www.vox.com/2015/1/6/7496749/city-lights-space
[32] https://ja.wikipedia.org/wiki/ 種分化
[33] https://en.wikipedia.org/wiki/Origin_of_language#Language_origin_hypotheses
[34] https://en.wikipedia.org/wiki/Mimicry
[35] Guy Kawasaki (2016.10.24) What I Learned From Steve Jobs, https://guykawasaki.com/what-i-learned-from-steve-jobs/
[36] https://ja.wikipedia.org/wiki/IPhone_(初代)
[37] https://ja.wikipedia.org/wiki/ 適応
[38] https://www.etymonline.com/word/copy
[39] ミラー（2017）消費資本主義！―見せびらかしの進化心理学. 片岡宏仁（訳）．勁草書房
[40] デイヴィス N（2016）カッコウの托卵― 進化論的だましのテクニック. 中村浩志，永山淳子（訳）．地人書館. 37
[41] 中村浩志（2009）カッコウの托卵の不思議. 生物の科学 遺伝. 63(6). 111
[42] Faurie C, Llaurens V, Alvergne A, Goldberg M, Zins M, Raymond M. (2011) Left-handedness and male-male competition: Insights from fighting and hormonal data. Evolutionary Psychology. 9(3)
[43] 佐野勝宏（2019）日本列島における投槍器・弓矢猟の出現と波及. シンポジウム Hunting：狩猟相解明のためのアプローチ. 八ヶ岳旧石器研究グループ. http://doi.org/10.24484/sitereports.130445
[44] 長谷川眞理子（2002）生き物をめぐる4つの「なぜ」. 集英社
[45] ティンバーゲン N（1969）動物の行動. 丘直通（訳）．タイムライフインターナショナル
[46] quoteresearch（2019.03.23）No One Wants a Drill. What They Want Is the Hole. Quote Investigator.

https://quoteinvestigator.com/2019/03/23/drill/

[47] 長谷川眞理子（2016）進化心理学から見たヒトの社会性（共感）. 認知神経科学. 18(3+4). 108-114

[48] 長谷川眞理子（2018.09.08）呉勝浩「マトリョーシカ・ブラッド」書評　警察舞台に「誤りの入れ子構造」. 好書好日. 朝日新聞. https://book.asahi.com/article/11802538

[49] https://commons.wikimedia.org/wiki/File:Maqueta_funicular_de_la_iglesia_de_la_colonia_ G%C3%BCell_usada_por_Gaud%C3%AD.jpg

[50] Santiago Huerta(2006)Structural design in the work of Gaudí. Architectural Science Review. 49(4). 324-339

[51] ドーキンス. 前掲書. 183

[52] https://www.etymonline.com/word/synergy#etymonline_v_22538

[53] https://books.google.com/ngrams/graph?content=synergetics%2C+synergy&year_start=1800&year_end =2019&corpus=26&smoothing=3&direct_url=t1%3B%2Csynergetics%3B%2Cc0%3B.t1%3B%2Csyner gy%3B%2Cc0#t1%3B%2Csynergetics%3B%2Cc0%3B.t1%3B%2Csynergy%3B%2Cc0

[54] https://en.wikipedia.org/wiki/Walrus

[55] Watanabe M and Kondo S (2012) Changing clothes easily: connexin41.8 regulates skin pattern variation, Pigment Cell & Melanoma Research, 25(3), 326-330

[56] Mace R, Pagel M(1994)The Comparative Method in Anthropology. Current Anthropology. 35. 549–64

[57] 中尾央, 三中信宏（2012）文化系統学への招待：文化の進化パターンを探る. 勁草書房. 10-11

[58] メスーディ A（2016）文化進化論―ダーウィン進化論は文化を説明できるか. 野中香方子（訳）. NTT 出版. p.325

[59] Maeda J (2019) The temple of design doesn't rule this century. in How to speak machine: computational thinking for the rest of us. https://fortune.com/2019/11/12/john-maeda-how-to-speak-machine-excerpt/

[60] Archiss（2016）Ergo Grip Keycap Remover. Archisite. https://archisite.co.jp/products/archiss/kbp/ keycap-remover/

[61] https://ja.wikipedia.org/wiki/ 発明の年表

[62] Alexander C（1964）Notes on the Synthesis of Form. Harvard University Press

[63] アレグザンダー C（1978）形の合成に関するノート. 稲葉武司（訳）. 鹿島出版会. 43

[64] 同書. 44-45

[65] 国立遺伝学研究所（2020.04.06）絶滅危惧集団に蓄積した有害変異を解明. https://www.nig.ac.jp/ nig/ja/2020/04/research-highlights_ja/rh20200331.html

[66] Kenrick DT, Griskevicius V, Neuberg SL, Schaller M（2010）Renovating the Pyramid of Needs: Contemporary Extensions Built Upon Ancient Foundations. Perspectives on Psychological Science. 5(3). 292-314. https://doi.org/10.1177/1745691610369469

[67] Brin S, Page L (1998) The anatomy of a large-scale hypertextual web search engine. Computer networks and ISDN systems, 30(1-7), 107-117

[68] Wilkinson DM, Ruxton GD (2012) Understanding selection for long necks in different taxa. Biological Reviews. 87(3). 616-630

[69] Simmons RE, Altwegg R (2010) Necks – for – sex or competing browsers? A critique of ideas on the evolution of giraffe. Journal of Zoology. 282(1). 6-12

[70] Simmons RE, Scheepers L (1996) Winning by a neck: sexual selection in the evolution of giraffe. American Naturalist. 148(5). 771-786

[71] Wang SQ, Ye J, Meng J, Li C, Costeur L, Mennecart B, ... Deng T（2022）Sexual selection promotes giraffoid head-neck evolution and ecological adaptation. Science. 376(6597). eabl8316

[72] Schaefer, J (2011) D1: Asleep at the Wheel... in-car soundtrack 7 [featuring Richard Heinberg]. Double Exposure. Crónica

[73] https://en.wikipedia.org/wiki/Evolution_of_sexual_reproduction#Speed_of_evolution

[74] ドーキンス R（2006）三十周年記念版への序文, 利己的な遺伝子. 紀伊国屋書店. 増補新装版. v

[75] 科学技術振興機構(2011)参考文献の役割と書き方. https://warp.ndl.go.jp/info:ndljp/pid/12003258/ jipsti.jst.go.jp/sist/pdf/SIST_booklet2011.pdf

[76] Colom R（2020）Handbook of clinical neurology -Neurodevelopmental and cognitive disabilities Section 3: neuroscientific basis of typical functional neurodevelopment 12-intellectual abilities. Preprint. https://www.researchgate.net/publication/334251322_Handbook_of_Clinical_Neurology_- Neurodevelopmental_and_Cognitive_Disabilities_Section_3_Neuroscientific_Basis_of_Typical_ Functional_Neurodevelopment_12-Intellectual_Abilities_Preprint_Roberto_Colom

[77] Cattell RB（1987）Intelligence: Its Structure, Growth and Action. North-Holland. 206

II

デザイン学と批判

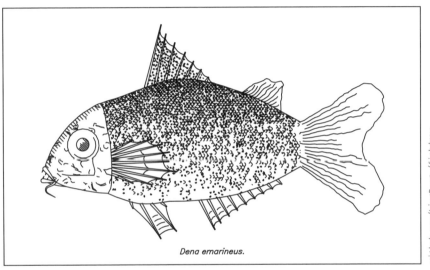

Dena emarineus.

github.com/LingDong-/fishdraw

アイディアを探す場合にはどんな場合にも、アリストテレスの連合（想）の第一法則—類似に従って、〔中略〕「過去に似たものがないか？」「ほかからアイディアを借りられないか？」「ほかにマネのできるものはないか？」などを自問すると役にたつ。

————アレックス・オズボーン『独創力を伸ばせ』

何年も前のことだが、イギリスの心理学者ジェームズ・リーズンと私はヒューマンエラーの一般的な分類法を作り出した。我々はヒューマンエラーを、スリップとミステークという二つの主なカテゴリーに分けた〔中略〕このトピックはデザインにとってきわめて重要なので、付き合ってほしい。

————ドナルド・ノーマン『誰のためのデザイン？　増補・改訂版』

5

創造 と 変異 の 変造
Counterfeiting of *creation* and *error*

伊藤 潤

はじめに

　Amazon の購入履歴を見ると、『進化思考』を購入したのは出版から 1 ヶ月ほど経った 2021 年 6 月 3 日であった。分厚い本だったのでしばらく積んだままにしていたが、松井から「読みました?」と訊かれたのを機に読むことにした。編者は進化学に関しては素人同然であるため、生物学（主に植物学）の視点で批判をするべく読み始めた。当書は生物学のリテラシーをもたない著者による本であるため、前章で指摘したように生物学に関する記述は残念ながら大概誤っている。「クマの一種であるコアラ」(p.119) のような明らかな事実誤認* は捨て置くが、例えば「ベイツ型擬態」(p.107) や「キラー海藻」イチイヅタの話 (p.143) や水鳥の「ワンダーネット」(p.166) などは誤った理解をしている。これらは一目でわかる明らかな誤りというわけではないが、「…本当かなあ?」と思って調べると案の定間違った理解をしている、という感じである。編者はこのような生物学に関する誤りの数々については「著者は門外漢なのだから仕方ないよね」と思っている。ただし、門外漢が土足で他所様のコミュニティに踏み込んでいるのは良くないだろう。特にデザイナーはそのような姿勢を取るべきではないと思うのだ。そしてむしろ当書の抱える問題は進化学や生物学以外の内容にあるという結論に至った。そのため本稿では進化学の理解に関する議論は行わない。

　筆者の松井は「誰が言ったかではなく、何を言ったかを重視する」、というスタンスであるが、編者伊藤は「誰が言ったか」を重視する立場を取る。そうしないと「間違いだらけかつ非論理的なトンデモ本だから放っておけ」で話が終

---

*　些細な誤りとも言えるし、逆にその程度の確認もしていない稚拙な本だということもできる。

わってしまうからだ。

　太刀川はインダストリアルデザイン協会の理事長という立場にある人物である。日本のデザイン界の始祖たちが集って発足したJIDA「インダストリアルデザイナー協会」は69年の歴史をもつその名を「インダストリアルデザイン協会」に改称したが、当時の理事長田中一雄（*1956—）は2020年11月20日付けの動画『協会名変更に向けて』[1] の中で、改称の「目的」としてJIDAを「活力ある協会へと変革させ」るため、入会資格を拡大し「従来は入会が難しいと考えられていた『リサーチャー』『プランナー』『エンジニア』『プロモーター』『研究者』『教育者』『行政関係者』などの入会を可能と」することを挙げている。だが少なくとも『研究者』は厳密性のない論理や根拠のない断定にあふれた書物は歯牙にもかけないし、またそのような発信をする人物ならびにその人物が長たる団体に信を置くことはないだろう。疑似科学的な『進化思考』を放置することは、「やっぱりデザイナーってアカデミックとは程遠い人たちだな」と思われ、JIDAならびに日本のデザイン界にとって大きな損失となるおそれがある。反知性*では困るのだ。そもそもインダストリアルデザイナーの祖、クリストファー・ドレッサー（Christopher Dresser, *1834—†1904）は植物学の博士号をもつ人物であった。

　読者の中には生物学に関する話は自身で正誤の判断がつかないため傍観しようという方が少なからずいることだろう。それだと話が始まらないので、本稿では生物学の話題も避け、進化学との関係はあくまでアナロジー、例え話です、ということにしても、躱すことのできない大きな問題点を3つ指摘しておく。

- 悪文である（特に「創造」に関して）
- 「変異」で人間のエラーに関する考察がない
- 「変異の9パターン」に剽窃の疑いがある

さらに「悪文」については具体的には以下の3項目に集約できるだろう。

- 論理の飛躍（例えの不適当さを含む）
- 自己矛盾（用語の統一感のない用法を含む）
- 勉強不足（ファクトチェックの甘さを含む）

それぞれについてもう少し詳しく述べておく。

---

*　「反知性主義」ではないことに注意。反知性主義（anti-intellectualism）は反「主知主義」のことである。

論理の飛躍

　「○○は▲▲に似ている」がいつの間にか「○○は▲▲だ」になってしまったりしているのがまずい。意図的に飛躍させているのかもしれないが。

　「似ている」点を何に見出すかは書き手の自由である。例えば「人間は犬に似ている」だろうか。チンパンジーよりも犬に似ているかと問われればノーと言いたくなるが、哺乳類という点ではてんとう虫や恐竜よりは似ているだろう。しかし、無生物であるサッカーボールと比べれば「人間は恐竜に似ている」とも言えるだろう。このように「似ている」は相対的な概念である。だが、だからといって「人間は恐竜だ」とは言えない。

　また、「○○は▲▲に似ている」と「▲▲は〰〰に似ている」から「○○は〰〰に似ている」を導き出すのもまずい。まずいというかまずいことに気付いていないのがまずい。意図的にやっているのでなければ。例えば「人間と人参は似ている」としよう。漢字の字面も読みも似ている。続いて「人参と大根は似ている」としよう。同じ根菜類という点で。だがここから「人間と大根は似ている」と結論を導いたとしたら当然誤りである。違う観点、違う次元の話だからだ。「媒名辞曖昧の誤謬 fallacy of the ambiguous middle」と呼ばれる三段論法における典型的な誤りである。それをやってしまっているのが以下の文だ。

> 言語は創造に似ている。そして創造は進化に似ている。ここで当然の疑問が浮かび上がる。はたして言語と進化は似ているのか。(p.77)

自己矛盾

　まえがきで「変異」と「エラー」について循環定義をしていることを指摘したが、「変異の 9 パターン」も自ら提唱する概念でありながら、その分類方法が首尾一貫していない。提唱者は自分で自由に決められるから良いが、読者が応用しようとすると困惑する。また後ほど具体的に指摘するが、『進化思考』における重要なキーワードであるはずの「創造性」の使い方が一貫しておらず、理解不能である。おそらくこの点について太刀川は無自覚なのだろう。勿論、なんとなくは理解できる。だが、読み手に理解の努力を求めるべきではない。

勉強不足

ファクトチェックの甘さについては、編集者ならびにスタッフの責任かもしれない。だが、2015年の佐野研二郎の盗作疑惑騒動 * でも明らかなように、スタッフのミスは結局はボスの監督責任と見做されるのが世の常である。

　もう少し言えば、上記の「論理の飛躍」と「自己矛盾」の2つも文章を書く基礎の勉強（トレーニング）不足、である。また前章の最後に詳細に解説したのでここでは省略するが、図版の出典も書き方がめちゃくちゃである**。これらは少なくとも大学の卒業論文で指導され体得すべきものである。この『進化思考』の書きぶりでは、ちゃんと査読した場合、修士論文はおろか卒業論文としても認められないだろう。書いてある内容（例えるなら素材）の良し悪しではなく、書き方（例えるなら調理法）が悪いのである。よほど熱心な指導教員でなければ、本稿のように懇切丁寧な朱入れをせず、少し読んだ時点で即書き直しを命ずるであろう。私ならそうする。

　太刀川は修士論文についてこう呟いている。

> 大学院の頃、休学してプラプラしていたときに「デザインには文法があるかもしれない」と気づいた。そろそろ留年するし卒業しようと研究室に戻って単位を取り、温めていた「デザインの文法について」の修論を2週間くらいでサクっと仕上げて卒業した。＃デ [2]

　おそらく武勇伝として誇っているのだと思うのだが、「サクっと仕上げ」ることで折角の修士課程でのトレーニングの機会を自ら逸してしまったことを告白しているようなものだ。

　太刀川はしばらくこの「デザインの文法」(p.77) の名でワークショップ[3] などを開催していたようだ。2020年の段階でもまだ「デザインの文法」[4] だった。2012年のワークショップでは「変異の9パターン」(p.85) の前身であろう「極限」「入れ替わる」「融合する」[5] といった内容が見られる。これらは「発想の型」(p.84) なので、たしかに「文法」も最適な語ではない。最適な語を探しているうちに「進化」と結びつけることを思いついてしまった結果が『進化思考』なのだ

---

*　第6章「どこで批判をするべきか」参照。

**　第4章「『進化思考』を校閲する」p.172-174 ☞〔出典一覧〕参照。

ろう。「デザインの文法」のままであればこの本を書く必要もなかったのだが…。

「創造」は「現象」なのか？

> 創造とは、いったい何をすることなのか。
> その意味を、私たちは理解しているのか。(p.3)

　当書は扉のこの 2 文から始まる。最初の語が「創造」である。だがこの最も重要な語の 1 つであろう「創造」の使い方が当書では破綻している。

　まずはじめに共通認識としての「創造」の辞書的定義を確認しておこう。

　『広辞苑』では「①新たに造ること。新しいものを造りはじめること。②神が宇宙を造ること。」、『大辞泉』では「❶新しいものを初めてつくり出すこと。❷神が宇宙・万物をつくること。」、『大辞林』では「①それまでなかったものを初めてつくり出すこと。②神が万物をつくること。」とある。基本的に 3 辞書とも同じことが書いてある。『進化思考』における「創造」も基本的には 1 つめの「新しいモノを作り出すこと」(p.10) であろう。場合によっては「創造」の結果生まれた「創造物」のことも指すこともあるかもしれない。ここまでは日本語を話す人間の間での共通認識だと思う。

　ところで最後の『大辞林』には、

> 近世中国洋学書「智環啓蒙塾課初歩」（一八五六年）にある。日本では「英和対訳袖珍辞書」（一八六二年）に creation の訳語として載る

ともある。立教大学のデジタルライブラリを確認すると、確かに p.177 に creation の訳語として「仕出スコ．創造」[6] と書いてある*。この『英和対訳袖珍辞書』** はペリー来航の際にオランダ語で通訳を務めた堀達之助 (*1823—†1894) が 1862

---

*　　コは「コト」と読む。ちなみに Evolve は「解クコ．顕スコ．軍士ノ歩法ヲ向ケ直スコ．」(p.268)、Error は「誤リ．過チ」(p.264)、Adapt は「適当サセル．格好ヨク合セ付ル．一致サセル」(p.14)、Design は「雛形．目的．企」(p.205)，Science は「孛問．伎藝」(p.716) と訳されている。

**　　英題は A Pocket Dictionary of the English and Japanese Language

年に編纂した、印刷本としては日本初の本格英和辞典である。多くの訳語を作出したことで知られる西周（*1829—†1897）も編纂に参加していたらしい。少し話が逸れたが、「創造」の語は元々日本語になかったものであり、英語「creation」と共に考えた方が良さそうである。

　「創造性」の語も当書には200回以上出てくるが、英語では「creativity」、数十回使われている「創造的」は「creative」だ。カタカナの「クリエイティブ」も「クリエイティビティ」もデザイン業界ではふつうに使われている。

　　　　なぜ、これほどまでの作品を創造することができたのか。(p.4)
　　　　彼らも創造の天才だったから、それを生み出すことができたのだ。(p.5)

　始まりはこのように通常の「創造」の意味で用いられている。だが太刀川は

　　　　だが創造とは本当に、そういう事なのだろうか。(p.4)

と疑問を投げかけ、

　　　　では創造とは何なのか。それはとても不思議な現象だ。(p.5)

として「創造」は「不思議な現象」だとする。「不思議」かどうかは別として、「創造」は「現象」なのだろうか？　ここで全読者が困惑するだろう。

　「現象」の辞書的定義を確認しよう。『広辞苑』では「①観察されうるあらゆる事実。②本質との相関的な概念として、本質の外面的な現れ。」[7]、『大辞泉』では「❶人間が知覚することのできるすべての物事。自然界や人間界に形をとって現れるもの。❷哲学で、㋐本体・本質が外的に発言したもの。（以下㋑㋒略）」[8]、『大辞林』では「①人が感覚によって捉えることのできる一切の物事。自然界・人間界の出来事。現象。②〔哲〕感覚や意識に現れるもの。（以下㋐㋑㋒略）」[9]とある*。概念の話ではないので、ここでは1つめの定義をまとめて「知覚できる一切の物事」としておこう。

＊　カントの認識論やフッサール現象学といった定義も書かれているが、当書中にはカントもフッサールも登場しないので、ここでは無関係なものとして省略した。

　なお最後の『大辞林』には、

> 西周訳「利学」（一八七七年）などで、哲学用語 phenomenon の訳語とし
> て用いられている

ともあり、前述の西が「現象」という訳語を当てたようだ。

　それはさておき、「新しいモノを作り出すこと」は確かに「知覚できる一切の
物事」ではあると思うが、それを言い出すと何でも「現象」になってしまう。

　「創造」をもう少し一般的な行為「○○すること」まで拡げて、数式的に書
いてみると、

　　　「○○すること」∈「知覚できる一切の物事」

もしくは

　　　「○○すること」⊂「知覚できる一切の物事」

となるだろうか。少なくとも

　　　「○○すること」＝「知覚できる一切の物事」

ではない。左と右は同じレベルの話ではないのでイコールでは結べない。

> 　進化は、〔中略〕自然発生する創造的な現象だ。(p.50)

　これくらいであれば、進化の理解云々は別として、

　　　「進化」＝「○○な現象」＝「○○な知覚できる一切の物事」

と言えるように思う。ところが太刀川はさらに「創造」について

> 　私たちも自然の一部だから、創造もまた自然現象には違いない。(p.5)

と「自然現象」だと主張する。確かに人間も自然の一部であるが、そこまで言っ
てしまうと人間の意思も行為も論じられなくなるのではないか。創造性教育を
しようがしまいが「自然現象」だし、「生物多様性の崩壊」(p.474) も「自然現象」
だ。この定義を認めてしまうとこの後の全ての議論が無駄なのではないかと思
う。「創造」＝「自然現象」説はひとまず見なかったことにしておきたい。

「創造性」の混用

　次に、「創造性」について見てみよう。「創造性」も冒頭から登場する語だ。

> 　実はどんな人でも、<u>創造性を発揮する</u>驚くべき力を秘めている。私はそう確信している。だがよく考えてみると、<u>創造性の構造</u>とか、<u>創造性を育む</u>適切な練習方法について、私たちは何も知らないのだ。(p.5)

　「創造性」の「構造」、というのが少々引っかかるが、「創造性」を「クリエイティビティ」に置き換えてもそれほど違和感なく読める文だ。その後も「創造性」は「発揮する」ものとして、また「育む」ことができるもの、つまり個人の「創造」に関する「能力」としてたびたび使われる。

> 　<u>創造性</u>は、しばしば先天的な<u>才能や能力</u>として語られる。〔中略〕誰だってなれるなら天才になりたいけれど、天賦の才がなければ優れた<u>創造性</u>は<u>発揮</u>できないのか。世の中には、持つものと持たざるものがいて、持たざるものは<u>創造性</u>を諦めなければいけないのか。本当に？(p.26)

といったように。ところが、読み進めていくと、違う使い方が現れる。

> 　しかし歴史に残る優れた<u>創造</u>は、必ずといっていいほど強いアイデアを内包していた。むしろ発明や事業について目を向ければ、<u>創造性</u>という言葉は<u>「強度のあるアイデア」を主に指してきた</u>ことにも気づく。(p.17)

　ここでは「アイデア」について「創造性」の語を用いている。人間の「能力」ではなく、人間が生み出したもの、結果についても用いると言うのだ。「創造性」を「クリエイティビティ」に置き換えて読んでみると、なんとなくそんな言い回しもあるような気がしてくる。しかし、その直後では再び「能力」として用いられている。

> 　実際の<u>創造性</u>に見られるのは、形の美しさや発想の強度だけにとどまら

ない。<u>創造の周辺の関係を理解する力</u>も必ず求められる。モノを機能させるためには、それを利用する人との関係が深く考察されていたり、その周辺に対する知識が不可欠だ。
　創造のプロセスには、<u>制約を読み解き、関係を把握する力</u>が必ず問われる。<u>この力は、創造性と密接に関わっている。</u>(p.18)

その次の「創造性」は勝ち負けの対象となっている。

　5 「<u>自然のほうが創造がうまい</u>」のはなぜか
　「<u>創造性</u>で自然には<u>勝て</u>そうにないが、なぜそう感じるのか」(p.20)

　これは「能力」とも読めるし、小見出しの「創造がうまい」のように、「創造されたもの」のことのようにも読める。もうこの辺りではなし崩し的に自然を擬人化してしまっているので、「現象」も「能力」も大差ないような気がしてきてしまう。意識してやっているのだとすると巧妙というか悪質だが、おそらく太刀川も書きながら自分でわからなくなっているのではないかと思う。そのため、「創造性」の使い方もぶれてくる。

　自然物に対して、なぜ私たちは創造的な感覚を抱くのだろう。生物がこれほどに<u>美しい創造性</u>の宝庫となった背景には、<u>創造性</u>の本質を解き明かす手がかりがあるように思える。そもそも自然物はデザインなのか……。(p.20)

　ここでは「創造性」について「美しい」という形容詞をかけており、先ほどの「アイデア」と同じ使い方といえる。この使い方は他にも何箇所かある。

　だが実際にデザインの現場も、これとまったく同じなのだ。何度もトライアルをして、何度も選択をすると、モノはおのずと良くなっていく。このやむことのない繰り返しが<u>創造性を前にドライブする</u>。(p.45)

　長い時間を<u>生き抜いてきた創造性</u>は、成功要因の保存と、失敗や変化へ

『進化思考批判集』（2023 初版）訂正集 　2023.12.18

| まえがき | p.6 | 誤）「文理を超えた学術的な評価をいただ [3] いた書である、 |
| | | 正）「文理を超えた学術的な評価をいただ」[3] いた書である、 |

p.8　誤）ブランドリーニの法則（the bullshit asymmetry principle）[12]
　　　正）ブランドリーニの法則（the bullshit asymmetry principle）[14]

p.10　誤）一部をとりあげて批判するのではな」いことが
　　　正）一部をとりあげて批判するのではな」[8] いことが

第3章　p.68　誤）浅見本人に＿＿＿＿＿＿よる批判
　　　　　正）浅見本人による批判

p.80　参考文献 [8] の末尾に「, 131-132」（ページ数）を追加してください。

第5章　p.196　参考文献 [10] 浅原正和（2017）の書誌情報が不完全です。
　　　　　p.175 [13] 同様に「. 哺乳類科学, 57(2), 387-390」を末尾に追加してください。

第6章　p.198　誤）ジョナサン・アイブ（Jonathane Ive, *1967—†2011）
　　　　　正）ジョナサン・アイブ（Jonathane Ive, *1967—）

p.209　誤）キタニ ** が 2006 年からのイージーチェアを
　　　正）キタニ ** が 2006 年からイージーチェアを

p.211　誤）初回、2日目ともに最終候補者は
　　　正）初回、2回目ともに最終候補者は

p.212　誤）ゼネコンと汲めなかったザハ
　　　正）ゼネコンと組めなかったザハ

p.240　正）つまり学術の権威を借用して
　　　誤）つまり学術の権威の借用

p.245　参考文献 [22] の途中から [23] になっています。[22] と [23] 合わせて [22] です。

第10章　p.343　Figure 39 の上下左右が反転しています。

あとがき　p.359　誤）『進化思考』を批判する Note 記事に背中を押されて
　　　　　　正）『進化思考』を批判する Note 記事 [19] に背中を押されて

p.367　誤）私をはじめ多くの文化進化学研究者は
　　　正）松井をはじめ多くの文化進化学研究者は

産業デザイン研究所出版局

> の体制を備えている。(p.292)

　おそらくここでの「創造性」は、「新規性」や「新奇性」のように「創造されたものにおけるクリエイティブ度合い」の意味で用いられているのだろう。
　このように、「創造性」のように重要な語が２種類の意味で混用されているので、当書はまともな議論に耐えられないのである。「「バカ＝変異＝HOW」と「秀才＝適応＝WHY」」(p.30) というような独自の観点の評価以前の問題である。
　さらに困ったことに

> 　創造性のことを、二つの思考を往復しながら生み出す螺旋的な現象として捉えれば、頭のなかで何度も作り直し、世代を発展させるように創造の強度を高める視点に慣れてくる。このプロセスを体得すると、はるかに効率的に創造的な仮説に辿り着けるようになるのだ。そして何より肝心なこととして、このプロセスは誰でも一つ一つ丁寧に学ぶことができる。つまり創造性は暗黙知ではなく、学べるものになるだろう。(p.62)

と「創造性」もイコール「○○な現象」になってしまった…。だがその直後に「学べるもの」だともある。そうすると「現象」＝「学べるもの」ということになるのだが、もちろん「現象」は「学べるもの」ではない。
　編者はこの辺で脱落である。脱落というか、ついていける文章ではない。
　ただ、このあたりの言葉の使い方の粗さもデザイナーとしては理解できなくもない。デザインの大切さを説かんがため、グラフィックもデザインです、ユーザー体験もデザインです、仕組み作りもデザインです、と何でもかんでもデザインです、と普段から言いがちなのだ。編者もそういうときは厳密性を気にしていない。
　だがそれはそれとして、とにかく「創造」と「創造性」周りはリライト必須だ。

「創造性」の進化とは？

　「創造性」について真面目に読むことは早々にギブアップしてしまったが、

終章はタイトルが「創造性の進化」である以上、読まないわけにはいかない。
　当書の「はじめに」を読む限り、「誰もが「創造性」を発揮すれば何かを「創造」することができる（が「創造性」について体系的に教わっていないので充分に発揮できていない人が多いのが残念である（がだからこそ可能性がある））」というのが太刀川の主張であろう。直前の第四章終わりの

> 創造的であることはヒトの生存戦略そのものであり、創造性の発揮に幸せを感じるように、私たちは進化してきたのだろう。私は誰もが幸せに創造性を最大限に発揮しながら、その結果として生態系との共生が形作られる世界を見てみたい。(p.469)

も同様の主張と捉え得る。つまり、「創造性」は「発揮する」ことが重要なのだ。
　ところが、終章に至り「創造性」に「進化」が必要だ、という新しい主張が登場するのである。

> 今こそ人間中心の観念を卒業して、生物の生態系から学ぼう。
>
> 私たち自身の創造性を進化させよう。(p.475)
>
> 自然に立ち返った教育の進化は、世界中の人の創造性を進化させるだろう。それが進化思考の挑戦だ。(p.478)

「人間中心」もデザインの領域では議論をすると長くなりそうな語であるのでおいておくとして、「進化」云々を気にしなければ、文章としては理解可能である。太刀川によれば「進化」は「エラー的な変異と自然選択による適応を繰り返す」(p.43)ことだというのだが、「創造性」の「エラー的な変異と自然選択による適応を繰り返す」というのはどういうことなのだろうか。その後文章は

> だが歴史を振り返れば、危機的な状況を乗り越えてきたのも、また創造性の進化だった。(p.478)

と続く。次に「創造性」の「進化」について書かれていることが想像される。だが、そこにあるのは

> ルネサンス期の創造性の爆発は、ペスト菌による感染症の蔓延がきっかけだったといわれている。(p.478)

と「爆発」から始まる文である※。「爆発」は「進化」ではなく「発揮」の最上級的表現であろう。さらに

> そして創造性によって社会に変化を生み出す人が、あと全世界にどれくらい増えれば、未来は今より素敵になるのだろうか。(pp.478-479)

とあり、やはり「創造性」をそのまま「発揮」することが求められている。その後も

> 時間を超えて創造的な仲間を増やすことは出来るのか。その成否は、創造性を体系的に学べる理論と教育を今の私たちが生み出せるかどうかにかかっている。(p.479)

と書いており、やはり結局のところ「創造性」を「発揮」することができるようにする「体系的」な教育を太刀川は志向しているのだろう。その点について異論はないが、「体系的」に学ぶことができれば良いのであって、その学ぶべき対象が「進化」する必要はない筈である。その「創造性」の「進化」とはどういうことなのか結局わからないままであった。おそらくここでも「進歩」の意味で「進化」を使っているのだろう。

> こうした未来の仲間の創造性に役立つために、私はこの本を書いた。創造性は私たちが自然から学べるものであり、私たち全員に宿った本来の力を活かす方法でもあるのだ。(p.479)

※　ルネサンス期とペストに関するこの文の妥当性については4章 p.157 参照。

　この章最後の文も「創造性」の使い方が混乱している。最初の「創造性に役立つために」は「創造性の発揮に役立つために」とでもするべきであろう。続いて「創造性は」「本来の力を活かす方法でもあるのだ」とあるが、「〇〇性」＝「方法」ではないのは明らかだろう。「創造性」が「発揮」できれば「本来の力を生かす」ことができるので、その「方法」を太刀川は今まで語ってきたのではなかったのだろうか。

　「創造性」の語の用法が一貫せず、非論理的である、と書けば済むことだったかもしれないが、「非論理的だ」とだけ指摘されて直せるくらいなら初めからこのような文を世に出さないであろうから、老婆（爺）心ながら長々書いた次第である。

ヒューマンエラー

　つづいて、当書のサブタイトル「生き残るコンセプトをつくる「変異と適応」」にある重要キーワードであるはずの「変異」についての問題点を指摘する。

　実は当書を通じて一度も「変異」についての定義がされていない。そもそも「変異」は進化学以前から用いられていた語であり、variation のことを指していた。「バリエーション」はほぼ日本語として通じるであろう。一方、進化学では多くの場合「突然変異」mutation を意味する*。どちらの意味で「変異」の語を用いているのかを明確に宣言する必要があると思うが、以下のように「エラー的な変異」と書くからには太刀川は遺伝学の立場に立っていると推察される。

> では進化とは何なのか。まさに進化とは、エラー的な変異と自然選択による適応を繰り返す、生物の普遍的な法則性のことなのだ。(p.43)

ところが次ページには

> 1　変異によるエラー：生物は、遺伝するときに個体の変異を繰り返す (p.44)

---

*　「変異」の語が意味するものが生物学と遺伝学で違うということは当然問題視されている[10]。

と書いている。さらに

> そもそも失敗＝変異的エラーがなければ、成功＝創造的進化もないのだ。(p.73)

とも書いており、エラーと変異の循環定義（無限ループ）になってしまっている。

　もしこれが循環しないのだとしたら、それはエラーと変異が多義的な（複数の意味をもつ）語からだろう。きちんと定義をしてから論を進めなければならない。その意味で、人間のエラーすなわちヒューマンエラーに関する考察がない点も問題である。そもそもDNAの（突然）変異と人間のエラーを同列に語ることに無理があると思うが、無理やり対応させるとするならば、少なくともヒューマンエラーに関する研究を参照すべきであろう。

　玉入れの例 (p.56) で言えば「あてずっぽうでも玉を投げまくる」試行錯誤は計画段階での「見当違い」で、正しくカゴの方向に向かって投げたつもりがコントロールが悪くて違う方向に飛んで行ってしまうのが実行段階での「し損い」だ。この質的に異なる2つを区別できていないのは明らかな欠陥だろう。サッカーのPKで、緊張や疲労で枠を外してしまうのは「し損ない」だが、相手キーパーに背を向けてゴールポストと正反対の方向にボールを蹴ったとしたら、これは「見当違い」で相手ゴールには入りっこない。「見当違い」は「作戦ミス」と言っても良いかもしれない。野球ゲームで送りバントをしようとして、空振りしたりキャッチャーフライになってしまったら「し損ない」だが、ちゃんとバントできたとしても、もし2アウト走者1塁の場面であれば3アウトでチェンジになってしまうので送りバントという作戦自体が間違いだ。はぐれメタルに通常攻撃をしてもダメージを与えられないミスは「し損ない」であり、そのうち会心の一撃が出て倒せる可能性はある。だが魔法無効の相手にベギラマやメラゾーマなどの攻撃魔法を唱えたところでダメージは与えられない。何度やっても無駄な「作戦ミス」である。「見当違い」「作戦ミス」の場合は基本的に誰がやっても失敗するし、「し損ない」の場合は上手な人であれば発生が少ない。違いがあることは明らかだろう。

　このようにヒューマンエラーを2種類に分けて考えることは世間一般的とは言い難いかもしれないが、太刀川のいう「解剖」の視点を「エラー」に適用しさえすれば達することの出来る視座であろう。

　自力でその視座にたどり着くことが出来なかったとしても、30年前の本、認知心理学者ドナルド・ノーマン(*1935—)の『誰のためのデザイン』(1990)[11]さえ読んでいれば、前者の「見当違い」は「mistake」、後者の「し損ない」は「slip」と明確に区別されていることを知れた筈だ。

　ノーマンの『誰のためのデザイン』は「アフォーダンス affordance」の語(後に「シグニファイア signifier」と訂正した*)とドアノブの話で有名になった本だが、ヒューマンエラーについて書いていることでも重要だ。ノーマンは後にAppleで "User Experience Architect" (1993—97)を務めたことも含め、デザイン界にとっても重要な人物といえるだろう。米国のノーマンと英国のジェームズ・リーズン(*1938—)の2人がヒューマンエラー研究の大家であり、「進化」におけるラマルクやダーウィンに近い存在であると思う。リーズンはリスクマネジメントの分野で有名な「スイスチーズモデル」の生みの親として知られている。

　補足をしておくと、ノーマンとリーズンはヒューマンエラーを「slip」と「mistake」の他にも「lapse」(手抜かり)など細分化しているし、リーズンに至っては「なぜ、スリップとミステイクという対立概念に二分するだけでは済まないのか?」[12]とまで書いている。ただし、そこから先は人間の認知の問題であり、そもそもDNAの変異と人間のエラーもアナロジーであるので、ここでは深掘りしない。だが、これらの先行研究を一切参照せずに人間の「エラー」について語るのは独善が過ぎよう。

　DNAの変異は複製を正しく遂行できなかった「し損ない」である。それとエジソンのフィラメント探索の過程での「一万通りのうまくいかない方法」(p.70)つまり「見当違い」は全く違う。この両者を区別できず混ぜてしまっている時点で当書の副題の「変異と適応」の片方の看板「変異」が怪しくなる。

晴れぬ剽窃あるいは盗用疑惑

　そしてその変異について、太刀川は「変異の9パターン」として「変量・擬態・

---

*　　その意味でも今から読むのであれば増補改訂版(2015)を薦める。別の題の本にするべきだったのではないかと思うくらい書き直されている。

欠失・増殖・転移・交換・分離・逆転・融合」を提唱しているのだが、それが「オズボーンのチェックリスト」として知られる「転用・応用・変更・拡大・縮小・代用・再利用・逆転・結合（Put to other uses? Adapt? Modify? Magnify? Minify? Sustitute? Rearrange? Reverse? Combine?)」と、「9」という数も含めて酷似していることについて、一切触れていないのも看過できない問題だ。

　アレックス・オズボーン (*1888—†1966) は、いまや「ブレーンストーミング」として日本産業規格 JIS の中 (JIS Q 31010:2012) にも組み込まれている brainstorming の生みの親として知られる。オズボーンは 1948 年の著書 "Your Creative Power"（邦題『想像力を生かす』(1950) [13]、『創造力を生かす』(1969) [14]）の中で、様々な発想の方法について記した。この中の第 20 ～ 28 章の章題が後に「オズボーンのチェックリスト」として知られるようになるものの原型である。1953 年の著書 "Applied Imagination" では本文中にチェックリスト的に記している。

　フレデリック・テイラー (*1856—†1915) の「科学的管理法」を「能率学」として日本に導入した産業能率大学の創設者、上野陽一 (*1883—†1957) と息子・上野一郎 (*1925—†2015) はオズボーンと交流しつつ、"Applied Imagination" の第 2 版を『独創力を伸ばせ』(1958) [15] として訳している。その翌年の上野一郎の著書『経営の知恵：ブレイン・ストーミング ABC』(1959) [16] の中で産業能率短期大学の「CTC」（おそらく Creative Thinking Course「独創力開発コース」）において「配布するシートの一部」として「シート　20 A」で「オズボーンのチェックリスト」[17] が挙げられている。上野一郎は長らく学長であったので、産能短大 あるいは産能大では「オズボーンのチェックリスト」を長年教えていたものと思われる。

　この「オズボーンのチェックリスト」がデザイン界で広く知られるようになったのは、太刀川が理事長の立場にある日本インダストリアルデザイン協会（以下、JIDA）の書籍『プロダクトデザイン―商品開発に関わるすべての人へ』[18] (2009) からではないかと思う。元トヨタ自動車のデザイン部長で当時名古屋工業大学の教授だった木村徹が担当した「55　フォルムの発想法」の中に「3. オズボーン式チェックリストによる立体構成アイデアバリエーション発想」として載っている（ただしここでは9つの項目すべては紹介されていない）[19]。木村によると、元電通の星野匡の『発想法入門』(1989) [20] を参照したという*。『プロダクトデザイン―商品開発

---

*　　木村からの私信による。

に関わるすべての人へ』は全国の大学図書館 190 館に所蔵されている。同じく JIDA の『PRODUCT DESIGN の基礎—スマートな生活を実現する 71 の知識』(2014)^[21] では p.89 に KEYWORD として「オズボーンのチェックリスト」が 9 つの項目を列記するかたちで掲載された。さらに 2021 年の改訂版『プロダクトデザイン—商品開発の知識 105』^[22] の p.124 と p.136 にも「オズボーンのチェックリスト」は載っている。

編者は 2014 年より大学教員となったのだが、同年に出た『PRODUCT DESIGN の基礎』でチェックリストのことを知り、授業で教えてきた。

先行書が日本語に訳されていないとか、無名の人物によるものであるのなら、たまたま「車輪の再発明 (reinventing the wheel)」的に似た分類に独自に辿り着いたということもあり得るとは思う。だが上記のように「オズボーンのチェックリスト」がデザイン界で知られていなかったとは言い難い。しかも『進化思考』ではオズボーンがブレインストーミングの生みの親であることを彼の著作『創造力を生かす』の文章まで引用して紹介し (pp.51-52)、また 89 頁でも同書のオズボーンの言葉を紹介しているが、その『創造力を生かす』こそが「チェックリスト」の元となった本なのだ。にもかかわらずそのことにはまったく触れていない。極めて不自然である。オズボーンの『創造力を生かす』をちゃんと読んでおらず、使えそうな言葉をピックアップして引用しただけなので気付かなかった、という可能性もあるが、太刀川の言葉を借りれば*「そんな訳はないだろう」^[23]。都合が悪かったので触れなかったと考えるのが自然だろう。もしたまたま「車輪の再発明」だったのなら、「過去にも同じようなことを考えている人がいた」と書くべきだ。仮に「オズボーンのチェックリスト」にヒントを得た「アレンジ」だった場合でも、「アレンジ」にも一定の価値はあるのだから、きちんと乗った「巨人の肩」を明記すればよい。「オズボーンのチェックリスト」に「Eliminate 取り除く」を加え、「SCAMPER**」(走り回るの意)と覚えやすい頭字語に集約したのはオズボーン本人ではなく、ボブ・エバール (Bob (Robert) Eberle, *1934—) という人物である^[24]。誰も彼を「剽窃者」とは呼んでいない。だが、意図的であれ不注意であれ、明記しないことにより「剽窃」の誹りを免れなくなる。上述し

---

* 太刀川のツイートより。第 6 章「どこで批判をするべきか」p.207 参照。

** Substitute, Combine, Adjust, Modify, Magnify/Minify, Put to other uses, Eliminate, Reverse, Rearrange

たように、太刀川の過去の「デザインの文法」で既に「変異の９パターン」の
うちのいくつかが現れているため、編者は必ずしも「盗作」とは思っていない
が、少なくとも現在の書き方は「剽窃」もしくは「意図的でない剽窃」と言わ
れても仕方がない。当書は学術書ではないが、太刀川は出版時 * はアカデミア
に片足つま先くらいは突っ込んだ慶應大学特別招聘准教授という立場であった
以上、「剽窃」が「不正」であるという認識は必要だろう。

JIDA の新たな理念は何処へ

　編者の学術の民としての批判は以上だ。デザイナーとしては、学術の世界と
縁を切るのであればどうぞご自由に、という感じである。デザイン実務におい
ては特に厳密性も再現性も必要ないし、言ってみれば結果がすべてだからだ。
　しかし、「研究者」「などの入会を可能と」することを掲げて日本インダストリ
アル「デザイナー協会」から「デザイン協会」に名称を変更した JIDA の理事
長として提唱するには『進化思考』は相応しくない思考だと言わざるを得ない。
特に根拠レスの断定的な物言いは科学や研究と相容れない。個人的には JIDA が
名称を変更したのは失策であったと思う。
　出版社は『進化思考』の増補改訂版を 2023 年末に出版予定ということだが、
これだけの誤りを直した上で全体として整合性のとれた文章になるとはとても
思えない。そもそも「変異と適応」という進化のアナロジーを用いなくても「発
散と収束」というデザイン界の既存の言語で充分なところを無理やり関連付け
ているのだから。太刀川は元々 NOSIGNER として活動していたように、匿名
を美学としているのだと思うが、ここは第 2 章末の林の提案のように堂々と自
身の名を冠するなりして、既存の生物学や進化学の威を借りることなく、自身
の思考のオリジナリティを声高に主張すれば良いだろう。
　「創造」は「語 word」だが、「変異」は「用語 term」である。少なくとも「用
語」には明確な定義が存在し、それを共有することでコミュニケーションが行
われている。勝手に拝借して違う意味を付与して造り変えてはならない。

参考文献

[1] 公益社団法人日本インダストリアルデザイン協会・JIDA(2020)（2020）協会名称変更に向けて /
田中一雄（JIDA 理事長）. https://www.youtube.com/watch?v=fq2sVTTUFUw
[2] NOSIGNER@NOSIGNER（2012.10.19）［大学院の頃、休学してブラブラしていたときに「デザ
インには文法があるかもしれない」と気づいた。そろそろ留年するし卒業しようと研究室に戻っ
て単位を取り、温めていた「デザインの文法について」の修論を 2 週間くらいでサクっと仕上げ
て卒業した。# デ］. Twitter. https://twitter.com/NOSIGNER/status/145373690064941057
[3] 山梨県産業労働部産業技術センター（2014）やまなしモノづくりデザイン塾 2014 年度カリキュ
ラム A コース. https://www.pref.yamanashi.jp/yitc/design/documents/juku2014-a.pdf
[4] NEWSPICKS（2020）【太刀川英輔】デザインの背景にある「文法」. https://newspicks.com/
news/4710788/body/
[5] 武蔵野美術大学デザイン・ラウンジ(2012)【workshop + lecture】第 1 回　太刀川英輔／ NOSIGNER
レクチャー＋ワークショップシリーズ「デザインの文法——ひらめきを生み出す思考」. https://
d-lounge.jp/2012/11/759
[6] 堀達之助（1862）英和対訳袖珍辞書. https://library.rikkyo.ac.jp/digitallibrary/shuchinjisho/contents/
con_01.html
[7] 新村出（編）(2018) 広辞苑. 第七版. 岩波書店. 945
[8] 松村明（編）(2012) 大辞泉. 第二版. 小学館. 1167
[9] 松村明（編）(2019) 大辞林. 第四版. 三省堂. 882
[10] 浅原正和（2017）「Variation」の訳語として「変異」が使えなくなるかもしれない問題について :
日本遺伝学会の新用語集における問題点
[11] ノーマン DA（1990）誰のためのデザイン？―認知科学者のデザイン原論. 野島久雄（訳）. 新曜社
[12] リーズン J（2014）ヒューマンエラー 完訳版. 十亀洋（訳）. 海文堂出版. 72
[13] オズボーン AF（1950）想像力を生かす. 林愛作（訳）. 創元社
[14] オズボーン AF（1969）創造力を生かす. 豊田彰（訳）. 創元社
[15] オズボーン AF（1958）独創力を伸ばせ. 上野一郎（訳）. ダイヤモンド社
[16] 上野一郎（1959）経営の知恵―ブレイン・ストーミング. 六興出版部
[17] 同書. 250
[18] JIDA「プロダクトデザイン」編集委員会（2009）プロダクトデザイン―商品開発に関わるすべて
の人へ. ワークスコーポレーション
[19] 木村徹（2009）55　フォルムの発想法. プロダクトデザイン―商品開発に関わるすべての人へ.
ワークスコーポレーション. 132
[20] 星野匡（1989）発想法入門. 日本経済新聞社
[21] JIDA「プロダクトデザインの基礎」編集委員会（2014）PRODUCT DESIGN の基礎―スマート
な生活を実現する 71 の知識. ワークスコーポレーション
[22] 日本インダストリアルデザイン協会（2021）プロダクトデザイン―商品開発の知識 105. ビー・
エヌ・エヌ
[23] NOSIGNER@NOSIGNER（2012.11.08）［本日マンガ皿コピーの販売元、エスケイジャパンの
方が来社したけれど、「マンガ皿のことは知らなかった。」の一点張り。あの皿を作っておいて、
そんな訳はないだろう。#mangazara @mika_tsutai］. Twitter. https://twitter.com/NOSIGNER/
status/266429998087434240
[24] Eberle RF（1971）Scamper; games for imagination development. D.O.K. Publishers

6

どこで批判をするべきか
日本のデザイン界における批判
Where should we critique?

伊藤 潤

はじめに

> 建築・デザイン　そしてすべての創造分野での致命的な欠点は　まさに
> 批評精神の欠落にほかなりません [1]

　これは雑誌『デザイン批評』創刊号 (1966) の巻頭に掲げられたグラフィック
デザイナー粟津潔(*1929—†2009)* の文である。本書のまえがきにも書いたように、
批判（critique）は学問や科学における基本的な姿勢であり、デザインの分野に
おいても然りである（ここでは批判と批評はどちらも訳せば critique となる同義語として扱う**）。
　デザイン分野における最近の有名な批判は、ペンタグラム*** のパートナーであ
るグラフィックデザイナー、ナターシャ・ジェン (Natasha Jen) が 2017 年の Adobe
の 99U カンファレンスで行った講演「デザインシンキング・イズ・ブルシット
（Design Thinking is Bullshit)」である。「デザイン思考」の過度なもてはやされ
ぶりに対するデザイナー側からの苦言であった。
　しかし、その重要性にもかかわらず、日本のデザイン界ではそもそも批判や
論争は少なく、どこで批判をおこなうべきかについての共通理解は得られてい
ないように思われる。本稿ではこの問題を考えるために、日本のデザイン分野

---

*　　デザインにある程度の関心がある読者を想定しているため、文中に登場する日本人デザイナーに
　　ついては特に細かい注釈は付けていないが生没年は添えた。世代の違いが何らかの意味を持つか
　　もしれないと考えたからである。

**　　ただし、『デザイン批評』は英題を "THE DESIGN REVIEW" としていた。

***　ロンドン発祥のデザイン事務所。ニューヨーク、ベルリン、テキサス州オースティンにも拠点をもつ。

における批判の事例を挙げる。ただし、編者の記憶しているものに限られることをお断りしておく。また、ここでは必ずしも結論めいたものを示すことを目指してはいない。雑駁な文章となることをお許しいただきたい。

　なお、本稿でいう「デザイン分野における批評（critique in design）」は、デザインプロセスにおける「デザイン批評（design critique）」や「クリティカルデザイン（critical design）」とは異なるものである。

川崎和男の iMac 批判

　1998 年 5 月 6 日、アップルコンピュータとスティーブ・ジョブズ（Steve Jobs, *1955—†2011）は iMac（iMac G3）を発表した。ジョナサン・アイブ（Jonathane Ive, *1967 —†2011）がデザインしたティアドロップ型のシースルーの「ボンダイブルー」のパソコンは大きな衝撃をもたらした。続く 1999 年には 5 色のラインナップとなり、世界中で大ヒットし（余談だが編者が最初に買ったパソコンもこの iMac の「グレープ」だった）、そのスタイリングは周辺機器や文房具に数多くのフォロワーを生み出した。

　当時の流行ぶりはグッドデザイン賞からも窺い知ることができる。1999 年度と翌 2000 年度の受賞対象には半透明でカラフルな樹脂の製品が散見される（図 1）。露骨に同じ 5 色展開のものもあるが、ユーザー側からすると、iMac に合わせて同じ色でデスク周りをコーディネートできるのは歓迎すべきことであったためか、否定的な意見はネット上*でもあまり見られなかったように記憶している。

---

*　　平成 12 年版通信白書によると、1999 年末の日本のインターネットの世帯普及率は 19.1％に達した。

図 1　iMac の影響の色濃い当時のグッドデザイン賞受賞対象　左からボールペン[2]、MD ファイリングケース[3]（iBook と同じカラー展開）、低周波マッサージ器[4]

図 2　左から e-one 433（ソーテック）、iMac（アップルコンピュータ）

　ただし、同ジャンルの製品となると話は変わってくる。1999 年にソーテック*
から発売された e-one 433 は、青いシースルーの筐体がよく似たパソコンだった
（図 2[5]）。この e-one は、eMachines** によって米国でも発売された。アップル
コンピュータは 1999 年 8 月 24 日、ソーテックを不正競争防止法違反で提訴した。
これは「批判」というレベルの話ではなく、直接訴訟の例である。実はソーテッ
クは e-one を意匠登録していたが***、1999 年 9 月 20 日、東京地裁はソーテッ
クに対し、e-one 433 と iMac は類似しており混同を招く恐れがあるとして、製
造・販売等の差止めを求める仮処分決定を下した。これを受け、ソーテックは
9 月 28 日に半透明のブルーをシルバーに変更した e-one 500 を発売した。
　そんな iMac を発売当初から批判したのがインダストリアルデザイナーの川崎
和男（*1949—）である。川崎は『MacPower』誌上での連載記事の中で「最近発
売されたパソコン」（後に書籍化した際には「iMac」と実名を書いた）を、半透明の素材であ
るポリカーボネートの原料ビスフェノール A が精子を激減させるという理由で
批判した[6]。環境負荷的な視点からの批判は 2023 年現在であればもっと支持を
集めたかもしれないが、1998 年当時は進歩的なものだった。今日、アップルの

---

*　　1977 年に横浜で設立され、当時は韓国の三宝コンピュータ（トライジェムコンピュータ）の子会社。

**　　1998 年に韓国データシステムとトライジェムコンピュータの合弁会社として設立された。

***　　意匠登録 1071777。数年後の知財の授業か何かで「意匠権の敗北」というような言い方で紹介さ
　　　れていたように編者は記憶している。

ウェブサイトには Enviroment（環境）というディレクトリがあり、「Designed with the earth in mind.（地球のことを考えて設計しています。）」として様々な環境負荷低減の取り組みについて紹介されている [7]。この半透明のポリカーボネート製というデザインコードは、iBook (1999)、Power Mac G4 (1999)、Power Mac G4 Cube (2000) としばらく続いた。アップルが再生可能な素材であるアルミニウムを全面的に使い始めたのは、Power Mac G5 (2003) になってからである。。

　前述したように、川崎の批判は雑誌の連載記事＊で行われた。マスメディアで自分の意見を発表するためには、基本的に編集部から原稿を依頼される立場になる必要があり、それ自体がハードルだった。だが、iMac の「i」に象徴されるインターネットの発達＊＊により、個人による情報発信が可能になっていく。

ニューデザインパラダイス

　デザイン、特にリ・デザインという行為はそれ自体が一種の批判である。フジテレビの『ニューデザインパラダイス』(2004—2006) は、リ・デザインをテーマにした「知的情報番組」であった。放送作家の小山薫堂 (*1964—) の企画によるこの 30 分番組では、毎回デザイナー（時には料理人）がガムテープや郵便ポストなど「身の回りにあるモノ」のリ・デザイン、すなわち既存のデザインを分析し、それを一旦白紙に戻し、異なる視点からの新しいデザインに取り組んだ。

　各回の担当デザイナーは、「デザイン…それは地球に残された最後の資源です」と宣う「ラボラトリー主宰」(ナビゲート役) のタレント谷原章介が、Rolodex（「名刺くるくる」と呼ぶ）から選び出し指名する、という流れになっていた。後述する隈研吾や佐藤大、佐野研二郎の他、インダストリアルデザイナーの喜多俊之 (*1942—)、中村史郎 (*1950—)、梶本博司 (*1955—)、村田智明 (*1959—)、澄川伸一 (*1962—)、イームズ・デミトリオス (Eames Demetrios, *1962—)、廣田尚子 (*1965—)、グ

＊　　なお、川崎は後の連載記事[8] で iMac 批判の理由を「単に、素材選択と環境ホルモンの問題に帰することはできない」、「いっぱいある」としているので、本音は違うところにあるのかもしれない。

＊＊　iMac 発表の際のスティーブ・ジョブズのプレゼンでは「i」の意味として internet、individual、instruct、inform、inspire が挙げられていた。当初ジョブズは「MacMan（マックマン）」の名を気に入っていたが、最終的にはケン・シーガルが提案した「iMac」の名が採用された [9]。

図3 THE PERMANENT COLLECTION OF NEW DESIGN PARADISE presented by NISSAN　左からゴミ袋、婚姻届

図4 東川町の婚姻届

ラフィックデザイナーの八木保 (*1949—)、佐藤卓 (*1955—)、佐藤可士和 (*1965—)、ナガオカケンメイ (*1965—)、水野学 (*1972—)、照明デザイナーの石井幹子 (*1938—)、石井リーサ明理 (*1971—)、ファッションデザイナーの森英恵 (*1926—†2022)、インテリアデザイナーの小坂竜 (*1960—)、森田恭通 (*1967—)、建築家の玄・ベルトー・進来 (*1956—)、寺田尚樹 (*1967—)、クライン・ダイサム・アーキテクツらが出演した。

　この番組は、2冊の作品集[10][11] を出版し、スポンサーである日産のギャラリーで2回の展覧会（図3[12]）を開催、また2005年に「エンターテイメントとして一般の人々にわかりやすくデザインを紹介している。テレビ番組ではこれまで全くなかったことであり、デザインの価値を啓蒙し、広めようとするその努力は素晴らしい」[13] としてグッドデザイン賞を受賞している。佐野のデザインしたゴミ袋『地球ゴミ袋』(2005) も海外のデザインアワードを受賞し[14][15]*、製品化もされた。「学生の時のアイデアをリユースしたもの」[16] というこのゴミ袋は、柄をプリントすることでマナーを向上させようというゴミ袋** の先駆けである。雑誌デザイナーの藤本やすし (*1950—) がデザインした婚姻届は実際に北海道の東川町で採用された（図4[17]）。たまたまこの番組を見て感動した町の職員からのアプローチで実現したという。この婚姻届は複写式となっており、提出日のスタ

---

*　NY ADC 2005 も受賞したとされるのだが、探しても情報が出てこなかった。

**　ウサギや富士山になる山阪佳彦 (*1961—) の『GARBAGE BAG ART WORK』(2006—) や 2016 年度グッドデザイン賞特別賞の電通『ジャックオーランタン型のゴミ袋』(2015) など。

ンプを控えに押してもらい、手元に残すことができる。その両側にはメッセージ
シートが付いており、夫婦は自分たちの写真を貼り、パートナーへのメッセージ
を書き思い出の品と共にポケットに入れてタイムカプセルにして保管する[18]。幸
せな新しい門出の大切な書類に、またその手続きに、よりふさわしい形、ハッ
ピーな演出を与えるデザインである。

　『ニューデザインパラダイス』はテレビ番組であるため、希望するすべての
デザイナーが出演できたわけではないだろうし、必ずしも自分で選んだ対象に
取り組めたわけでもないだろうが、非常にポジティブな批判の一例である。

マンガ皿とマンガ的表現

　グラフィックデザイナー津田井美香(*1988―)の京都工芸繊維大学の卒業制作を
NOSIGNERつまり太刀川が商品化した『マンガ皿』(図5[19])という食器がある。
　2012年10月17日、東急ハンズ新宿店が「迫力のある食事がしたい！！そ
んな方へ。マンガ皿を。」と図6を添えてツイートした[20]。これは他社による
類似品で、商品名は津田井が商標登録済みだった『マンガ皿』(登録5514492)で
はなく『メッセージプレート』だったことが後に判明する[21] が、この時点では
東急ハンズ側は類似品という認識はなく仕入れていたらしい。

　その翌日、津田井本人が「やられました。」[22] とリツイートし、太刀川も以
下のように反応した。

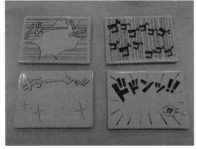

図5　津田井美香『マンガ皿』(2011)　　　図6　『メッセージプレート』(2012)

> 取引先にもかかわらず、この露骨なコピーはありえないな。twitter に訴えてどうするか考えよう[24]

「twitter に訴える」という考え方が 11 年も前に見られ興味深い。その後も、

> マンガ皿の粗悪コピーの件、事業者としては笑い事じゃないんだけど、ある意味では興味深い展開。不誠実の暴かれるソーシャルメディア上で、企業のモラルハザードに対して、東急ハンズ @Hands_Shinjuku はどのように対応するか。逐一報告します。続報を待て。#mangazara[25]

として、批判の場として「ソーシャルメディア」Twitter を活用しようとした。
　この『マンガ皿』と「粗悪コピー」について、津田井の指導教員であった岡田栄浩 (*1970—) は Twitter 上で以下のように批判した。

> 興奮して眠れないのでマンガ皿のことを。あれはツタイミカさんの作品で、彼女の京都工芸繊維大学での卒業制作。それを NOSIGNER さんが商品化した。私は指導教員だったので (もちろんアイデアは完全に彼女のもの) そのデザイン的な意味については自分なりに理解して指導したつもりです。[26]
> マンガ皿は、皿に柄があるという古くからの当たり前と、柄とそこに盛る料理を関連づけるという料理人のサービス精神 (これも昔からある) に、キャラ弁的に料理自体を絵にしてしまうどちらかというと現代的な風習をハイブリッドして、[27]
> 皿と料理で一つの絵 (ストーリーを感じさせる) をつくるというところにオリジナリティがある、と思っています。もちろん日本独自のマンガ的な表現を皿に描くこと自体やそのテイストにもオリジナリティはあると思います。[28]
> ので、法的にどうかは知りませんが、柄と料理でシーンをつくる皿、という時点でハンズのものはツタイさんのアイデアを模倣したものになっています。東急ハンズさんはぜひ、ツタイさんと NOSIGNER さんに経緯や今後の対応を説明していただきたい。[29]

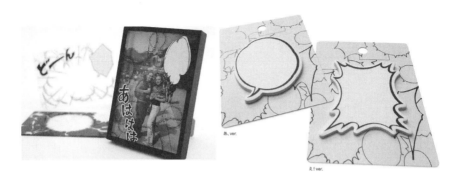

図 7　鈴木貴子『マン額』（2009）　　　　　図 8　gung『selifusen』（2009）

　現代ではどちらかというと「皿に柄がある」ことの方が稀かもしれないが、確かに伝統的には食器には絵付けがなされていた訳で、鋭い視点である。また津田井の『マンガ皿』と模倣品とでは「マンガ的な表現」の単純なクオリティの差は一目瞭然である。またランドスケープ・アーキテクトの石川初 (*1964—) は

> 実はこの作品知りませんで、今回初めて拝見したんですが、「配膳」という行為が「コマ割り」を作るという、「テーブルの上のレイアウト」がリデザインされてるのが素晴らしいですね。まねっこ品はそこを欠落させて、食器と漫画のパロディになっちゃってるのが惜しいな。[30]

と批判をしている。ただし、「マンガ的表現を皿に描くこと」自体の「オリジナリティ」については少し考える必要があるだろう。「マンガ的表現を皿に描く」のは津田井の独自の手法だとしても、「マンガ的表現を○○に描く」ことのオリジナリティは津田井に帰属するとは言えない。マンガ的表現を描いたプロダクトは皿以外にもあるからだ。『マンガ皿』以前の例として、Tokyo Midtown Award 2009 のデザインコンペで審査員特別賞（水野学賞）に選ばれた鈴木貴子の『マン額』（図 7[31]）や、同じく 2009 年に発売されたと思われる吹き出し型の付箋『selifusen』（図 8[32]）がある。

　『マン額』のデザイン意図について鈴木は以下のように述べている。

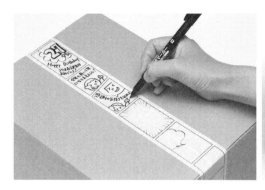

図 9　南和宏『マンガムテープ』（2016）　　**図 10**　柞磨優樹『集中線段ボール』（2017）

日本に来てくれた外国人の方々に、思い出の写真を帰国してからも楽しく飾ってもらえるよう、フォトフレームにマンガの背景（集中線、点描など）や吹き出しを施しました。[33]

　また『マンガ皿』よりも後になるが、2016 年の KOKUYO DESGIN AWARD 優秀賞で商品化された南和宏の『マンガムテープ』（図 9[34]）、2017 年度にグッドデザイン賞を受賞したスタームービング（スター引越センター）の『集中線段ボール』（図 10[35]）といったものもある。

　『マンガムテープ』は実際にはガムテープというより「ビニールテープ*」だが、

　　これは、そんなおくり手の気持ちや、ストーリーも一緒におくることができるガムテープです。
　　マンガのコマや吹き出し、効果線が印刷されており、絵や文字で伝えたい気持ちを描くことができます。

という意図を南は述べている[36]。『集中線段ボール』は引越用の段ボールに印刷されている中身や運び先を記載する欄を拡大し、集中線を配したものだ。箱が積み上がった風景も漫画のコマのようになる。デザイナーの柞磨優樹（タクマユウキ）は

---

*　素材は塩化ビニールではなくポリプロピレン（OPP）なので「ビニールテープ」も正確ではないが。

このダンボールによって新たなコミュニケーションとまではいかないまでも、サービス提供側が楽しませるばかりでなく、作業員がお客さんに笑わされるような瞬間も生まれて欲しいと思いました。[37]

とその意図を記している。対する審査員*評は以下の通りである。

引っ越し用のダンボールに漫画の集中線を印刷しただけの最小限の手間とコストで、人々の気持ちや気分に大きな影響を与えるテコのようなデザインだ。集中線の中に書かれた中身や置き場所は、時にコピーライターばりの名フレーズだったり、引っ越し業者へのねぎらいの気持ちや、自らを元気づける言葉だったりする。引っ越す本人にとっても運送業者にとっても負担が重い作業を楽しいコミュニケーションへと変えてしまうデザインが素晴らしい。SNS での拡散効果もあり、引っ越し業者の宣伝にも貢献する、関係者全員にメリットのある幸せなデザインと言える。[37]

これらは「マンガ的表現を○○に描く」というアイデアあるいは手法は同じプロダクトだが、津田井や太刀川が問題視している様子はないし、コンペの審査員たちはむしろ評価しているのである。iMac の事例でも同様だが、異なるジャンルの商品であれば「アイデアの応用（借用）」、同ジャンルだと「パクリ」、というのがコンセンサスを得やすい考え方であろうか。

ヒット商品が生まれるとフォロワーによる「コピー」品とは言わないまでも類似商品が登場するのは世の常であり、またそれによって新たなジャンルが確立され本家の認知も上がるという面もある。真似されるのはデザイナーやメーカーとしては腹立たしいのだが（編者も経験がある）、ヒットの証とも言え、むしろフォロワーが湧かない商品は市場に定着しないとさえ言えるかもしれない。

類似品販売問題自体は、東急ハンズ新宿店が販売を一旦停止してメーカーに事実確認するとして [38] 謝罪のツイート [39] をするなど、太刀川が担当者に連絡したその日のうちにひとまず収束したようだ。だが、これまで見てきたように、

---

*　なお、審査員は柳原照弘、池田美奈子、松本博子、みやけかずしげ、Andrew Pang、Hui ming Tong の 6 名である。池田は前述（3 章）の通り 2013 年度の審査員だったが、翌 2014 年、さらに 2016 年度、2017 年度も審査員を務めている。

マンガ的表現は津田井以外の者でも思いつくことがあり得る。それこそオズボーンのチェックリストの「結合」（あるいは『進化思考』の「融合」）を用いて、「絵＋本」(p.190)のように「マンガ＋○○」と身の回りの品を片っ端から組み合わせていけば、誰がやっても100個目までには「マンガ＋皿（あるいは食器）」が出てくるのではないかと思う。そういった意味では、東急ハンズに持ち込まれた商品を「コピー」と即断することはできないのではないだろうか。実際、後日太刀川を訪れたメーカーは「コピー」と認めなかったという。

> 本日マンガ皿コピーの販売元、エスケイジャパンの方が来社したけれど、「マンガ皿のことは知らなかった。」の一点張り。あの皿を作っておいて、そんな訳はないだろう。[40]

> 同じアイデアに魅力を感じた者として、悲しかったな。彼らにとっては、何の思い入れもなく、謝罪する意味も分からないのだろう。ビジネスは時に冷酷なものだけれど、こういう人達からどうやってアイデアと作家を守るべきなのか、考えさせられるなあ[41]

「考えさせられる」と述べる太刀川は、津田井と共に、弁護士の永井幸輔を加え、内沼晋太郎運営の本屋B&Bでのトークイベント「アイデアのゆくえ『マンガ皿』問題をめぐって」[42]にも参加している。2012年11月1日に開催されたこのイベントでどのような議論が行われたのかわからないが、アイデアや意匠をめぐる権利問題は今後も重要な課題であるだろう。

この騒動の翌2013年、集英社から『ONE PIECE』の柄のプレートが発売されたようだ（図11[47]）。津田井や太刀川がコラボしたという話は聞かないので、集英社の独自企画であろう。皮肉にも「マンガ的表現を皿に描く」というアイデアが本家のマンガ業界に飲み込まれ「マンガを皿に描く」となったのである。

なお、太刀川は「コピー」に対してかなり強硬な姿勢である。

> エスケイジャパン側からの謝罪はなく、ただ1500枚のマンガ皿コピー商品の在庫の販売をさせてほしいと言ってきただけ。正直こんなメーカーもあるのかと驚かされた。[43]

図 11　集英社「『ONE PIECE』漫画プレート 麦わらの一味」(2013)

> マンガ皿コピーの件、在庫の 1500 枚の販売をもし許可するなら、「この
> 商品はマンガ皿のコピー商品です。」という注意ステッカーをデザインし
> てドドンと貼らせてもらうのは面白いかも。提案してみようかな。[44]

　強硬な姿勢自体は正当だと思うのだが、であれば、『進化思考』の改訂版を出
す、と明らかにしながら[45] 初版を 1 年以上売り続けるのはいかがなものだろ
う。出版社単独の意向ということであれば話は別だが。インダストリアルデザ
インというか産業の世界では、不具合があればリコール（回収）するのが常で
ある。なお、 Amazon は『進化思考』の返品を希望した購入者に対して「間違
いの多さについてご考慮」の結果応じたという[46]。

深澤直人のソファ

> もっとオリジナルのすばらしさを知ろう。影響されないように歯をくい
> 縛ろう。オリジナルに嫉妬しよう。いくら偉大なものを生み出した人で
> も、人生を生きた長さはあまり変わらない。生きているうちにすばらし
> く真似されないオリジナルを生み出そう。[48]

　これは 2023 年東京・六本木 21_21 DESIGN SIGHT の『The Original』展にイ
ンダストリアルデザイナーの深澤直人 (*1956—) が寄せた文章の一部である。深

図 12　2014 年 8 月 2 日の蝦名のブログ　左からナナ・ディッツェル『ND83 イージーチェア』（1952）、深澤直人『Roundish ソファ』（2014）

澤はグッドデザイン賞の審査委員長を 2010 年から 5 年務めたが、その最終年度の 2014 年にグッドデザイン賞を受賞したのは全 1258 件、そのひとつにマルニ木工の『Roundish』ソファがあった。マルニ木工は 2010 年から深澤をアートディレクターとして迎えており、このソファは深澤がデザインし、2011 年に椅子とテーブルを発表して始まった『Roundish』シリーズに追加されたものである。

　このソファのオリジナリティについて、剣持デザイン研究所* 出身の家具デザイナー、蝦名紀之（*1958—）が自身のブログで批判した。『Roundish』ソファは、デンマークのナナ・ディッツェル（Nanna Ditzel, *1923—†2005）と夫ヨーゲン・ディッツェル（Jørgen Ditzel, *1923—†1961）が 1952 年に発表した『ND 82 ソファ』と『ND 83 イージーチェア』[49] に酷似しているという。ナナ・ディッツェルの初期のこの 2 つの家具は、彼女の代表作『ハンギング・エッグ』（1959）や『トリニダード・チェア』（1993）ほど有名ではない。しかし、日本ではキタニ** が 2006 年からのイージーチェアを『ND-01』として、またソファを『ND-02』としてライセンス生産している。蝦名は 2014 年 8 月 2 日に初めて批判し（図 12[50]）、10 月 1 日に 2014 度グッドデザイン賞の結果が発表された後の 10 月 24 日にも再び批判した [51]。それによると、この件について蝦名が川崎和男に意見を求めたところ、川崎も怒りこの件を Facebook に投稿し、一定の賛同が得られたという。しかし、

この批判が深澤やマルニ木工に届いたかどうかは不明であり、両者とも公式見解を表明していない。

　蛯名はまた「深澤直人はGマークの審査員を自らしていてなんとこの盗作ソファにGマークを与えました」とも批判しているが、これは不当であろう。グッドデザイン賞の審査は応募者がエントリーするユニットを選択する仕組みになっている。この年の家具を対象とする「ユニット06」の4人の審査員は深澤とは別人である。また審査員なら賞を辞退せよ、となると力のあるデザイナーは誰も審査員を引き受けなくなってしまう。

　個人ブログは検索されなければ見つからない、実質的には不特定多数の読者を対象にしたものとは言い難いメディアであった。自分の投稿と他人の投稿が同じプラットフォーム上に表示されるSNS（ソーシャル・ネットワーキング・サービス）との違いである。そのためこの蛯名の批判はそれほど注目されていなかったように思う*。しかし、1年後、後述するグラフィックデザイナー佐野研二郎(*1972—)への批判が、佐野が在籍する多摩美術大学統合デザイン学科の教授でもあった深澤にも飛び火し、再び注目を集めることになった。

　2023年現在も『Roundish』シリーズは継続しており、ソファも製造中のようである[52]。

　個人的なことを書くと、編者は深澤の主催するワークショップ『WITHOUT THOUGHT』の14回目[53]に参加し、軽い師弟関係と言えないこともない関係性にある。「好きに椅子を作れる立場で深澤さんがわざわざ他のデザイナーの椅子を真似るかなぁ？」という気持ちではある。ただ、確かに似て見えるとも思うのだ。

東京2020

　東京での2度目のオリンピックは、COVID-19パンデミックにより「初めて開催が1年延期されたオリンピック」となったが、同時に最もスキャンダラスなものであったかもしれない。メインスタジアムとなる新国立競技場の基本コ

---

*　この年のグッドデザイン賞では自転車でも受賞対象が他の自転車に似ている似ていないという批判があり、この批判が全く注目されていなかったというわけではない。

ンセプトを決める国際コンペが2012年に開催され、ザハ・ハディド（Zaha Hadid, *1950—†2016）による案が選ばれた[54] ものの、主に建設費用の見積金額の高騰に否定的な声が高まり、2015年7月17日に当時の首相、安倍晋三が白紙撤回した。これがケチの付き始めであり、開会式前日まで批判による辞任や解任が相次ぎ、2023年になっても東京オリンピック・パラリンピック競技大会組織委員会（以下、TOCOG）から2度目の逮捕者が出るなど、未だに醜態が続いている。

　ザハによるスタジアムだけでなく、後述する佐野研二郎によるエンブレムや、ファッションデザイナーの藤江珠希による東京都観光ボランティアのユニフォームも世間の批判を浴びて覆された（新ユニフォームはファッションデザイナーの大矢寛朗（*1970—）が手がけた）。いずれも2015年に発表されたものであった。一方、2019年に発表された聖火トーチとメダルケースでは、最終選考に残った他の案などは明らかにされなかったが、特に大きな批判は生まれなかった。その理由として、2015年当時と違い、4年が経過した2019年の時点ではオリンピック関連のニュースに対する世間一般の関心が低くなっていた、あるいは他の候補となった案が伏せられたことにより批判が生まれにくかった、ということは考えられよう。グラフィック（平面）と違い、プロダクト（立体）は「誰でもこれくらい考えられる」と思われにくいということもありそうだ。また、発表されたデザインが説得力のある良いものだったということかもしれない。聖火トーチのデザイナーは吉岡徳仁（*1967—）、メダルケースは吉田真也（*1984—）である。しかし、コンペの「タダ働き（speculative work）」問題という観点からすると、応募者の実績として示せるように最終選考に残った案は公表されるべきだと思うし、少なくとも氏名は公表するべきではないだろうか*。

　東京2020とデザインをめぐる諸問題は森山と若山『オリンピックとデザインの政治学』[55]や加島『オリンピック・デザイン・マーケティング』[56]に詳しい**。

＊　スタジアムとエンブレムの選考では初回、2日目ともに最終候補者は明らかにされた。初回のエンブレム以外は案も公表されている。最終選考に残ったという応募者から聞いた話だが、大会が終了した現在でも「最終選考に残ったという事実」すら公表してはいけないのだという。

＊＊　特に前書はスタジアム問題について、後書はエンブレム問題について詳しい。また、スタジアムに関しては、隈、伊東本人の言説や、槇文彦『残像のモダニズム—「共感のヒューマニズム」をめざして』（2017、岩波書店）、磯崎新『偶有性操縦法 - 何が新国立競技場問題を迷走させたのか』（2016、青土社）ら建築家によるものから、森本智之『新国立競技場問題の真実　無責任国家・日本の縮図』（2015、幻冬舎）、日経アーキテクチュア『「新国立」破綻の構図』（2015、日経BP）、飯島洋一『アンビルトの終わり —ザハ・ハディドと新国立競技場』（2020、青土社）などジャー

図13　吉岡徳仁による新国立競技場案『The Floating Fountain（浮遊する泉）』

ここではこの両書であまり取り上げられていない事がらを中心に記す。

吉岡徳仁の活躍

　ザハ・ハディド・アーキテクツ案取り下げ後の2度目の新国立競技場コンペ
は、設計と施工の一部を一括して発注するデザインビルド方式となった。この方
式は建築家（設計事務所）単独では参加できないため、ゼネコンと汲めなかっ
たザハは参加できず、隈研吾（*1954—）（＋梓設計、大成建設）と伊東豊雄（*1941—）（＋
日本設計、竹中工務店、清水建設、大林組）の2案のみの応募となり、結果、2015年12
月22日に隈側の案が採用された。それに対して吉岡徳仁は2016年1月26日、
自身のウェブサイトとYouTubeで巨大な聖火台の如き自主提案『The Floating
Fountain（浮遊する泉）』（図13[57]）を公開した。これも一種の批判と言えよう。
　吉岡はこのスタジアム案公開からも窺えるように、オリンピックへの強い思
いがあったものと思われる。このスタジアム案の後、2016年10月31日に「聖
火トーチ」、2017年10月6日に「メダル」、さらに10月27日に「装飾長尺材、
装飾長尺材の製造方法、トーチ及び照明器具。」の特許を出願している*。
　聖火トーチの選定もデザインビルド方式で行われた**。「東京2020オリン

　ナリストや評論家によるものまで多岐にわたる。

*　　順に特開 2018-071896、特開 2019-068917、特開 2019-79764。

**　　例えば「プロダクトデザインの実績を持つこと。」に加えて「過去3年以内に、バーナーの量産実

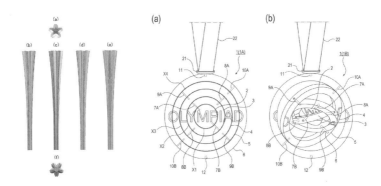

図14　吉岡徳仁による発明の公開特許公報の図　左から「聖火トーチ」、「メダル」

ピック・パラリンピック競技大会の聖火リレーで用いるトーチの製造等業務委
託事業者の選定について」が公表されたのは 2017 年の 10 月 6 日のことである。
最終的に選ばれたのは「株式会社吉岡徳仁デザイン事務所 / 株式会社 UACJ 押
出加工 / 新富士バーナー株式会社 / 株式会社 LIXIL / ENEOS グローブ株式会社」
であった。「東京 2020 ゴールドパートナー」である LIXIL と ENEOS のグループ
会社を含めたチームであり、必勝態勢で臨んだと言えよう。公募の 1 年近く前
の 2016 年 10 月 31 日の出願の時点で既に最終形に近い桜花型の断面がデザイン
されているのも注目に値する（**図14**左[58]）。また桜花型の他にも、金属、ガラス
またはアクリルなどの透明な合成樹脂、樹脂含浸木材などの木、と様々な素材
に対して外観のバリエーションをデザインしている。また同時に「プロパンガ
ス等の燃焼ガスを収納するタンク」や「固体燃料ブロック」といった具体的な
燃焼方法についても検討がされている[59]。確かに過去大会でもトーチとメダル
のデザインが話題となってきた*し、東京 2020 でもデザインが募集されるだろ
うと予想はついたとはいえ、トーチの仕様も不明な段階でここまで詳細なデザ
インを行い、特許出願まで労力とコストをかけた吉岡の用意周到さには舌を巻
くばかりである。
　なお、トーチ選定審査員 15 名には川崎和男と深澤直人も名を連ねていた[60]。

　　績を持つこと。」という参加資格があった。

*　　1964 年の東京大会のトーチは柳宗理（*1915—†2011）が手がけたことが知られている

2018年11月4日に六本木のAXISギャラリーで開催された両名初のトークセッション「プロダクトデザインと未来」は、怖いもの見たさで集まった聴衆（編者含む）の緊張をよそに、審査の裏話を交えながら和やかに幕を閉じた。

メダルに関しても「東京2020大会入賞メダルデザインコンペティション」が2017年12月20日から応募受付となり421名から応募があったとされる。一次選考が「平面デザイン審査」、二次選考が「立体デザイン審査」となっていること、また2004年のアテネ以降、夏季オリンピックのメダルは表面が共通の「パナシナイコスタジアムに立つ勝利の女神ニケ像」[61]となっている*ことから、吉岡の特許取得済み案（図14右[62]）は要件を満たさなかったものと思われる。トーチの経緯だけを見ると、吉岡は事前に何か情報を知っていたのではないか、「出来レース」ではないか、という邪推もできないことはないが、一方でメダルの特許はまったくの無駄になっていることから、純粋に強い意気込みで早くから動いたのだろう。

オリンピックのメダル案はサインデザイナーの川西純市（*1967—）のデザインが選ばれ、2019年7月24日に吉田真也と山上木工による木製のメダルケースと共に発表された。またパラリンピックのメダル案は博報堂プロダクツのインハウスデザイナー松本早紀子（*1989—）のデザインが選ばれ、8月25日に発表された。

炎上しなかった聖火台

開会式で聖火トーチの炎が到達した聖火台を手がけたのは、インダストリアルデザイナー、佐藤オオキ（*1977—）率いるnendoである。太陽のような自然を表現し、「最終聖火ランナーを迎えるように「咲く」」[63]ように開くようデザインされた球体の聖火台は富士山の形をした台座の上に設置された（図15[64]）。トヨタ自動車の水素燃焼技術が採用され、無色透明の炎で目に見えないことから、オリンピック開会式には炭酸ナトリウムが使用され「黄色」に、パラリンピック閉会式には炭酸セシウムが使用され「紫色」に炎が着色された。

この聖火台に対し、オリンピック終了後の2021年8月18日、元首相の鳩山由紀夫がTwitter上で、自身の友人だという建築家、大木啓幹（*1960—）の作品（図

---

*   一方、冬季のメダルは自由度が高いのか、トリノとソチのメダルは穴があいている。吉岡案も採用の可能性があったかもしれない。https://olympics.com/en/olympic-games/olympic-medals

図15　nendo によるオリンピック開会
式の聖火台とその台座

図16　鳩山のツイートと
大木の『K-Plan』の写真

16[65]）を引き合いに出し、「八角形の台の上に球体」を載せた同じ構図で「比
率などもそっくり」だとして「盗作ではないかと疑われても仕方がないでしょ
う」と批判した[65]。実は聖火台はもともと単独で設置されることを前提に設計
されており、佐藤は山型の台座に乗ることを知らなかったという[66]。「聖火台」
は火を灯した状態が真の姿であり、球の状態は仮の姿と考えるべきだと思うが、
仮に球の状態を重視するとしても、球と台の比率は両者では明らかに違う。球
を頭に例えると、聖火台は 3～4 頭身くらいはあるように見えるが、鳩山が示
すものは 2.5 頭身くらいである。鳩山は東京大学工学部卒でスタンフォード大学
で博士号を取得した人物であり、言動の妥当性、確からしさには学歴も理系も
博士号も全く当てにならないということを体現している（ので本当に困る）。鳩山
には数十万人のフォロワーがおり、後述のオリヴィエ・ドビと比較するとその
数は圧倒的であるが、このツイートにはあまり多くの「いいね」はついておら
ず、むしろ冷ややかな反応や反論が目立つ。大会が終わって世間が冷静になっ
たこともあるかもしれないが、東京 2020 への批判なら無条件に受け入れられ
る、というわけではないことを示しているように思われる。

　開会式用の 1/3 程度の大きさの聖火台も別途作られ、現在東京ビッグサイト
近くに設置されている。もちろん球体としてではなく、開いた状態で。

佐野研二郎案をめぐる騒動

　グラフィックデザイナー、佐野研二郎 (*1972—) による盗作疑惑だけでなく、審査

図 17　オリヴィエ・ドビによる 2 つのエンブレムの比較画像　右側は本来パラリンピックのエンブレムであるところにリエージュ劇場のロゴをコラージュしたもの

の公平性についても多くの批判が寄せられたエンブレム問題。全容を知りたい場合は先述の加島『オリンピック・デザイン・マーケティング』を読むと良い。

まずは騒動の初動について確認する。佐野のエンブレムが発表されたのが2015 年 7 月 24 日、3 日後の 7 月 27 日にベルギーのリエージュ劇場のロゴマーク*をデザインしたオリヴィエ・ドビ (Olivier Debie) が類似を指摘した。Studio Debieのアカウントで「書体まで同じ…（Même la typo est la même...）」と図 17 を添えて Facebook に投稿[66]し、自身の Twitter アカウント[67]でもこの投稿をシェアした**。この批判の日本での受容は翌日 7 月 28 日に 2 ちゃんねるのスレッド「東京2020 大会エンブレムを発表★ 10」[68]に書き込まれたのがおそらく最初である。

> 124：名無しさん＠ 1 周年：2015/07/28(火) 15:38:00.16 ID:Dil0rOKe0.net
> ベルギーの劇場のロゴのパクリだな
> http://theatredeliege.be/
>
> https://www.pinterest.com/pin/374291419003582985/[69]

---

*　　正確には文字部分を「ロゴタイプ」、図の部分を「シンボルマーク」と呼ぶべきであるが、世間一般では合わせて「ロゴマーク」あるいは略して「ロゴ」と呼んでしまうことが多い。

**　　2023 年 9 月現在、Facebook の「いいね」とシェアはそれぞれ 700 超、Twitter は「いいね」が 150 超、リツイートが 450 超である。この数字には話題になった後に増えたものも含まれている筈である。

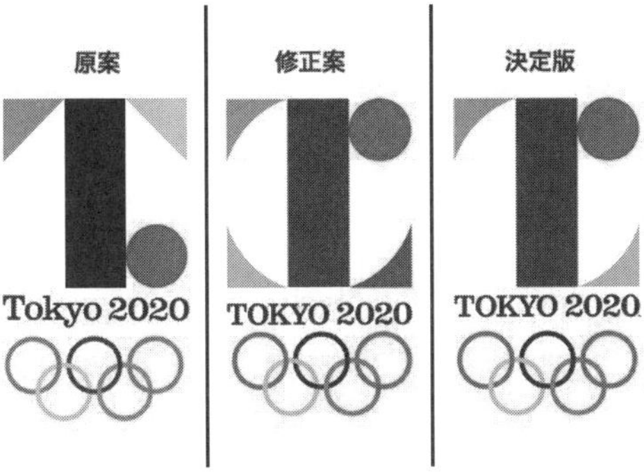

図18　エンブレム案修正過程
左から佐野による原案、修正案、決定案

図19　2013年のヤン・
チヒョルト展のポスター

　ここでPinerestが参照されているのも興味深い点であるが、現在は消えてしまっており、何がピンされていたのかは不明である。そのためこの人物がどのようにしてこのリエージュ劇場のロゴの件を知ったのかは定かでない。この2ちゃんねるでの拡散が非公式な受容だとすると、公式な受容は翌7月29日に共同通信が報じた[70]ことによると思われる。同日の『日本経済新聞』の「東京五輪エンブレム、ベルギーの劇場ロゴと「酷似」」と題したオンライン記事も共同通信経由である。

> 【パリ＝共同】2020年の東京五輪エンブレムについて、ベルギー東部リエージュ在住のデザイナー、オリビエ・ドビさん（52）は29日までに、自身がデザインしたリエージュ劇場のロゴと「驚くほど似ている」と交流サイト、フェイスブックに投稿した。
> ドビさんは29日、共同通信の取材に「盗用されたのか、着想を与えたのかは判断できない」とした上で「弁護士と対応を協議している」と述べた。週内をめどに対応を決めたいとしている。
> 東京五輪・パラリンピック組織委員会の高谷正哲戦略広報課長は「国際的な商標登録の手続きを経てエンブレムを発表している。特に本件に関して懸念はしていない」とコメントした。[71]

翌30日にはドビ本人への取材映像も交えてテレビで報道[72]され、日本中が

知ることとなった。翌31日にドビは国際オリンピック委員会(以下 IOC と略す)と TOCOG にエンブレムの使用中止を求める書簡を送り、さらにリエージュ劇場と共に「著作権侵害」として IOC(佐野ではない)を訴えた。

　ここで重要なのは、ドビが Facebook に投稿したこと以外、現実世界ではまだ何も起こっていない7月29日の段階で、共同通信が取材をしてまで報道したことだ。ネット上での炎上を見て、報道する価値があると判断されたということだろう。SNS での一個人の発信による批判が力を持ちうることを示している。

　書体が同じ、というドビの主張が「TOKYO 2020」と「THÉÂTRE DE LIÈGE」のロゴタイプのことを指すのであれば、編者には異なる書体のように見える*。「正方形を円で切り取った余白を使う」という手法は同じと言え、構図も似てはいる。だが右肩の赤い丸の有無を別としても、リエージュ劇場の方は円で閉じており、白色の3要素はステンシル体の書体のように分離している。佐野案は正方形の9分割を基本としており、良くも悪くもステンシル体の流儀には乗っていない。図と地 (ネガポジ) の関係も逆である。言いがかりに近いように思う。

　実際、佐野と TOCOG は「問題ない」との見解を示した。何故なら、図18[73]のように佐野の原案は三角形を使っており、コンセプトが異なっていたのである。商標調査で類似商標が出てきたため修正した結果、「L」っぽい要素が残ったに過ぎない、ということであった。確かに原案は「L」を感じさせない。逆に言えばそれだけ大きな修正が加えられたということであり、審査で選考されたものとは別物と言える。審査員** の一人、デザイナーの平野敬子 (*1959—) は

　　選考で選んだデザインとまったく異なるデザインのため、とうていこれを許容することはできない。

　　修正案は『T』に見えず『L』がプラスされたように見えるので、何を表現しているのか意味がわからず、見た人は混乱するのではないか。[74]

---

*　　佐野の「TOKYO」の「T」は本人がエンブレムのデザイン説明時に例に挙げた「Didot」や「Bodoni」のように横棒の先端のセリフ (ひげ) が丸みを帯びている (ブラケットセリフ) のに対し、「THÉÂTRE」の「T」のセリフは長方形 (スラブセリフ) に見える。この区別が付かないデザイナーはいないと思うが…。

**　浅葉克己,片山正通,高崎卓馬,永井一正,長嶋りかこ,平野敬子,細谷巖,真鍋大度の8名 (五十音順)。

として修正案の承認を拒否した。「『L』がプラスされたように見える」という意見はドビによる批判を予兆したものと言えるが、活かされることはなかった。

　この修正はTOCOGマーケティング局局長の槙英俊と、TOCOGクリエイティブ・ディレクターで審査員の1人でもある電通の高崎卓馬により、他の審査委員に一切報告されずに「2014年12月中旬以降、佐野氏の協力を得ながら佐野氏作品の修正作業を開始」[75]され、審査委員は修正案への事後承認を求められたという。札幌オリンピックのエンブレムのデザイナーであり[76]、今回のエンブレムの「審査委員代表」*とされた永井一正（*1929—）ですら、「（発表の）1週間くらい前に知らされ、国際商標を取ったというので、いまさら何を言ってもしょうがないと思って了承した」[77]という。

　商標調査で類似商標が出てきたので修正する、というのはそもそも無理があるように思う。「類似」は「同一」とは違うので、微修正したくらいでは全体としての印象が変わらず、「類似」とされるリスクがある。そのリスクを回避するためには、多くの人が「類似」とは思わないだろうという程度まで修正する必要があるが、最早それは別案と言える。平野が承認を拒否したのも当然であろう。それならば2等案を繰り上げるべきあり、そのために2等を選んでいるのではないだろうか**。2等案を繰り上げると再度の商標調査に多額の費用が発生するため、商標をパスできるならば修正しようというい判断もありうるという意見もあるが[78]、このコンペは人を選ぶプロポーザル形式ではなく、また国立競技場のような「監修者」を選ぶものでもなく、案を選ぶものとして実施された以上、費用の話を持ち出すのは筋違いである。「実情による選考」は民間企業の案件ならまだしも、公益事業で持ち出すべき考え方ではない。

　この修正過程が8月28日に明らかにされてからわずか1日余り、今度は原案

---

*　　審査委員「長」ではないことに注意。後述する平野のブログによると、永井が「代表」という立場にあることは他の審査委員には知らされていなかったという。

**　外部有識者調査チームによる『旧エンブレム選考過程に関する調査報告書』によると、高崎は「商標登録上の問題が生じた場合やIOCの承認を得られなかった場合に大会エンブレム候補として検討すべき次点の作品を決めたい旨申し出た」が、「審査委員から、「修正すればよいのではないか。」「1位の作品と2位の作品は根本的に違うので、1位が駄目なら2位のものにするというわけにはいかない。」旨の発言があった」という。結局高崎が「「問題が生じたときは、審査委員に説明に回る。」旨発言して、審査委員会が閉会となった」ということである。これらの内容と、高崎が他の審査委員に無断で「佐野氏の協力を得ながら佐野氏作品の修正作業」を行ったという事実はあまり整合性がないように思う。

が2013年にギンザ・グラフィック・ギャラリーで行われたドイツのタイポグラファー、ヤン・チヒョルト（Jan Tschichold, *1902—†1974）の展覧会のグラフィック（グラフィックデザイナー、白井敬尚（*1961—）による）に酷似しているとの批判が2ちゃんねるに書き込まれた[79]。図19[80]はそのポスターで、ヤン・チヒョルトの肖像にイニシャルの「J.」と「T.」をチヒョルトの書体「Waddem Choo」[81]で重ねたものである。この展覧会を佐野が見に行っていたこともその後判明、またあまり報道されなかったがこのギャラリーの監修者は永井である[82]。

　編者は必ずしも佐野の原案がこの展覧会のグラフィックの「パクリ」だとは思っていない*。「パクリ」だとしたら露骨過ぎるし、元ネタのチヒョルトもデザイン史に名を残す有名デザイナー**のため、バレるリスクが高いからだ。ただし、2年前に見た展覧会の記憶が影響したということはあり得るかもしれない。一方で、審査員の永井が審査の段階でチヒョルト展に似ていることを指摘できたのではないかとは思う。そして2等の案（グラフィックデザイナーの原研哉（*1958—）による）を繰り上げていれば、このような騒動は起きなかったのではないだろうか。

エンブレムを沈めたトートバッグ

　これとは別に、トートバッグでの盗作騒動があった。サントリーは2015年6月2日、"サントリー オールフリー「夏は昼からトート」キャンペーン実施――　アートディレクター佐野研二郎氏デザインのオリジナルトートバッグが絶対もらえる！――"[83]と題したプレスリリースを発表した。ノンアルコールビールALL-FREE

---

*　ただし何故か公表されていないパラリンピックのエンブレムの原案次第でこの見解は変わり得る。週刊新潮2015年10月8日号によると、パラリンピック原案はオリンピック原案と同じ長方形と円、2つの三角形を「P」の字に見えるように配置したものであり、オリジナリティを感じさせる。仮にこの内容が事実だとすると、誰の目にも明らかに最終案と違うため、「出来レース」疑惑を再燃させるとして公表を控えたものと推察される。修正と呼べるレベルではない別案であり、関係者が激怒するのも当然と思われる。

**　この騒動でヤン・チヒョルトの名を初めて知ったという人が多いと推察するが、チヒョルトはデザイン史上では有名である。デザイン史の分野で教科書として長年使われてきたのが阿部公正（監修）『カラー版 世界デザイン史』（1995, 美術出版社）とその増補改訂版（2010）である。その本文中にチヒョルトは2ヶ所登場し、また1作品が掲載されている。『進化思考』に登場するデザイナーと比較すると、チャールズ・イームズが同じ本文中2ヶ所に登場、1作品掲載、バックミンスター・フラーは本文中1ヶ所登場、2作品掲載である。『進化思考』には登場しないが、同じグラフィックデザイナーで比較すると、A.M.カッサンドルが同じ2ヶ所1作品掲載である。単純比較はできないが、ある程度重要度が伝わるだろうか。また編者の共著書『図説 カラー版 デザインの歴史』（2022, 学芸出版社）でも共著者の山本政幸の担当章で登場する。

図20　サントリー「ALL-FREE」トートバッグプレゼントキャンペーンバナー

　の缶に貼られているシールを 48 点分集めて送ると、佐野による 30 種類のデザインのトートバッグから好きなものを選べるという企画であった（図 20[84]）。その 30 種類の多くが盗作だとネット上で批判されたのである。佐野はトートバッグ 30 点中 8 点を取り下げ[85]、最終的には「制作業務をサポートする複数のデザイナー」が「第三者のデザインをトレースして」おり「代表」として「責任を痛感」[86]するとした。一方エンブレムには模倣はないと主張しつつも降板した。
　エンブレム騒動以前から佐野はデザイン業界では十分に有名だったが、世間一般に対して知名度があったとは思えず、デザイナー名を強調したキャンペーンに編者は違和感を覚えた。だがこのキャンペーン期間中の 7 月 24 日にエンブレムが佐野案に決まったことが発表された。このキャンペーンを担当したのは、佐野のエンブレム修正を指示した高崎である。佐野のエンブレムが選ばれることを知っていた人間によるものだったのだ。このタイミングにたまたま「佐野研二郎デザイン」のキャンペーンだった筈はなく、エンブレム発表で加速する目論みだったのだろう。だとすれば審査委員として明らかに不適切な行為である。本来関係ない案件で少しだけ欲を出してエンブレムに絡めようとしたことにより、本体であるエンブレムごと転覆してしまった、と教訓めいたまとめ方もできよう。

不正のはじまり「隠れシード」

　エンブレムのコンペ参加資格にはいくつかの賞の受賞が課せられており、実績のある者だけしか参加できないコンペだった。募集期間が 1 ヶ月弱であり、巨額の金が動くイベントの象徴となるエンブレムにもかかわらず、著作権譲渡を

含めて賞金100万円と安いコンペでもあった。応募が少なくなることを懸念した審査委員代表の永井が佐野を含む6名を選出、高崎と連名で合計8名にコンペ応募要項発表前に内密に参加要請文書を送り、また一次選考の通過を要望していたことも後に明らかになった[87]。「日本有数のデザイナーが競い合うことで最高の大会エンブレムを選定し、これによって日本のデザイン界の実力を世界に示したい[88]、という気持ちはわかる。2等案作者の原も「特定のデザイナーへの参加要請が不当な行為であったかのように報じられ始めた」[89]と述べている。だが他の応募者96名に対して明らかに不公正な行為である。それならばはじめからその8名の指名コンペとすれば良かったのだ。この「隠れシード」を全く問題視しない姿勢は本書が繰り返し指摘してきた「目的が手段を正当化する」の最たるもので、不正のはじまりなのだ。2015年12月18日に公表された『旧エンブレム選考過程に関する調査報告書』の「結び」にも同様の指摘がある。

　「最高のエンブレムを送り出すために、小さな不公正を隠れて実行した。」

　私たちの身の回りで起こる不祥事の多くが、この手の論理に彩られている。

　「大きな目的のために不正を不正と思わない。」「良いものを作るためにとった行動。」[90]

　エンブレムの審査委員で唯一最終案の修正に反対した平野は「審査委員として知り得ることを、問題の本質がぶれないように、責任がとれる範囲と領域において、責任がとれる方法でお伝えするためには、直接書き記すしかないと考え」[91]たとして自身のブログを2015年10月10日に開設し、証言を始めた。前述の調査報告書が公表されるまでの2ヶ月強の間に22記事が公開されており、そこで初めて明らかにされた内容は数多い。また調査報告書の内容についても「摩訶不思議」[92]「あたかも出口なき迷路のよう」[93]と評している。

　もしあなたがデザイナーを志している立場にあるのであれば、平野のブログを通読してもらいたい。そこで明かされるエンブレム選考の内実は、救いのないような出鱈目振りである。暗澹たる気持ちとなるような状況において、デザイナーとしての矜持を保ち、いかに振る舞うべきか、学ぶところは多い筈だ。平

野の勇気ある真摯な言動に敬意を表したい。

　平野のブログは最後に日本グラフィックデザイナー協会（以下、JAGDA）が
エンブレム問題への見解を示した文書『東京 2020 オリンピック・パラリンピッ
ク競技大会エンブレム第 1 回設計競技について』[94] を批判している。平野はこ
の文書の内容と、公開までの経緯を評して『イカサマ文書』[95] としている。平
野よりも少し早い時期から Twitter 上で批判を発信していたエンブレム応募者
の一人であるグラフィックデザイナー、古平正義（*1970—）も「JAGDA が「五
輪エンブレム問題に対する総括文」と位置づけて発表した公式見解が想像を絶
してひどい。自浄力ゼロ。」[96] と平野のブログの URL を掲出しながら賛意を示
した。古平は元 JAGDA 会員である。また、同じくコンペ応募者の一人である
JAGDA 会員のグラフィックデザイナー、奥村靫正（*1947—）も、永井が複数のデ
ザイナーをコンペに参加させ、一次選考を通過させていた事実を曖昧にしよう
としているとして、JAGDA の文書を批判する「意見書」[97] を提出している。

　このようにグラフィックデザイン業界内で自浄努力を行う者がいたことは記
憶されるべきであろう*。

多摩美での批判

　その後、佐野が教授として教鞭を取る母校多摩美術大学の 2016 年 11 月 6 日
の学園祭でおそらく多摩美学生によって佐野の「葬式」のパフォーマンスが行
われた。以下の弔辞が述べられたようである。

　　本日、ここに、佐野研二郎の御霊に、謹んで、お別れの言葉を捧げます。
　　エンブレム問題から、早くも 1 年以上が経ちました。
　　ついに、この世を去られてしまった事は、本当に残念で、今でも信じら
　　れません。

＊　　なお JAGDA はこの文書に対する「不適切な手続きで作成されたのではないかという意見に関し
　　て、岡邦俊顧問弁護士の見解を踏まえ、以下のとおり適正な手続きを経て作成されたことを確認
　　しました」として問題ないという見解を示している [98]。3000 人を超すプロフェッショナルの会
　　員からの異議や疑問に対して、弁護士が問題ないと言っているのでプロセスには問題がない、と
　　いうのは随分幼稚な回答のように思える。定款は定款としても、組織のマネジメントとして、会
　　員からの意見を封じ込めるのは上策とは思えない。また、平野や奥村が提起した、文書内容に関
　　する議論からは逃げたとも取れる。

　初めて、オリンピックエンブレムを見たときは、正直、なんか、ん？と
思ったのですが、それも日が経つにつれて、なんか、まあ、いいんじゃ
ないかな、という感じになりました。
　それが、まさか、こんなことになるとは…。
　発表会での、あの、屈託のない笑顔、笑い、夢に出ます。
　佐野研二郎先生はニャンまげや LISMO! など、素晴らしいデザインをた
くさん作ってこられました。
　そのデザインによって、さまざまな人たちを、幸せにされてきました。
　しかし、そうやって今まで幸せにしてきたはずの人々に、裏切られた挙
句、ネットにビリケンと揶揄され、全く似ていないデザインに対しても、
パクリだと。
　さぞかし、無念だった事でしょう。
　そして、そんな状況にあるなか、そんな佳境にあるなか、私たちはただ、
はたから見るだけで、守ってあげることができなかった。
　それこそが私たちの、私たちの罪なのです。
　佐野研二郎先生を殺したのは、紛れもなく、日本の社会であり、2 ちゃ
んねるであり、デザイン業界であり、私たち本人なのです。[99]

　文字通り受け取ると、佐野の社会的な死を弔おうとするもので、佐野に対す
る批判ではなく、「私たち」も含む社会に対する批判である。
　ただし、学園祭に無届のゲリライベントということなので、この弔辞をその
まま受け取るのはナイーブに過ぎるだろう。編者もパフォーマンスの動画を見
たが、多分にウケ狙いの悪ノリ要素を含んでいるように感じるし、葬式という
表現手段が不謹慎だというのもその通りだろう。ただ、デザイナーを目指す学
生たちにとって、au の LISMO! や TBS のマスコットの豚 BooBo などの身近なデ
ザインを手がけ、憧れていた者も多かったと思われる佐野の起こした騒動から
受けたショックは大きく（編者は当時既に大学教員であったので肌で感じた）、特に直接後
輩や教え子の立場にある多摩美術大学の学生にとっては切実なものであったに
違いない。タマビ生というだけで周囲からあれこれ言われることもあっただろ
うし、パフォーマンスに参加した学生に限らず、自分たちが何らかのアクション
を起こさねば、という愛憎相半ばする気持ちがあったのではないかと思う。「葬

クロッピングプリントユニセックスTシャツF
（東京2020オリンピックエンブレム）

アパレル

JAN：S:4
　　　M:4
　　　L:4
　　　LL:4
素材：綿1
サイズ：S,
カラー：ブ
価格：3,9

図21　『Go For 2020! Graphics ~Hanabi~』（2017）

図22　「クロッピング」デザインの例（2019）

式」という表現だけを見て彼らを叩くこと自体が1年前の佐野に対する苛烈なバッシングを想起させ、それに対する批判にもなっている。そこまで意図されていたかは不明だし、おそらく深読みだとは思うのだが。

　佐野は多摩美の広告『MADE BY HANDS.』シリーズでの写真盗用も指摘されたが[100][101]、管見の限り一連の騒動に関して多摩美からハッキリとした声明は出されておらず[102]、2023年現在も佐野は教授として教鞭を取っている。「弔辞」では社会的に殺されたとされたが、実際には変わらずサントリー[103]を中心に多くの広告を手がけ活躍し続けている。その意味でも「葬式」は不適当であったと言えるだろう。

組市松紋

　仕切り直しとなったエンブレムの再コンペは一般公募で14,599点が寄せられ、そのうちの4案を2016年4月8日に最終候補として公表、国民からの意見募集を経て[104]、紋様を得意とするアーティストの野老朝雄(*1969—)の「組市松紋 Harmonized chequered emblem」が選ばれ4月25日に発表された。

　「組市松紋」が興味深いのは、権利ビジネスのためのエンブレムでありながら、幾何学的な「構造そのものはむき出し」のため、半ばパブリックドメインであり、広く開かれた点である。野老自身は「サイバーパンク（個がより大きな構造の中に取り込まれていく意）」[105]と表現している。1：$\sqrt{3}$：2の比率の3種類の四角形45個を用いた幾何学的な紋様はTwitter上で即座にその仕組

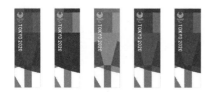

図 23　沢田によるコアグラ
フィックス（2018）

図 24　日本空間デザイン大賞 2023
入賞『東京 2020 大会競技会場ルック』

みの解明が始まった。中でも建築家の松川昌平（*1974—）は「ランダム・エンブレ
ム・ジェネレーター」を開発し、エンブレムの背後に隠された幾何学的な理を明
らかにした[106]。「組市松紋」の三種類の四角形は、正十二角形を充填する三種
類の菱形 60 個を骨格とし、各菱形の辺の中点を結ぶことで作られている。

　一方、TOCOG はその後「組市松紋」を元に新たなグラフィックを 2 つ発表
した。2017 年の 9 月 25 日には大会 1000 日前に向けた「Go For 2020! Graphics
~Hanabi~」（図 21[107]）が発表された。エンブレムと同じ 45 個の四角形を再構成
し花火に見立てたものだが*、四角形同士の拘束関係はなく、四角形に囲まれた
三角形や台形などの領域にも部分的に着色するなど、「組市松紋」のルールから
逸脱している。公式グッズでも「クロッピング」デザインとして部分を切り取
り、着色した使い方も見られるようになった（図 22[108]）。作者の野老の意図に
反して、単なる市松模様（ブロックチェック）に便乗されないよう、藍一色の
「組市松紋」からなるべく離れようとしているようにも見える。また 2018 年 8
月 17 日には「大会ルック Look of the Games」の基本となるコアグラフィックス
（図 23[109]）が発表された。アートディレクターの沢田耕一（*1959—）によるもの
で、「組市松紋」の藍色に紅、桜、藤、松葉の 4 色が加えられている。「組市松
紋」の部分が切り取られ拡大され用いられており、新しい見え方になっている。

＊　　それぞれ「閃光 Blue flash」「光輝 Glorious red」「彩光 Shiny yellow」「絢爛 Dazzling skyblue, green」
　　「煌々 Brilliant pink, orange」と名付けられている。オリンピックは「絢爛」が青系、「煌々」がピ
　　ンク系、パラリンピックは「絢爛」が緑系、「煌々」がオレンジ系の配色となっている。

図 25　『つながるかたち展 CONNECTING ARTIFACTS』左から『01』(2021)、『03』
(2023)

このコアグラフィックスはさらにマンガと組み合わされた（**図 24**[110]）。ただし
これらは必ずしも「組市松紋」が元になっている必要はなく、佐野案に決まっ
ていても同様の取り組みは可能だっただろう。

　その後の「組市松紋」で特筆すべきは大学教育に取り入れられたことである。
2018 年度より、東京大学の折り紙工学者の舘知宏（*1982—）と野老とで教養学部
前期の文理共通ゼミナール「個と群」という授業を開講している[111]。これまで
『つながるかたち展 CONNECTING ARTIFACTS』として東大内外で 4 回の展
示を行い（**図 25**[112]）、**図 26**[113] のように様々な学術的な成果[114] も生み出してい
る。舘と野老は旧知の間柄であったため、「組市松紋」がなければこの授業が生
まれなかったとは言い切れないが、授業の導入や学生のモチベーションは全く
異なるものとなったに違いない。エンブレム騒動転じて福となしたと言えよう。

図 26　割鞘・濱中・野老・舘『東京 2020 エンブレムの紋様の図と地を入れ替えてでき
るオーセティック構造*』(2021)

---

*　　オーゼティック auxetic 構造は、引っ張ると縦にも横にも同時に伸びる（負のポアソン比をもつ）構造。

学会発表のあと

YouTube での拡散

　松井と編者とで「『進化思考』批判」を日本デザイン学会第 69 回春季研究発表大会で口頭発表したのが 2022 年 6 月 26 日のこと。オンラインセッションであったが、その視聴者数は 30 名程度だった。発表後の質疑応答において質問が出ることもなかった。その一方で、同日中に松井が YouTube 上にアップロードした口頭発表の動画 [115] は Twitter 上で少しずつ拡散され、再生回数はすぐに学会大会でのリアルタイム視聴者数を上回り、一日で約 300 回再生された。この数字だけを見ると、学会で発表するよりも YouTube に動画を上げることの方が有効にも思えてしまうが、この再生数の伸びはおそらく学会大会に参加していた東京藝術大学デザイン科教授の藤崎圭一郎によるツイート*に拠るところが大きい。学会大会があったからこそ認知され拡散され視聴されたのである。その一方で、これだけ再生されるのであれば、大会への参加は学会に参加するメリットとはいえ、学会内だけに閉じていて良いのかという気もしてしまう。2023 年11 月現在、コメントこそ少ないが、再生数は 7000 回を超える。

日本デザイン学会への「意見書」

　学会発表後、太刀川は 2022 年 7 月 6 日に日本デザイン学会に「進化思考批判への意見書」として梗概（本書第 1 章）の撤回を求める意見書 [116] を Google Drive 上で公開した。その後の流れは Togetter でまとめられている [117]。

　この「意見書」は発表者の我々に宛てたものではなかったため（オリビエ・ドビが佐野ではなく IOC を訴えたのと似た状況である）、ひとまず日本デザイン学会の対応を待つことにした。「意見書」に対して日本デザイン学会として何らかの方針が決まったら連絡を希望する旨のメールを松井学会員が 7 月中旬に学会に送ったところ、理事の一名から「撤回することはありえない」と電話があったという。メールに対して文字で残らない電話回答という微妙な対応を学会としての正式な回答と見做してよいものだろうかと思ったが、編者は学会員ではないし、学

---

*　口頭発表動画の URL を添付し、（『進化思考』を）「一刀両断」するものと評していたと記憶しているが、しばらくして削除された（https://twitter.com/fujisaki_k/status/1540962172762615808）。

会に対して厄介ごとを抱えさせて申し訳なかった気持ちもあるので傍観していたが、どうやら正式回答という位置付けだったようだ。

　なお意見書は少なくとも一度2022年7月29日前後にサイレント修正がなされたことを確認している。「ある団体に宛てた実際の文章」と、「ある団体に充てた文章として公開したもの」、は同一でないと、宛てられた団体の対応に対する印象や評価の妥当性に影響し迷惑がかかるので、大人の振る舞いとしてはあまり宜しくないと思うが、攻撃的なトーンが若干減ってはいた*。意見書はその後、非公開ドキュメントとなった。2022年10月中に一度見た時はまだ非公開ドキュメントだったが、11月には「2022年7月31日に本意見書を撤回しました。太刀川 英輔」[118]と記されていた。おそらく非公開ドキュメントにした段階で撤回したということだったのだろう。

日本デザイン学会の対応

　本稿の執筆にあたり、再度意見書を確認したところ、文面は変わっていた。

> 松井実．伊藤潤らによる『進化思考』批判の論文に関しては、批判の論旨に根本的な進化思考の主張への理解の誤りがあり、さらにSNSを中心に誤解を拡散しているため、迷惑を受けている旨を指摘し、撤回を求める意見書を日本デザイン学会に提出していました。
>
> しかしながら付随資料に関しては誤植の指摘や引用の誤りなど意義ある指摘も一部に認められたのと、大人気ない対応を取った旨を反省し、2022年7月31日に該当の意見書を撤回しました。
>
> またその後日本デザイン学会より、日本デザイン学会はそもそも査読のない自由投稿の学会であり、内容の真実性や正否に寄らず論文発表を取り下げる仕組みがなく、今回の論文発表の件は大変遺憾であった、という旨のご返答をいただいたことをご報告します。[119]

　松井と伊藤の2名の著者なので「ら」は不要であるが、それはさておき我々は「誤植」の指摘はしていない。誤植というのは、印刷所において活字を「植え

---

*　このバージョンは現在は見ることができないが、松井がweb魚拓を公開している。

る」際に「誤る」ことである。宮沢賢治『銀河鉄道の夜』の主人公ジョバンニがア
ルバイト先の「活版所」で「拾って」*いるのが活字なのだが、それを「植えて」
組版する際のミスが「誤植」である。つまり、著者のミスではなく印刷所のミ
スを意味する。現代の一般的な印刷物で活字を植えて組版することはないので、
「誤植」と呼べるのは、印刷所に入稿した後の修正依頼を反映する際に印刷所
のオペレーターがタイプミスしたり修正箇所を間違えたりすることくらいだろ
う。著者のタイプミスや誤変換も俗に「誤植」と呼ぶかもしれないが、不正確
で印刷所への責任転嫁のニュアンスを伴うので、「グラフィックデザイナーの
私」(p.404) は使うべき語ではないだろう。著者自身のミスは「誤字脱字」である。

　後述する出版社の web サイトに掲載された正誤表を見ると、濁点の抜けや読
点 (、) を句点 (。) に、といった「誤植」と呼びたくなるようなものも確かにある
が、我々はそういった論旨に直接関係ないような誤りには意識を向けていない
のでほとんど気付いていない。学会発表前から松井が『種の起源』が「チャー
ルズ・ダーウィンとアルフレッド・ウォレス」によると間違えていることを指
摘していたが (第4刷から訂正されたようだ)、これも「誤植」だとしている。太刀川
は『種の起源』を「最も感銘を受けた」[120] 本などとして複数の媒体で紹介し
ている [121][122]。そんな大切な本の著者を4ヶ所 (p.44、p.270 図 14-3、p.274、p.476) も書き
間違えていること自体が信じ難いのだが、さらにそれを「事実誤認」ではなく
「誤植」と強弁するのは流石に無理がある。

　最終段落の日本デザイン学会からの「大変遺憾であった、という旨のご返答」
については、独自の解釈がなされている可能性が排除できないため、松井から
日本デザイン学会に事実確認のメールを送った。それに対する日本デザイン学
会 2022 年春季大会長小林昭世・同実行委員長佐藤弘喜名義での返信の主要部分
を以下に示す (事前に転載の旨は伝えてある)。「＞＞A)」から始まる1行目のみ松井か
らの質問である。2行目以降が日本デザイン学会からの返信部分であるが、1
行空きを詰めたり、改行をつなげるといったレイアウト変更を加えている。

　　＞＞A)これは事実でしょうか。もしくは、どこからどこまでが事実でしょうか。
　　太刀川様がどのように解釈をされたかは、学会が関与する範囲ではあり

---

*　　棚などから文章に使われている文字の活字を集めてくることを「拾う」と表現する。「文選」とも呼ぶ。

ませんし、また太刀川様の個人的な問合せに対する回答を、そのままお送りすることもできませんので、太刀川様にお伝えした趣旨のみ、お伝えさせて頂ければと思います。

- 日本デザイン学会の研究発表大会は、提出された概要集がフォーマットに準拠しているかの確認はしてはいますが、査読などは特に行っておらず、自由投稿の形をとっています。
- 学会にとって一番の基礎であり、重要であるのは、研究者それぞれの主義主張の自由を保障し、開かれた議論の場を提供することであると考えています。
- しかし、だからと言ってどのような発言をしても良いかというと、学会というコミュニティーを健全に保つためには、共に同じ分野で知の構築に励む同志としての最低限の配慮は必要であり、今回の松井氏の発表、その後の発言は、その部分が欠けていたように思います。

　学術団体としては発表梗概の撤回という一種の言論弾圧要求には毅然とした対応を取るべきだったと思う。このメールにあるような弱い書き方では、「研究者それぞれの主義主張の自由を保障し」ているので撤回はしない、という第2文の意図が伝わらず、「内容の真実性や正否に寄らず論文発表を取り下げる仕組みがな」い（ので取り下げられない）、と「誤読」されてしまう。はっきりと「撤回はあり得ない」と書くべきだ。

　そのかわりに次回の学会大会で発表の場を提供する、くらいのことをしても良かったのではないかとも思う。日本建築学会ではそういった例がある。学会誌である『建築雑誌』には学会大会発表のダイジェストが載るのだが、1957年の北海道大会での建築家・篠崎一男 (*1925―†2006) の発表「開放的な空間という意味」に対する建築史家・向井正也 (*1918―†2014) の寸評[123]に対し、篠原が「読者のページ」に「論文批判のルール　向井正也氏へ」[124]という短文を投稿した。対して向井は翌月号に返答「篠原氏に答える」[125]を投稿、最終的に『建築雑誌』編集委員会は「両氏に乞い」原稿を「お寄せ頂くと同時に今後の討論は」「大会・研究協議会などにお譲り願うこととした」とし、両者に原稿を依頼、同じ号に篠原の「虚空と建築論」[126]「表現と創作の出発点」[127]、向井の「言葉の魔術と建築論」[128]を続けて掲載した。掲載料が発生したのか原稿料を支払っ

たのかはわからないが、フェアな対応であるように思う。

　問題は3つ目の文だ。

　まず、学会という学術の場において、誤りを正さんとすることで保たれなくなる「健全」とは何だろうか。平和的な「空気」（正に山本七平のいう「空気」である）は保たれるかもしれないが、それは「退廃」ではないのか。

　続いて「知の構築に励む同志」という表現が出てくる。編者は学会員ではないため、太刀川が学会員かどうかを知らないのだが、太刀川が学会員でないならば、「共に同じ分野で知の構築に励む同志」は太刀川ではなく正会員である松井の方ではないだろうか。少なくとも「進化思考家」としての太刀川は、先人たちの構築した知を軽視した振る舞いをする者だ。日本デザイン学会は正会員を擁護することなく（擁護するのが正しいのかはわからないが）、外部の有名デザイナーに阿った回答をした、と言えるだろう。

　太刀川が学会員であるならば、「共に同じ分野で知の構築に励む同志」という表現も納得できるのだが、「最低限の配慮」とはどういったものを想定しているのだろうか。改めて発表動画を見返してみたが、私の記憶よりも松井は淡々と話していた。発表スライドにある「いらすとや」のイラスト等が不適切だということだろうか。また「その後の発言」というのはTwitter上での発言のことだと思うが（先述のように発表後の質疑応答では何も質問が出なかった）、それに関して学会がどうこう言うことに違和感を覚える。勤務先ならばまだわかるが、「学会が関与する範囲」ではないのではないだろうか。

　我々がAmazonにレビューを書くのではなく学会大会での批判を選択したのは、議論の場となることを期待してであった。学会大会に対する私の認識は概ね「近代デザインの父」ウィリアム・モリス（William Morris, *1834—†1896）の次の言葉の如しである。rashly に対する中橋一夫訳「乱暴な」はちょっと違う気もするが。

> 私は、乱暴な言葉を使っても許していただけるであろうが、偽りを喋るならば許してはもらえないような人々の間に立っているものと考えている。[129]
> I think I am among friends, who may forgive me if I speak rashly, but scarcely if I speak falsely.[130]

　このメールを受け、松井は日本デザイン学会を退会した。

デザイン界の反応

　学会での発表後、デザイン界からの反応は極めて少なかった。前述のとおり発表直後に東京藝術大学の藤崎圭一郎が「一刀両断」とリツイートしただけであった。ただし藤崎は割と短期間でそのツイートを削除し、またその後藝大の授業に著者を招いたようなので[131]、どちらかというと是認派のようである。

　JIDA 会員間で多少話題になっているらしいことは小耳にはさんだが、表立った反応は本当に他になかった。このデザイン界（特に日本デザイン学会）での無風状態は少々予想外であった。

　実務家のデザイナー、特に著名なデザイナーは、既に各自が手法を確立しており、わざわざ『進化思考』を読む必要がないため未読、ということと推察する。あるいは読んでいても著者と面識があり批判しづらい、ということもあるだろう。またこの話題が広がった Twitter 上には当書が扱うモノのデザインよりも情報系のデザインに携わる人が多い印象があるし、デザイナー志望の学生ではなかなか議論に入って来られないだろう。

　しかし、実務家ではなく研究をメインとしている大学教員からはもう少し反応があって然るべきではないかと思う。クローズドの SNS 等で散見されたのは「結果として良いデザインが生み出せるのであれば瑣末な誤りに目を向けるのは非生産的である」といった論調である。だが、本書のまえがきをはじめ繰り返し述べているように、教育者や研究者が「目的（あるいは結果）は手段を正当化する」スタンスでいるのは大いに問題だと考える。

　今回の騒動（?）は結果的にデザインと学術の相性の悪さを浮き彫りにしたように思う。建築学と比べると、デザインはその対象すら漠としており、また実践知であるデザインが学たり得るのか、「デザイン学」なるものが成立し得るのか編者は懐疑的であるため*、日本デザイン学会** に入っていない。だが日本デザイン学会員に限らず「デザイン学」を信じる立場の人からはもう少し意見表

---

*　個々の「××デザイン論 theory of xx design」はあり得ると思うが、「デザイン学 designology」として体系化できるかとなるとよくわからない。「デザイン学はデザイン知を明らかにする学とデザイン知の教導や適用をする術とを融合した活動」[132] といった定義もあるが編者にはピンとこない。ただし体系化を試みることに反対というわけではない。そこに労を費やす意欲や関心がない、というだけである。

**　ただし、日本デザイン学会は「会員相互の協力によってデザインに関する学術的研究の進歩発展に寄与する」ことを目的としており、「デザイン学」を掲げてはいない。

明があって良かったのではないだろうか。

　JIDA 会員もこのまま「進化思考家」を理事長として野放しにしていて良いのだろうか。太刀川は公私問わず多くの活動において「JIDA 理事長」の肩書を掲げているようだ。例えば宣伝会議ブレーンクリエイティブライブラリー[133] やドコモ gacco[134] で「進化思考家」と「JIDA 理事長」を同時に名乗っている。その任に就いていることは事実ではあるが、「JIDA 理事長」に選出されたのは『進化思考』出版前である。「進化思考家」としての活動の際に「JIDA 理事長」を掲げることは不適当ではないだろうか。同様の組織である日本グラフィックデザイナー協会 JAGDA の会長を 2018 年から務める佐藤卓は、必ずしも自身のプロフィールに「JAGDA 会長」を掲げていない。自身の個展のインタビュー記事[135] や『にほんごであそぼ』アートディレクターとしてのインタビュー記事[136] のプロフィールでは「21_21 DESIGN SIGHT 館長」だけを掲げている。個人の活動は JAGDA を代表してのものではない、ということなのだろう。公私を混同しない、あるべき姿のように思う。

デザイン界以外の反応

　デザイン界以外では、領空侵犯先の進化学界隈から当然のように激しい反発が起こった。その筆頭が第2章執筆者の林である。また、太刀川が「意見書」の撤回と同時に「批判者の皆さん」に向けて「納得がいかなければ、次はいきなり批判ではなく、質問してください」[137] という文章を公開したのを受け、昆虫の進化発生学を専門とする静岡大学の後藤寛貴博士が Twitter 上でこう質問した。

> 　何かあればまずは質問して欲しいとのことですので、質問します！
> 　「誤読」という言葉は、読者に非があると暗に仄めかす言葉に感じますし、「誤植」という言葉は、誤りは技術的なエラーであり自分に過ちはないというニュアンスを感じます。やはり、本心としてはそのようにお考えでしょうか？[138]
> 　もし、そうでないのなら、この語句の選択はさらなる対立を招くように思います。これは（僕を含め）批判している人の多くは「多くの人に誤解を与えるような文章は、書き手の責任」という文化で生きてるからです。[139]

まずは質問して欲しいとのことですので、お言葉に甘えてもう一つ質問します！

「学問を権威付けに利用して自分の論を補強する」という風に見えたことが批判を招いた一因と思います。ご自身はどの程度その構造（権威付け）に自覚的でしたか？また、そのような指摘についてどう思われますか？[140]

清々しいほどに直球な質問であるが、これに対して太刀川は回答することなく後藤をブロックするという実に残念な行動を取った（**図27***）。対話の呼びかけはただのポーズであったのだろう、自らの手で対話を端から閉じてしまった。

後藤の書いた「多くの人に誤解を与えるような文章は、書き手の責任」という部分は、デザインで言えば「多くの人に伝わらないデザインは、デザイナーの責任」となるだろう。この文章であれば太刀川も同意するのではないだろうか。デザイナーを代表するであろうJIDA理事長の立場にある者として、自らの誤りを認めずに読み手の「誤読」だと強弁するのも残念な振る舞いである。

それ以外の分野では、同志社大学の社会学部が2022年入試で国語総合に終章の冒頭の「人間中心からの卒業」のp.472からp.475にかけてを問題文として使用している。国語の試験問題は著者の主張を読み取れるかどうかが試されているため、著者の主張の妥当性は問われないのだが**、使用されたのは『進化思考』独自の理論とは特に関係のない、自然との共生という大義を唱える、謂わば可もなく不可もない部分だったため、問題を解くのに支障はなかった。

他にも京都大学の教授であった櫻井芳雄博士はその著書『まちがえる脳』（2023）の中で、「進化思考」を取り上げ、

> なお、ヒトが創造性を生むための仕組みを、このような進化のプロセスに準えた「進化思考」という考え方がある。つまり、突然変異の良し悪しは、最初はわからず、ほとんどは単なるエラーとなり消えていくが、時として生存に有利な個体をも生み出すという事実から、アイデアの良し

---

*　　なおその後ブロックは解除されたようであるが、ブロックしたことを引用で示すことが難しいため後藤提供の画像を掲出する。

**　　2018年のセンター試験国語第1問に使用された有元典文，岡部大介『デザインド・リアリティ─集合的達成の心理学』（2013）はアフォーダンスについての説明（特に鉛筆に関して）が誤っている。

　　悪しも最初はわからないが、偶然に任せエラーとなる覚悟でどんどん出
　　していくと、時としてヒットするアイデアが出てくるという考え方であ
　　る。脳の信号伝達の実態は、この考え方を支持している。[141]

と書いている。これは酷い。ただの「アイデア出し」である。「進化思考」の理
解としても間違っているだろう。本当に当書を読んだのかも疑わしい。櫻井は
「脳の信号伝達」についての研究者なのだと思うが、太刀川同様エラーについ
ての解像度が低いように思われる。「まちがえるからアイデアが生まれる」[142]
として、「脳では、ある問題が入力されたとき、信号の伝達と処理は確率的で
ある」ため「ある確率で予期せぬエラーが出力される」と言うのだが[142]、そこ
から新しい言葉やメロディなどは生まれそうな気もするが、アイデアが生まれる
というのは論理の飛躍ではないだろうか。櫻井は続けて「失敗は創造のもと」[144]
としてエジソンの「1万通りの、うまくいかない方法を見つけただけだ」を例
に出す[145]。だが前述（p.193）の通り、これは「見当違い mistake」の例である。
電球のフィラメント素材を数千種も試したということに脳の信号伝達は無関係
であり、エラーの出力で京都産の竹に思い至ったわけではない。強い繊維の探
索ということに関して脳への入出力は正しく伝達されている筈だ。もっと言う
ならば「ヒットするアイデアが出てくる」と書くのも不正確だろう。「ヒットす
る」かはアイデアの段階ではわからない。「（その段階では）良い（と思える）
アイデア」が出てくるだけである*。

　一方で『進化思考』に好意的なのが東北大学総長特命教授の河田雅圭博士で
ある。おそらく「とある心優しい進化生物学者」[137]とされていた人物であり、
増補改訂版の監修にあたるという[146]。過剰な期待はしないが、少なくとも進化
学に関する内容については改善されることを期待しておく。ただし、前章で取
り上げたように、進化学以外の問題点も累積しているため（むしろそちらの方
が多いようにも思う）、前途はまだまだ多難の筈だ。紛れもなく学術の民と言
える河田が関与する以上、その本はむしろこれまで以上に厳格な批判に曝され、
また河田はその責を担うことになるが、その自覚はあるのだろうか。例えば監
修が付いているのであれば剽窃めいたものの存在はアウトである。河田博士の

*　「ヒットする」が英語 hit のことならば、hit upon an idea という言い回しのことだと言い張れなくもない。

晩節を汚す結果とならないことを願うばかりだ。

正誤表を読む

　改訂に先駆け、正誤表が出版社のウェブサイトに掲載された[147]。複数回に分けて掲載されたようだが、まず初回のものは本当に「誤植」的なものが中心であった。その中で「キプリング」(p.65, 510) を誤り、「キップリング」が正しい、とするものがあり、拍子抜けしてしまった。本当に些末な訂正だと思ったが、人名としては「キップリング」(p.306, 307) としているのでそれに統一するということのようであり、その訂正自体は正しい。例えば本書第4章で指摘した「アントニオ・ガウディ」ではなく「アントニ・ガウディ」と書くべきではないか、というのはカタルーニャ人としてのアイデンティティを考慮してのものであり、アルファベットでの綴りから異なるものである。一方、「キップリング」と促音を入れるかどうかは日本語の発音の問題である。日本で発刊された彼の著書は古くから「キプリング」表記と「キップリング」表記のとちらもある。「5W1H」は「キプリング・メソッド」とされることが多いように思うので*、むしろ「キプリング」に揃えた方が良かったのではないかとも思う。

　また2023年1月18日修正追記版では、交雑育種による品種改良によって「種なしブドウ」(p.119) が開発された、とあったのを「種のないミカン」へ改めるとしていた[147]。これは誤植ではなく内容の訂正だが、むしろ改悪である。日本で「種なしブドウ」と言えば一般的には品種「デラウェア」のことだろう。植物ホルモンのジベレリンの処理で人為的に単為結果させているものであり、高校の生物で習うはずだという批判がネット上で散見された。また「デラウェア」は自然交雑種であるため「交雑育種」という書き方は正しくない。ただ、果樹は「枝変わり」などの不思議な挙動を示すし、ジベレリン処理不要で種無しのブドウ品種もどこかにはありそうだと思ったので、特に指摘してはこなかった。例えば「シャインマスカット」はジベレリン処理が必要だが、広島の農研機構で「交雑育種」され（中国韓国に流出し）た品種である。そのためこの「種なしブドウ」は直さなくてもギリギリOKだったようにも思う。「種のないミカン」とすると誤り度合いが高まってしまう。まず「ミカン」が「うんしゅうみか

---

*　「キップリング・メソッド」だと促音が前半後半にあって言いにくいからではないかと思う。

ん」（いわゆる「こたつでミカン」の、手で皮を剝くふつうの「ミカン」）を指している場合は、鹿児島県での偶発実生であるため、やはり「交雑育種」が誤りとなる。少し調べればわかりそうなものだが…。「ミカン」を広く「ミカン属 Citrus」あるいは「柑橘」の意味で用いているのだとすれば*、一応「せとか」が種の少ない（種ができる実も多そうなので、「種のない」扱いは無理だと思われる）育種された品種として挙げられないこともない（他の種のない柑橘は偶発実生や枝変わりによるものが多いようだ）。ただし、「せとか」は「ミカン tangerine**」と「オレンジ orange」の交雑種「タンゴール tangor」の一種であるので、農学者や農業関係者（つまり専門家）でこれを「ミカン」と呼ぶ者はきわめて少ないのではないかと思う。一般の読者相手には多少不正確でも「ミカン」でいいだろう、と考えたのであれば、それは読者に対して、あるいは「学術」や「知」というものに対して不誠実であり、当書が批判されている根本的な原因であるように思う。

　以上のように、少なくとも正誤表から読み取れる著者あるいは出版社の姿勢からは、残念ながら増補改訂版での劇的な改善は期待できない。

デザイン界における批判の不在

　以上、約四半世紀に及ぶ日本のデザイン界での批判の事例を挙げてきたが、ご覧の通りその数は多くない。デザイン界には批判という文化がない、と言うべきかもしれない。デザイン評論家の森山明子 (*1953—) はこう述べる。

> 戦後の建築論争とジャーナリズムと対比して、デザインで語れることはあるのだろうか。そう自問すると、答えはどうもノーなんです。戦後刊の雑誌には「リビングデザイン」「デザイン」「グラフィックデザイン」「インダストリアルデザイン」「デザイン批評」「広告批評」などがあってそれぞれに重要なのですが、論争としては剣持勇が登場する五〇年代の「ジャパニーズ・モダン論争」くらいしか思い浮かびません。[148]

---

*　　だとすると、この「ミカン」にはグレープフルーツも含まれることになるが、少なくとも日本人でグレープフルーツを「ミカン」と呼ぶ者はいないのではないだろうか。

**　　日本人にはあまりなじみがない単語だが、初代 iMac が 5 色になったときのオレンジ色の名称が「タンジェリン tangerine」であった。

　冒頭でも挙げた『デザイン批評』だが、編集委員会には「代表」の粟津の他、泉真也（*1930—†2022）、川添昇（*1926—†2015）、原広司（*1936—）、針生一郎（*1925—†2010）の4名が名を連ねている。このうち、泉は環境デザイナー、川添は建築評論家、原は建築家*である。創刊号への寄稿者も永井一正や森啓（*1935—）、和田誠（*1936—†2019）といったグラフィックデザイナーの他に建築家の丹下健三（*1913—†2005）も名を連ねている。最終号までの執筆者のうち、ざっと数えて半分くらいは建築関係者である。

　建築界では「批判」という語はもう少し身近であり、特段ネガティブな響きは無いように思う。例えば建築家の藤村龍至（*1976—）はモダニズムを機能主義に対する「批判的機能主義」と位置付け、自身は「批判的工学主義」[150]を掲げている。日本建築学会の『建築雑誌』2021年10月号は「人新世の建築・都市論」特集号だが、座談2のタイトルを「Transforming Our World—SDGsの検証・批判から見えてくるパースペクティブ」、第3部のタイトルを「SDGsの理念と批判」としている。

　デザイン界は建築界と異なり、コンペで仕事を奪い合うことも少ない**。これはあくまでも編者の所感に過ぎないが、世の中にはデザイナーが関与していない事物がまだまだたくさんあり、ちゃんとデザインすればもっと社会は良くなる筈であり、他人の仕事に口を出す暇があるのなら自分も有益な仕事をしたい、といった共通認識があるように思う。だが前述の太刀川の「納得がいかなければ、次はいきなり批判ではなく、質問してください」[137]という認識こそ、デザイン界における批判の必要性を物語る。当人同士での閉じたやりとりも、本人不在の場所での裏話のような陰口のようなもの（業界にいるとこの類のものは時々耳にするのだが）も、デザイン界の発展に寄与しない。公の場での批判だから意味があるのだ。

　前述の篠原と向井の一件もそうだが、「批判」に相手が応答すると「論争」に発展し得る。「論争」も忌むべきものではない。『建築雑誌』2011年2月号の特集「建築論争の所在」において、編集長の建築史家の中谷礼仁（*1965—）は

---

*　太刀川の大学院時代の指導教員である隈研吾は、大学院時代は原広司の研究室に所属していた。

**　広告系だとまた話は別かもしれないが。

　　明治期の議院建築様式論争、大正期の虚偽論争や分離派宣言を巡る議論、
　　昭和期の国民建築様式論や、戦後の「伝統論争」「民衆論争」「巨大建築
　　論争」など、建築論争が日本近代の建築の認識を進化させていったこと
　　は間違いないだろう。[150]

とその有用性を述べている。また中谷は特集趣旨としてこうも語る。

　　ネットを見れば、ごろごろと「議論のようなもの」が転がっているにも
　　かかわらず、少なくとも建築界においては、最近とんと論争らしき論争
　　を聞いたことがないように感じた。[150]

　建築界ですらむしろ論争が少ない、というのだ。況んやデザイン界をや、で
ある。デザイン界でもこれを機に活発な批判や論争が繰り広げられるようにな
ることを期待したい。

ADAPTMENT
　本書では『進化思考』著者の衒学的な姿勢、つまり学術の権威を借用して（し
かもそれがほとんど誤っているというのがさらにややこしいのだが）を批判し
てきた。少し希望らしきものが見えるとすると、太刀川が新しく始めた活動で
は相変わらず「環境に適応進化した生物の身体と行動に例える」と進化学や生
物学を援用してはいるものの、造語を使い出したことだ。

　　そもそも適応は進化学で使われる言葉だ。僕はデザイナーだが適応とい
　　う概念には深い思い入れがある。なぜなら適応は、生物が環境の中で美
　　しく機能的なデザインへと進化した現象のことだからだ。〔中略〕そんな
　　僕にとって気候変動への適応策も進化から学ぼう、という発想はごく自
　　然なものだった。
　　昨年度、僕たちは環境省のサポートを受け、気候変動適応策の戦略を
　　デザインした。有識者のラウンドテーブルには生態学者や防災学者など、
　　各分野を代表する約１０人の英知が集まり、深い対話がなされた。そし
　　て生物の身体と行動の適応進化から、気候変動に適応した都市コンセプ

図27　太刀川にブロックされた後藤のTwitterアカウント

図28　太刀川による自然界と人間界のベン図（2021）

トを抽出するＡＤＡＰＴＭＥＮＴ（アダプトメント）という考え方を3月下旬に発表し、世界に発信しようとしている。[151]

　本書第2章の冒頭の説明にあるように、進化学における「適応」とは動詞ではなく「進化の結果生じた性質のことを指す」のである。したがって、「気候変動への適応策」の「適応」は進化学における「適応」ではない。進化学での「適応」は英語では「Adaptation」であるが、ここでは「ADAPTMENT」という言葉を造っており、少なくとも英語では進化学とは無関係の別概念だとわかる。商標登録も出願済み（商願 2023-99835）のようであり、その名前でビジネスを展開していくつもりなのだろう。ただし、いくら自作語の商標だとしても、例えば商標使用料を徴収するようなビジネスを展開していくつもりだったりするのであれば、「環境省のサポートを受けた活動」としては問題があるだろう。

　ところで、上の文に添えられた図28[151]は人間界と自然界を別の集合としている。「人間界∩自然界＝適応」、という定義をとりあえず受け入れるとしても、

　　　私たちも自然の一部だから、創造もまた自然現象には違いない。(p.5)

という『進化思考』での主張とは相容れないことになる。この創造も自然現象だから、というのが進化と「創造性」を無理やり結びつける唯一の根拠だったと思うのだが、ADAPTMENT では宗旨替えをしたのだろうか。

ポジティブな人格批判

　批判をするにあたって、批判をする対象は言動そのものであるべきで、人格であってはならない、とはよく言われることである。また、誰が言ったかではなく何を言ったかが重要だ、ともよく言われる。だがこの二つは微妙に違う。

　言動の批判は、そもそも誰の言動かが問題になることが多く、言動だけを切り離すことが難しい。例えば我々が『進化思考』を批判する動機の一つに、太刀川が公益社団法人である JIDA の理事長という官民問わず影響力のある立場にあり、2025 年の大阪万博にも関与し、『進化思考』が多くの人に読まれているから、ということが挙げられる。無名のデザイナーによる少部数の本であればわざわざ相手にしていなかっただろう。

　誰が言ったかは、その言説の「信頼性」に影響する。説得力と言っても良いかもしれない。我々が著者プロフィールに博士と書いて専門性を有していることを示しているのも本書の「信頼性」を高めるためである。だが、その「妥当性」、確からしさはまた別だ。「信頼性」が高い研究者の集まりである学会では、誰が書いたかわからない無記名の状態で論文の査読が行われ、その内容の「妥当性」が評価される。国家資格である医師の「信頼性」は一般的に高いと考えられるが、その所見の「妥当性」は必ずしも同じではない筈で、同じように「信頼性」が高い別の医師にセカンドオピニオンを求めることも少なくないだろう。

　批判にあたって、言説や特に言動と人格を分けるのは案外難しい。例えば、ある企業経営者を「赤字を出している」と責めるかわりに「養子に出されて育った」「大学を中退している」「眼鏡をかけている」「日本美術を蒐集している」*といったことを理由に「経営者に不適だ」として追放しようとしたならば、それは人格批判（人身攻撃 ad hominem）である、と広く同意を得られるものと思う。

　無意識のうちにしてしまいがちなのは、「ポジティブな人格批判」とでも呼ぶべきものである。ネガティブな人格批判、人身攻撃は不適切だと気付きやすい。ところが、これが逆の場合はどうだろう。間違いのないようにしたいと発言しているからといってその人の言説の妥当性には直接は関係がないし、真剣だか

---

*　これらはスティーブ・ジョブズのことである。リード大学退学後にカリグラフィを学んだことが Macintosh のタイポグラフィ重視の開発につながった、中退していなかったらカリグラフィの授業を取ることはなかった、とスタンフォード大学におけるスピーチ [152] でジョブズ本人が述べていることを鑑みると、経歴や趣味を評価することと人格批判の区別は案外難しい。

らといって、社会のため、未来のため、というスローガンを掲げているからといって、その人の言説の妥当性には直接関係がない。これらは人格を高評価したことでポジティブなバイアス、いわゆる「光背効果 halo effect」がかかってしまっているのである。不当なプラス評価であり、人格批判の一種と言えよう。

　もっと簡単に言ってしまえば、知人友人を批判するのは難しいのだ。その点、第三者が当事者と関わらずに批判をしやすい Twitter は適当な場のように思う。

おわりに

　前述の森山と若山『オリンピックとデザインの政治学』では第4章のタイトルを「デザインジャーナリズムはネットに住むしかないのか」[153] としている。否定的な響きであるが、『日経デザイン』という雑誌に長年携わってきた森山からすれば、ネットは未だメジャーな媒体として認めがたいのかもしれない。ただし、「デザインジャーナリストはネットに住んでいると言えるかもしれません。私はそれに該当しないガラパゴス系ですけれど、平野敬子公式ブログを読むとそうした態度に反省もあります」[154] ともしている。その平野はこう綴る。

　　　なぜ私がブログという、インターネットの可視化空間を選択し、考察を
　　　続けているのかといいますと、私の行動規範の根底には、『公』という概
　　　念への揺るぎない確信があるからなのだと思います。私が考える、『公』
　　　の理想の姿には、360度全方位、どの角度から見られても耐え得る強度
　　　と透明性というものを、視覚的にイメージしています。この『公』の理
　　　想のイメージの透明性と矛盾しないスタイルで、考察を重ねていくため
　　　には、デザインの判断として、インターネットの空間が最適であるとい
　　　うことに思い至りました。[155]

　リアルタイムで双方向性があるのがネット（正確には Web2.0）の利点であり、また集合知、特に専門家による集合知が得やすいという点で、炎上リスクを差し引いても言論空間としてのネットの優位性は揺るがないように思う。本章の題名として掲げた「どこで批判をするべきか」という問いに対しては、いささか凡

庸な答えではあるが、やはり「ネット上でするべき」ということになるだろう。これまで見てきたように、ネット上でも SNS、特に日本では Twitter に勝るものはないように思われた。2 ちゃんねるにも特に初期（2000 年代）には少なからぬ数の専門家がいたと思われる*が、「板」やスレッドごとに分断されていた。Twitter（や他の SNS）が優れるのは、同一タイムライン上に多くのユーザーの投稿やニュースの引用など様々なものが表示されることで、他の属性（クラスタ）の人、他の領域の専門家と交わりやすいという仕組みである。しかし、Twitter から X への移行に際し、ユーザー離れも起こっており、それは科学者も例外ではないようだ[157]。様々な分野の大学教員や研究者がうろついているのが Twitter の良いところであったと思うのだが、今後はどうなるのだろうか。

　その一方で、批判を文章にして出版する、という潮流が生まれつつあるのかもしれない。2023 年の 4 月に『土偶を読むを読む』[158]が、7 月には特定の書を相手にしているわけではないが『検証 ナチスは「良いこと」もしたのか？』[159]が出版された。5 月には同人誌ながら『ちょっとは正しいゲームの歴史—書籍【ゲームの歴史】を批判する』[160]が、12 月には日本蜘蛛学会の『Acta Arachnologica』に「「図鑑 日本のむかで」— 本書の問題と解決すべき課題」[161]が掲載された。もちろんこれまでも批判本は存在したが、今回はネット、主に Twitter を通じ、分野を超えた緩い連帯が生まれつつあるように思われる。本書でも伊藤と松井が林と Twitter 上で交流を始め、共著依頼に至った。また松井は面識のなかった『土偶を読むを詠む』の編著者望月から共著者に招かれ、その望月は『検証ナチスは「良いこと」もしたのか？』の刊行記念トークイベント[162]に招かれた。こうした自然科学系と人文社会系の垣根を越えた結び付きは有意義なものだろう。我々の学会発表がその契機となったのであれば、望外の喜びである。

参考文献

[1] 粟津潔（1966）季刊《デザイン批評》発刊にあたって. デザイン批評. (1). 7
[2] パイロット（1999）ゲルインキボールペンドクターグリップ・LDG-80R. 2000 年度グッドデザイン賞. 00A1100. https://www.g-mark.org/gallery/winners/9c323e77-803d-11ed-862b-0242ac130002
[3] プラス（1999）MD-424BM. 1999 年度グッドデザイン賞. 99A1140. https://www.g-mark.org/gallery/winners/9cf8436c-803d-11ed-862b-0242ac130002
[4] セイコーエプソン（2002）ヒーリングリーフ・SLF100. 2000 年度グッドデザイン賞. 00A1010. https://www.g-mark.org/gallery/winners/9c31b597-803d-11ed-862b-0242ac130002URL

---

*　2009 年に利用者の 34%が「大卒」、4%が「大学院修了」という報道があった[156]。

[5] Museu Capixaba do Computador（2022.08.05）O computador eMachines eOne de 1999. https://museucapixaba.com.br/hoje/computador-emachines-eone-de-1999/

[6] 川崎和男（1998）Design Talk IV「量感」. MacPower. 9(10). 289

[7] Apple（n.d.）Environment. https://www.apple.com/environment/

[8] 川崎和男（1998）Design Talk IV「感得」. MacPower. 9(11). 296

[9] ケン・シーガル（2012）Think Simple　アップルを生み出す熱狂的哲学. 林信行（監）, 高橋則明（訳）. NHK出版. 164

[10] ニュー・デザイン・パラダイス永久コレクションブック（2005）フジテレビ出版

[11] ニュー・デザイン・パラダイス永久コレクションブック2（2005）フジテレビ出版

[12] 編者撮影

[13] フジテレビ(2005)ニューデザインパラダイス. 2005年度グッドデザイン賞. 05C01015. https://www.g-mark.org/gallery/winners/9d449b18-803d-11ed-862b-0242ac130002

[14] Koichi Kosugi. Kenjiro Sano（2006）Earth Garbage Bag. https://www.dandad.org/awards/professional/2006/packaging-design/15193/earth-garbage-bag/

[15] MR_DESIGN (2009) CGB / CHIKYU GOMIBUKURO / EARTH GARBAGE BAG. https://www.oneclub.org/awards/theoneshow/-award/10820/cgb-chikyu-gomibukuro-earth-garbage-bag

[16] 佐野研二郎（2010）今日から始める思考のダイエット. マガジンハウス. 127

[17] 東川町（n.d.）「新・婚姻届」. https://town.higashikawa.hokkaido.jp/special/marriage-registration/

[18] 藤本やすし（2005）婚姻届. ニュー・デザイン・パラダイス永久コレクションブック2. フジテレビ出版. 148-153,178-179

[19] ツタイミカ（2011）マンガ皿. http://tsutaimika.com/content/mangaplates/

[20] ハンズ新宿店 @Hands_Shinjuku（2012.10.17）[迫力のある食事がしたい！！そんな方へ。マンガ皿を。]. Twitter. https://twitter.com/Hands_Shinjuku/status/258432161387003905

[21] ハンズ新宿店 @Hands_Shinjuku（2012.10.19）[10月17日にご紹介いたしました、商品についてご説明させていただきます。当アカウントが「マンガ皿」としてご紹介した商品は、「メッセージプレート」という名称の商品であり、私の認識不足により両者を混同してご紹介してしまいました。]. Twitter. https://twitter.com/Hands_Shinjuku/status/259192016938868736

[22] つたいみか @mika_tsutai（2012.10.18）[@_NOSIGNER やられました。RT @Hands_Shinjuku

[23] : 迫力のある食事がしたい！！そんな方へ。マンガ皿を。]. Twitter. https://twitter.com/mika_tsutai/status/258879258900975616

[24] NOSIGNER@NOSIGNER（2012.10.18）[取引先にもかかわらず、この露骨なコピーはありえないな。twitter に訴えてどうするか考えよう。RT @mika_tsutai: やられました。RT @Hands_Shinjuku: 迫力のある食事がしたい！！そんな方へ。マンガ皿を。]. Twitter. https://twitter.com/NOSIGNER/status/145373690064941057

[25] NOSIGNER@NOSIGNER（2012.10.19）[マンガ皿の粗悪コピーの件, 事業者としては笑い事じゃないんだけど, ある意味では興味深い展開。不誠実な暴かれるソーシャルメディア上で, 企業のモラルハザードに対して、東急ハンズ @Hands_Shinjuku はどのように対応するのか。逐一報告です。続報を待て。#mangazara]. Twitter. https://twitter.com/NOSIGNER/status/258972672032124930

[26] 岡田栄造 @okadaeizo（2012.10.19）[興奮して眠れないのでマンガ皿のことを。あれはツタイミカさんの作品で、彼女の京都工芸繊維大学での卒業制作。それを NOSIGNER さんが商品化した。私は指導教員だったので（もちろんアイデアは完全に彼女のもの）そのデザイン的な意味については自分なりに理解して指導したつもりです。]. Twitter. https://twitter.com/okadaeizo/status/258981142013829121

[27] 岡田栄造 @okadaeizo（2012.10.19）[マンガ皿は、皿に柄があるという古くからの当たり前と、柄とそこに盛る料理を関連づけるという料理人のサービス精神（これも昔からある）に、キャラ弁的に料理自体を絵にしてしまうとどちらかというと現代的な風習をハイブリッドして、]. Twitter. https://twitter.com/okadaeizo/status/258981337325768705

[28] 岡田栄造 @okadaeizo（2012.10.19）[皿と料理で一つの絵（ストーリーを感じさせる）をつくるというところにオリジナリティがある、と思っています。もちろん日本独自のマンガ的な表現を皿に描くこと自体やそのテイストにもオリジナリティはあると思います。]. Twitter. https://twitter.com/okadaeizo/status/258981359031296000

[29] 岡田栄造 @okadaeizo（2012.10.19）[ので、法的にどうかは知りませんが、柄と料理でシーンをつくる皿、という時点でハンズのものはツタイさんのアイデアを模倣したものになっています。東急ハンズさんはぜひ、ツタイさんと NOSIGNER さんに経緯や今後の対応を説明していただきたい。]. Twitter. https://twitter.com/okadaeizo/status/258981462936793088

[30] 石川初 Hajime B. S. Ishikawa@hajimebs（2012.10.19）[@okadaeizo 実はこの作品知りませんで、今

回初めて拝見したんですが、「配膳」という行為が「コマ割り」を作るという、「テーブルの上のレイアウト」がリデザインされてるのが素晴らしいですね。まねっこ品はそこを欠落させて、食器と漫画のパロディになっちゃってるのが惜しいな。]. Twitter. https://twitter.com/hajimebs/status/259093164873375744

[31]　鈴木貴子（2009）マン額．デザインコンペ【審査員特別賞】　水野 学賞．https://compe.japandesign.ne.jp/report/tma09/09.html

[32]　gung（2009）selifusen．http://www.gung.jp/selifusen/

[33]　鈴木貴子（2009）マン額．Tokyo Midtown Award 2009 デザインコンペ結果発表．https://www.tokyo-midtown.com/jp/award/result/2009/design.html

[34]　南和宏（2016）マンガムテープ．商品化された作品．コクヨデザインアワード．https://www.kokuyo.co.jp/award/archive/goods/mangapackingtape.html

[35]　スタームービング（2017.11.08）【集中線ダンボール】2017 年度グッドデザイン賞を受賞しました！！．https://starmoving-blog.com/archives/7413

[36]　南和宏（2016）マンガムテープ．KOKUYO DESIGN AWARD 2016．https://www.kokuyo.co.jp/award/archive/prizepast/2016.html

[37]　スタームービング，シマーズ（2017）集中線ダンボール．2017 年度グッドデザイン賞．17G030191．https://www.g-mark.org/gallery/winners/9dda31eb-803d-11ed-af7e-0242ac130002

[38]　ハンズ新宿店 @Hands_Shinjuku（2012.10.19）[「メッセージプレート」については、その意匠が「マンガ皿」と酷似しているため、弊社での販売を一旦停止させていただき、事実関係を販売元メーカーなどに確認させていただき、今後の同商品の販売に関しては、事実関係を確認してから改めて再検討させていただきたいと思います。]. Twitter. https://twitter.com/Hands_Shinjuku/status/259192629563125760

[39]　ハンズ新宿店 @Hands_Shinjuku（2012.10.19）[このことによりツタイミカ様 @mika_tsutai、NOSIGNER 太刀川様 @_NOSIGNER をはじめ、「マンガ皿」の関係者のみなさまには、大変ご迷惑をおかけいたしたことを、深くお詫び申し上げます。]. Twitter. https://twitter.com/Hands_Shinjuku/status/259192210724110336

[40]　NOSIGNER@NOSIGNER（2012.11.08）[本日マンガ皿コピーの販売元、エスケイジャパンの方が来社したけれど、「マンガ皿のことは知らなかった。」の一点張り。あの皿を作っておいて、そんな訳はないだろう。#mangazara @mika_tsutai]. Twitter. https://twitter.com/NOSIGNER/status/266429998087434240

[41]　NOSIGNER@NOSIGNER（2012.11.08）[同じアイデアに魅力を感じた者として、悲しかったな。彼らにとっては、何の思い入れもなく、謝罪する意味も分からないのだろう。ビジネスは時に冷酷なものだけれど、こういう人達からどうやってアイデアと作家を守るべきなのか、考えさせられるなあ。#mangazara]. Twitter. https://twitter.com/NOSIGNER/status/266431854037585920

[42]　太刀川英輔，ツタイミカ，永井幸輔，内沼晋太郎（2012.11.01）アイデアのゆくえ『マンガ皿』問題をめぐって．https://bookandbeer.com/event/20121101_mangazara/

[43]　NOSIGNER@NOSIGNER（2012.11.08）[エスケイジャパン側からの謝罪はなく、ただ１５００枚のマンガ皿コピー商品の在庫の販売をさせてほしいと言ってきただけ。正直こんなメーカーもあるのかと驚かされた。#mangazara @mika_tsutai]. Twitter. https://twitter.com/NOSIGNER/status/266430340132896768

[44]　NOSIGNER@NOSIGNER（2012.11.10）[マンガ皿コピーの件、在庫の 1500 枚の販売をもし許可するなら、「この商品はマンガ皿のコピー商品です。」という注意ステッカーをデザインしてドドンと貼らせてもらうのは面白いかも。提案してみようかな。#mangazara]. Twitter. https://twitter.com/NOSIGNER/status/267228420063236097

[45]　阿部裕志．長島威年（2012.12.02）書籍『進化思考』の正誤表について．海士の風．https://web.archive.org/web/20230530235722/https://amanokaze.jp/shinkashikou-errata/

[46]　4tsuya（2022.12.04）間違った知識を学んでしまうのではないかと、不安になりました．https://www.amazon.co.jp/gp/customer-reviews/R3ACHQIT7LB3AI

[47]　チョッパーマニア ワンピースフィギュア情報（2013.03.14）ONE PIECE 漫画プレート 麦わらの一味 / ゾロ [情報]．https://onepiece-figure.blog.jp/archives/6982133.html

[48]　深澤直人（2023）本展に寄せて．企画展「The Original」．21_21 DESIGN SIGHT．https://www.2121designsight.jp/program/original/supervisor.html

[49]　Nana Ditzel Design（n.d.）ND82andND83．Nana Ditzel Design．http://nanna-ditzel-design.dk/36.nd82andnd83.html

[50]　蛯名紀之（2014）2014 年 8 月 2 日「黙っていようと思いましたが・・・」．PRIME DESIGN OFFICE．http://www.prime-d-office.com/messege_stage14-89101112.html

[51] 蛭名紀之（2014）2014年10月24日「改めてパクリを断罪す！」．PRIME DESIGN OFFICE. http://www.prime-d-office.com/messege_stage14-89101112.html

[52] マルニ木工（n.d.）RoundishMARUNI COLLECTION Designed by NAOTO FUKASAWA. https://www.maruni.com/jp/items/st_maruni_collection/st_roundish.html

[53] NAOTO FUKASAWA DESIGN（2015）WITHOUT THOUGHT VOL.14 スマホ SMART PHONE. ダイヤモンド社．https://www.diamond.co.jp/book/9784478064726.html

[54] 日本スポーツ振興センター（2012）国立競技場将来構想有識者会議（第3回）議事録．https://www.jpnsport.go.jp/newstadium/Portals/0/yushikishakaigi/20121115_yushikisha3_gijiroku.pdf

[55] 森山明子，若山滋（2016）オリンピックとデザインの政治学．朗文堂

[56] 加島卓（2017）オリンピック・デザイン・マーケティング—エンブレム問題からオープンデザインへ．河出書房新社

[57] 吉岡徳仁（2016）浮遊する泉—新国立競技場 建築案．https://www.tokujin.com/works/2016-the-floating-fountain/

[58] 吉岡徳仁（2016）聖火トーチ．特開 2018-071896．7．https://www.j-platpat.inpit.go.jp/c1800/PU/JP-2018-071896/43B960136CD7AA62DC2F5CB8AFC9884C95B8AE784C7232B1C1A47D876E729542/11/ja

[59] 同書．3-11

[60] 東京オリンピック・パラリンピック競技大会組織委員会（2019）東京2020オリンピック聖火リレーについて．参考資料2．5．https://www.2020games.metro.tokyo.lg.jp/f2a0ee0127f9d9a8eeea3b89810dab82.pdf

[61] オリンピックチャンネル編集部（2020.01.29）東京オリンピックメダルのデザインに込められた意味を解説｜デザイナー、歴代メダルのデザインは？．Olympics.com．https://olympics.com/ja/news/東京オリンヒックメタルのテサインに込められた意味を解説 - テサイナ - 歴代メタルのテサインは

[62] 吉岡（2017）メタル．特開 2019-068917．1．https://www.j-platpat.inpit.go.jp/c1800/PU/JP2019-068917/CAFE2A2447FE715459BFABFA2ED7848D5D4FC46AE84D56BE616F9EDF4BB7FB9A/11/ja

[63] nendo（2021）Tokyo2020 聖火台．https://www.nendo.jp/jp/works/tokyo2020- 聖火台 /

[64] 東京都オリンピック・パラリンピック準備局（n.d.）聖火台のコンセプト．東京 2020 オリンピック・パラリンピック競技大会 東京都ポータルサイト https://www.2020games.metro.tokyo.lg.jp/special/enjoy/spot/cauldron/concept/

[65] 鳩山友紀夫（由紀夫）Yukio Hatoyama@hatoyamayukio（2021.08.18）[このデザインは見覚えがありませんか。八角形の台の上に球体。これは友人の建築事務所の大木啓幹代表の作品でイタリアで受賞されたものです。これと比率なともそっくりなものが五輪の聖火台になっていました。盗作ではないかと疑われても仕方ないでしょう。嘘で塗り固めた五輪の象徴のようです]．Twitter. https://twitter.com/hatoyamayukio/status/1427814878065004544

[66] https://www.facebook.com/StudioDebie/photos/a.306570046078725/883470945055296/

[67] Olivier Debie@OliDebie（2015.07.27）[Tokyo 2020（2015）vs Théâtre de Liège（2011）https://facebook.com/StudioDebie]．Twitter. https://twitter.com/OliDebie/status/625604997561106432

[68] 孤高の旅人 ★（2015.07.28）東京 2020 大会エンブレムを発表★ 10．2 ちゃんねる．https://ai.2ch.sc/test/read.cgi/newsplus/1438033338/

[69] 名無しさん@ 1 周年（2015.07.28）ベルキーの劇場のロゴのパクリだな http://theatredeliege.be/ https://www.pinterest.com/pin/374291419003582985/．東京 2020 大会エンブレムを発表★ 10．2 ちゃんねる．124．https://ai.2ch.sc/test/read.cgi/newsplus/1438033338/124

[70] 共同通信公式 @kyodo_official（2015.07.29）[【パリ共同】ベルギー・リエージュ劇場のロゴをデザインしたオリビエ・ドビさんは 29 日、共同通信に対し、東京五輪エンブレムがロゴに似ていると指摘、「盗用されたのか、インスピレーション（着想）を与えたのかは判断できない」と述べた。# 番外 @kyodo_official]．Twitter. https://twitter.com/kyodo_official/status/626347776385748992

[71] https://www.nikkei.com/article/DGXLASDG29HG8_Z20C15A7000000/

[72] ANNnewsCH（2015）「劇場ロゴと似ている」東京五輪エンブレムに指摘（15/07/30）．YouTube. https://www.youtube.com/watch?v=BqsA0MiRKBo

[73] The Huffington Post（2015.08.28）佐野研二郎氏のエンブレム、原案から決定案までの過程が判明修正案の過程．https://www.huffingtonpost.jp/2015/08/28/sanokenjiro-emblem-tokyo2020_n_8052946.html

[74] 平野敬子（2015）008　修正案承諾拒否の経緯と理由 – vol.2．HIRANO KEIKO'S OFFICIAL BLOG．http://hiranokeiko.tokyo/?eid=15

[75] 東京オリンピック・パラリンピック競技大会組織委員会（2015）旧エンブレム選考過程に関する

調査報告書. 24. https://renho.jp/wp-content/uploads/2015/12/20151222110550839.pdf

[76] Olympics.com（2018.12.26）オリンピックの象徴であるエンブレム。2020 年東京五輪は江戸の伝統「市松模様」がモチーフ. https://olympics.com/ja/news/ オリンヒックの象徴てあるエンブレム -2020 年東京五輪は江戸の伝統 - 市松模様 - かモチ - フ

[77] 讀賣新聞（2015.09.04）審査委員代表 途中案知らず 五輪エンブレム「しょうがなく了承」. 朝刊. 39

[78] 深津貴之（2015.09.07）よくわかる、なぜ「五輪とリエージュのロゴは似てない」と考えるデザイナーが多いのか？. Yahoo! ニュース. https://web.archive.org/web/20181001184241/https://news.yahoo.co.jp/byline/takayukifukatsu/20150907-00049112/

[79] CvQOWqwL0（2015.08.30）【五輪エンブレム】大会組織委、佐野氏原案を公表（画像有）★4 3 ©2ch.net. http://daily.2ch.net/test/read.cgi/newsplus/1440859363/292

[80] ギンザ・グラフィック・ギャラリー（2013）Jan Tschichold　ヤン・チヒョルト展. DNP 文化振興財団. https://www.dnpfcp.jp/gallery/ggg/jp/00000615

[81] 純丘曜彰（2015.08.30）オリンピックロゴとヤン・チヒョルトの Waddem Choo NF のこと. 美術博士純丘曜彰教授のドイツ大学講義日誌. http://blog.livedoor.jp/sumioka_t/archives/52046200.html

[82] ギンザ・グラフィック・ギャラリー（n.d.）ギンザ・グラフィック・ギャラリーについて. DNP 文化振興財団. https://www.dnpfcp.jp/gallery/ggg/aboutus

[83] サントリー（2015）サントリー オールフリー「夏は昼からトート」キャンペーン実施―　アートディレクター佐野研二郎氏デザインのオリジナルトートバッグが絶対もらえる！. https://www.suntory.co.jp/news/2015/12382.html

[84] サントリー（2015）オールフリー 絶対もらえる！夏は昼からトートバッグ プレゼントキャンペーン. https://web.archive.org/web/20150607234430/https://www.suntory.co.jp/beer/allfree/campaign2015/

[85] MR_DESIGN（2015.08.13）サントリーオールフリー「夏は昼からトート」キャンペーンのトートバッグデザインについて. https://web.archive.org/web/20150813125401/http://www.mr-design.jp/statment_20150813.html

[86] MR_DESIGN（2015.08.14）今回の事態について. https://web.archive.org/web/20150814141249im_/http://www.mr-design.jp/images/MRD_0814text.png

[87] 東京オリンピック・パラリンピック競技大会組織委員会（2015）前掲書. 9-12.

[88] 同書. 10

[89] 原研哉（2015.10.05）コンペ、明快な基準を―五輪エンブレム、不可欠な専門性. 毎日新聞. 夕刊. 4

[90] 東京オリンピック・パラリンピック競技大会組織委員会（2015）前掲書. 28.

[91] 平野敬子（2015.10.10）001　責任がとれる方法で. HIRANO KEIKO'S OFFICIAL BLOG. http://hiranokeiko.tokyo/?eid=1

[92] 平野敬子（2015.12.22）023　摩訶不思議な調査報告書. HIRANO KEIKO'S OFFICIAL BLOG. http://hiranokeiko.tokyo/?eid=45

[93] 平野敬子（2015.12.31）025　出口なき迷路. HIRANO KEIKO'S OFFICIAL BLOG. http://hiranokeiko.tokyo/?eid=50

[94] 日本グラフィックデザイナー協会（2016.06.25）東京 2020 オリンピック・パラリンピック競技大会エンブレム第 1 回設計競技について. https://web.archive.org/web/20161129140252/http://www.jagda.or.jp/pdf/emblem.pdf

[95] 平野敬子（2016.07.05）036　イカサマ文書 by JAGDA - vol.1. HIRANO KEIKO'S OFFICIAL BLOG. http://hiranokeiko.tokyo/?eid=74

[96] 古平正義 Masayoshi Kodaira@KodairaFLAME（2016.07.14）[JAGDA が「五輪エンブレム問題に対する総括文」と位置づけて発表した公式見解が想像を絶してひどい。自浄力ゼロ。やめてよかったーと思うけど、こんな団体が"公益社団法人"ってありなの…？ http://hiranokeiko.tokyo/?eid=74 http://hiranokeiko.tokyo/?eid=76]. Twitter. https://twitter.com/kodairaflame/status/753511369178124288

[97] 奥村昭正（2016.08.15）意見書. https://web.archive.org/web/20160815130751/http://www.tstj-inc.co.jp/images/iken.pdf

[98] 日本グラフィックデザイナー協会（2017.03.30）「東京 2020 オリンピック・パラリンピック競技大会 エンブレム第 1 回設計競技について」（JAGDA 見解）に関する追記. https://www.jagda.or.jp/wp-content/uploads/2020/03/emblem02-1.pdf

[99] 常見陽平（2016.11.08）多摩美術大学佐野研二郎葬式パフォーマンス　弔辞全文. 陽平ドットコム～試みの水平線～. https://www.yo-hey.com/archives/55561606.html

[100] ハフポスト（2015.09.01）佐野研二郎氏、監修した多摩美術大学の広告でも無断使用か　ネット上で指摘. https://www.huffingtonpost.jp/2015/09/01/sanoken-tamabi_n_8068908.html

[101] J-CAST ニュース（2015.09.03）佐野氏デザイン、疑惑の数は金メダル級？　今度は多摩美大「広

告」、事務所は「事実無根」．https://www.j-cast.com/2015/09/03244369.html?p=all

[102] J-CAST ニュース（2015.09.04）多摩美大、佐野氏手がけた「疑惑」の広告作品ページ削除　数日前から問い合わせ続々．https://www.j-cast.com/2015/09/04244429.html?p=all

[103] UP TO WORKS（2021）「青」と「大自然」、表現の探求から生まれた「サントリー天然水」の広告．2021 年 7 月号 ブレーン．https://mag.sendenkaigi.com/brain/202107/up-to-works/021759.php

[104] 東京２０２０組織委員会（2016.04.24）東京２０２０大会エンブレム最終候補作品に関するご意見集約レポート．https://gtimg.tokyo2020.org/image/upload/production/ub5auaoa2jlxeejlczs4.pdf

[105] 野老朝雄（2016）子どもからプロの表現者まであらゆる人を「つなぐ」エンブレムに．ブレーン．56(7)．33

[106] 松川昌平（2020）東京 2020 オリンピック・パラリンピックエンブレムの背後に隠された幾何学的な理．https://gakkai.sfc.keio.ac.jp/journal/.assets/SFCJ20-1-07.pdf

[107] 毎日新聞（2017.09.25）組市松紋、多彩に変化　機運高める新デザイン　https://mainichi.jp/articles/20170926/k00/00m/050/053000c

[108] 東京 2020 ライセンシング事務局（2019）クロッピングプリントユニセックス T シャツ F. TOKYO2020 OFFICIAL LICENSED PRODUCT CATALOGUE Sep 2019．39．https://gtimg.tokyo2020.org/image/upload/production/m7hj3xqemuwdvem0dfij.pdf

[109] 日経新聞（2018.08.17）市松模様と日本の伝統色で　東京五輪の基本デザイン公開．https://www.nikkei.com/article/DGXMZO34276140X10C18A8CR8000/

[110] 沢田耕一 / 東京オリンピック・パラリンピック競技大会組織委員会（2022）東京 2020 大会競技会場ルック．2022 | Shortlist．https://kukan.design/award/2022_a01_0058/　日本空間デザイン大賞

[111] 舘知宏．野老朝雄．堀山貴史（2020）「個と群」──アート・サイエンス協働教育──．電子情報通信学会誌．103(6)．586-590．https://app.journal.ieice.org/trial/103_6/k103_6_586/index.html

[112] 編者撮影

[113] |キミの東大」企画・編集チーム（2022.05.31）幾何学特性を用いた構造デザインを開発．|東京大学総長賞」令和 3 年度 受賞者の声（学業編）．https://kimino.ct.u-tokyo.ac.jp/9697/

[114] Warisaya K, Tokolo A, Hamanaka H, Tachi T（2021）Auxetic structures based on rhombic tiling. Proceedings of the ASME Design Engineering Technical Conference. 8B-2021

[115] 松井実（2022.06.26）『進化思考』批判　日本デザイン学会第 69 回春季研究発表大会．YouTube．https://www.youtube.com/watch?v=iFAO_-PSxDI

[116] 太刀川英輔(2022.07.06)進化思考批判 への意見書．https://web.archive.org/web/20220705152337/https://docs.google.com/document/d/1wKacpCXHtoqQPabA6Fy_Hzciz0dL_cCAvSZTbVajGpo/edit

[117] shokou5@shokou5（2022.08.01）太刀川英輔『進化思考』と．デザイン学／生物学研究者らの批判．著者からの応答なと．Togetter．https://togetter.com/li/1923105

[118] https://t.co/TY7qDPBiIr（2022-12-31 アクセス）

[119] 太刀川英輔（2022.）進化思考批判 への意見書．https://web.archive.org/web/20230912021313/https://docs.google.com/document/d/1wKacpCXHtoqQPabA6Fy_Hzciz0dL_cCAvSZTbVajGpo/edit#heading=h.e6uao1q2ifgp

[120] フライヤー編集部（2021.12.23）創造性の原点はゴミの「解剖」？．https://www.flierinc.com/interview/interview191

[121] 三ツ井香菜（2021.06.30）生物学や人間の在り方から学び、デザインを創造する。太刀川英輔が選ぶ、再読の 3 冊．Eight Career Design．https://eight.career/series/saidoku/saidoku_nosigner_tachikawa/

[122] 太刀川英輔（2021.12.04）若い読者のための「種の起源」．産経ニュース．https://www.sankei.com/article/20211204-GNH6GRGWEBJRLKR4B3CPJBFY3U/

[123] 向井正也（1957）篠原一男（欠講）「開放的な空間という意味」．建築雑誌．852．54-55

[124] 篠原一男（1958）論文批判のルール　向井正也氏へ．建築雑誌．854．59

[125] 向井正也（1958）篠原氏に答える．建築雑誌．855．38

[126] 篠原一男（1958）虚空と建築論：向井正也氏への反論．859．21-23

[127] 篠原一男（1958）表現と創作の出発点：論争の終りにあたって．859．24

[128] 向井正也（1958）言葉の魔術と建築論：篠原一男氏の反論にこたえて．859．25-27

[129] モリス W（1953）民衆の藝術．中橋一夫（訳）．岩波書店．8

[130] Morris W（1879）The Art of the People. Hopes and Fears for Art．https://www.marxists.org/archive/morris/works/1882/hopes/chapters/chapter2.htm

[131] 藤崎圭一郎 @fujisaki_k（2022.09.16）[変異を求めて利他になる。本日、太刀川英輔さんを藝大にお招きして授業をしてもらって、話を聞きながら気づいたこと。]．Twitter．https://twitter.com/fujisaki_k/status/1570775084410994692

[132] 藤井晴行, 諏訪正樹（2011）デザイン学の実践　メタデザインを意識的に行う建築デザイン．デ

ザイン学研究特集号．18(1)．62-65．DOI https://doi.org/10.11247/jssds.18.1_62

[133] ブレーン（n.d.）クリエイティブライブラリー　太刀川英輔編．宣伝会議．https://www.sendenkaigi. com/class/detail/creativelibrary_tachikawa_ondemand.php

[134] gacco（2022.08.01）人間の"創造性"を発揮する×進化思考．https://gacco.org/shinka_shiko/

[135] 森聖加（2022.06.03）デザインは間を適切につなぐこと。「佐藤卓 TSDO 展〈in LIFE〉」／佐藤卓さんインタビュー．和樂 web．https://intojapanwaraku.com/rock/art-rock/201725/

[136] 井手裕介（2022.02.23）【編集後記】『にほんごであそぼ』アートディレクター、佐藤卓インタビュー．CasaBRUTUS．https://casabrutus.com/categories/design/222403

[137] 進化思考（2022.07.28）創造性の誤解を解く鍵としての進化論．note．https://note.com/shinkalab/ n767884b40a54

[138] Hiroki Gotoh @静大 2 年目 @Cyclommatism（2022.07.28）[何かあればまずは質問して欲しいとのことですので、質問します！「誤読」という言葉は、読者に非があると暗に仄めかす言葉に感じますし、「誤植」という言葉は、誤りは技術的なエラーであり自分に過ちはないというニュアンスを感じます。やはり、本心としてはそのようにお考えでしょうか？].　Twitter．https://twitter. com/Cyclommatism/status/1552634800212951040

[139] Hiroki Gotoh @静大 2 年目 @Cyclommatism（2022.07.28）[もし、そうでないのなら、この語句の選択はさらなる対立を招くように思います。これは（僕を含め）批判している人の多くは「多くの人に誤解を与えるような文章は、書き手の責任」という文化で生きてるからです。].　Twitter． https://twitter.com/Cyclommatism/status/1552635664965193728

[140] Hiroki Gotoh @静大 2 年目 @Cyclommatism（2022.07.28）[まずは質問して欲しいとのことですので、お言葉に甘えてもう一つ質問します！「学問を権威付けに利用して自分の論を補強する」という風に見えたことが批判を招いた一因と思います。ご自身はどの程度その構造（権威付け）に自覚的でしたか？また、そのような指摘についてどう思われますか？].　Twitter．https://twitter. com/Cyclommatism/status/1552637414812033024

[141] 櫻井芳雄（2023）まちがえる脳．岩波新書．76

[142] 同書．72

[143] 同書．73

[144] 同書．74

[145] 同書．75

[146] 海士の風（2023.12.01）『進化思考 [増補改訂版]』—増補改訂版の協力にあたって　監修者　公開）．note．https://note.com/amanokaze/n/n1087d84f42c8

[147] 海士の風（2023.01.18）『進化思考』正誤表．https://amanokaze.jp/amanokazewp/wp-content/themes/ amanokaze/img/230118errata_shinkashikou.pdf

[148] 森山ら．前掲書．

[149] 藤村龍至（2014）批判的工学主義の建築：ソーシャル・アーキテクチャをめざして．NTT 出版

[150] 中谷礼仁（2011）特集主旨．建築雑誌．1614．2

[151] 太刀川英輔（2023.4.14）気候変動適応　進化に学ぶ…4 月の店主は太刀川英輔さんです．讀賣新聞．https://www.yomiuri.co.jp/culture/book/column/20230411-OYT8T50001/

[152] Stanford News（2005.06.12）'You've got to find what you love,' Jobs says. Stanford University Communications. https://news.stanford.edu/2005/06/12/youve-got-find-love-jobs-says/

[153] 森山ら．前掲書．89-111

[154] 同書．104-105

[155] 平野敬子（2015.11.03）009　『公』の仕事．HIRANO KEIKO'S OFFICIAL BLOG. http://hiranokeiko. tokyo/?eid=17

[156] J-CAST ニュース（2009.05.27）「2 ちゃんねらー」意外な実像　14% が年収 1000 万以上．https:// web.archive.org/web/20191226111551/https://www.j-cast.com/2009/05/27042011.html

[157] Myriam Vidal Valero（2023）Thousands of scientists are cutting back on Twitter, seeding angst and uncertainty. Nature. 620. 482-484. https://www.nature.com/articles/d41586-023-02554-0

[158] 望月昭秀（編）（2023）土偶を読むを読む．文学通信

[159] 小野寺拓也、田野大輔（2023）検証　ナチスは「良いこと」もしたのか？．岩波書店

[160] 岩崎啓眞（2023）ちょっとは正しいゲームの歴史—書籍『ゲームの歴史』を批判する．High Risk Revolution

[161] 粟原良輔, 仲間信道, 野田聖（2023）「図鑑 日本のむかで」—本書の問題と解決すべき課題．Acta Arachnologica. 72(2). 135-147

[162] 文学通信（2023.12.08）専門知と民主主義を考える——行き過ぎた相対主義の中で——．https:// bungaku-report.com/blog/2023/12/content.html

III

文化進化学とデザイン

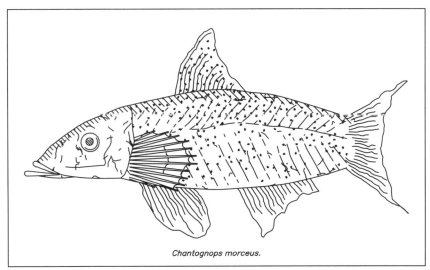

Chantognops morceus.

どうやら批判の筆者は文化進化論をデザイン論と混ぜて研究されている
方のようなので、彼自身が進化思考のようなメソドロジーを文化進化論や
生物進化から導きたかったのでしょうか。そこに進化思考が出てきたから
困って批判したい気持ちになったのかも？

———太刀川英輔（撤回された日本デザイン学会への意見書）

7

設計理念の進化とその表現型としての人工物

Evolution of design ideas and artifacts as their phenotype

松井 実

要旨：進化理論の適用範囲は生物にとどまらない。本稿は文化進化の議論を基盤に、設計の進化について論じる。設計は2つに大別される。一方は理念で、機能に関するアイディアや情報である。他方は設計理念に基づいて開発された製品などである。本稿は、前者の設計理念は進化するが、後者の人工物は進化の主体ではないことを示す。設計理念とその発露としての人工物の関係は、生物学における遺伝子型と表現型の関係に似ている。表現型とは、腕や目、行動などをさし、遺伝子型はその原因となる遺伝子の構成をさす。表現型は、生物の製作するものをさすことがある。たとえば鳥の巣やビーバーが製作するダムなどで、「延長された表現型」とよばれる。人工物は設計の表現型ではあるが、人間の延長された表現型ではない。人工物は文化的遺伝子の発露であって、人間の遺伝子の発露ではない。もしそうであれば、人工物の良し悪しによってその製作者の遺伝子が繁栄するか否かが影響されなければならないからだ。進化理論は、とらえがたい複雑な現象である設計を理解するには非常に有用である。

Abstract: Evolutionary theory is applicable in design as well as biology. In this paper, we discuss evolutionary design based on cultural evolution theories. Design comprises of two parts: one is ideas on function, and the other is artefacts developed based on such ideas. We argue that design ideas do evolve, whilst artefacts are not the unit of natural selection. The relationship between design ideas and their resulting artefacts are analogous to genotype and phenotype in biological research. Phenotype is what living object looks like, such as arms eyes, and behaviours. Phenotype sometimes refer to the production of living organisms, such as bird's nest and beaver's dam. These so-called 'extended phenotypes' do not include artefacts which are the phenotypes of cultural genes. If they were, the fitness of the artefacts should have affected the prosperity of the manufacturers and the designers of the artefacts.

> 彼ら〔中立説を熱心に支持する人たち〕にとって、デザインの幻想は取るに足りない、むしろ怪しげな付け足しであるのに対し、私にとって [...] 生物学的デザインの複雑な完璧さは生命科学のまさしく核であり中心である。私たちから見れば、木村が関心を抱いた進化的変化は、テキストを異なるフォントに組み直すことに等しい。私たちにとって重要なのは、テキストがタイムズ・ニュー・ローマンかヘルベチカのどちらで書かれているかではない。重要なのは単語が何を意味するかである。
> ──ドーキンス「普遍的ダーウィン主義」[1]

はじめに

　人工物の設計が辿る変化を論じるにあたって、ダーウィン的な進化の理論を適用しようとする試みはあっても少ない。近年、進化理論が生物にとどまらず文化、倫理、心理、量子、果ては宇宙まで、あらゆるものの変化を説明する強力なツールとして認識され、進化心理学、宇宙進化学といった独自の研究プログラムを発展させているのに比して [2][3]、デザイン学における進化理論は、ふさわしい注目を得ていないといえる。なぜなら、進化理論の創始者である Charles Darwin 自身が「種の起源」で生物の進化の事例と人工物の進化の事例を類型として評価しているのをはじめとして、生物学的な進化はしばしば人工物の設計と照らし合わせて説明・議論されるほどに設計の諸問題と進化理論の提供する知見の適合性が高いと認識されているからである。そのため本稿では既に一定の成果を挙げ議論が成熟している他の進化的な研究プログラムを参照しつつ、デザイン学の分野において進化理論を基盤として議論する際に特に問題となるアイディア（以降「理念」とする）と人工物の関係について主に論じることにする。

　工業デザインの分野では、進化という言葉は製品のプロモーションで用いられたり、新商品の開発を説明する際に安易に用いられる。「進化しつづける掃除機」とか「退化した車のデザイン」、「企業の遺伝子」「前モデルからの正統進化」といった用法は、18 世紀的用法であるか混同されていると Langrish は指摘する [4]。このような捉え方の問題は、掃除機や企業が「進歩」しているという前提にもとづいている点である。社会科学においてもしばしば、進化はあらゆるタイプの進歩や向上をさして用いられる用語である。これらは、暗闇で長年生息してきた結果失われたモグラの視力のような退化も進化であると捉える「非進歩的」な生物学的な進化とのアナロジーにはほとんど耐えない。本稿では、このような「進化とはよりよくなっていくことである」というポピュラーな理解ではなく、生物学的な進化理論の知見にもとづいて設計における進化について考察する。具体的には、設計理念が人工物に落とし込まれる道筋とその関係性について進化の文脈で説明する。本稿の主張は、人工物は淘汰の単位ではない [2][4] が、設計は進化するため [5][6]、人工物もまたその影響を直接に、または間接的にうける [7] というものである。

本稿の目的

　デザイン学が自然科学的な性質をもちえていないのは、その反証可能性の低さと並んで、方法論はまだしも演繹できるような理論が見当たらないことにある。生物学においても同様の困難はつきまとう。二重螺旋構造の発見で有名なCrick は「集団遺伝学は科学ではないと言わざるをえない」[9] と主張する。その理由の説明は金子と池上[10] がわかりやすい。「過去からの出来事の連鎖が分離不可能に積み重なっているような、進化の問題は、科学の対象にならないのではないかとしばしば言われてきた。何が必然で何が偶然か議論ができないからである」。このように、進化理論を科学と認めない立場はデザインを科学と認めない立場と類似する。しかし自然科学においても、反証不可能なプログラム仮説を補助仮説として導入することを認める立場からは、進化理論は科学である。そして何より進化理論は生物学の発展に大いに貢献している。進化理論をデザイン学に適用する研究プログラムも、生物学的進化理論との完全なアナロジーには耐えないにしても、設計が生成される複雑なしくみを解きほぐすための強力なツールとなるのではないかと考える（同様の立場をとる進化設計学の論文には例えばWhyte[11] がある）。

　本稿の目的は、既往研究のレビューをとおして進化理論が設計を解きほぐすための有用な視点を提供しうることを説明したうえで、進化理論を設計に適用する際に注意すべき設計理念とその設計表現型の区別について論じることである。本稿では生物学的進化理論の提供する知見を用いて人工物の関係性を検証することが有用であるか、また生物学的な進化との相違のみを論じ、進化理論を適用する上で検証が必要になる諸条件の詳細や、設計の進化的な振る舞いに関するシミュレーションなどについては他稿に譲る。

仮説

　前項で本稿の目的を述べたが、その議論を整理するために、以下に本稿で主張する仮説を列挙する。

　本稿の仮説は「設計は進化するが、人工物は淘汰の単位ではない。また、人間の延長された表現型でもない」である。

　　　　　　　　　[A] 設計は進化する。

仮説 [A] は次の 2 仮説 [A-1][A-2] を説明することで演繹される。

[A-1] 設計は文化の部分集合である。
[A-2] 文化は進化する。

仮説 [A] をもとに、次の仮説 [B] を提起する。

[B] 人工物は淘汰の単位ではない。

仮説 [B] は次の 2 仮説 [B-1][B-2] を説明することで演繹される。

[B-1] 人工物は設計の表現型である。
[B-2] 表現型は一般に淘汰の単位ではない。

仮説 [C] は補助仮説を必要としない。

[C] 現代的な人工物は人間の延長された表現型ではない。*

これらのうち、[A-1] は一般的に受け入れられていると判断し（たとえば Dennett[2]、Kauffman[7]、Arthur[8] は人工物やその司る機能や価値の進化が文化進化に内包されるという前提で論じている）、本稿でもこれを前提として用い、詳しく扱わない。以下では議論が必要となる [A-2] と [B-1][B-2] についてそれぞれ詳しく説明していく。

デザインと設計の用語上の定義

ここで、本稿におけるデザインと設計という言葉の使い分けについて説明する。

生物学で用いられる「デザイン」という用語と、デザイン学ほか文化研究で用いられる「デザイン」は異なる意味をもつ。生物学では、この世界の全ての実現している蓄積した構成と構造をデザインと表現することが多い。たとえば

---

*　（編者注）「延長された表現形」については p.264 以降参照。

シカの角は淘汰によりデザインされた性質だし、タンパク質の構造もデザイン
であり、縄張りや言語もその範疇に含まれる。本稿でもこのような生物学的用
法に従い、「デザイン」という言葉を用いる場合、人を含むあらゆる自然現象が
なした蓄積的な進化のプロセスの結果を指すことにする。

　一方、文化の文脈ではデザインは人間によって蓄積された知識に限定される
ことが多い。例えば Dawkins は、人工物を「デザインされたもの」であるとし
てデザイン物体 designed object とよび、生物や石などを「デザインされたかの
ように見えるもの」としてデザイノイド物体 designoid object という造語を考案
している。しかし Dennett は、デザイナー不在のデザインであっても進化さえ
あればデザインが可能であることを強調し、生物や石などもまたデザインされ
た物体であるとして双方ともにデザイン物体と呼称するように提案する。その
かわり「ある機能を満たすようにデザインされたかのように見えるもの」、例
えば SF 映画に登場する非現実的な宇宙船（実際ははりぼて）こそがデザイノイ
ド物体であると再定義しており、本稿でも Dennett の立場を採用する。

　本稿においては、「設計」は人間によって蓄積された人工物に関する知識と、
その発露としての製品などの人工物を指すことにする*。上述の Dennett の主張
に照らし合わせても、設計は狭義のデザイン、デザインの部分集合であるという
ことができる。

生物進化

　仮説 [A-2] で述べた「文化の進化」について説明するには、そもそも進化と
は何かについて説明する必要がある。本節では進化生物学と文化進化の関連に
ついて説明する。

　Darwin が 18 世紀中頃に提案した進化理論は、現在に至るまでさまざまな反
駁を受け、そのたびに修正と新理論を追加しながら姿を変えて生き抜いてきた。
こんにちでは進化生物学はあらゆる生物学の基盤となっている。

---

*　　指示は設計を含むが設計はあらゆる指示をさすわけではない（デザイン⊃指示⊃設計）。

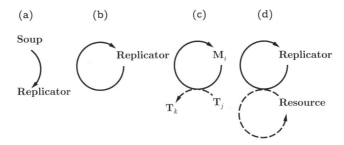

図 1　真の自己複製子 replicator のふるまい

進化の定義

　ここまで注意せずに進化ということばを用いてきたが、その定義はまちまちである。進化の概念は本稿において極めて重要であるため、本項で一度明らかにしておく。

　進化理論は理論群であり、その全容を説明するのは困難である。エッセンスだけ取り出すと、「ある事物の継承される変異が淘汰されるとき、その事物は必ず進化する」という理論のことを指す。これは汎用の表現である。生物学においてはより厳密さを求めて「個体群内での遺伝子型の頻度の変化」と定義されることが多い。もう少し寛容な定義では「世代を経るごとに生物の性質が変わっていくこと」とされる。しかし、個体や個体群、遺伝子型、世代などにあたるものがはっきりしない設計や文化進化の文脈では、このような進化生物学における定義を転用することはできない。本稿の冒頭で述べたように、設計や文化進化を論じる際には、Arthur[8] が行ったような、次のふたつの意味の分離が極めて重要である。

　P：「バレエやイングランドのマドリガルの『進化』のように、何かが段階的に発展すること。これは狭い意味での進化、あるいは『発展』である。

　Q：「もうひとつは、初期集団からの共通の系譜という結びつきで関連している集団がたどってきた過程だ。これが完全な意味での進化」である。

　発展や進歩を示唆する前者 P の用法が、本稿冒頭で述べた「掃除機の進化」といった 18 世紀的な用法である。後者 Q の用法が、非進歩的な進化であって、本稿での用法である。

生物の自己複製子と表現型

　生物にかぎらず、あらゆるタイプの進化を理解するには自己複製子と表現型のコンセプトが極めて有用である。自己複製子とは何らかの方法で自らの複製をつくるものである。自己複製子は生物の遺伝子を念頭において考案されたものだが、その定義は遺伝子にとどまらず、文化にも適用できることを後で述べる。

　最初期の地球には混沌とした分子のスープ Soup があり、そこから何らかの方法で自己複製子が生成された（図 1-(a)）と考える。実線は、そこから何かが「生成」されていることを表す。遺伝子は自己複製子である。図 1-(b) の自らに回帰する実線は「自らを生成する」自己複製の回路を表している。自らを複製する際、周囲の資源を消費しなければ増えられないことを勘案した図が図 1-(c)である。T はテープ Tape、M はテープを読み込むマシン Machine である。破線は何かが矢印の先の対象へ「奉仕」する関係を表している。この反応を化学反応のように表現すると、金子と池上を参考にすると次のようになる[12]。生物 M_i が食物 T_j を読み込み、2 個体に増え、環境への影響 T_k を残す。

$$M_i + T_j \Rightarrow 2\,M_i + T_k$$

　ここで T_j は食物や太陽光など環境からの資源、T_k は排泄物や死体などの環境への影響と読み替えることができる。実際には、開かれた系である地球においては、環境には再生能力があると考えてよい。そのため、図 1-(d) 中 Resourceで示したように資源側も自己複製的なふるまいをしていると捉えられる*。

　つぎに表現型 phenotype について説明する。生物学において表現型とは、見かけに表れる遺伝子型のおよぼす効果、性質、形状のことである。身体は遺伝子にとって最もわかりやすい表現型の例である。たとえばビーバーの遺伝子にとってビーバーの身体は自身の表現型である。ビーバーのような多細胞生物は「細菌のように永遠に分裂を続ける不死の運命」を放棄した[13]。「精子と卵子を生む生殖細胞だけが、不死の可能性を維持している」[13]。その引き換えとし

---

*　記法は Ikegami と Hashimoto によるテープ・マシンの自己複製ネットワーク[14] に類似させている。ただし、当該論文と本稿の理論的な連続性は失われている。またこのダイアグラムにおいては、情報とエネルギーと物質の流れを意図的に混同している。これは生物学において遺伝子に記載された情報と生殖細胞という物質を明確に分離する必要がないのと同じ理由付けで正当化される。

て多細胞生物は生殖細胞以外の細胞の死を「発明」した。自己複製子である生殖細胞にとって、表現型である肉体は、短期間のみ使役して使い捨てる、その場限りの道具にすぎない。すなわち、生物学において〈[B-2] 表現型は一般に淘汰の単位ではない〉といえる。ただし、表現型の助けなくして自己複製子は自らを複製できない。そのため、表現型の性能は自己複製子の複製の成功度のめやすである子孫の数を左右する。

文化進化という考え方の重要性

　前項では自己複製子とその表現型の関係を一般化して説明した。文化の進化の重要性は社会科学の分野のみならず、生物進化の観点からも重要である。たとえば、進化生物学者 Maynard Smith と Száthmary[15] は、文化が人間の行動の産物であるからには、また人間が生物の一種であるからには文化も生物学からアプローチされなければならないと考えている。「生物学者は言語の起原だけでなく、儀式によって社会化される能力も説明しなければならないと思われる」[16]。同様に「進化生物学者なら〔中略〕こう言いたいだろう。どんな器官についても、もちろん言語装置も含めて、その起原は熟考されるべきである」[17] としている。このような考えから、言語の進化に関しても触れている。類人猿に話すことを教える際の困難のひとつが、類人猿の発音できる音素 phoneme（物理学における素粒子に相当するような、これ以上分割できない発音）が人類に比べて少ないことであった。「解剖学的には、人類は咽頭が下がって、発生できる音の範囲が増した。ただし、ものを食べたり飲んだりするときに喉を詰まらせる機会が増えたことは致し方ない」[18]。このように、文化の進化や設計の進化を論じる際には、基盤となる生物（設計の場合は人間）の進化との関連を無視することはできない。文化や道具の進化は人間の進化に強く依存しているし、また人間の進化には文化や道具の進化が影響を及ぼしているからである。

仮説 [A]: 設計は進化する

　前節では生物の進化について設計の進化に関連のある部分だけ要約して簡単に説明した。人間の進化と文化の進化は相互に影響しあう。現代のダーウィン

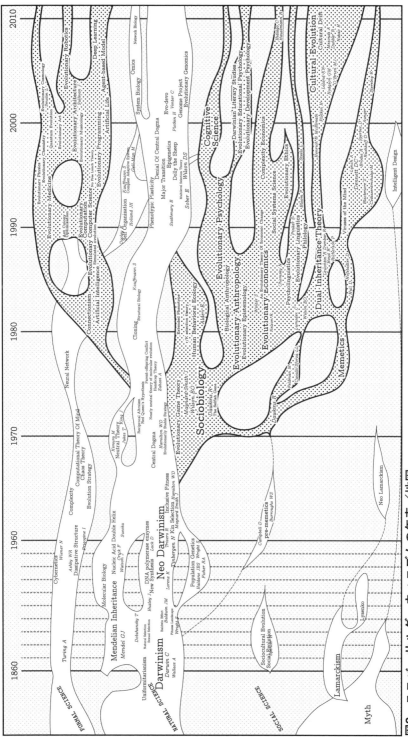

図2 ユニバーサルダーウィニズムの年表／地図

主義であるネオダーウィニズムは生物学の主流としての地位を獲得した。しかし研究者たちはそれには飽きたらず、進化理論の適用の拡張に拡張を重ね、ユニバーサルダーウィニズムとして生物以外の分野にも浸透する一派を形成した*。その受容の年表を図2に示した。ほとんどあらゆる分野へダーウィニズムが影響を及ぼしてきた状況を概覧できる。上部に形式科学（数学など）、中央に自然科学、下部に社会科学に属する諸学問をおいた。本稿の位置付けはユニバーサルダーウィニズムと総称される濃い網掛け部分の理論群の一末端である。進化のアルゴリズムの現実的かつ理論的な応用は、遺伝的アルゴリズムのような形式科学で多く行なわれてきた（図2中上方に伸びた腕）。生物学以外の自然科学もまた進化の思想の影響を受けている。とくに社会科学に対しては大きな影響を及ぼした（たとえば長谷川ら[19]やHodgson[20]を参照）。図2中下方に伸びた腕が社会科学への影響である。ユニバーサルダーウィニズムにおいては、「生物が進化するメカニズムと文化が進化するメカニズムはさまざまな点で似ている」という視座から多様な分野で進化生物学の知見が応用されてきた。文化の進化は、生物の一種であるところの人類の所作であるからには進化生物学の範疇でもあるし、また社会科学全般が進化理論の黎明期から社会ダーウィニズムなどをへて取り扱ってきた話題でもある。本節では、前節の議論をもとに、仮説 [A]、特に〈[A-2] 文化は進化する〉について説明する。

ミーム論

　ミーム meme の概念はDawkins[21]によって導入された。ミームとは、一言でいえば人の脳を媒介として模倣される情報のことである（Dawkins[21]**）。ただミームの定義は曖昧で研究者によってまちまちに設定されている。というのもミームの実体が確認されていないからで、さまざまな説明を簡便にする作業仮説ととらえたほうがよい[2]。比較的わかりやすい定義をいくつか紹介する。

---

*　　しかし、たとえば、浮気をしないつがいは生命全体ではまれ「である」という命題を、まれ「である」のだから人間でも浮気を容認する「べきである」という命題に読み替える誤謬によってしばしば貶められてきた。本稿もまた、人工物の設計が進化のアルゴリズムのプロセスであるという仮説の検証のみを目的としている。

**　Dawkins はミーム論 memetics の創始者であるとされているが、本文[22]や巻末で Maynard Smith が述べているようにこの著書は既に研究された Popper や Cavalli-Sforza, Cloak, Sperber らの内容の寄せ集めとその推進である。Dennett はミームの考えが「人間界の分析に対して、正当には評価されていないが強力な役割を持っている」[23]として Dawkins の考えをさらに推し進めている。

　ミームは、赤いとか丸いとか、暑さ、冷たさといった単純観念のことではない。むしろアーチ、車輪、衣類を身につけること、正三角形、暦、脱構築主義のような「はっきりと記憶できる単位にまで仕立て上げられた、複合観念」であると Dennett は定義する[2]。Dawkins は、「交響曲全体の流れから抜き出すことができるくらい十分に目立ち、しかも覚えやすいある楽句」ほどのスケールのものを一つのミームとしている[24]。Brodie は「その存在が自身の複製を他人の心の中へつくってしまうことのある心の中にある情報の単位」としている[25]。

　まとめれば、自己複製子であるミームは人の脳から人の脳へと伝播する、文化的な遺伝子のような存在である。ライオンにとってシマウマが生活・繁殖に必要な資源にすぎないように、ミームにとって、人の脳は繁殖に必要なデバイス、またはフィールドにすぎない。Dennett は「私の脳というのは、他人の観念という蛆虫どもが、自分のコピーをいわば情報のディアスポラとしてあちこちに送り出す前に一息入れる、肥だめのようなものだ」と表現した[26]。重要なのは、伝播しコピーされるたびにその受容のされ方が違うということである。たとえば講義を受けて何か新しい事実を学んだとしても、あなたの受け取り方と隣に座っていた人の受け取り方が全く同じだということは考えられない。このように変異したコピーが個々人の脳に存在することになり、その優劣を競って自然淘汰され、ミームは進化する。文化はそのような情報の総体だから、もしミームが存在するのならば、〈[A-2] 文化は進化する〉。前述のとおり、[A-1] は一般的に受け入れられている。そのため [A-2] によって仮説〈[A] 設計は進化する〉は説明される。

i-culture と m-culture

　前項では、ミームを導入することによって〈[A-2] 文化は進化する〉を説明できることを示した。ミームは有用な考えではある[4]が、問題も山積している。本項では、ミームを i-culture と m-culture の２つに分類することで議論を整理する。

　利己的なふるまいをする遺伝子のみが安定して進化できたという利己的な遺伝子論では、自己複製子の複製の能力を支え、増強するための道具としての身体（表現型）をヴィークル（乗り物）に例える。ヴィークルの概念は、文化における複製や模倣の単位と定義されたミームにも拡張できる。それが次に述べる i-culture と m-culture の分類に対応する。

i-culture = ミーム

Cloak[27] はミーム論の先駆けであり、Dawkins[21] 以前にミームと同等のものを i-culture と m-culture に分離して整理した。i/m-culture による文化の分類は、むしろミームの定義よりも明確であると Rose は主張する[28]。Dawkins も同様に、「不幸にして、クロークとちがって、ラムズデンとウィルソン〔中略〕のように、わたしも一方の自己複製子としてのミームそのものと他方の『表現型効果』あるいは『ミーム産物』との区別をあまりはっきりさせていなかった。ミームは脳のなかに住み着いている情報の単位（クロークの『i 文化』）とみなされるべきである」と認めている[29]（Lumsden and Wilson に関しては[30]）。

i-culture は、脳神経細胞のネットワークという物理的なフォーマットをとり、直接複製されることはない文化的な知識、指示 instructrion であり、前述のDawkins の言うような狭義のミームとほぼ同値である。なぜ直接コピーされないかというと、i-culture はそれ自体では非力な情報＝コードであり、それをデコードする環境が必要だからである。遺伝子も同様に、それ自体では単なる塩基の塊であり、それが生物として機能し、環境と相互作用するには、遺伝子の情報を読み取って解釈し、物質に適用するような、つまり情報をデコードしてくれる環境が必要である。

m-culture = ミームの表現型

m-culture はその直接の表現型としてわれわれの間を行き交う物体 material の文化である。m-culture に含まれるのは、次の3つである[28]。

(A) 物理的な構造（たとえばネジ自体）。

(B) (A) 同士の関係性（たとえばボルトとナットの関係性）。

(C) 文化的指示である i-culture のふるまいによってもたらされる (B) の変化や維持（たとえば女性の社会進出によるズボンの形態的な変化）。

もともと、i-culture と m-culture の分類は「動物の文化についての行動学は可能か？」という動物行動学からの発想である。m-culture に対応するものとして、Dawkins は「言語、音楽、視覚イメージ、服装のスタイル、顔や手のジェスチュア、さらにはシジュウカラの牛乳瓶の蓋あけとかニホンザルの小麦洗い」のような技術を挙げている[29]。

仮説 [B]: 人工物は淘汰の単位ではない

　本節では、上述した i/m-culture の関係を用いることによって、設計と人工物の進化についての理論を展開する。

仮説 [B-1]

　設計は Cloak の i-culture のクラスに属する「理念」と、m-culture のクラスに属する「人工物とその現実世界でのふるまい」によって構成される。これらを i-design と m-design と名づけてしまってもよいのだが、p255 デザインと設計の用語上の定義で述べたように、本稿では概念を区別し、わかりやすくするために設計とデザインを使い分け、人の営為によるデザインを「設計」とよんでいる。そのため、前者を設計理念、後者を設計表現型とよぶことにする。設計理念は、思い込み、信念、思想、造形のクセ、車輪の概念、ネジの概念、スマートフォンの概念など個人の脳に巣食う設計に影響を与えるさまざまなものをさし、設計表現型は設計理念の帰結、発露としての具体的な特徴やその働き、車輪そのもの、ネジそのもの、スマートフォンそのものなど身の回りにあって事物や人間に影響を与えているものをさす。すなわち、〈[B-1] 人工物は設計の表現型である〉。

仮説 [B-2]

　本項では、前半で生物における表現型と延長された表現型が自己複製子とどのような関係にあるのかを、後半では人工物と人間の遺伝子がどのような関係にあるのかを説明する。本節では特に、〈[B-2] 表現型は一般に淘汰の単位ではない〉、また延長された表現型も淘汰の単位ではないことを説明する。ここで**延長された表現型** extended phenotype とは、鳥の巣やビーバーのダムのような、個体群における遺伝子のシェアをあげるためのツールのことである。巣をつくれないツバメに比して巣をつくるツバメは子孫をより確実に残せるだろう。ツバメの遺伝子が身体という表現型を製造することで自らの複製の量と質を向上しているのと全く同様に、ツバメの遺伝子はツバメの肉体を使役して使い捨ての巣を製造させることで自らの複製の量と質を向上している。本稿で用いてきた模式図を応用しながらその関係を以下に説明する。

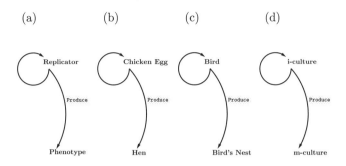

図3　さまざまな表現型と延長された表現型のふるまい

自己複製子と表現型

　本項では、Rose[28] を参考に、さまざまな自己複製子とその表現型について模式図（図3）を用いて説明する。図3はさまざまな自己複製子と、その複製に貢献する表現型の関係を表している。左から、(a)（一般化した）自己複製子 Replicator とその表現型 Phenotype の関係を表し、(b) は (a) の一例として鶏卵 Chicken Egg（自己複製子）とメンドリ Hen（表現型）を表している。(c) は自己複製子を含む表現型が延長された表現型を製造している例である。鳥 Bird が前者であり、鳥の巣 Bird's Nest が後者である *。(d) は i-culture と m-culture である。それぞれについて以下で説明する。

　図3-(a): 自己複製子とその表現型を一般化して模式図にすると図3-(a) のようになる。自己複製子はループ状の自己複製回路をもち、自らの複製を幇助させるために表現型を製造するが、表現型は使い捨てであり、自らに回帰する実線（自己複製回路）をもたない。

　図3-(b): 前述のとおり、(b) は (a) の具体的な例である。この例は、Darwin と同時代の作家 Butler による「メンドリは鶏卵がもうひとつの鶏卵をつくるための方策にすぎない」という名言をもとにしている。

　図3-(c) で説明したように、実際に表現型を製造するには環境からの投資が必要だが、表現型の説明には無関係であるため省略している。この回路におい

---

*　鳥は真の自己複製子ではないが、図3では簡単のため省略し、自己複製子と表現型を総体として扱っている。つまり (c) の Bird はその中に Egg が、さらにその中には Replicator が入れ子状に存在することを示唆している。

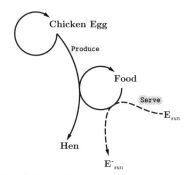

図 4　図 3-(b) を厳密に表現した場合

て、環境からの投資（平たくいえば身体を製造するためのエサ）を明示し、正
確に記述すれば図 4 のようになる。Chicken Egg が Hen を製造するには何らか
のエネルギー供給が必要であって、エネルギー供給は独立栄養生物による産物
Food、たとえば植物の表現型である穀物を介してであり、その究極のソースは
太陽の発するエネルギー E_{sun} であることを示している (p.258 脚注参照)。

延長された表現型

　次に延長された表現型について説明する。延長された表現型は表現型によっ
て製造されるが、その根本的な原因は遺伝子である。

　図 3-(c): 簡単のために Bird が自己複製子であるかのように表記しているが、
この場合の Bird は巨視的に捉え、遺伝子による自己複製回路を内包したコンパ
クトな表記である。つまり、自己複製子を含む鳥 Bird が巣 Birdnest を自らの繁
栄のために製造する。

　Bateson[31] は延長された表現型 [32] の考えに疑問を呈し、「鳥はある巣がもう
ひとつの巣をつくるための方法であると主張してよいことになりはしないか」
と述べた。つまり、鳥によって製造された巣も、鳥というヴィークルを使役し
て自己複製していると表現できるのだから、自己複製子として扱われるべきで、
鳥はその巣に使役される表現型ということになってしまわないかということで
ある。たしかに鳥の巣だけに着目すれば、鳥は甲斐甲斐しく鳥の巣を製造し、補
修している。しかも自らの子孫にも同様の巣を作るような遺伝子を遺すことで
さらに次世代の巣を作らせており、その自己複製と繁栄に貢献している、と捉

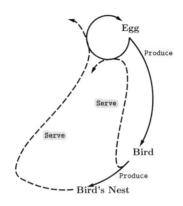

図5　自己複製子とその表現型，さらにその延長された表現型のサービス／プロダクト関係．図3-(b), (c) を合成した回路

えられなくもない。しかしこの考えはDawkinsにより次のように反論されている。「生物学的発生において因果関係の矢は遺伝子型から表現型へのびており、逆の矢印はない」[33]。つまり鳥の巣は表現型の一種であって、鳥の巣を原因として遺伝子型とその進化が生じるわけではない。手助けするだけである。鳥にとって、また鳥の遺伝子にとって、鳥の巣は使い捨ての道具にすぎない。「鳥も鳥の巣も、遺伝子が次の遺伝子をつくるのをたすける」[34]。たしかに鳥の巣の究極の原因は自己複製子である遺伝子なのだが、鳥の肉体という表現型を介して製造される。「巣は真の自己複製子ではない。なぜなら、巣をつくるときに、いつも使う草のかわりにマツの針葉が偶然に混入するといった〈非遺伝的〉『突然変異』が起きたとしても、それは将来の『巣の世代』において永続しないからである」[35]。

　図5は図3-(c) を詳しく記述したものである。自己複製子 Egg が、鳥 Bird を製造し、さらに延長された表現型である巣 Bird's Nest を製造するが、両者ともその究極の目的は Egg の自己複製の手助けであることを表す。

　このような回路と設計理念は人工物を生成する回路と類似性がある（**図6**）。以下にそれぞれを詳しく説明する。

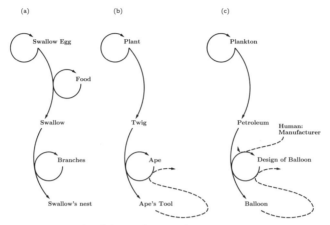

図6 いろいろな自己複製子が表現型を介して製造する，延長された表現型や人工物の製造回路

自己複製子と表現型のアナロジー

図6-(a): たとえば自己複製子（ツバメの卵 Swallow Egg）が孵化してエサ Food を食べて表現型（ツバメ Swallow）の肉体を製造し、表現型がさらに延長された表現型（ツバメの巣 Swallow's nest）を製造する回路を表す。この図では Swallow's nest が何に奉仕しているかを省略しているが、**図5**と同様、Swallow Egg の自己複製を助けている。

図6-(b): 生物（樹木 Plant）によって製造された表現型（枝 Twig）が、生物の表現型（サル Ape）によって材料として用いられ、延長された表現型（アリの巣からアリを釣るために使う道具 Ape's Tool）が製造される回路を表す。

図6-(c): 表現型（古代のプランクトン Plankton）の死体が長期間の圧力により石油 Petroleum となり、それが材料として設計理念（風船のデザイン Design of Balloon）によって用いられ、人工物（風船 Balloon）が製造される回路を表す。人間（製造者 Manufacturer）はその生産を助ける環境的な要因と位置付けられる。

このように設計が人工物を生産するまでの回路は一般化できる。共通して言えることは、生物にとっての表現型や延長された表現型も設計にとっての表現型も、自己複製子によって生成されるヴィークルであり、自己複製子の淘汰の結果に大いに貢献するものの、〈[B-2] 表現型は一般に淘汰の単位ではない〉ということである。これを平易に表現すれば、一般に表現型は使い捨ての道具に

すぎず、進化の主人公ではない。

　ここまでで〈[B-1] 人工物は設計の表現型である〉上に、〈[B-2] 表現型は一般に淘汰の単位ではない〉ことが示されたので、〈仮説 [B] 人工物は淘汰の単位ではない〉について説明できた。次節では仮説 [C] を説明する。

仮説 [C]: 現代的な人工物は人間の延長された表現型ではない

　文化はそれ自身の自己複製子をもっており、それは非遺伝子的な道筋で複製と変異を繰り返すのではないかということを前節で説明した。それでは人工物は延長された表現型だろうか。結論から言えば、現代的な人工物は設計の表現型であって（表現型の一種であるから、生物の表現型と同様に図 3-(d) のように表現できる）、人間の遺伝子の延長された表現型ではない[32]。以下でその説明をする。

　図 6-(a) と (b) は本質的には同質の関係を表している。どちらもある生物の肉体が自らの遺伝子を繁栄させるために奉仕しており、環境に存在する無生物（ナッツを砕く際に使われる石など）や他の生物の表現型（枝や骨、毛など）を用いたさらに有効な奉仕を編み出している図式であり、これを延長された表現型と呼んでいる。どちらの場合も図 5 に関連して説明した通り、奉仕している先は究極的には生物的な遺伝子であり、その繁栄のための道具である。一方図 6-(c) は図 6-(a),(b) と類似してはいるものの、根本的に異なる。奉仕先が生物的遺伝子ではなく、文化的遺伝子だからである。

　Dawkins は、人工物の成否が人間の遺伝子に影響を与えないことを根拠にこう述べる。「非専門的な人たちにこんな質問をされることがある―そして私はよくそのような質問を受けるのだが―建物は延長された表現型なのか、と。私は違うと答える。建物の成否がその建築家の、遺伝子プールでの遺伝子頻度に影響を及ぼさないからだ」[33]。「遺伝子プールでの遺伝子頻度に影響を及ぼさない」というのは、建築家がどのように素晴らしい建物を設計しようと、建物の出来が建築家の子孫を殖やす一助にはならないのならば、建築家としての能力は遺伝子に奉仕していない、ということである。また、現代的な建物を設計す

る能力は遺伝子に刻み込まれたものではなく、つまりコーディングされていない類のものだ。人間の遺伝子にとっての延長された表現型と呼べるものは、生得的な行動や、反応の類である。ツバメが巣をつくるように本能的には近代的な製品を設計できない（学習が必要）のだから、それらはわたしたちの延長された表現型ではない。同様に、養子縁組や避妊のような延長された表現型では説明できないたぐいの、個体の適応度を上げないどころかむしろ下げるような人間の文化的な習性は、「読書、数学、ストレスによる病気などと同じように、その遺伝子が自然淘汰を受けてきた環境と根本的に異なる環境で生活している動物の産物である。人工的世界における行動の適応的意義に関する問いは提出されるべきではない」[36]。Dennett はもう一歩踏み込んで「学者は蔵書がいま一つの蔵書を作り出す手段にすぎない」と主張した。ただしこの主張は Rose[28] によって「やや言い過ぎ」であると指摘されている。Dennett の発言を前述の延長された表現型と同じように解釈すれば、学者が蔵書の延長された表現型になってしまうからである。より正確には、「学者も蔵書も、その『運搬』している文節（という i-culture）の複製を助ける」と表現するべきである。このとき蔵書は文節の表現型である。ミツバチがクローバーの繁殖を幇助するのと同じように、設計理念は、人工物と人間に幇助されて繁殖するのである[4]。

こうして、人間という生物の行為の結果であるはずの人工物のうち、特に近代登場したものの相当部分は、個体の遺伝子の繁栄に貢献していないため、延長された表現型とはよべないことが説明できた*。〈[C] 現代的な人工物は人間の延長された表現型ではない〉。人工物はあくまでそれらが司る機能や思想、指示などの複製に貢献する表現型である。これが、ツバメの巣と人工物の最大の違いである。前者は製造者の遺伝子の繁栄に奉仕するが、後者は設計理念の繁栄にのみ奉仕し、製造者の遺伝子の繁栄には貢献しない。

---

* 自らの遺伝子が原因でない上に、その繁栄に貢献しない道具（最たる例では避妊具）を大々的に用いる生物は今のところ人類のみが知られている。このことは、仮説 [B-1] を補強する。

設計の進化と生物の進化のちがい

　前節では人間以外の動物による製造物と人間による製造物のちがいについて述べた。ここまで本稿では設計の進化と生物の進化の類似点や、理念とその繁栄に供する実体の有用なアナロジーについて中心的に論じてきた。本節では、設計の進化だけでなく非生物にダーウィン主義的な進化理論を適用する諸分野でも同様に議論されている争点をとりあげることで、それらの注意すべき相違点について簡単に論じる。

　はじめにでも述べたが、進化理論の適用は生物学にとどまらない。重要なのは、進化設計学をふくむユニバーサルダーウィニズムは生物学的進化理論を他分野に厳密に適用する研究プログラムではないため、厳密なアナロジーは成立しないのがむしろ自然であるということだ。

自己複製子が記述されている物質の未発見

　ひとつめの争点は、多くの人工物に関して、生物的進化理論において基幹となる遺伝子に対応する物体の存在が確認されていないことである。染色体は、その生物の「設計図」であると俗に表現される。しかし、人工物を製造するための設計図もしくは三次元データなどが人工物にとっての自己複製子であると捉えることはできない。なぜなら、印刷された設計図もまた独立して設計された人工物であるうえ、それだけでは製造できないからである。人工物がその繁栄に供する自己複製子はあくまで設計理念と本稿で呼称する理念、知識、指示であって、紙に印刷されたインクではない。設計理念、もしくはi-cultureが完璧に記述された「データ」が発見されればこの問題は解決するが、おそらくこのようなデータは脳内のシナプスどうしのつながりそのものとしてあらわれているとされており、その確認が極めて困難であるという現実的な問題が残る[37]。

突然変異率の高さ

　ふたつめの争点は、そのような自己複製子が想定できるとしても、設計進化をふくむ文化の進化においては、個体群の持続が不可能なレベルに突然変異率が高いのではないかという指摘である。そもそも生物進化における遺伝子の突然変異率は、その変異を修復する機能が染色体自体に備わっていることもあり

極めて低く（一般に 10 億から 100 億分の 1 程度といわれている）、高い突然変異率をもった個体群はその適応価が低下し、絶滅に至ることが知られている。それに対し文化においては伝承の際にしばしば改変され、短期間のうちに原形をとどめない変化を遂げることが多い。この相違を認めたうえで、それでもなお文化進化が可能なメカニズムを提唱する理論も存在する[38]。

個体や種の概念の曖昧さ

　つぎの争点は、個体や種といった生物学的なクラスの概念を援用しにくいことである。生物学においてもそれらは便宜的な区分であり、たとえば真核生物以外では明確な境界線はひけない。しかし人工物では個体の概念はそれに輪をかけて曖昧である。ひとつの携帯電話のなかにはネジやガラス板などほかの個体が住みついており、個々の電子チップには無数の特許が適用されており、複雑に相互作用しておりどこからどこまでがひとつの設計理念とその表現型であると決定することが難しい。ただしこの生物と人工物の相違は、設計の進化を論じるにあたってそこまで大きな問題を引き起こさない。じゅうぶんに小さく、また明確に周囲と異なるひとつひとつの形質に関して、独立に検証すればよいためである（たとえば Nia らによるヴァイオリンの f 字孔の進化[39]）。

進化のアルゴリズムの不整合

　さいごに、進化のアルゴリズムそのものに関する議論である。たとえばダーウィン的な進化が成立するのに必要十分条件であるといわれる「遺伝」「変異」「適応度の差（淘汰）」について、それらが設計のプロセスで十分観察できるのかについては今後の研究課題である。そのうえ、生物以外の事物の進化においては、生物学においては否定されているラマルク的な獲得形質の遺伝に類似した進化のプロセスが大幅に採り入れられて議論されることが多い。たとえば図2でも登場した進化経済学においては、経済や社会で発生する進化を説明するメカニズムはダーウィニズム的な、ランダムな変異を原動力とするメカニズムよりも、ラマルク的な（とはいえ生物学で用いられるラマルキズムという用語とはまた異なった意味合いを持つ）目的追求的・合目的的なメカニズムであるとする論者が主流である[40]。

おわりに

　本稿では、文化的な自己複製子のひとつ「設計」のメカニズムの解明のために進化生物学の理論を拡張して適用することを提案した。特に、人工物とその製作の原因となった設計の理念が、生物学でいう「表現型」と「遺伝子型」に対応するという仮説のもと、より厳密に因果関係を区別し、設計進化の主体は今のところ*遺伝子型にあたる設計理念であり、人工物ではないという見方を示した。さらに、人工物は鳥の巣のような延長された表現型の一種ではないかという可能性を否定し、あくまで個々人の脳を伝播する設計理念の依り代であると主張した。

　進化理論から設計の研究と設計の提案に援用した研究は歴史が浅く、前節で述べたとおり不確定な領域も広く残されている。これらの問題は本稿が拠り所としたミーム論など文化進化に関する諸理論の抱える問題と同等のものである。しかしながら、このような文化的遺伝子の進化からのアプローチは、とらえがたい現象である「設計」とそのメカニズムを把握し、解明するには極めて有用であるということができるだろう。

　本稿は [41] を加筆修正した。

参考文献

[1]　ドーキンス R（2018）魂に息づく科学：ドーキンスの反ポピュリズム宣言．大田直子（訳）．早川書房．155
[2]　デネット DC（2000）ダーウィンの危険な思想：生命の意味と進化．山口泰司，大崎博，斎藤孝，石川幹人，久保田俊彦（訳）．青土社
[3]　ドーキンス R（2014）遺伝子の川．垂水雄二．草思社．189
[4]　Langrish JZ（2004）Darwinian Design: The Memetic Evolution of Design Ideas. Design Issues. 20. 4–19
[5]　Steadman P（2008）The Evolution of Designs: Biological Analogy in Architecture and the Applied Arts, Revised, Routledge
[6]　アーサー WB（2011）テクノロジーとイノベーション：進化／生成の理論．有賀裕二（監修），日暮雅通（訳）．みすず書房．27
[7]　カウフマン S（1999）自己組織化と進化の論理：宇宙を貫く複雑系の法則．米沢富美子（監訳）．日本経済新聞社
[8]　アーサー．前掲書．23
[9]　デネット．前掲書．142
[10]　金子邦彦，池上高志（1998）複雑系の進化的シナリオ：生命の発展様式．朝倉書店

---

*　本稿では「今のところ」を追記した。コンピュータウイルスのように自己複製子と認められそうな人工物もあるし、タンジブルな人工物でも自らを忠実に複製できるようなマシンが将来登場したら自己複製子と認めざるを得ないように思う。

[11] Whyte J（2007）Evolutionary Theories and Design Practices．Design Issues．23(2)．46-54
[12] 金子ら．前掲書．204
[13] カウフマン．前掲書．312
[14] Ikegami T, Hashimoto T（1996）Active Mutation in Self-reproducing Networks of Machines and Tapes．Artificial Life．2(3)．305-318
[15] メイナード＝スミス J，サトマーリ E（1997）進化する階層：生命の発生から言語の誕生まで．長野敬（訳）．シュプリンガーフェアラーク東京
[16] 同書．378
[17] 同書．407
[18] 同書．440
[19] 長谷川寿一，長谷川眞理子（2000）進化と人間行動．東京大学出版会
[20] ホジソン GM（2003）進化と経済学：経済学に生命を取り戻す．西部忠（監訳），森岡真史，田中英明，吉川英治，江頭進（訳）．東洋経済新報社
[21] ドーキンス R（2006）利己的な遺伝子．日高敏隆，岸由二，羽田節子，垂水雄二（訳）．紀伊國屋書店．増補新装版．
[22] 同書．294
[23] デネット．前掲書．xii
[24] ドーキンス．前掲書（2006）．302
[25] ブロディ R（1998）ミーム：心を操るウイルス．森弘之（訳）．講談社
[26] デネット．前掲書．458
[27] Cloak FT（1975）Is a cultural ethology possible?．Human Ecology．3(3)．161–182
[28] Rose N(1998)Controversies in Meme Theory．Journal of Memetics - Evolutionary Models of Information Transmission．2
[29] ドーキンス．前掲書（2006）．212
[30] Lumsden CJ, Wilson, EO（1980）Translation of epigenetic rules of individual behavior into ethnographic patterns．Proceedings of the National Academy of Sciences．77
[31] Bateson P（2006）The nest's tale．A reply to Richard Dawkins．Biology and Philosophy．21．553–558
[32] ドーキンス R（1987）延長された表現型：自然淘汰の単位としての遺伝子．日高敏隆，遠藤彰，遠藤知二（訳）．紀伊國屋書店
[33] Dawkins R（2004）Extended Phenotype – But Not Too Extended．A Reply to Laland, Turner and Jablonka．Biology and Philosophy．19．377–396
[34] ドーキンス．前掲書（1987）．192
[35] Dawkins R(1978)Replicator selection and the extended phenotype．Zeitschrift für Tierpsychologie．51．184-200
[36] ドーキンス．前掲書（1987）．80
[37] スペルベル D（2004）文化へのミーム的アプローチに反論する．佐倉統，鈴木崇史（訳）．ダーウィン文化論：科学としてのミーム．産業図書．181
[38] 中尾央（2010）ミームという視点．科学哲学科学史研究．45–64
[39] Nia HT, Jain AD, Liu Y, Alam MR, Barnas R, Makris NC(2015)The Evolution of Air Resonance Power Efficiency in the Violin and its Ancestors．Proceedings of the Royal Society A．471．20140905
[40] ホジソン．前掲書
[41] 松井実，小野健太，渡邉誠（2016）設計理念の進化とその表現型としての人工物．デザイン学研究．63(3)．1-10．DOI: 10.11247/jssdj.63.3_1

スイスアーミーナイフの文化系統学的分析

Cultural phylogenetic analysis on Swiss Army Knives

松井 実

Cultural phylogenetics is one of the approaches in cultural evolutionary studies and is widely used to study often tangled phylogenetic relationships between cultural traits such as transcriptions. Design study researchers often use correspondence analysis to reduce dimensions of design products' characters described by binary categories, and subsequently group them by cluster analysis. This approach is problematic from evolutionary perspective. Here we perform phylogenetic network analysis on 61 Victorinox-related Swiss Army Knife models, consisting of 55 contemporary models, five historical models, and one original 1891 Swiss army model which did not originate from Victorinox.

文化系統学を現代的なデザインに適用する

　文化とは非遺伝的な方法で人から人に伝達され学習される情報である[1][2][3]。言葉や人工物の仕様、音楽などの文化的な形質は親世代から子世代へ、また同年代どうしでも伝達されるが、その際に伝達ミスや、意図的な改変が加わって、オリジナルとは多少異なる新しい形質となることがある。すると新しい形質は、伝達を媒介する人の意識や、人工物を複製する際の材料などの資源をめぐって、古い形質と競争することになる。よりコピーしやすかったり憶えやすかったり性能の高い変異はより好まれ、集団内での頻度を増大させるかもしれない。このようなアルゴリズムのプロセスを生物進化のそれと類似したものとみなし、その知見を活かすのが文化進化学である。本稿では**文化系統学**を現代的なデザインに援用する。考古学的遺物から写本、言語まで様々な対象の形態や特徴をコード化し、それを生物での形態や塩基配列と類似したものとみなすと、生物進化での系統学の理論やツールを応用することができ、条件さえそろえば文化形質の先祖子孫関係の推定や先祖形質の復元が可能となる[4][5]。

文化系統学を物質文化に適用した先行研究

　言語や単語の類似と差異をもとにコードした文化系統樹の研究は数多い。文化系統学研究の嚆矢としてしばしば取り上げられるのが Nature 誌に掲載されたチョーサーのカンタベリー物語のプロジェクト[6]で、写本群の類縁関係をSplit Decomposition[7]を用いて復元している。多数のインドヨーロッパ語族の語を調べ、その広がりを説明する有力な仮説のうち片方を支持するような系統樹を復元した研究[8]、アフリカから日本まで広がる赤ずきんの物語の類縁関係の復元[9]、三十六歌仙絵巻の背景に書かれた歌の差をコード化して特定の写本の他の写本との位置関係を論じた研究[10]などともある。架空の生物ポケモンも独自の進化を遂げているという仮定のもと、系統樹を推定したユニークな試みも、公式・非公式な方法、アカデミア・アマチュア問わず幾度となく取り組まれている[11]。また、非遺伝的な方法で伝達される情報を含む物体は生物に由来するものだけでなく、そのため生物系統学の理論とツールは非生物物体にも適用できる場合がある。たとえば恒星の化学的な組成を遺伝子と見立てて星の系統樹を構築した研究がある[12]。

　もっとタンジブルな**物質文化**を対象にした系統樹復元もいくつかある。1万年前のアメリカ先住民の使用していた鏃の形態をコード化して、最節約法によって鏃の先祖子孫関係を推定した研究[5]は初期の代表的な例としてよくとりあげられる。イランの民族的なテキスタイル[13]やインドネシアの絣織りイカットのパターン[14]の歴史的な伝達を文化系統樹によって分析した研究、弦付きのプサルテリー（中世ヨーロッパの箱琴）とコルネットの近縁関係をそれぞれ復元した研究[15]がある。

　翻って、こんにちのデザイン業務でデザイナーが主に関心のある産業革命以降の技術に依存した製品をとりあげたものは多くない。自動車のデザインをコード化し、車体の OEM 供給を遺伝的交流とみなせるとした研究[16]や、デジタルカメラのスペックを主成分分析し、主成分得点の距離を用いて系統樹を構築した研究がある[17]。

　こういった数理的・公式な手法とは対照に、様々な分野で歴史的に連綿と行われてきた、非公式な、コード化などのプロセスを経ずに、自己・他者の経験・知識に基づいた系譜の直接的な構築も無視できない。生命の樹をはじめ、枝分

かれを含む樹状図は経時的な類縁関係の遷移を理解・整理・描写するのに太古から用いられてきた[18]。太刀川の著書[19]において図14-7で示されている「乗り物の系統樹模型」はその典型例である。系統樹と名付けられているが進化系統学に由来した公式のプロセスを経ずに構築されている。トヨタ自動車による自社の関係部署への聞き込みをもとに構築された壮大な系統図[20]も同様の非公式な手続きによっている。また、Jencksによる20世紀の建築の動向をネットワーク状に図示したもの[21]は、図示範囲を20世紀建築に限定しているため共通の根がなく、一見すると系統樹としての要件を満たしていないように思える。しかし、合流・分岐を含み、かつ「いったん衰えた流行が、しばらくしてから他の、新しく生み出されたかのような流行の源流となっている」ことを明示している点でユニークな系統ネットワークの描画方法といえる。

デザイン学におけるデザインの系統とデザインの分類

　デザイン学の分野では、特定のカテゴリーに属する商品群のもつ特徴をもとにコード化し、対応分析・数量化理論 III 類などをもちいて2軸上にマッピングする手法はしばしば用いられる。さらにコード情報をもとにクラスター分析でいくつかに分断したグループをもとに今後の製品開発の方向性などを議論することがある。クラスター分析のなかでも**無加重平均距離法** (unweighted pair group method with arithmetic mean, 以下 UPGMA) を用いた分岐図の推定は初期の分岐学ではしばしば使われてきた[22]が、近年ではその用途で使われることはほとんどない。可能な限り想定したくない、実情にそぐわない仮定をおいているためだ。まず、UPGMA は対象が同時にサンプリングされたと仮定する。たとえば2021年に一斉に発売されたノートPCの機種を分析するのならば妥当な仮定といえるかもしれないが、そうではなく、設計時期が大きく異なるものどうしを比べる場合には UPGMA は不適切になる。さらに UPGMA は「分子時計の仮説」に依拠しており、全操作単位に同じ速度で変化が蓄積してきたと仮定する。これもまた、一度設計され製造されればほとんど変化しない製品をサンプリングし、その設計をもとにさらに設計に変化を加えた製品をサンプリングしたい場合には不適切な前提である。そのため、進化速度が系統間で異なる時は推定を誤るこ

とが多いことが知られている。

　UPGMA の登場後、現実の生物では仮定することが難しいこれらの条件を前提にしなくても系統樹を算出する方法が多数提案されている。近隣結合法（以下 NJ 法）はその代表例である [23]。ただし、近隣結合法はあくまで枝分かれのみを前提にしており、遺伝子の水平伝播のような形質の合流は起きないものと想定している。文化進化においては形質の合流・流用が生物よりも格段に起きやすい。そのため、曖昧な先祖子孫関係を樹状ではなくネットワーク状に描画できる、Median-Joining 法 [24] や NJ 法を拡張した **NeighborNet**[25] のようなアルゴリズムが用いられる。

　単純に構成された近代以前の考古学的遺物ならともかく、電気製品などの最新のデザインされた製品の形質は高度に複雑化している。デザインの形質をなるべく偏見なく網羅的にコード化しようとすると、データは高次元になりやすい。デザイン学やマーケティングでは、そのような高次元データの説明には主成分分析や主座標分析、**対応分析** / 数量化理論 III 類のような次元圧縮が用いられ一定の成果を収めてきた。しかし、これらの方法では個々の類「似」関係は把握できても、それぞれの類「縁」関係についてはわからない。

　本稿では、スイスアーミーナイフを対象に、製品情報を収集し、形質をコード化し、類縁関係のネットワークを図示した実践例について説明する。

図1　スイスアーミーナイフの例　Victorinox 社の *Pioneer*

スイスアーミーナイフの類縁関係と類似関係

　スイスアーミーナイフは代表的なポケットツールであり、とくに Victorinox 社のマルチツールは 2017 年までに累計 5 億本が製造され、ニューヨーク近代美術館にデザイン作品として収蔵されている。本稿では現代的で離散的な文化形質の典型として Victorinox 社のマルチツールナイフの機能と特徴をコード化したデータをもとに系統樹を推定した。

　スイスアーミーナイフの機能を司る部品の形質は「セレーションナイフ（波刃）」や「フィリップスねじ」など多岐にわたり、全商品ラインナップはその組み合わせにすぎないといっても過言ではない。しかし、長い歴史を通じて、たとえばフィリップスねじそのものの長さ違い、大きさ違い、材質違い、色違い、細部の仕上げの違いなどのバリエーションは乏しい。そのため、その機能＝部品があるか / ないかの二値で人普のモデルから最新モデルまではばすべての特徴をすくいとることができるという非常に離散的な形質を有する。これが変化の早い製品カテゴリ、例えばパソコンであれば、30 年前と今の「ディスプレイ」が、基盤となる技術も大きさも分厚さも色再現性も明るさも湾曲具合もリフレッシュレートも違うことを無視して同一の部品と認めるべきなのかを客観的に判断することは難しいだろう。もしくは、100 年前の車の車輪と最新の車の車輪を同一のものとしてカウントしてよいのかにも疑問が残るが、スイスアーミーナイフの場合は、50 年前のボトルオープナーと最新モデルのボトルオープナーで細かい差異を除けばほぼ同一の部品を使っている。しかも、スイスアーミーナイフには、某がデザインしたとか、ハンドルを特殊な素材にしたとか、日本限定のモデルといった差別化要因もあるにはあるが、主力製品となるまでには至っていない。主に部品の単純な組み合わせだけをもとに消費者が製品を選定するという、現代的な商品には稀有な性質をもつ。そのため、部品・機能の有無で商品の形質の相当部分が正確に記述でき、基準が明確で評価者によるブレが生じにくいという利点がある。

歴史的なスイスアーミーナイフのモデルとその系統

　Victorinox 社の代表的なモデルは以下のような進展を遂げている。1890 年

に全長 100 mm の *Modell 1890* がスイス軍用ナイフとして制式採用された。こ
のモデルの製造者としてドイツゾーリンゲンの Wester & Co. 社とほぼ同時に
Victorinox の創業者である Karl Elsener の所有する社が製造を開始した。つまり
このモデルは Victorinox 社によるオリジナルのデザインではなく、借り物のデ
ザインである。とはいうものの、*Modell 1890* は Victorinox 社で *Soldier* ナイフ (独
語 : Soldatenmesser) と名付けられ、それ以降の Victorinox 社のマルチツールナイフ
の源流となっているため、外群として最適なモデルとなっている。

Modell 1890 は 1901 年と 1908 年に少しずつアップデートされてきたが、真に
Victorinox 社オリジナルの製品は、1897 年に登場した *Soldier* に続く 2 つめのモ
デルであるコルク抜きと小さな刃を備えた 91 mm の *Officer* ナイフ (独語：Schweizer
Offiziers- und Sportmesser) である。このモデルの大成功をもとに多様な組み合わせで
製品が展開されていき、*Officer* というモデルは廃盤になったものの、いまや 91
mm クラスは Victorinox 社の製品ファミリーのなかでも代表的なクラスで、多
くのバリエーションが製造されている。

図 1 のモデルは、アルミによる外装が特徴的な、分厚いツールなど堅牢さを
売りとしている 93 mm クラスの先駆けである 1957 年の *Pioneer* モデルであり、
日本では *Soldier AL CV* の名で販売されているが、1957 年当時からほとんど仕様
が変更されていない。1961 年の *Soldier* モデルのリニューアルは *Pioneer* とほと
んど同一であり、2008 年の 111 mm の現行 *Soldier* モデルに取って代わられるま
でスイス軍をはじめとしたいくつかの軍隊に供給され続けてきた。

スイスアーミーナイフの文化形質データを収集する

Victorinox 社のマルチツールナイフのうち、コード化開始時点 (2016 年) の
Victorinox Japan が 2016 年に発行したカタログ[26] に掲載されている以下の代表
的な各製品クラスの 55 本をコーディングした (カッコ内にモデル本数の内訳を表記)：
58 mm (11), 84 mm (7), 91 mm (19), 93 mm (2), 111 mm (16)。外群として前述
の Wester & Co. 社が最初に製造を開始した最初のスイスアーミーナイフ *Modell
1890* (系統樹上では OUT.Wester として表記) をコード化した。*Modell 1890* から派生し
ていった歴史的なモデルの経緯を復元できるかを検証するため、先述の *Soldier*
ナイフ (100mm: 1901 年 ; 1908 年 , 93mm: 1953 年 ; 1961 年) と 1891 年の初の 91mm モデ

ル *Officer* ナイフの合計 5 本を考古学的モデルとして OLD の接頭辞つきで表記し
コード化し、合計で 61（55 現行、5 廃盤、1 外群）モデルとなった。製品選定・コー
ド化には有志が歴代のスイスアーミーナイフをカタログ化している SAKWiki.
com[27] に掲載されたデータと、Victorinox 社の公式ウェブサイトを主に利用し
た。

　スイスアーミーナイフは比較的商品寿命が長いが、製造中止になったモデル
も数多い。特に 2017 年には 111 mm クラスのモデルの大半が新しいロック方法
に世代交代した。本稿では 2016 年時点で販売されていたものを主に取り扱った。

収集した文化形質データを系統樹推定ツールで読み込むためのコード化

　先述の通り、物質文化のコーディングはカテゴリー変数が用いられる。離散
的な特徴の有無：たとえば突起あり・突起なしを 0/1 で表すのは比較的単純で
わかりやすく、コード化する特徴さえ選定できれば観察者で差もでにくい。連
続値で表されるような形状をコード化する場合、形態測定学などを用いない場
合、いくつかのカテゴリーに分けて離散化することが多い。たとえば全長を
0.5m 以下、0.5 ~ 1.0 m、1.0 m 以上の 3 カテゴリーにわけて、それぞれにあて
はまるかどうかをコード化するような方法がありうる。これでは閾値を観察者
が自由に決められるため、恣意的になりかねない。本稿では対象の離散的な設
計を活かし、連続値のカテゴリー化はツールの合計レイヤー数に限定して行っ
た。たとえば図 1 に示したモデルは 2 レイヤーに合計 4 ツールが格納されてい
るので、レイヤー数は 2 になる。レイヤー数は、ほぼ同数がカテゴリーに格納
されるよう、1 レイヤー；2 レイヤー；3 レイヤー；4 レイヤー；≥ 5 レイヤーの
5 カテゴリーに分割した。

デザイン学で多用される対応分析では類縁関係を示すことができない

　前項でコード化したスプレッドシートのうちカテゴリー変数のみを抽出し、
マトリックス化し R[28] の FactoMineR[29] の MCA( ) 関数を用いて対応分析の得点
を第 2 次元まで算出した。散布図を図 2 に示す。クラスとはナイフを畳んだ状
態での全長の意味である。対応分析では、どのモデルとどのモデルが類「似」
しているかはよく捉えられているが、それらの類「縁」関係までは示すことが

できない。

　典型的なデザイン学での分析ではこのあと前述のクラスター分析を用いてい
くつかのクラスターに分断し議論することが多いが、デンドログラムを断ち
切ってクラスターを図示するにとどまり、類縁関係を進化の観点から議論され
ることはない。

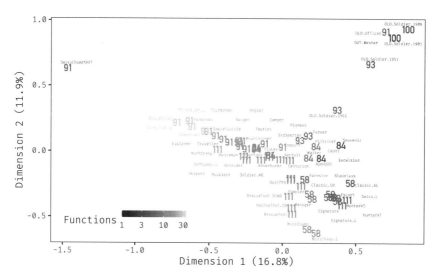

図 2　対応分析得点散布図　寄与率を軸名に付記した。93 とか 111 という数字
はモデルの全長、クラス（mm）。モデル名はモデル全長の付近に付記した。カ
ラースケールは各モデルの機能数（対数変換）。左上の SwissChampXAVT は例
外的に非常に機能数が多い（81）ため範囲から除外しグレーとした。

文化系統ネットワークを推定する

　カテゴリカル変数のみを取り出したマトリックスを R から表形式 (tab separated
values, `.tsv`) に出力した。バイオインフォマティクスのソフトウェア Mesquite
v3.70 を用いて `tsv` ファイルを系統樹推定ソフトで一般的に使われている
NEXUS ファイル（`.nex` ファイル）に変換した。不要な行を取り除いてから系統
ネットワークを推定するソフトウェア SplitsTree4 (v4.17.1, build 28 Jun 2021)[30] を用い
て推定した NeighborNet 法による系統ネットワークを図 3 に示す。距離行列に

は二値情報の距離算出に向く Hamming 距離（SplitsTree4 上では Uncorrected_P）を利用した。また、単系統を成している NeighborNet 法はオーバーフィットすることが知られている[31] ため、ウェイトが 0.003 以下の枝については非表示にするようフィルタした。ネットワーク全体の、樹状⇔ネットワーク状の度合いを表す各タクソンの delta（0-1 の値を取り、高いほどネットワーク的）値の平均値は .2947 であり、その Q 残差平均は .0399 であった。各枝には 1000 回 Bootstrap 法で複製した際に出現した割合を百分率のポイントで表記した。

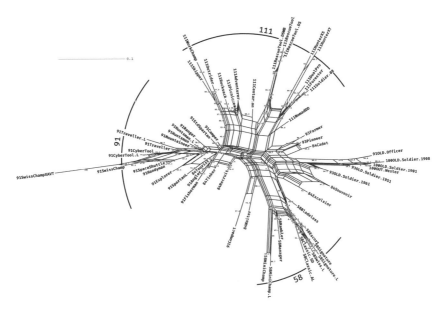

図 3　NeighborNet 法によって推定されたスイスアーミーナイフの系統ネットワーク　58 mm クラス、91 mm クラス、111 mm クラスは（いくつかの例外を除き）単系統を成している。

現代的なデザインの情報を解きほぐす

　本稿では現代的なデザインとしてスイスアーミーナイフを系統ネットワーク

に図示した。Tëmkin と Eldridge[15] は「生物学での系統樹解析の手法の流用は、伝統に沿った伝達が強固でありつつ文化間での交流は比較的弱い物質文化以外にはあまりむかない」と結論づけており、本稿が扱ったような、産業革命以降の「迷路的な labrynthine」情報の流れの上で形成されるデザインシステムへの適用に警鐘を鳴らしている。系統ネットワークはそのような迷路的なデザイン情報の錯綜を解きほぐす有用な一手である可能性を示唆する。本稿では系統ネットワークの図示にとどめてとりあげなかったが、伝統的なクラスター分析手法（UPGMA 法）、系統樹推定（NJ 法）との比較や、祖先形質の推定・復元によるプロトタイプの形質の推定精度などについて分析したため、近く発表する予定である。

　本稿のコードは Github[32] に、データは Google Spreadsheets[33] に公開している。本稿は [34] を加筆修正した。

参考文献

[1] Boyd R, Richerson PJ. Culture and the evolutionary process. University of Chicago Press; 1985.
[2] Richerson PJ, Boyd R. Not by genes alone: How culture transformed human evolution. University of Chicago Press; 2005. doi:10.1111/j.1467-9744.2009.01005.x
[3] Mesoudi A, Whiten A, Laland KNN. Towards a unified science of cultural evolution. The Behavioral and brain sciences. 2006;29: 329–347. doi:10.1017/S0140525X06009083
[4] O'Brien MJ, Lyman RL. Cladistics and archaeology. 2003. p. 304. Available: https://uofupress.lib.utah.edu/cladistics-and-archaeology/
[5] O'Brien MJ, Darwent J, Lyman RL. Cladistics is useful for reconstructing archaeological phylogenies: Palaeoindian points from the Southeastern United States. Journal of Archaeological Science. 2001;28: 1115–1136. doi:10.1006/jasc.2001.0681
[6] Barbrook AC, Howe CJ, Blake N, Robinson P. The phylogeny of The Canterbury Tales. Nature. 1998;394: 839–840. doi:10.1038/29667
[7] Bandelt HJ, Dress AWM. Split decomposition: A new and useful approach to phylogenetic analysis of distance data. Molecular phylogenetics and evolution. 1992;1: 242–252. doi:10.1016/1055-7903(92)90021-8
[8] Gray RD, Atkinson QD, Greenhill SJ. Language evolution and human history: what a difference a date makes. Philosophical transactions of the Royal Society of London Series B, Biological sciences. 2011;366: 1090–1100. doi:10.1098/rstb.2010.0378
[9] Tehrani JJ. The phylogeny of little red riding hood. PLoS One. 2013;8. doi:10.1371/journal.pone.0078871
[10] 矢野環. 古典籍からの情報発掘：再生としての生命誌、ネットワーク. 情報知識学会誌. 2007;17: 235–242. doi:10.2964/jsik.17_4_235
[11] Shelomi M, Richards A, Li I, Okido Y. A phylogeny and evolutionary history of the Pokémon. Annals of Improbable Research. 2012;18: 15–17.
[12] Jofré P, Das P, Bertranpetit J, Foley R. Cosmic phylogeny: Reconstructing the chemical history of the solar neighbourhood with an evolutionary tree. Monthly notices of the Royal Astronomical Society. 2017;467: 1140–1153. doi:10.1093/mnras/stx075
[13] Tehrani JJ. Patterns of evolution in Iranian tribal textiles. Evolution: Education and Outreach. 2011;4: 390–396. doi:10.1007/s12052-011-0345-2

[14] Buckley CD. Investigating cultural evolution using phylogenetic analysis: The origins and descent of the southeast Asian tradition of warp ikat weaving. PLoS One. 2012;7. doi:10.1371/journal.pone.0052064

[15] Tëmkin I, Eldredge N. Phylogenetics and material cultural evolution. Current Anthropology. 2007;48: 146–154. doi:10.1086/510463

[16] 前田実里, 鈴木麗璽, 有田隆也. 自動車のデザインの系統樹からみるミームの系統進化. 人工知能と認知科学 第71回. 2009. pp. 357–358.

[17] 土松隆志, 石山智明, 伊藤則人, 柴田裕介, 池上高志. 系統樹から迫る非生命進化：鳥居・雑煮・デジタルカメラ. 2005.

[18] 三中信宏, 杉山久仁彦. 系統樹曼荼羅：チェイン・ツリー・ネットワーク. NTT出版；2012. Available: https://ci.nii.ac.jp/ncid/BB10696401

[19] 太刀川英輔. 進化思考：生き残るコンセプトをつくる「変異と適応」. 海士の風；2021.

[20] トヨタ自動車. トヨタ自動車75年史車両系統図. 2012. Available: https://www.toyota.co.jp/jpn/company/history/75years/data/automotive_business/products_technology/vehicle_lineage_chart/vehicle_lineage_chart/index.html

[21] Jencks C. Jencks' theory of evolution, an overview of 20th Century architecture. Architectural Review. 2000;1241: 76–79.

[22] Sokal R, Michener CD. A statistical method for evaluating systematic relationships. University of Kansas Science Bulletin. 1958;38: 1409–1438.

[23] Saitou N, Nei M. The neighbor-joining method: a new method for reconstructing phylogenetic trees. Mol Biol Evol. 1987;4: 406–425. doi:10.1093/oxfordjournals.molbev.a040454

[24] Bandelt H-J, Forster P, Röhl A. Median-joining networks for inferring intraspecific phylogenies. Molecular Biology and Evolution. 1999;16: 37–48. doi:10.1093/oxfordjournals.molbev.a026036

[25] Bryant D, Moulton V. Neighbor-Net : an agglomerative method for the construction of phylogenetic networks. Molecular biology and evolution. 2004;21: 255–265. doi:10.1093/molbev/msh018

[26] ビクトリノックス・ジャパン. MULTI TOOLS. 2016.

[27] Sakwiki.com. [cited 3 Oct 2021]. Available: https://sakwiki.com/tiki-index.php

[28] R Core Team. R: A language and environment for statistical computing. Vienna, Austria: R Foundation for Statistical Computing; 2022. Available: https://www.R-project.org/

[29] Lê S, Josse J, Husson F. FactoMineR: an R package for multivariate analysis. Journal of statistical software. 2008;25: 1–18. doi:10.18637/jss.v025.i01

[30] Huson DH, Bryant D. Application of phylogenetic networks in evolutionary studies. Molecular biology and evolution. 2006;23: 254–267. doi:10.1093/molbev/msj030

[31] Gray RD, Bryant D, Greenhill SJ. On the shape and fabric of human history. Philosophical Transactions of the Royal Society B-Biological Sciences: Biological Sciences. 2010;365: 3923–3933. doi:10.1098/rstb.2010.0162

[32] Matsui M. phylogen: phylogenetic analysis of designed objects. 2021. Available: https://github.com/xerroxcopy/phylogen

[33] Matsui M. Dataset for swiss army knives. 2021. Available: https://docs.google.com/spreadsheets/d/1CMR07q3v-0UwosNtEHKAyekOpQTRj7dpLUb323dFt-E/edit?usp=sharing

[34] 松井実. スイスアーミーナイフの文化系統学的分析. 東京都立産業技術大学院大学紀要. 2021;15: 85–90. Available: https://aiit.ac.jp/documents/jp/research_collab/research/bulletin/2022_bulletin.pdf

9

ポ ケ モ ン カ ー ド ゲ ー ム の 非 ラ ン ダ ム な 設 計 過 程

Non-random design process of Pokémon TCG

松井 実

Abstract: The cultural evolution research program is useful for quantitatively explaining complex creative processes such as design. From a design studies perspective, its variation generation process is particularly intriguing. However, cultural transmission theorists have long modelled the process as a random novelty invention, far from the real-life modern design process. Here we show an instance of such a deviation, examining how the design process and its resulting frequencies of Pokémon TCG variants deviate from a neutral model in which an agent randomly selects and introduces cultural variants to the population from the design pool.

> 伝達の不在 [...] は、個々人がある形質を採用するか否かを完全に自身の好みだけによって意思決定する状況を指す。これは、見た目しか違わない変異体（機能をもたず、ゆえに適応価に紐づいていない）を個人的な好みで選択する極端な例ともいえる。我々の見地からは、(個人的な好みとは) 実質的にランダムである。
>
> ———Bentley & Shennan "Cultural transmission and stochastic network growth"[1]

設計過程のランダム性と伝達過程のランダム性

　こんにちの人工物の設計がなぜこうも多様で、その栄枯盛衰がなぜあるのかについてはさまざまな考察がなされてきた。設計に限らず社会科学分野全般においてイノベーションのメカニズムの説明は全体の合意をみていない[2] が、文化進化学の諸手法によってその統一的な説明ができるようになるのではないかと期待されている[3]。生物学において**進化**とは、遺伝子の変異の頻度が経時的に変化することをさす。進化のプロセスの適用範囲は生物に限らず、変異・継承・選択のメカニズムがそろっていれば必ず起きる。文化の諸研究に進化学の諸手法を応用するのが**文化進化学**という研究プログラムである[4]。人工物や設計が進化するという考えはデザイン学の研究者も独自に探究している[5]。

Petroski は人工物の形態が既往の人工物の失敗に従うせいで多様になると説明し[6]、Steadman は建築の多様性の説明を進化に求めた[7]が、いずれも進化学との関連は薄い。Langrish は設計の多様性の根本原因を設計と生物進化の関連にあるとし[8]、イノベーティブな設計の探索が Norman と Verganti[9] が前提とするようなラマルク的なものではなくダーウィン的な設計プロセスであるとした[10]。これらは多くが理念的な議論であり、数理モデルや文化進化学の諸手法を現代的な設計に応用したものはあまり多くない[11][12][13]。

現代的な文化に文化進化学の諸手法を適用する

　非遺伝的な方法で他者に伝達される情報の進化を扱う学際的研究領域である文化進化学においては、伝統的な部族社会での行動の伝達をしばしば扱ってきた[14][15][16][17][18]。文化進化学の適用範囲は現代的な文化にも及ぶ。しかし、特に産業革命以降急速に増加した水平伝播[19]や、明確なデザイナーなしに集団的に形成されていく言語をはじめとした進化[15]ではなく、トップダウンに少数のデザイナーの生成した新奇の設計の拡散など、現代的な文化の進化に特異的な現象に対応するような理論的な拡張は分野の中心的な関心事とは言いがたい。特に、設計の観点からは最も興味のある変異の生成プロセスについては、今まで集団に存在したものと区別がつけられるものはすべて独立で新奇の変異であると仮定することが多い。これは現実世界での複雑な文化の拡散現象を数理的にモデルとして記述する際には有用な単純化だが、もし現代的な設計のプロセスとその生成物の多様性を文化進化学の観点から説明しようとするならより詳細な区別が必要であり、現代的な文化に特有のプロセスがあればそれにあわせて数理モデルも更新すべきである。

　本稿ではポケモン社の販売するポケモンカードゲーム（以下ポケモン TCG）を現代的なポップカルチャーの一例としてとりあげる。ポケモンフランチャイズ全体で定期的に追加されるポケモンのみをもとに指定された枚数ぶんだけ全くランダムにポケモンカードのデザインを生成するという非常に単純な変異生成過程を中立モデルとして構築し、その頻度分布がポケモン TCG の実際に販売されているカードのデータセットとどれほど乖離するかを数量的に分析する。ここで、広義のデザインプロセスは単に既存のもののバリアントを生み出すことだけではないが、以降、本稿では変異を生成する過程のことを設計過程とよ

ぶことにする。本研究は探索的データ分析を行い、中立モデルとの乖離をもちいてバイアスを検出できるという仮説以外は事前に設定せず、実データと中立モデルによるシミュレーションデータの可視化をもとに仮説を生成することを目的とする。

非ランダムな文化伝達過程の先行研究

　文化進化における**伝達バイアス**は、生物進化における自然淘汰に比されるプロセスであり、数々の研究でその検出が試みられてきた。Bentley ら [2][20][21] は集団遺伝学における Kimura ら [22] の無限長の対立遺伝子のモデルをベースとした中立説を応用し、**文化的浮動** cultural drift によって生じる**文化の中立進化**を数理的なモデルとし、実世界のデータの頻度分布と中立モデルによって生じる文化的形質の頻度分布を比較する方法を考案した。

　文化の中立モデルではある一定の集団サイズ N の集団を仮定し、**文化形質が**ある世代の N 体のエージェントから次の世代の N 体のエージェントへと受け渡されるとする。各エージェントは前世代のエージェントからランダムに1個体を選び、その個体が採用している文化形質を採用するか、もしくは一定の低確率（突然変異率）で社会的なプロセスによらない個体学習によって今まで集団に一度も登場したことのない新奇の文化形質を発明し、それを採用するとする。このようなシンプルなモデルによって経時的に生成された文化形質の頻度分布はべき乗分布に従うことが示されている [20][23][24]。

　Bentley ら [25] は**個人による決定** independent decisions* というもうひとつのモデルを提案している。Bentley らはこれをランダムな伝達過程というより非伝達過程として扱っている。前述のランダムコピーモデルと異なり、前世代における頻度に比例してコピーする確率が高くなるのではなく、頻度によらず前世代に存在する異なる文化的形質をひとつ選んでコピーする。この場合はすべての文化形質が各タイムステップで絶滅する確率は等しくなる。たとえ前世代で全体の99％が文化形質 A を、のこり1% が文化形質 B を保持していたとしても、次のタイムステップでAが絶滅して集団から取り除かれる確率はBと全く等しくなる。Bentley らは、このようなプロセスにおけるエージェントの振る舞いは純

＊　independent decisions の統一的な訳語はないため、ここではひとまず「個人による決定」とした。

粋に彼らの個人的な好みに立脚したものであり、好みは「実質的にランダム」であるとした。Mesoudi ら [23] も Bentley らに倣って個人による決定による伝達過程による文化形質の頻度分布が指数分布に従うことをシミュレーションで示している。

　松井らは実験室環境で伝達連鎖ネットワーク法によって数十世代にわたって複数の設計案を伝達してもらい、その集団に働く伝達バイアスの検出を試みた。ドローイング [26]、ロゴ、紙飛行機 [27] を題材にした。多くの実験条件において設計の形質の頻度は中立なランダムコピーモデルと同様のべき乗分布を示した。

設計過程のランダム性

　このように文化の伝達とそのバイアスのモデル化・検出法については文化進化の枠組み内で研究されているいっぽう、変異の生成過程については比較的単純な仮定ですまされることが多い。共通祖先を想定できそうな文化形質群について変異ごとの文化的な距離から文化系統樹を推定するようなアプローチは非常に多く実践されている [11][14][19][28][29][30][31][32] し、形質を数理的に計測して特徴をとらえることで変異をより量的に記述しようとする幾何学的形態測定学の研究 [33][34][35] もデザイン学の観点から興味深いが、伝達連鎖や文化形質の頻度分布の文脈においては変異の差についてはあまり詳細にモデル化されてこなかった。たとえば文化的伝達の研究では Wright-Fisher モデルを利用することが多いが、「ランダムな突然変異に似たプロセスによって導入される、今まで集団内では見られなかった新しいバリアント [36]」を**イノベーション** innovation と呼ぶことが多い [21]。イノベーションは集団にじゅうぶんに拡散することを要件のひとつとすることが多いため、集団に新たに登場してもよりすぐれた既存の競合に押されすぐに消えてしまう可能性がむしろ高い状況では、**発明** invention をあてたほうがよい [37]。イノベーションを「今までにあったものの改良」、発明を「完全に新しいものを生み出すこと」[38] としたり、変異を invention と borrowing にわけたりする [37] が、「今までにあったものの改良だとしても、これまでに存在したものとは区別可能な新しい文化形質が生み出されている」[38] ことを理由に、モデル上は「全く新しいもの」も「既存のものを改良したもの」も等しく新奇な変異が集団に導入されたと解釈してよいとすることが多い。

　また、たとえ既存のなにかを参考に新しいものをつくるよう明確に指示され

ていても、既存のなにかをどれくらい参考にしていたかを計測するのは困難な
うえ、既存のなにかと既存のなにかを組み合わせるよう明確に指示されていて
も、二者をどれくらいの割合で混ぜ合わせたかは計測が困難である。そのため
松井ら[26]においては既存のものの改良や既存のもの同士のハイブリッドの「新
奇度合い」を、全く新奇であるとする（新しく集団に登場したバリアントの適
応度を、そのバリアントのみのものとする）仮定から、半分くらい新奇である
とする（新しく集団に登場したバリアントの適応度を、もととなった既存の前
世代以前に登場したバリアントに半分還元する）、そして全く新奇でないとす
る（適応度をコピー元にまるごと割り振る）仮定の3種類でそれぞれ計算した。
ほとんどの実験設定でこれらの仮定による頻度分布の差はみられなかった。

　ランダムで意思の介在しない単純な精度不足によるコピーミスを、文化進化
研究では**文化的変異**cultural variation とよぶ。文化的変異の蓄積が性能の向上の
原動力となったとする Nia ら[39]のような例をデネットに倣ってバブルアップ
のダーウィン的な文化進化とすれば、ラマルク的なトリクルダウンの文化進化
として他人との社会的な交流や伝達によって得られた形質を個人的な学習過程
によって改変することで生じる誘導された変異がその対抗馬としてあげられる。

設計過程が意図の反映であれば、デザインは誘導された変異だ

　誘導された変異は文化進化学に特有の変異もしくはその生成過程である。い
わゆる「デザイン」「イノベーション」として社会に広まる、個人の意図の反映
としての文化形質は、誘導された変異の一種とみなすことができる。その生得
的な魅力・アドバンテージによって集団内の他人に広く拡散され伝達されてい
くというのが一般的なイノベーションの理解である。デネット[40]も我々こそ
が intelligent designer であるとし、Norman と Verganti[41]も自らが（設計に関し
ては）創造論者であると「有罪を認めて」いる。デザインとは意図の反映であ
るとする Ralph と Wand の定義[42]が広く受容されている。伝統的な文化や技術
はともかく、現代的な人工物の製造はたしかに非常に意図的に計画されている
ように感じられるものが多い。そのため、**ランダムコピーモデル**のような中立
モデルで仮定する、集団の全エージェントが等しく低確率で変異を作り出すと
いう「人類みなデザイナー」とする仮定は、高度に分業化がすすみ、一部の専
門的設計者が毎年いくつもの変異を提供し、その他大多数が特に何も創造する

ことなくそのトリクルダウン的恩恵に与るという現代的な設計をめぐる構図にはあまりよく合致しない。とはいえもちろん、ダーウィン的なバブルアップの文化進化が現代に至って消滅したわけでも重要性が下がったわけでもない。こういった現代的な分業が生んだトリクルダウン的な設計過程も、最終的な集団内での受容を生成側が意のままにコントロールできるものではないし、真に効果的なイノベーションが（少なくとも現状においては）漸進的な改善の連綿とした積み重ねのすえに生じるバブルアップ的な帰結であり続ける限り、現代の文化の進化を論じる際も既往の文化進化学研究と同等の視座を基本とすることに何ら変わりはない。

　デザイン研究の観点からは、集団に導入された発明がランダムな突然変異と同様のものであると仮定してモデリングするのは、あらゆる伝達は中立であるとモデル化するのと同様程度には単純にすぎる。通常、新たにデザイン的なバリアントを既存のデザインの組み合わせによって構成する際には幅広い選択肢がある。たとえばウェブサイトの文章のデザインであれば、無数の書体、ウェイト、色、行間、サイズその他諸々の属性がある。それらを組み合わせると、Dennett のいう天文学的に広大なデザイン空間[40]が存在する。しかし、テキストの機能的な役割を考慮すれば、これらのパラメータのうちいくつかは現実的な選択肢ではなくなる。たとえば 1 px のテキストは可能だが好ましくない。言いかえれば、ウェブテキストのような機能をもつ人工物のデザイン空間は本質的に、また客観的に劣っている。これが**内容バイアス**を生み出す。しかし、内容バイアスの有無に関わらず、機能を持つ人工物のデザインプロセスはランダムな要素をもつ、つまり確率的なモデルとして議論することができる。ウェブサイトの文章の例でいえば、本文のテキストサイズの分布は通常 16 px 付近で変動する。そのため、強く選好される「デザインパターン」がありつつも、ある程度のランダム性があると捉えることができる。

　機能的なデザインの設計過程に完全なランダム性を仮定することは不合理である。たとえば、中立的なデザイナーはフォントのサイズを 1-100 px の範囲の一様分布からサンプリングし、書体もランダムに選択するというような想定をしてしまえば、藁人形的な帰無モデルの誹りを免れない。そうではなく、デザインの範疇 / プール内の選択肢間の価値中立性 value-neutrality が合理的に想定できるような状況を考えてみたい。興味のある人工物の集団がそのような特殊

な条件を満たしていれば、そのデザインプロセスの価値中立性を評価する際に
対比させる適切な中立モデルとなりうる。私は、ポケモン TCG がまさにその
ようないくつかの特殊な条件を持ち合わせているために、**設計過程のバイアス**
について論じることができることを示していきたい。

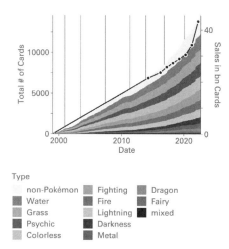

図 1　データシートに含まれるポケモンカードのタイプ別の累積枚数　黒線と
黒点はポケモン TCG の売上推移、右の軸（10 億枚）。縦灰色線は世代の区切り。
ポケモン TCG の発売日（1996 年 10 月）の売上を 0 とした。

ポケモン TCG は現代的な文化進化の分析に最適だ

　任天堂は現代的なイノベーションを数多く生み出しており、Norman と
Verganti[9] や Verganti も彼らの「意味のイノベーション」の文脈で論じている
とおり、現代的なポップカルチャーでのイノベーションの研究にむいた題材を
いくつも提供している。日本最古のトレーディングカードゲームであるポケモ
ン TCG もそのひとつであり、当初は任天堂が開発・販売していたポケモンフ
ランチャイズの一角を形成する。1999 年の登場以降 13 ヶ国語に翻訳され 77 国
で販売されている。2022 年 3 月に累積枚数が 432 億枚に達し[43]、世界最大の
TCG ブランドのひとつとなっている。図 1 にその販売累積枚数を掲載した。
　製品としてのポケモン TCG には、じつに様々な現代的な文化進化の要素が
同居している。ポケモンの選定のようなカードの企画からデータの設計、イラ

ストの制作、販売形態の改変といった上流の工程から、流通させる枚数の意図的な調整、封入のランダム性の制御、レアカードや強いカードのリセールバリューの変化、大会で使用される頻度の変化、プレイヤーの採用する戦略の変遷とそれにともなう禁止カードやルールの変更、さらにそれらが売上や評判というかたちで再帰的にポケモンカードデザインにおよぼす影響まで、伝統的な文化を主な対象としてきた文化進化ではあまり重視されてこなかったプロセスが多く介在する。製品の人気だけでなく不人気さまでが製造者のさじ加減次第で制御・計画できる点は、特に興味深い差異であるように思う。既往の文化進化研究では、人工物の機能的な側面、たとえば伝統的な文化における鏃の鋭さや石器の握りやすさのような性能の蓄積的な進化やその情報の拡散が特に興味深い研究対象となっている。いっぽう、ポケモンTCGではそれらオープンエンドのイノベーションとはうって変わって、カードの強さやレアリティ、装飾、封入頻度、ルールなどに加え、定期的なレギュレーション変更による自社製品の計画的陳腐化を生じさせるなど非常に広範にわたって販売側が強権的に制御したり、裏面のデザインの変更のような多数のカードに共通の変異を新しく大規模に導入したりできる点が大きく異なる。

　とはいえ、ひとたび製品が市場に至れば最終的にはほかのTCGやビデオゲームのような類似の製品と熾烈な競争に巻き込まれる。魅力の低いコモンカードは実際の対戦では使われず、大会で使用できるようなレアな強いカードが活躍したり、逆にカードとしては非常に弱いが非常にレアであるために一枚数億円で取引されるようなカードが生まれたりするなど、市場においては設計過程とは似ても似つかないダイナミクスに晒されることになる点も、ポケモンTCGを現代的な文化進化研究の魅力的な題材としている。

　このように数あるポケモンTCGの文化進化のプロセスから、私は設計過程にのみ選び出してフォーカスする。ポケモンTCGの設計は数量化が非常に容易であるために中立モデルも構築しやすく、上記のように多岐にわたる特異なプロセスのなかでもとりわけ扱いやすいためである。本稿ではデザイナーの思考をランダムな中立モデルでどこまで模せるかを検証した。デザイナーのリアルな思考結果は実際に発売されたポケモンカードに現れる。発売されたポケモンカードの頻度分布（p294「ポケモンTCGのデータセットを準備する」）と、てんでランダムに、その時点で発表されているポケモンのリストから適当

にポケモンを選び、ポケモンカードを作って発売する、いわば「盲目なデザイナー」としての中立モデル（p295「設計過程の中立モデルを構築する」）によるシミュレーション試行でのデータの差を p297「結果と考察：設計過程でのバイアスを検出する」で論じる。なお、本稿では英語版ポケモン TCG のみを対象とする。

ポケモン TCG のデータセットを準備する

ポケモン TCG の文化形質データを収集

　ポケモン TCG のデータは公式ウェブサイトからでも検索できる[44]が、全件を容易に入手することはできない。そこで有志の作成したスプレッドシート（以下「データシート」、[45]）からカードのデータを取得した。データシートに全シリーズの全カードがリストされているわけではないが、1999 年 1 月から 2022 年 9 月までに北米でリリースされた英語版の 125 セットに含まれる 14565 種のカード（12325 種類のポケモンのカードと 2240 種類の非ポケモンのカード）のデータを収集した。表記ゆれや誤表記、誤分類も修正した。これとは別に、コミュニティにより編集される Wiki である Bulbapedia からシリーズの発売日[46]、Pokédex 番号と世代[47]のデータを取得した。

データの概略

　図 1 に収集したデータの累積枚数をタイプ別に示す。ポケモンのカード以外の、トレーナーやグッズなどは non-Pokémon として集計した。Black Star Promo に関しては発売時期がまちまちのため、一律でシリーズの終わりの時期に設定した（他のプロットに関しても同様）。カードの番号、シリーズ名、発売日（シリーズ名を根拠に[46]より取得, 図 2- 左）、タイプ（図 2- 右）に加え、ポケモンのカードについてはそれぞれのカードの特徴〔ポケモンの名前の前後につく "V", "δ" のような属性や、"ガラル" や "Team" のような属性や「すがた」〕についてそれぞれあてはまるかどうかを真偽値でラベリングした。ポケモンのカード名のうち、ポケモン自体の名前以外は本稿では「修飾」として扱い、修飾つきのポケモンカードをそのポケモンのマイナーバリアントと、また修飾の有無にかかわらずそのポケモンのあらゆるバリエーション（抽象的な変異）を

バリアント（具体的な変異体）とよぶことにする。データセットはオンライン
上で公開 [48] し、データ分析や可視化の R コードも公開 [49] した。

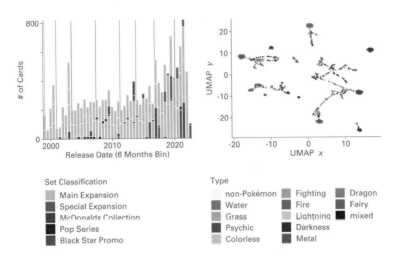

図2　左 —— それぞれのセットの販売時期とそのカードの種類数。縦灰色線は世
代の区切り。　**右 —— 各ポケモンの全期間をつうじたタイプ別の割合を入力とし
た UMAP による次元圧縮**（例えばくさタイプとして 7 枚、はがねタイプとして
3 枚、他のタイプとしてはすべて 0 枚であればくさとはがねがそれぞれ 0.7, 0.3、
それ以外が 0）。R のパッケージ {uwot} v0.1.14 の umap( ) 関数を用い、min_
dist = 0.8, n_neighbors = 5, fast_sgd = TRUE で描画した。2 つのタイプ
を兼ね備えるポケモンカードに関しては mixed タイプで統一した。

設計過程の中立モデルを構築する

　ポケモンフランチャイズにおいては通例、メジャーなゲームの発売とともに
百数十程度の全く新奇の Pokédex 番号と名前と見た目をもつポケモンが登場す
る。新奇のポケモンの登場にあわせて、ポケモン TCG でもそれらをモチーフと
したカードが発売されはじめる（図 1, 図 2- 左 ; 図 6-D）。「ポケモン科学は系統
学者にとって実り多き分野でありつづけてきた」が「ポケモンの形質の伝達は
非メンデル遺伝学的な方法で行われていると考えざるを得ない」とする、ユー

モアあふれる「生物」系統樹の推定論文[50]もあるが、本稿でもたとえ設定上は「しんか」の関係で結ばれていてもポケモンどうしは互いに無関係な文化形質として扱う。

ポケモンを平等に愛する中立な設計者のアルゴリズム

　中立な、全くバイアスのない架空の設計者は次のように新しいポケモンカードを設計する。まず、あるポケモン世代gにおいて、第g世代に新たに登場したポケモン数をA_gとすると、あるg期[*]に設計者が採用可能なポケモンのPokédex IDは1から$P_g = \Sigma_1^g A_i$となる。つまり、新しい期が始まるタイミングで、ポケモンカードのデザイナーが選べるポケモンは一気に増える。このようなデザインの選択肢の集合のことを**デザインプール**と呼ぶことにする。今回のシミュレーションでは執筆時の最新世代である$g = 8, P_8 = 905$までを取り扱う。データセットから海外版ポケモンTCGの125セットに含まれるポケモンのカードの数N_iを各セット（iはセットの通し番号、$1 \le i \le 125$）について取得する。図2-左にあるようにセットによってポケモンカードの数はまちまちであるため、多くの既往の中立モデルと異なり集団サイズは一定でない。特に2011年から2022年現在まで毎年発行されているMcDonalds CollectionはN_iが12と非常に少なく、逆にBlack Star Promoはその世代のプロモーションカードをひとつの発売日付に集約して一気に生成することになる。架空の中立設計者は各ポケモンを分け隔てなくバイアスなしに扱うので、全ポケモンが等しく採用される確率を持つ復元抽出を行うことを設計過程と見立てる。実際のシミュレーションは、一様分布からランダムに1からP_gまでのPokédex IDをN_i個生成することをi_{max}=125回繰り返すだけの非常にシンプルなアルゴリズムである。

　このような中立なモデルによる頻度分布の解析的な予測値を計算することもできる。中立なポケモンカード設計者のデザインプロセスは全ポケモンのプールから無作為にポケモンカードを発売したい回数だけ復元抽出することと等価だから、あるg期に発売されたポケモンの頻度Xは二項分布$X_g \sim \text{Binomial}(n_g, p_g)$に従う。ここで$n_g$は$g$期に発売されたポケモンカードの総種類数（たとえば$n_1 = 543$、$n_8 = 2655$だった）、$p_g$は全ポケモンが等しく持っているポケモンカード

のバリアントとして選ばれる確率であり、g 期までに知られているポケモンの総数 P_g（すなわちデザインプールのサイズ）の逆数 $1/P_g$ である。また、n_g は十分に大きく p_g は十分に小さいので、X_g はポアソン分布 $X_g \sim \text{Poisson}(n_g p_g)$ にも近似できる。

世代更新の処理

　世代 g の増加タイミングは実情からかけ離れないよう調整をした。まず、新世代のポケモン TCG シリーズの発売は新世代のゲームの発売からすこし遅れて開始するのが通例である。たとえば第 II 世代のゲーム『ポケットモンスター金・銀』英語版発売日 2000 年 10 月 15 日の翌日に発売された第 I 世代の拡張パック "Gym Challenge" には第 I 世代ポケモンのみが登場する。このタイムラグを中立モデルにおいても勘案し、本格的に新世代が登場しはじめたセットの発売日を基準に g の増加するタイミングを調整した。「本格的に」というのは、第 VII 世代（Sun & Moon）に関しては以下のような理由から例外的に手動で調整する必要があったためである。2016 年 8 月 3 日に英語版が発売された第 VI 世代の XY シリーズの拡張パックのひとつ "Steam Siege" には第 VII 世代に属するマギアナのカード Magearna-EX が封入されている。これは、第 VII 世代のポケモンゲーム『ポケットモンスター サン＆ムーン』海外版発売（2016 年 11 月 18 日）に先立って公開された映画 Pokémon the Movie: Volcanion and the Mechanical Marvel〔邦題：ポケモン・ザ・ムービー XY&Z ボルケニオンと機巧のマギアナ、日本での公開日 2016 年 7 月 16 日〕にマギアナが登場したためであると考えられる。そのため、VII 期に関しては例外的に 11 月 18 日を境とした。これらエッジケースの変更はわずか数セットにしか影響しないが、それらで中立な設計者が採用できる P_g が異なるため、中立モデルでの新奇変異の登場時期の分布に大きな影響を及ぼすだけでなく、世代で区切った実データの集計にも差が出るため、特に注意が必要である。

結果と考察：設計過程でのバイアスを検出する

　図 3 以降に中立モデルによるシミュレーション試行と実データを図示した。図 3 にデータセット[48] に含まれる 12325 種類のポケモンのカードの名称から

修飾を除いてポケモン名のみにしてカウントした相補累積分布（CCDF）を示す。y軸は、各期での頻度がxの値を上回るポケモンの全体に対する割合である。たとえばxの値が10のときにyの値が0.01であれば、10以上のバリアントをもつポケモンの種数が全体の1％であることを意味する。各期で一度でも最も多くの頻度に達したポケモンに関しては、そのポケモンの属する世代以降のパネルにおいてポケモンの画像を配置した (image credit: [51]、以下同様)。累積のバリアント数が最大（135バリアント、図5参照）のピカチュウは、常に首位であるわけではないがどの期でも人気が高い。これは期をまたいだ人気の継承が起きていることを示唆する。つまり設計においても（ランダムかどうかは別として）伝達とは無縁ではいられず、Bentleyら[25]の個人による決定のような全く設計者の好みによるランダムなものではないかもしれない可能性を示唆している。

　逆に、データだけを見れば個人による決定と同じような指数分布の無記憶性〔今まで起きたことに無関係に次のことが発生する〕を表すものとして第Ⅱ世代で登場したアンノーンをあげられるかもしれない。Ⅱ期で2位以下に大幅な差をつけて首位となったがⅢ期では1つもバリアントが発行されず、次のⅣ期ではまたしても2位以下に大幅に差をつけて1位となり、その後は数コピーにとどまっている*。これをデザイナーの恣意性の現れとみるか、無記憶性による（一時的な）絶滅（と一時的な隆盛）とみるかはより綿密なデータ分析やモデルの構築が必要になるが、アンノーンというポケモンの生得的な性質・設定（ほかのポケモンにはない多彩なすがたがある）もまた勘案する必要がある。

　Ⅰ期では中立モデルによる分布を下回るほど上位が貧弱で、2-3程度の頻度のポケモンが中立モデルを上回るほどであったのが、Ⅱ期ではⅠ位のアンノーンを除けばほぼ中立モデルどおりの頻度分布となり、Ⅲ期以降は特におよそ5–10程度の頻度を境に、低頻度ポケモンが中立モデルよりも少なく、高頻度ポケモンが中立モデルよりも多い、よりロングテールな分布となっている。特に最新のⅧ期においてこの傾向は顕著に観察でき、ピカチュウが独走状態にあることがわかる。これが「富めるものがますます富む」ような伝達プロセスの影

---

*　図4の第Ⅱ世代上のパネルも参照。Ⅱ期開始直後から他を引き離して頻度を伸ばしているものの、次のⅢ期では平らで、またⅣ期で累積頻度を伸ばし、そのあとはほぼ平らになっており、他の上位ポケモンと比較しても顕著に異なる

響によるものなのかどうかはこの分析からだけではわからないが、中立モデル
からの乖離が最新世代で最大になっていることは確実といえる。

　図4には各ポケモンの累積頻度を時系列でプロットし、累積頻度を全期間に
わたって集計したものを図5に掲載した。前述したとおり、古い世代に関して
は低頻度のポケモンが多いが、中立モデルに比して高頻度のポケモンが少数存
在するロングテールで大分散となっている。最近の世代のポケモンに関しては
平均の頻度が中立モデルのそれを上回っているため、ここからも正の新奇性バ
イアスの存在が示唆される。図5の実データの第Ⅰ–Ⅲ世代のポケモンのⅤ期
にみられる、ほとんどリリースされていないギャップはⅤ期ではほとんどすべ
てのカードが最新の第Ⅴ世代のポケモンで生成されたために生じたものである。

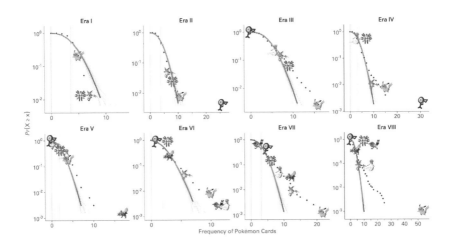

**図3　セットを各Ⅰ–Ⅷ期にわけ、それぞれの期間について集計して計算した相
補累積分布（青点）**　背面の黄色線は中立モデルの 1000 回試行による相補累積
分布、赤線は二項分布による中立モデルの解析的な予測値であり、縦の黄色線は
ポアソン分布の期待値 $\lambda = n_g p_g$ である。y 軸は対数変換。

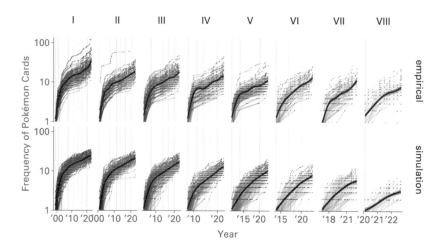

図4　Ⅰ－Ⅷ世代の各ポケモンの、ポケモン名のみの累積カウントの推移　y 軸
は対数変換。x 軸は西暦。上：実データ、下：中立モデルの 1000 回試行から
1 回ぶんをとりだしてプロットした。黒線は局所的に推定された散布図平滑線
（LOESS）、赤のバンドはその標準誤差、縦灰色線は世代の区切り。

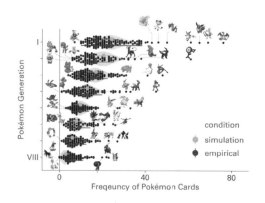

図5　各世代のポケモンを全期間にわたって集計したときの分布　頻度が 40 以
上（つまり同じポケモンの名前で全期間にわたって 40 以上のカードが発行され
ている）、もしくはその世代の頻度上位 3 ポケモン、もしくは頻度が最下位のポ
ケモンについては画像を配置した。可視性を優先し、頻度が全ポケモン中最大で
ある第Ⅰ世代のピカチュウ（$x = 135$）に関してはプロットの範囲から除いた。

　図6-A に各世代におけるポケモンの平均的なランクを示す。ランクは最上位から最下位まで 0-1 に標準化した（低いほど上位）。ここでもまた実データのほうがばらつきが大きく、低位のポケモンは低位にとどまりがちで、高位のポケモンは高位にとどまりがちであるという、無記憶性からの乖離を示唆する。第Ⅰ世代と最近の世代が平均すると順位が高めであるいっぽう、中立モデルの平均順位は世代によらず一定となる。

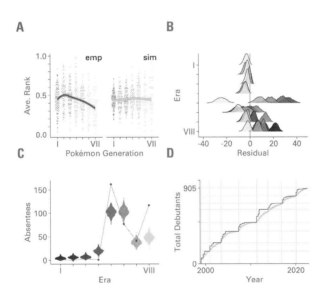

図6　A— 全期間における、各世代のポケモンの平均的なランク　太線はLOESS、灰色は標準誤差。第Ⅷ世代に関してはリリースから日が浅いため除いた。　**B—残差のリッジラインプロット　C—不在者数の期間ごとの集計**　青点が実データ、背面のビースウォーム図がシミュレーション 1000 回試行の値。**D— 登場したポケモン数の経験的累積分布**　青色が実データ、黄色がシミュレーション 1000 回試行を不透明度を下げて描画。縦灰色線は世代の区切り、横灰色線は各世代の累計の発表されたポケモン数。

新奇性バイアス、クラシックバイアス、不在者バイアス
　文化伝達研究では、**正の（もしくは負の）新奇性バイアス** pro- (or anti-) novelty bias を新奇の発明が生得的に有利（もしくは不利）である場合などに生じる、

集団に最近登場したばかりの新入りバリアントを好んで（もしくは嫌って、昔から存在するバリアントを好んで）コピーするバイアスである[24]。文化形質を連鎖的に伝達するエージェントは、前の世代からどの文化形質を受け継ぐかを判断する際に新奇なものをことさら好んだり嫌ったりすることがあるだろう。いっぽう、設計過程においても設計者は同様の新奇性を好む（または嫌う）ような生成戦略がありうる。そのようなバイアスをもった設計者は、最近デザインプールに登場したばかりの新入りタイプをもとにわずかな変異を施して生成したがる（または生成することを避けたがる）だろう。このようなバイアスを伝達過程における新奇性バイアスと対比して、**設計過程における正の（もしくは負の）新奇性バイアス**と呼ぶことにする。

　少なくとも一度バリアントがポケモンカードとして登場したポケモン数を累積分布（図6-D）にすると、ほとんどの期間において実データのほうが中立モデルを上回っている。ポケモンゲームおよびポケモンカードのシリーズが新しい世代に移行するのに伴い、少なくとも一度バリアントが登場したことのあるポケモン数が跳ね上がるのはシミュレーションでも実データでも同様だが、実データのほうが新世代登場直後の跳ね上がりが著しい。このことは、新しく発表された最新世代のポケモンを登場後なるべくはやくに登場させる、正の新奇性バイアスが存在することを示唆する。

　新奇性バイアスとは逆に、設計者がデザインプールに導入されて久しいタイプを好み（または嫌い）、そのバリアントを生成したがる（または生成することを避けたがる）バイアスも想定できる。このようなバイアスを**設計過程における正の（または負の）クラシックバイアス**と呼ぶことにする。図7におけるわずかにU字を描いた頻度の分布（黒線）が、最新世代のポケモン（U字の左端）と、リリースから月日の経った昔のクラシックな世代のポケモン（U字の右端）のポケモンカードが、そこまで古くも新しくもないその他世代（U字の中央）に比べて多いことを示している。すなわち、設計過程における正の新奇性バイアスと正のクラシックバイアスの両方が働いていることを示唆する*。このように新奇

---

*　これら2つのバイアスが同時に働いているのではなく、古くも新しくもない中くらいのタイプを避けてコピーしたがる（その結果古いものや新しいものを相対的にコピーしやすくなる）ようなバイアスひとつで説明したほうが単純だが、伝達における新奇性バイアスとの類似性を優先した。また、V期のように、新奇性バイアスは働いているがクラシックバイアスは働いていないように見える分布もあるため、古さと新しさへのバイアスを個別に扱ったほうがよいと判断した。ただ、

性バイアスやクラシックバイアスを実際の設計過程から検出することができれば、有望なニューカマーを好む意思決定（正の新奇性バイアス）vs. 出てきたばかりの有象無象を嫌う意思決定（負の新奇性バイアス）、もしくは古きよき古典的を好むような意思決定（正のクラシックバイアス）vs. 古臭い時代遅れを嫌うような意思決定（負のクラシックバイアス）で揺れ動くような設計者の思考/嗜好（しこう）を定量的に推定するのに役立つかもしれない。

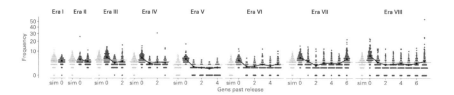

図7　正の新奇性バイアスと正のクラシックバイアス　黄色の点と水平線はシミュレーションの頻度分布、黄色のより大きな点はポアソン分布のλ値による予測平均値。青点は実測頻度分布。それぞれの平均は黒点と黒線。x軸はそれぞれのポケモンが何世代前のものかを表す。最新世代は$x = 0$、大きければ大きいほど相対的に古い。黄色水平線よりも黒線が上にきている場合、xが相対的に低ければ正の新奇性バイアスを、相対的に高ければ正のクラシックバイアスを示唆する。y軸は平方根変換。

　ポケモンカードとしてある期に少なくとも一回登場したポケモンを**デビュタント** debutant と呼ぶことにする。図6–D をみると、最終的に登場したポケモン数じたいは特に各期の最終盤においてシミュレーションと大差ないが、最終盤を除けば実証データのデビュタント数は中立モデルによる予測をほぼ一貫して上回っていることがわかる。ポケモンが新たに発表された直後には一気に新登場のポケモンをモチーフにしたポケモンカードが発売される。このことはポケモンの設計過程において正の新奇性バイアスがあることを示唆する。

　デビュタントとは逆に、ある期に一度も登場していないポケモンを**不在者** absentee と呼ぶことにする。Ⅰ–Ⅳ期とⅥ期においてポケモンカードのデザイナーは一度も登場しないポケモンがデザインプールに取り残されることを避け

古くもなく新しくもないものをなんとなくダサく感じる嗜好（しこう）は実際にあるようにも思う。

ていたようだ。図6–C において青で示された経験的不在者のカウントデータが
中立モデルの予測を下回っているためだ。Ⅰ–Ⅳ期においてはもともとランダ
ムモデルでも低く抑えられていた（デザインプールのサイズが比較的小さいわ
りに、リリース枚数が多かったため）不在者数にも輪をかけてデザインプール
にとどまるポケモンが少なかった（古い世代のポケモンも最新世代のポケモン
も分け隔てなく、すべてのポケモンを少なくとも一度は登場させるようなバイ
アスがかかった）が、Ⅵ期を除くⅤ期以降は最新世代以外のポケモンを多くデ
ザインプールにとどまらせる方針となったことを示唆する。頻度が0のポケモ
ン数がシミュレーションよりも少ないことは、ポケモンの「若さ」に無関係に、
より多くのポケモンを少なくとも一度登場させることを好むバイアスの存在を
示唆する。したがって、このようなバイアスは相対的な「若さ」に左右される
ような新奇性／クラシックバイアスとは異なる。このようなバイアスを仮に**負
の不在者バイアス**と呼ぶことにする。Ⅴ期とⅧ期において、またおそらくⅦ期
においても、負の不在者バイアスは放棄され、むしろおそらくより多くのポケ
モンをデザインプールに留めおき、一度も登場させない**正の不在者**バイアスが
働いている。というのも、中立モデルの予測値を上回る不在者がデザインプー
ルにとどまっているからである（図6–C 参照）。

　図6–B に期ごとに集計した、その期の不在者数の実データとシミュレーショ
ンの値を引いた残差を示す。残差が大きければ大きいほど中立モデルよりも多
くのポケモンがデザインプールにとどまっており（正の不在者バイアス）、残差
が0に近いほど中立モデルと同程度の不在者数で、負の方向に大きければ大き
いほど中立モデルよりも欠席が少なく、なるべくその世代のポケモンを余すこ
となく登場させようとするバイアス（負の不在者バイアス）を示唆する。各期
間から相対的に着色した。

　図8– 上には、不在者数のシミュレーション値を観測値から差し引いた残差
を示した。正の方向に大きいほど中立モデルが予測するよりもデザインプール
にとどまるポケモンが多い（正の不在者バイアス）。負の方向であれば逆である。
Ⅶ期の最初のリリースにおいては例外的に残差が少ないが、これはⅧ期に分類
した最初のリリース Evolution ［日本語版：コンセプトパック ポケットモンスターカードゲーム 拡張パック 20th Anniversary.］ が第Ⅰ世代のポケモ
ンのみが採用されているせいであり、むしろ中立モデルから大きくかけ離れて
いる。また、期間の終盤にさしかかると残差はなだらかに0に近づき、シミュ

レーションの値と実データの差は小さくなる。

　図8–下には、各世代のポケモンの各期における不在者数の推移をプロット
した。どの世代のポケモンも、登場直後の期（たとえば第IV世代のポケモンに
とってIV期、第VI世代のポケモンにとってVI期）にはデザインプールにとどま
る者はほとんどいない。しかし時の経過とともに「若さ」という魅力が薄れて
いき、中立モデルが予測するよりも多い不在者を記録する傾向がある。ただし
例外も多い。たとえば第III世代のポケモンはVI期–VII期にかけて、中立モデル
の平均値よりも不在者数が少ないし、第I世代のクラシックな、比較的人気が
高いポケモンたちもVIII期には多くのポケモンが「欠席」していた。

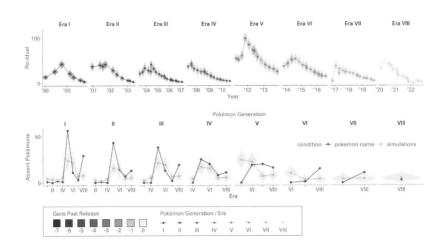

図8　上—各世代において実データからシミュレーションの数値を引いた残差
分布をヴァイオリンプロットで、その平均値を点で表す。　下—ポケモンの世
代ごとの不在者数集計の遷移　シミュレーション試行の分布をヴァイオリンプ
ロットで、その平均値を点で表す。

　図8–下をみればわかるとおり、負の不在者バイアスはそのポケモンが最新
であったときに最も強く働くという傾向があるため、負の不在者バイアスもま
た設計過程の正の新奇性バイアスによって生じた結果にすぎないと考えること
もできる。特にV期以降に関しては最新でなくなった途端に中立モデルが示唆

するよりも多くの不在ポケモンが発生する傾向があるため、設計過程の新奇性バイアスのほうがよりよい説明といえるかもしれないが、それ以前のⅠ−Ⅳ期までに関してはポケモンの新奇性によらずどのポケモンにも負の不在者バイアスが働いているため、設計過程の新奇性バイアスよりも不在者バイアスによる説明がふさわしいと考えている。いずれにせよ、厳密にどちらのバイアスによる説明がよりよいかは各々についてモデルを構築したうえでそれらのデータとの整合性やモデル選択などによって判断されるべき議論であり、これ以上の吟味をしない。

　図3をさらに各ポケモンの世代ごとに集計したものを図9に図示した。それぞれの期での最新の世代（斜めの対角線パネル）はいずれもデザインプールにとどまるポケモンが少なく、特にⅢ期以降は全頻度にわたって中立モデルの分布を大きく上回る。また最新世代は全体的に頻度が高く、ここでも正の新奇性バイアスの存在が示唆される。対角線のA, I, P, V, AA, AE, AH, AJと他を比較すると、正の新奇性バイアスの「効力」はほぼその最新世代限りであるようだが、Ⅷ期での第Ⅶ世代（AI）、Ⅶ期での第Ⅵ世代（AF）などはテール部のポケモンのみ中立モデルよりも高頻度となっているのが特徴的である。そのいっぽう、第Ⅰ世代をはじめとした一部人気の高いポケモンを除き、2世代以上世代ギャップが生じた古めのポケモンについて全体的に頻度が中立モデルと大差ないか下回り、不在者数も大差ないか上回っていることが多いことがわかる。

設計過程のランダム性の議論を一般化するには

　私の主目的は仮説検証ではなく仮説生成である。現代的な文化という大カテゴリに属する例としてポケモンTCGを研究対象とし、データ収集と中立モデルの構築をもとに設計過程におけるバイアスの候補をいくつかあげてきたが、今回探索した傾向・バイアスの候補を、ポケモンTCGで検出・検証するだけでは、ポケモンTCGに特有の振る舞いである可能性が除けない。今後はポケモンTCGデータセットに対するより仮説検証的なアプローチはもとより、私が存在を示唆したバイアスが、ほかの文化においてもポケモンTCGと同じように「一握りのデザイナーが一定数の変異プールから選び出して、変異プールのサイズよりもずっと多い新奇変異を生成し続ける」ようなプロセスを含む文化であれば同様の傾向を示すのかを検証する必要がある。

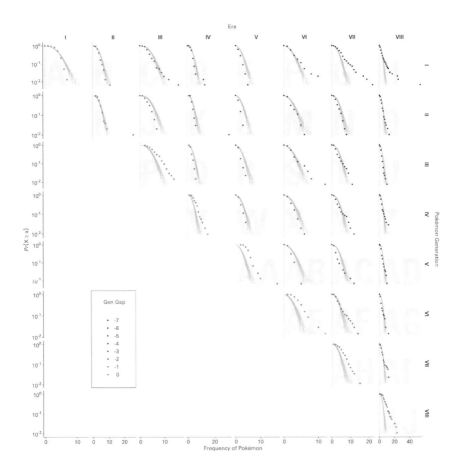

図9　ポケモンカードの相補累積分布　発売時期で各Ⅰ−Ⅷ期にわけた図3をさらに各世代のポケモンにわけ集計した。期と世代の間のギャップを点の色で分けた。薄い黄色の点が最新世代の累積分布（斜め右下にむかう対角線のパネル、すなわち A, I, P, V, AA, AE, AH, AJ）。横のパネルが同世代に属するポケモン（例えば A-H が第Ⅰ世代のポケモン）、縦のパネルが同期に発売されたポケモンカード（例えば E, L, P, W, AA がⅤ期に発売されたポケモンカード）。詳細は図3を参照。

今後の展望

　変異バイアスについては文化進化研究プログラムにおいても十分に探究されているとはいいがたく、変異プールからのピックアップ・コピーが設計のプロセスであるのか、それとも前世代からの伝達プロセスの一種として扱うべきかの議論はいまだに残る。本稿では「しんか」するポケモンを題材に、エンドユーザーレイヤーでの伝達バイアスではなく、設計のレイヤーにおけるバイアスについて論じた。少なくとも、ポケモンカードのデザインのように、中立的な設計過程を固定された選択肢からの復元抽出としてモデル化できる非常に限られた場合には、このような設計の途上で働くバイアスを検出できることを示した。

　本稿ではポケモン TCG データセットの整備とその可視化を通した探索的分析、およびそうして整備した実データと非常に単純なランダムサンプリングによる中立モデルの実装とそのシミュレーション試行との乖離を中心に論じた。このモデルを足がかりに、不在者バイアスや設計過程における正の新奇性バイアス、一部上位常連ポケモンに作用していることが示唆される正の頻度依存バイアスなどについてシミュレーションとして実装し、実データとの頻度分布やターンオーバー率 [21][52] の乖離として測定する展開が考えられる。また、上流過程としての設計過程にとどまらず、その販売数や競技上使用可能なレギュレーションを可変のウィンドウとして集団を動的に分析したり、エンドユーザーがバリアントにどのような評価を加えているかを数年おきに実施される「総選挙」やポケモン投票、HP や攻撃力などのスペック、リセールバリューの分布や変遷、さらには公式大会でのカードの採用率と実際の販売数の乖離から量的に内容バイアスや人気の栄枯盛衰を検出し、それがデザインプロセスと交互に与え合う作用についても考えられる。

　現代的な文化進化に特有なトップダウンの変異生成プロセスが伝統的な文化進化研究の枠組み内で十分に扱える程度の些細な区別に関するものなのか、それとも明確に区別する必要があるほどに異なるプロセスであるかについては本稿で論じられる範囲を大幅に超過する。それでも、現代的な文化進化と伝統的な文化進化の関連と差分の探究は少なくともデザイン学の領域からは極めて重要であるように思うし、ポケモン TCG のデータセットは卑近で具体的な入り口として、その判断の一助となるのではないかと私は思う。

本稿は [53][54] に加筆修正したものである。

参考文献

[1] Bentley, RA, Shennan, SJ (2003) Cultural transmission and stochastic network growth. American Antiquity, 68(3), 459–485. doi: 10.2307/3557104
[2] Hahn MW, Bentley RA. Drift as a mechanism for cultural change: an example from baby names. Proceedings of the Royal Society of London B: Biological Sciences. 2003;270: S120–S123. doi:10.1098/rsbl.2003.0045
[3] Mesoudi A, Whiten A, Laland KNN. Towards a unified science of cultural evolution. Behav Brain Sci. 2006;29: 329–347. doi:10.1017/S0140525X06009083
[4] Boyd R, Richerson PJ. Culture and the evolutionary process. University of Chicago Press; 1985.
[5] Eger AO, Ehlhardt H. On the origin of products. Cambridge University Press; 2018.
[6] Petroski H. The evolution of useful things: how everyday artifacts from forks and pins to paper clips and zippers came to be as they are. Knopf Doubleday Publishing Group; 1992.
[7] Steadman P. The evolution of designs. Revised. London/New York: Routledge; 2008. p. 302.
[8] Langrish JZ. Darwinian design: The memetic evolution of design ideas. Design Issues. 2004;20: 4–19. doi:10.1162/0747936042311968
[9] Norman DA, Verganti R. Incremental and radical innovation: Design research vs. Technology and meaning change. Design Issues. 2014;30: 78–96. doi:10.1162/desi_a_00250
[10] Langrish JZ. Correspondence: Incremental radical innovation. Design Issues. 2014;30: 104–106. doi:10.1162/DESI_c_00286
[11] 前田実里, 鈴木麗蹬, 有田隆也. 自動車のデザインの系統樹からみるミームの系統進化. 人工知能と認知科学 第 71 回. 2009. pp. 357–358.
[12] 土松隆志, 石山智明, 伊februaryアン, 柴田裕介, 池上高志. 系統樹から迫る非生命進化：鳥居・雑煮・デジタルカメラ. 2005.
[13] Salganik MJ, Dodds PS, Watts DJ. Experimental study of inequality and unpredictability in an artificial cultural market. Science. 2006;311: 854–856. doi:10.1126/science.1121066
[14] Buckley CD. Investigating cultural evolution using phylogenetic analysis: The origins and descent of the southeast Asian tradition of warp ikat weaving. PLoS One. 2012;7. doi:10.1371/journal.pone.0052064
[15] Newberry MG, Ahern CA, Clark R, Plotkin JB. Detecting evolutionary forces in language change. Nature. 2017;551: 223–226. doi:10.1038/nature24455
[16] Newberry MG, Plotkin JB. Measuring frequency-dependent selection in culture. Nat Hum Behav. 2022;6: 1048–1055. doi:10.1038/s41562-022-01342-6
[17] Simkin MV, Roychowdhury VP. Copied citations create renowned papers? Annals of Improbable Research. 2003;11: 24–27. doi:10.3142/107951405781748210
[18] Acerbi A. A cultural evolution approach to digital media. Frontiers in Human Neuroscience. 2016;10: 636. doi:10.3389/FNHUM.2016.00636
[19] Tëmkin I, Eldredge N. Phylogenetics and material cultural evolution. Current Anthropology. 2007;48: 146–154. doi:10.1086/510463
[20] Herzog HA, Bentley RA, Hahn MW. Random drift and large shifts in popularity of dog breeds. Proceedings of the Royal Society of London B: Biological Sciences. 2004;271: S353–S356. doi:10.1098/rsbl.2004.0185
[21] Bentley RA, Lipo CP, Herzog HA, Hahn MW. Regular rates of popular culture change reflect random copying. Evolution and Human Behavior. 2007;28: 151–158. doi:10.1016/j.evolhumbehav.2006.10.002
[22] Kimura M, Crow JF. The number of alleles that can be maintained in a finite population. Genetics. 1964;49: 725–738.
[23] Mesoudi A, Lycett SJ. Random copying, frequency-dependent copying and culture change. Evolution and Human Behavior. 2009;30: 41–48. doi:10.1016/j.evolhumbehav.2008.07.005
[24] O'Dwyer JP, Kandler A. Inferring processes of cultural transmission: the critical role of rare variants in distinguishing neutrality from novelty biases. Philosophical Transactions of the Royal Society B: Biological Sciences. 2017;372. doi:10.1098/rstb.2016.0426
[25] Bentley RA, Shennan SJ. Cultural transmission and stochastic network growth. American Antiquity. 2003;68: 459–485. doi:10.2307/3557104

[26] Matsui M, Ono K, Watanabe M. Random drift and design creativity: evolution of drawings in the laboratory. Letters on Evolutionary Behavioral Science. 2017;8: 24–27. doi:10.5178/lebs.2017.59

[27] Matsui M. Design as a non-random evolutionary process: detecting transmission biases in the laboratory. Watanabe M, Ono K, editors. Ph. D. (Engineering), Chiba University. 2018. doi:10.20776/105425

[28] Tehrani JJ. The phylogeny of little red riding hood. PLoS One. 2013;8. doi:10.1371/journal.pone.0078871

[29] Barbrook AC, Howe CJ, Blake N, Robinson P. The phylogeny of The Canterbury Tales. Nature. 1998;394: 839–840. doi:10.1038/29667

[30] Gray RD, Bryant D, Greenhill SJ. On the shape and fabric of human history. Philosophical Transactions of the Royal Society B-Biological Sciences: Biological Sciences. 2010;365: 3923–3933. doi:10.1098/rstb.2010.0162

[31] 松井実. スイスアーミーナイフの文化系統学的分析. 東京都立産業技術大学院大学大学紀要. 2021;15: 85–90. Available: https://aiit.ac.jp/documents/jp/research_collab/research/bulletin/2022_bulletin.pdf

[32] O'Brien MJ, Boulanger MT, Buchanan B, Collard M, Lee Lyman R, Darwent J. Innovation and cultural transmission in the American Paleolithic: Phylogenetic analysis of eastern Paleoindian projectile-point classes. Journal of Anthropological Archaeology. 2014;34: 100–119. doi:10.1016/j.jaa.2014.03.001

[33] Chitwood DH. Imitation, genetic lineages, and time influenced the morphological evolution of the violin. PLoS One. 2014;9: e109229. doi:10.1371/journal.pone.0109229

[34] 小森政嗣, 川村智, 横山卓未, 森下佳昌. 楕円フーリエ記述子を用いたボディソープボトル形状の分析と評価. 日本包装学会誌. 2012;21: 479–492. Available: http://www.spstj.jp/publication/thesis/vol21/Vol21No6-3.pdf

[35] 田村光平, 有松唯, 山口雄治, 松本直子. 遠賀川式土器の楕円フーリエ解析. In: 中尾央, 松木武彦, 三中信宏, editors. 文化進化の考古学. 勁草書房; 2017.

[36] Kandler A, Crema ER. Analysing cultural frequency data: neutral theory and beyond. In: Prentiss AM, editor. Handbook of Evolutionary Research in Archaeology. Cham: Springer; 2019. pp. 83–108. doi:10.1007/978-3-030-11117-5_5

[37] O'Brien MJ, Bentley RA. Stimulated Variation and Cascades: Two Processes in the Evolution of Complex Technological Systems. Journal of Archaeological Method and Theory. 2011;18: 309–335. doi:10.1007/s10816-011-9110-7

[38] 田村光平. 文化進化の数理. 森北出版; 2020; 53.

[39] Nia HT, Jain AD, Liu Y, Alam M-R, Barnas R, Makris NC. The evolution of air resonance power efficiency in the violin and its ancestors. Proceedings of the Royal Society A: Mathematical, Physical and Engineering Sciences. 2015;471: 20140905. doi:10.1098/rspa.2014.0905

[40] Dennett DC. Darwin's dangerous idea: evolution and the meanings of life. Simon & Schuster; 1995. p. 586.

[41] Norman DA, Verganti R. Hill climbing and Darwinian evolution: A response to John Langrish. Design Issues. 2014;30: 106–107. Available: https://escholarship.org/content/qt4240b4hs/qt4240b4hs.pdf

[42] Ralph P, Wand Y. A proposal for a formal definition of the design concept. Design requirements engineering: a ten-year perspective. 2009. pp. 103–136. doi:10.1007/978-3-540-92966-6_6

[43] Pokémon in Figures. In: The Pokémon Company [Internet]. 2022 [cited 22 Sep 2022]. Available: https://corporate.pokemon.co.jp/en/aboutus/figures/

[44] The Pokémon Company. Pokémon TCG Card Database. 2022 [cited 21 Sep 2022]. Available: https://www.pokemon.com/us/pokemon-tcg/pokemon-cards/

[45] Lightzeaka. Pokemon TCG Spreadsheet V3.25. In: Google Docs [Internet]. 2022 [cited 21 Sep 2022]. Available: https://docs.google.com/spreadsheets/d/10G8wEY70qJ7rEnGbDzJp13vdOB4ikIjz4E3SQVRglRc/

[46] Bulbapedia. List of Pokémon Trading Card Game expansions. In: Bulbapedia [Internet]. 2022 [cited 21 Sep 2022]. Available: https://bulbapedia.bulbagarden.net/wiki/List_of_Pok%C3%A9mon_Trading_Card_Game_expansions

[47] Bulbapedia. List of Pokémon by National Pokédex number. In: Bulbapedia [Internet]. 21 Aug 2022 [cited 21 Sep 2022]. Available: https://bulbapedia.bulbagarden.net/wiki/List_of_Pok%C3%A9mon_by_National_Pok%C3%A9dex_number

[48] Matsui M. Pokémon TCG Dataset. In: Google Docs [Internet]. Sep 2022 [cited 21 Sep 2022]. Available: https://docs.google.com/spreadsheets/d/1VcVuCtDyKI5oqGsWJPKJGO7y-vIVZge6JrRqrE_kAQY

[49] Matsui M. Data analysis and visualization code for "Non-random design process of Pokémon TCG." Github; 2022. Available: https://github.com/xerroxcopy/pokemon-tcg

[50] Shelomi M, Richards A, Li I, Okido Y. A phylogeny and evolutionary history of the Pokémon. Annals of Improbable Research. 2012;18: 15–17.
[51] Pokémon Company. Pokédex. 2022 [cited 1 Oct 2022]. Available: https://www.pokemon.com/us/pokedex/
[52] Acerbi A, Bentley RA. Biases in cultural transmission shape the turnover of popular traits. Evolution and Human Behavior. 2014;35: 228–236. doi:10.1016/j.evolhumbehav.2014.02.003
[53] 松井実. ポケモンカードゲームの非ランダムな設計過程. 東京都立産業技術大学院大学紀要. 2023;16: 91–102. Available: https://aiit.ac.jp/documents/jp/research_collab/research/bulletin/2023_bulletin.pdf
[54] Matsui M. Are all Pokémons created equal? Assessing the value-neutrality of Pokémon TCG design process. Proceedings of the 10th Congress of the International Association of Societies of Design Research. IASDR; 2023. doi:10.21606/iasdr.2023.875

10   Design as a non-random evolutionary process

Detecting transmission biases in the laboratory

Matsui Minoru

1   Introduction

In *the Descent of Man*, Darwin himself pointed out the parallels of language and biological species (Darwin, 1871), noting that the struggle for survival of words and that of life is both exactly natural selection. Hugely inspired by Darwin's theory of natural selection, Dawkins and his followers (Dawkins, 1976; Blackmore 1999) extended the idea to essentially any human creations, defining the gene-equivalent unit of selection for culture as the *meme*. The studies on so-called *universal Darwinism* (Dennett, 1995; Dawkins, 1982) have been extended to psychology, astronomy, chemistry, quantum physics, medicine, sociology and linguistics. However, in spite of such extensions and their success, one can find few, if any, modern design studies adopting strictly Darwinistic evolutionary theories.

The exceptions can be found in studies of cultural evolution (Boyd & Richerson, 1985; Cavalli-Sforza & Feldman, 1981) and cultural phylogenetics. On non-artefacts, phylogenetic network of worldwide human culture (Gray *et al.*, 2010), language (Gray & Atkinson, 2003; Gray *et al.*, 2011), the tale of little red riding hood (Tehrani, 2013), phylogenetic network of Japanese dialect (Tamura *et al.*, 2008), or even a dataset (Thomer & Weber, 2014). On material cultural evolution, which is somewhat closer to the interests of design studies, archaeological phylogenies have been investigated on paleolithic projectile-point (O'Brien *et al.*, 2014; O'Brien *et al.*, 2001) *torii*, *zoni*, and recent digital cameras (Tsuchimatsu *et al.*, 2005) , classification of automobiles (Maeda *et al.*, 2009), and Southeast Asian warp ikat weaving (Buckley 2012).

A review on the studies of material culture that employs biological phylogenetic methodologies, however, reveals that the conventional phylogenetic approaches used in biology do not provide a general research framework to infer material cultural history (Tëmkin & Eldredge, 2007). The interest in material culture is often connected to archaeological studies (Lycett & von Cramon-Taubadel). Some are directly concerned with

the shape of the Paleoindian points, employing methods from biological morphometrics (Thulman, 2012). In this thesis, we focus on the evolution of design.

Design studies based on truly Darwinistic evolutionary theory is, to the best of our knowledge, extremely scarce. The few examples are the review papers by Langrish (Langrish, 2004; Langrish, 2014), and by Whyte (Whyte, 2007), and the book regarding architectural design by Steadman (Steadman, 2008): none has actually employed the methodologies developed upon the theory on empirical data. In this thesis, we performed cultural transmission experiments and statistically detected the transmission biases that had been working throughout the transmission, to question the fundamental basis of design studies: whether design and designed artefacts are serving the humanity as a whole. With this work, we aimed to render an opposite view of design: design may, and should be understood as more neutralistic, context-dependent, borderline random, clueless activity.

Structure of the thesis.

In the following Chapter 2, we introduce the fundamental common ground of memetics and cultural evolution that may be applicable to design studies. We also clarify the affiliated terms used in cultural evolution and biological evolution, especially on the idea of extended phenotypes. In Part I we show that simple design challenge conducted in the laboratory had been transmitted neutrally. In Part II, we performed similar transmission chain experiment with two closer-to-real design tasks: logo design and aircraft design. With the former, the aesthetic function of cultural traits is pursued; with the latter, the better physical performance is pursued. For non-professional readers, *i.e.*, non-evolutionary scholars, we recommend reading from Chapter 2, which is aimed for design scholars, followed by a concise explanation of an experiment in Part I. For readers who are familiar with transmission chain methods, more exhaustive analysis would be of more interest, shown in Part II.

	SciFi Spaceship	Apollo	Beaver Dam	Horse	Mineral
General Category	Artefact	Artefact	Extended Phenotype	Phenotype	Matter
Pre-Darwinian	Created Obj	Created Obj	Obj	"Creature"	Matter
Dawkins	Designed Obj	Designed Obj	Designoid Obj	Designoid Obj	Designoid Obj
Dennett	Designoid Obj	Designed Obj	Designed Obj	Designed Obj	Matter
It serves proliferation of ...	The movie	Apollo program	Beaver's Dam-creating Gene	Horse Gene	nothing

Figure 1. Differences and definitions between various types of 'creations' and 'designed objects'.

2 Design, Memetics, Extended Phenotype & Cultural Evolution

The content of this chapter is an abridged translation of our previous paper, published in 2016, with minor changes and corrections to match the theoretical backgrounds of the following chapters of the thesis.

Japanese title: 設計理念の進化とその表現型としての人工物

English title: Evolution of Design Ideas and Artifacts as Their Phenotype

In this chapter, we define the words that are frequently used in this thesis. Then we argue that artefacts are not the unit of selection, but the ideas of the artefacts are, *i.e.*, we argue that design is an evolutionary process. In addition to that, we build the common ground that most of today's designed artefacts are not considered as extended phenotypes.

2.1 Definition of design in this thesis

The term *design* used in design studies differs greatly from the term used in biological studies. In the latter, *design* is often used as the complexity accumulated essentially in *any* scale: from the molecular-level amino-acids design to ecological scale. Dawkins (Dawkins, 1997) coined the term *designoid object*, which is the opposite of *designed object* (see Figure 1). Originally, *designoid object* stood for objects such as living organisms that *appear* to be meticulously designed, but in fact, no such individual designer is in charge of their creation. Dennett, however, argued that the design without designers is the exact core principle of Darwinism (Dennett, 1995). From this standing point, living things and artefacts should all be regarded as *designed objects*. Instead, Dennett redefined *designoid objects* as the object that appears to be meticulously designed to achieve certain goals, but in fact, no such goals have been accomplished by the artefact, *e.g.*, a SciFi spaceship designed for movies.

While we broadly follow Dennett's definition of designed objects, the term can be excessively applied, from artistic objects to engineered objects. In this thesis, we simply define designed objects as artefacts that are the phenotype of design idea. Design idea is a subset of culture. Culture is usually defined as information that is transmitted and learned from individual to another in a non-genetic way (Boyd & Richerson, 1985).

2.2 Design idea as replicator, designed object as its phenotype, not as extended phenotype of human genotype

Though it has been argued multiple times that replicators are not necessary for culture to evolve (Richerson & Boyd 2005), it is still useful to understand the concept of evolution. Replicators are discrete, faithfully replicating bits of information (Dawkins, 1976; Dawkins, 1982). In biology, the first replicator is thought to have emerged from the ancient ocean, the *soup*, shown in Figure 2-(a).

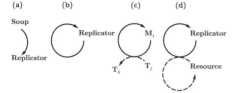

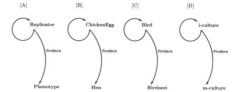

Figure 2. Self-replicators. (a): The first replicator; (b): The smallest element of self-replicator. Self-recurring line indicates the causal arrow of the replicator generating itself; (c): In reality, replication process requires some sort of resource. In here, the replicator M_i eats up the resource T_j, e.g., food, water, and sunlight. In the process, the replicator M_i discharges the leftover of the resource, or more generally, the effect on the environment, T_k. In equation, this may be described as $M_i + T_j \Rightarrow 2M_i + T_k$. (d): Simplified representation of replicator and resource as a whole. As the replicators consume the resources, the resources also replicate themselves, e.g., foxes eat the rabbits, but rabbits also replicate themselves. Note that this is not the case with photosynthesis plants, because the resource, the sun, does not replicate itself, at least in the time-scale of the replicators on the earth.

Figure 3. Various kinds of phenotypes. [A]: generic replicator generates itself, while also producing the phenotype in its process. Phenotypes are one-off: they never reproduce themselves, thus there is no recurring causal arrow. [B]: an example of a replicator, chicken egg, reproducing itself meanwhile producing hen to help its replication, based on Samuel Butler's quote, "a hen is only an egg's way of making another egg (1877)". [C]: An example of extended phenotype, a bird nest, produced one-off by a bird. Note that a bird is not strictly a replicator. In here, the bird is considered to include a replicator, an egg. [D]: The relationship of i-culture and m-culture represented as the relationship of genotype-phenotype.

Phenotype in biology, on the other hand, is the observable expression of genetic code, genotype, mixed with the interactive influence of the environment, e.g., the body of organisms. For beaver's genotype, the body of beaver is a phenotypic expression of itself, that helps replication of itself. For self-replicating germ cell, somatic cells are merely the components of a disposable vehicle that is used only once. In memetics, genotype-equivalent is meme, and phenotype-equivalent is its artefactual representation, e.g., the idea of screws is a meme, and the tangible, manufactured screw is a phenotype of the meme. All the same, human brains are considered a resource that produces environmental carrying capacity, and humans are considered host for parasitic memes. Cloak (1975) defined the genotype-equivalent meme as i-culture, and phenotype-equivalent artefact as m-culture, e.g., "words, music, visual images, styles of clothes, facial or hand gestures, skills such as opening milk bottles in tits, or panning wheat in Japanese macaques (Dawkins, 1982)." In design field, the former includes the idea of smartphones, the idea of screw, or the information expressed on the blueprint of an aircraft. The latter includes the smartphones, screws and screwdrivers, or aircraft, as well as the blueprint drawing of the aircraft as an object, or the ink printed on the blueprint. Instead of calling them i-design and m-design respectively, we call the former design ideas, and the latter artefacts for the sake of simplicity.

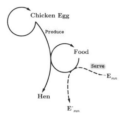

Figure 4. More exhaustive representation of Figure 3-[B]. For a chicken egg to produce a hen, the process requires some sort of resource: food. The food also requires some sort of external energy source: the sun, in this case. Broken line represents the relationship that it serves the replication of food.

Extended phenotype is all the effects a gene has on its environment, including the artefacts that organisms are programmed to manufacture, e.g., bird's nest and beaver dam (see Figure 3-[C] and Figure 5). The term is coined by Dawkins (Dawkins, 1982). For the human, though, the extension must be carefully handled (Dawkins, 2004). While some argue that cosmetics could be regarded as extended phenotype (Etkoff, 2011), because the *manufacture*, not the *consumption* of cosmetics seems not to affect the fitness of the manufacturer, they should not be regarded as extended phenotypes. Similarly, Dawkins argues (2004) that (contemporary) buildings should not be considered extended phenotypes because the failure or success of its design does not affect the frequency of architects' genes in the human gene pool.

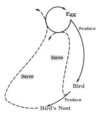

Figure 5. More exhaustive representation of Figure 3-[C], incorporated with Figure 3-[B]. While an egg reproduces itself, it also produces the somatic bird. The clueless somatic cells are programmed to produce bird's nest. Both bird's somatic cells and bird's nest serve the egg's reproduction, contributing to increasing the frequency of bird-making, as well as nest-making genes.

Bateson (2006) questioned the idea of extended phenotype, remarking that, if we accept the idea, a bird should also be regarded as the means of a bird's nest to produce yet another bird's nest. In other words, he argued that a birds nest must also be regarded as a self-replicator. A bird's nest is manufactured by a bird, just as a bird is manufactured by an egg. Indeed, if we focus just on a nest, one could take a bird as a manufacturer, a cleaner and a maintainer of it. Furthermore, the bird inherits the nest-making gene to yet another generation to enable the nest to replicate even more. However, as Dawkins argued against, bird's nest is not a true replicator, because any non-genetic mutation occurred to a nest, such as different material being mixed in to it, does not inherit to future nest's composition (Dawkins, 1982). All the same, an artefact should not be regarded as a replicator: the idea behind the artefact, if any, should. The relationships of replicator, phenotype and extended phenotype is depicted in Figure 6. Figure 6-(a) and Figure 6-(b) essentially represent similar analogies: in both cases, the *designed objects*, or extended phenotypes (in (a), a nest; in (b), a tool) serve the success of genotypes. In other words, (b) is a variation of (a) in which we focus on *resource*, *i.e.*, branches displayed in (a), instead of the *user* of the resource. Figure 6-(c) fundamentally differs from (a) and (b), because the *manufacturer*, human, is not the beneficiary of the *designed object*, balloon, but the idea of it, is.

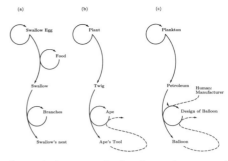

Figure 6. Analogous sets of self-replicator, phenotype, and extended phenotype, along with their resources and interactors. (a): A swallow egg replicates, manufactures a somatic swallow by processing, the swallow manufactures swallow's nest using branches, which also replicate. (b) A plant produces phenotypic twig, which may be used as a tool for an ape. Note that in this example, the ape's tool serves the increase of frequency of the tool-making gene of ape, and may even decreases that of the plant. (c): Design. A plankton eventually becomes petroleum, petroleum may be consumed as the resource to manufacture balloon, which is a phenotype of design idea of the balloon. In this example, human may be regarded as a kind of resource that is consumed during the process of replication of design idea.

2.3 Conclusion of Chapter 2

Evolutionary theory is applicable to designed objects, as well as biological organisms. In this chapter, we discussed evolutionary design theory based on cultural and biological evolution theories. First we divided design into two parts: one is ideas of design, and the other is artefacts developed based on such ideas. This is as equally an important division as the division between genotype and phenotype. Following the gene-centred view of life, we argued that evolution of design must also be viewed with ideas in its core. While design ideas do evolve, artefacts may not be the unit of selection. Even though artefacts appear to be analogous to extended phenotypes, such as bird's nest and beaver dam, most of today's artefacts should not be regarded as one of them. This is because the successfulness of the artefacts does not affect the prosperity of the genotypes of humans involved in its manufacture and/or design. Instead, we argued that today's designed objects should be regarded as the phenotype of design ideas. Whether we like it or not, consumers, designers and manufacturers strive to inherit, mass-produce, copy, sell, buy, plagiarise and invent artefacts as the *(re)source* of environmental carrying capacity of design ideas, not as *the Creators* of design ideas.

3   Cultural transmission

3.1   Why do we need an experimental approach in cultural transmission studies?

Since the recent proliferation of theoretical studies concerning social learning and cultural transmission, laboratory methods to validate their hypotheses in the environment closer to the real-world situation have been one of the mainstream approaches in cultural evolution studies (Mesoudi & Whiten, 2008). Mesoudi distinguished the dominant approach into three categories (Mesoudi 2007). Our method is distinctive from conventional methods in terms of the number of the cultural variant in a time-step (Table 1). We believe this is a substantial change. First, it enables us to introduce population thinking originally developed for population genetics into the cultural evolution studies in the laboratory. Identifying biases by comparing between the experimental results with the neutral model is much easier than the experiments with the single trait transmission chain method. This includes the analyses such that done by us in Part I, motivated by Bentley et al. (2004) with power-law fitting (see 8.7.1 for methods, 9.1 for results), and Acerbi and Bentley (2014) with turnover analysis (see 8.7.3 for methods, 9.2 for results). Second, the change extends the study of cumulative cultural evolution (CCE) to population-level experiments. CCE is the central focus of many attempts of laboratory experiments in cultural evolution studies (Caldwell & Millen, 2008; Caldwell & Millen, 2009; Caldwell & Millen, 2010; Caldwell et al., 2012; Wasielewski, 2012; Wasielewski, 2014).

Table 1. *Comparison of current major laboratory studies with ours.* The parameters are the population of variants N and mutation rate μ. In Caldwell & Millen's case (2009), the microsocieties consisted of $n = 3$ participants. In our approach, the numbers of cultural variants were $N = 16$ in Part I, $N = 20$ in Part II.

Approach	Participants	N	μ
Transmission chain	Replaced 1	1	1
Microsocieties (replacement)	Replaced 1 in n	1	1
Constant group	Constant n	1	1
Ours	Replaced 1	~20	1/N–6/N

3.2   Neutrality of cultural transmission and departure from the model

In cultural evolution, the neutral model has been predominantly modelled based on the Wright-Fisher infinitely-many allele model (mathematical explanation in Ewens (2012)). The only exception that we know of is a paper by O'Dwyer and Kandler (O'Dwyer & Kandler, 2017) which utilizes models such as non-zero-sum approximation with overlapping time-steps that has been developed in ecological studies. Application of the theory of cultural evolutionary field was introduced by Neiman (1995), followed by studies on pop chart (Bentley et al., 2007; Salganik et al., 2006), patent and paper citations (Bentley et al., 2004; Simkin & Roychowdhury, 2003), pottery types and decorations (Bentley et al., 2004; Shennan & Wilkinson 2001), dog breeds (Herzog et al., 2004; Herzog 2006; Ghirlanda et al., 2013), and first names (Hahn & Bentley, 2003; Bentley et al., 2007). The Wright-Fisher model is essentially a framework that assumes the frequency of variants in a population in a given time t is derived by random sampling from the previous time-step $t - 1$, with or without replacement.

3.3   Cumulative cultural evolution

Successive improvements to the performance of cultural trait via social learning, cumulative cultural evolution (Boyd & Richerson 1996), or *ratchet effect* (Tomasello, 1999; Tomasello et al., 1993), is regarded as the fundamental source of adaptive behaviour for human (Boyd & Richerson 2005).

Many of the experimental approaches using a physical task (Caldwell & Millen 2008; Caldwell & Millen 2009; Caldwell & Millen 2010; Wasielewski, 2012; Wasielewski, 2014) to investigate cumulative cultural evolution are interested in the social learning mechanisms such as imitation (transmitting actions), emulation (transmitting end results) and teaching. The study on CCE has been even extensively applied to animal groups, homing pigeons, combined with collective intelligence (Sasaki & Biro, 2017). These experimental methods utilize miniaturized populations of what Baum et al. (2004) call microsocieties (Caldwell et al., 2016): successive transmission of culture is simulated in a small group of participants, humans or birds, that are repeatedly removed and replaced with a new participant. Henrich (Henrich, 2004) initiated the study of C CE inspired by the early works by Boyd & Richerson (1985) and Cavalli-Sforza & Feldman (1981). In the paper, Henrich proposed a theoretical model in which the population of individuals are assigned with different level of skills.

When studying the dynamics of cultural transmission, it has been widely acknowledged that there are two distinctive types of evolutionary mechanism. One is random drift, and the other is adaptive cumulative culture (cumulative cultural evolution, CCE). Previous studies revealed that the transmission of cultural traits that are predominantly favoured and copied based on its aesthetic success may be explained by the simple model of random copying, i.e. neutral model (Neiman 1995). On the other hand, cumulative cultural adaptation (Henrich, 2004; Kobayashi et al., 2015) In this part, however, we found that this was not the case in our laboratory experiment, and argue that the difficulties of the design in interest cannot be ignored to investigating the dynamics of transmission.

In Part I, the transmission of logo designs in an experimental environment is discussed. In the logo design experiment, selection of logos is based simply on participants' subjective preferences. In Part II, we analyse the transmission of a population of artefacts with clearer measurement criterion for physical performance.

3.4   Adaptive evolution of engineering, neutral evolution of aesthetic design

In Henrich's model (2004), all the individuals in a population seek to copy the most successful individual in terms of skill. Henrich's work was followed by many modelling efforts (Kobayashi & Aoki, 2012; Aoki, 2015; Grove, 2016)and many related fieldworks in Tasmania. Although accumulation of design can also be well depicted with Henrich's model, there still are significant difficulties and differences between the model and the actual design process. The first and the most obvious is the challenge to quantify the goodness-of-design. Although the quantification itself is possible, the code of measurement itself is evolvable, and usually differs hugely from one evaluator to another. This leads to almost unavoidable overdispersion and fluctuation over time in quantifying. In the previous laboratory studies, this problem is rather simply solved. Simple challenges such as spaghetti tower (Caldwell & Millen 2009; Reindl et al., 2017), paper airplane (Caldwell & Millen 2008; Caldwell & Millen 2009), device to hold weights made by spaghetti (Wasielewski, 2014), are measured by single quantifiable measure. The second question

is whether the designers, or the participants, are deemed to copy the same cultural parent, even when seeking for the exact same goal. Henrich's adaptive model may be a very good assumption for technological innovations. In design fields, however, rare-traits are often favoured in the fashion industry (Acerbi, 2012; Ghirlanda et al., 2013). The third problem is the relationships between the difficulties of the task itself and the evolvability of the performance. In our experimental settings, participants could vote for an arbitrary cultural trait with one vote to have more than one vote. In other words, we assumed that an arbitrary cultural trait can be transmitted and copied to the next generation with zero noise in its process. Richerson and Boyd named this condition as "cultural selection" (Boyd & Richerson 1985; Richerson & Boyd 2005). Cultural selection is a good approximation of design process under certain circumstances: for instance, during its development phase, such that routinely executed in design firms and design division in a company, the dynamics of the frequency of design ideas are also represented in that way. Henrich's model, on the other hand, assumes the contrary. One of the interesting assumptions in Henrich's model is that the rare opportunities that copiers acquire better design simply by chance, not by hardworking individual learning or genetic superiority.

Similar to logo experiment, participants were asked to create cultural variants that match certain goals. In the previous experiment, participants have sought for a single goal: a new, better logo design for a university laboratory. Our interest was not in the effect of the goal, but in the effect of consistency of selection and the effect of social learning.

In aircraft experiment, however, our interest is in two criteria: adaptive goals, and there were three distinctive adaptive goals that are often : physical performance, aesthetic performance, and uniqueness. While the former two are regarded as the intrinsic attractiveness of the design, the third is strongly related to the frequency of the variant in the population.

Part I
Creativity vs Evolution

Originally published as: Matsui, M., Ono, K., Watanabe, M. (2017) Random Drift and Design Creativity: Evolution of Drawings in the Laboratory. Letters of Evolutionary Behavioral Science, 8(2) 24-27.

Abstract: Previous cultural evolutionary analyses argue that random drift model that is analogous to genetic drift in population genetics explains a variety of real-world datasets. Few empirical investigations have been done on how cultural traits are actually generated and selected. We present experimental data that matches random drift simulation very well. In our experiment, designers copied what they considered well designed, and eliminated the poor ones, and designed several novel drawings by different design strategies in a cultural transmission network. What were conventionally thought useful for designers to produce designs that prosper, such as practice, exposure to other design and experience in design, do not quite contribute to its prosperity. We suggest that some design's creation processes as well as its market may be value-neutral.

Keywords: cultural transmission; power-law distribution; cultural drift; cultural evolution; design creativity

4   Introduction

Previous studies have shown that simple random copying model represents various real-world cultural datasets, such as pop chart (Bentley et al., 2007; Salganik et al., 2006), patent and paper citations (Bentley et al., 2004; Simkin & Roychowdhury, 2003), pottery types and decorations (Bentley et al., 2004; Shennan & Wilkinson 2001), and first names (Hahn & Bentley, 2003). These studies suggest that no selection is needed to explain diverse variation of successful and non-successful cultural traits.

In the neutral theory of molecular evolution, gene frequencies changes only by chance and simply due to sampling error. Kimura and Crow (1964) showed that, in the infinite allele model of population genetics, the instantaneous frequency distribution of the variants at equilibrium can be analytically predicted by the equation,

$$\phi(v) = 4N\mu v^{-1}(1-v)^{4N\mu-1}, \qquad (1)$$

where $\phi(v)$ is the expected number of variants in a frequency of v ($v = 1/N, 2/N, 3/N, ..., N$, where N is the population size), μ is the mutation rate. Real-world dataset such as archaeological record usually relies on accumulation of cultural traits over time. Although our experimental result actually represents series of instantaneous distributions, the tiny population of $N = 16$ makes it extremely difficult to discuss the changes in instantaneous distributions. Hence we adopted cumulative number of copies as the measurement of prosperity of design, as Hahn and Bentley did with their baby names dataset (2003).

We show that neutral model also represents a simple experimental design process, in which participants eliminate the former time-step line drawings and introduce the same amount of novel drawings in a cultural transmission network, that is similar to transmission chain practiced by Tamariz and Kirby (2014).

By comparing cumulative frequency of drawing to that generated by random drift simulation very close to the condition of the experiment, we show that these two match very well. For mutation rate $\mu \ll 1$, previous studies show that real-world cultural variants and simulation datasets obey power-law distribution,

$$p(x) \propto x^{-\alpha}. \qquad (2)$$

However, it is known that the pattern breaks down for large μ (Bentley et al., 2004). To make matters worse, finite size effect bends off the extreme lower tail. Hence, along with basic power-law distribution, we fitted power-law with exponential cut-off,

$$p(x) \propto x^{-\alpha}e^{-\lambda x}, \qquad (3)$$

which is characterized by power-law behaviour for $x \ll \lambda^{-1}$ and exponential distribution behaviour for $x \gg \lambda^{-1}$.

5   Methods

5.1   Participants and Equipment

Forty-two volunteers (age $M = 23.6$, $SD = 6.27$, range = 18–57 years, twenty-six of them were design students) participated, each representing one time-step (t). Participants with and without design experience were interlaced in terms of time-step, to better represent actual design processes, in which designs are produced and evaluated by both professional and non-professional people, *e.g.*, Wikipedia. Each participant designed six novel drawings, resulting in *n* = 252 unique drawings in total.

5.2 Procedure

Design criteria are a list of purposes that design is expected to meet. Because our main interest was not in the effect of specific design criteria, they could have been anything. In our experiment, we chose the following four, to empower any participants including those who had no experience in design at all: to design drawings that they like; easy to copy; easy to remember; and stand out. Participants had to treat these criteria equally. Letters were prohibited to draw because it is known to be tenacious in transmission chain (Tamariz & Kirby 2014). Filling was also prohibited because the filled drawings were expected to stand out from the other drawings, while hatching was allowed. These criteria and restrictions were informed to the participants before drawing. The initial drawings were drawn by the authors.

Drawing process was done in the following order. On a draft sheet, a participant was asked to design total of six unique drawings in accordance with six different drawing strategies. When all were drawn on the draft sheet, the participant was asked to trace these six drawings to a sheet for a clean copy. Along with these, participants copied ten drawings from previous time-step, on an A4 white paper with sixteen 40mm square drawing fields printed on, with 1.6mm-thick black ballpoint pen (see Figure 7 for example).

The clean copy was subsequently handed to the next participant. This process was repeated for the total time-steps of forty-two times.

5.3 Drawing strategies

The six drawing strategies consist of two copying strategies ("Impr.P" and "Hybr.P") and four innovation strategies ("Pre," "Pre.P," "Post" and "Post. P"). For drawings with the suffix ".P," the drawer drew at least one practice drawings until s/he was satisfied with the result, and chose the best one out of them. The drawer was allowed to pick whichever trial.

After the instruction, the research participant drew the first drawing, Pre, without any practices. Then the drawer was prompted to draw Pre.P, with practice as explained above. After that, the drawer received the former time-

step's clean copy sheet and chose the best two drawings, as well as the worst six. Based on the best drawing, the drawer was asked to draw the draft of third drawing, Impr.P, improving the design even more. Then the drawer was asked to draw Hybr.P, a combination of the best and the second best drawing, hybridizing them, cherry-picking the good qualities that made the drawers choose them as the best two. This procedure was adopted to mimic the procedure of the random copying model setting of the simulation, in which a certain generation's variants have slight chance of copying the same variant from the previous time-step. Post drawing was drawn only once, just like Pre. The last drawing, Post.P, was with practice just like Pre.P. After drawing them, the drawer proceeded to trace the predecessor's drawings except the worst six. These vacant six fields were replaced by the novel six drawings.

Figure 7. *An example of a sheet at t = 18.* Xs on the upper-right corner indicate that the drawings were eliminated from the population by the subsequent participant. 1 (on F18) and 2 (on G18) indicate the drawings were chosen as the best, and the drawing was chosen as the second best, respectively.

5.4 Simulation

An R script equivalent to the infinite allele model for a single-locus, multiple neutral allele system (Kimura & Crow 1964; Crow & Kimura 1970) was used to simulate random copying model with similar parameters as the experiment. In the agent-based model simulation, unique cultural traits represented by arbitrarily defined numerical variants are assigned to a population of *N* individual agents. Each agent then iteratively copies from the previous time-step randomly, with probability $(1 - \mu)$, or innovates a novel trait, with probability μ (see Mesoudi & Lycett 2009; Hahn & Bentley 2003 for details). To match the conditions to our experiment in the lab, we ran simulations for $T = 42$ time-steps with a population of $N = 16$ agents. Simulation was run for 100 times each.

5.5   Counting the frequency of drawing

While there is a clear-cut difference between copy and mutation in random drift simulation, real world design process as well as our transmission network has more blurry distinction. It is not straightforward to determine which mutations are actually novel and which are not. To overcome this, we defined frequency of design that corresponds to arbitrarily-assigned degree of influence on descents, or contribution ratio, V ($0 \leq V \leq 1$).

When $V = 0$, even a slightest modification of design is considered innovative. No parent-offspring relationships is taken into account. The frequency of design is determined simply by its cumulative number of copies throughout the experiment. Let us call this base frequency f. For $0 < V < 1$, the parents split their descendants' frequency equally. In our case, an Impr.P drawing (which has one parent) acquires only $(1 - V)$ of its cumulative frequency f. The rest, Vf, is given to its parent. Similarly, Hybr.P drawing (two parents) gives $Vf/2$ to each of its two parents. When $V = 1$, This way we get frequency of a design X as

$$F_V(X) = \begin{cases} f(X) & (p_X = 0) \\ (1-V)f(X) & (p_X = 1, 2, ...) \end{cases} \quad (4)$$

where p_X is the number of parents of X, and $f(X)$ is the frequency

$$f(X) = f_0(X) + V \sum_{k=1}^{l} \frac{f(x_k)}{p_{x_k}}, \quad (5)$$

where $f_0(X)$ is the number of time-steps X has survived, $x_1, x_2, ..., x_l$ are the direct descendants of X (if available). Note that $p_{x_k} \neq 0$ because x_k has at least one parent, X. This way the sum of $F(X)$ is a constant for any V,

$$\sum_{i=1}^{n} F_V(X_i) = N \times T, \quad (6)$$

where n is the total number of designs generated through total of T time-steps in N individuals.

In our analysis, we considered three scenarios: $V = 0$, 0.5, and 1. Corresponding mutation rates for simulation is $\mu = 6/16$, 5/16, and 4/16. As V varies, frequency also varies greatly. As can be

seen in Figure 8, individual J in time-step $t = 1$, J1, had survived through three time-steps, thus $F_0(J1) = 3$, and similarly, $F_0(L2) = 13$, while $F_1(J1) = 20$ and $F_1(L2) = 0$.

5.6   Analysis

Discrete power-law distribution fits and tests were performed in the R package poweRlaw (Gillespie, 2014) to estimate maximum-likelihood power-law exponent α, and to test its Goodness-of-fit with 1000 bootstrap runs. R scripts (Clauset et al., 2009) were used to fit power-law with cut-off.

We also fit a probabilistic model to the observed distributions. We assumed that frequency is affected by following factors: educational background, time-step, repetitive practice (prototyping), exposure to others' drawings, improving or combining the existing designs in the population. All rates were estimated using Bayesian Markov-chain Monte Carlo methods with R package Rstan (Stan Development Team, 2016).

6   Results & Discussion

As shown in Figure 9–[A] and [B], experimental result showed good fit to simulation outcome. On the other hand, Goodness-of-fit tests did not convince power-law was a plausible model either for simulation or experiment results. The p-values were below 0.1 for all Vs and most simulation runs (97, 96, and 88 runs for $V = 0$, 0.5, and 1, respectively). In Goodness-of-fit test, high p-value suggests power-law is a plausible fit, because p-value is used to verify the hypothesis we want to support see Clauset et al., 2009 for further detail). However, likelihood-ratio tests showed that power-law with cut-off was good fit for experiment results for any Vs ($p < 0.01$, this time smaller p-value indicates power-law with cut-off is better fit than basic power-law), as well as all random drift simulations ($p < 0.05$ for all runs). As can be seen in Figure 9–[B], the match between random drift model and experiment result became better as V got close to 1. In overall, the statistical support for the power-law hypothesis is poor both for experimental and simulation results, while power-law with cut-off is clearly favoured over the basic power-law, and the parameters of them match very well.

Contrary to our conventional understandings, Poisson regression revealed almost no effects of the following factors(Figure 9–[C]): educational background, repetitive practice, and combining the previous works. Time-step and exposure to others' drawings had negative effect. The only clear positive effect was found on improving the previous works, estimated to multiply frequency by 1.70 (95% CI: 1.26–2.32) for $V = 0$, and 1.014 (95% CI: 0.73–1.42) for $V = 0.5$ (note that if improving had no effect on frequency, the rate would have been around 0.5 because frequencies Impr.P acquired is multiplied by 0.5 for $V = 0.5$, as we defined so).

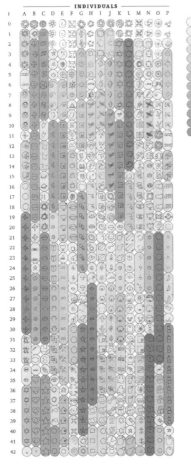

Figure 8. Experiment result. Each column represents an individual. Each row represents a successive time-step and the drawings designed by a participant. The same design is circled together. Colour thickness corresponds to the number of time-steps the design had survived.

The effect of improving, however, was not even close to the random effects of individual designs. The largest random effects of an individual design for each of the V-values were estimated to multiply frequency by 3.88 (95% CI: 1.97–7.46) times, 4.46 (95% CI: 2.56–7.24) times, and 14.2

(95% CI: 9.33–21.83) times for $V = 0$, 0.5, and 1, respectively.

It is shown that market for artificially designed cultural traits are often random and therefore unpredictable (e.g., Salganik et al., 2006). Our result extends this understanding that some design creation processes are, in fact, value-neutral: the main cause of a few very successful design in real-world may also be explained by simple model of random drift. Heavily depending on designers' and consumers' subjective preferences, many of our design creation and selection might not affect the value of design ideas as much as we have typically thought.

Our research was entirely executed in the laboratory. It is highly possible that some of the actual design processes are not value-neutral. Nonetheless, we think that this method is one of the few feasible approaches to tackle yet-to-be-discovered mechanisms of design creation and its selection.

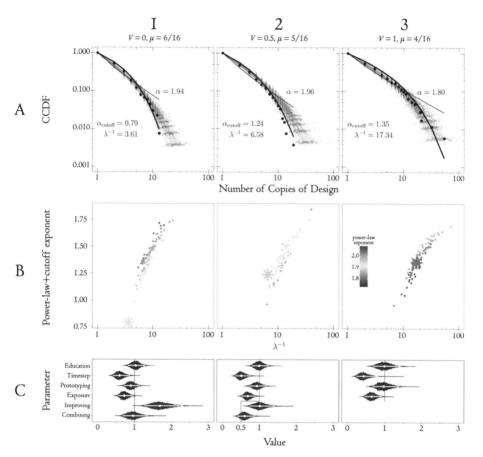

Figure 9. *Frequency distribution, maximum-likelihood estimated parameters of fitted functions, and estimated effects of various experimental conditions.* Columns from left to right: $V = 0, 0.5, 1$. Row [A]: Power-law distributions of the experiment (black) compared to outcome of simulation (light blue). Complementary cumulative distribution function $P(x)$ value on the y-axis, frequency of a drawing on the x-axis. Since the discrete power-law fit only accepts integers, frequencies for $V > 0$ were rounded. Maximum likelihood power-law (line) and that with exponential cut-off (thick curve) along with their parameters are also plotted. Row [B]: Maximum likelihood parameters of power-law with cut-off. Exponent α_{cutoff} on y-axis, rate λ^{-1} on x-axis. Simulation runs with dots, asterisk for experiment result. Colour corresponds to the exponent of basic power-law without cut-off. Row [C]: Estimated posterior distribution of coefficients for various parameters, with a point on median of the estimation. The line indicates 95% Bayesian confidence interval. Parameters from top to bottom: the effect of educational background (1 if the drawer is a design student), time-step (divided by total time-steps), prototyping (scaled to the effect of 10 prototypings), improving (1 for Impr.P), combining (1 for Hybr.P), and exposure to previous time-step's drawings (1 for Impr.P, Hybr.P, Post, and Post.P).

Part II
Population of Popularity

7   Introduction

In the previous part, we suggested that the transmission of the drawing may be value-neutral, non-biased neutral process. However, in the previous part, the transmitted designs were selected predominantly subjectively. Furthermore, the design process was not directed to any realistic, specific, functional goals to seek for. In Part II, further investigate the hypothesis whether the modern design process is best described as a random process. We conducted two types of experiments that resemble the one in the previous part, with major refinements. First, the participants were asked to engage in a realistic task that is also performed in real-world design market: to design a logo. In the experiment which is similar to the one we introduced in the last part, participants receive, vote, modify, and transmit population of logo designs. Transmissions were done under different selection conditions. With turnover analysis, we show that the transmissions were, in fact, better explained by an unbiased model in all the conditions save one. And in aircraft experiment, participants were asked to work on not entirely subjective, physical performance of artefact.

7.1   Transmission model: Wright-Fisher or Moran?

The methodological framework used in the previous part was similar to the Wright-Fisher model. This enabled us to use the abundant analytical resources of population genetics. There was, however, a distinctive difference between the Wright-Fisher model and our previous method in the assumption of the random sampling of each individual in the population. In the Wright-Fisher model, all individuals are assigned a new variant in each time-step, while in our previous model, only the number of newly-introduced variants is assigned a new one, and all the others remain the same from the last time-step. This setup was very similar to the stochastic model used in population genetics called Moran model (Ewens, 2004). The only difference between Moran model and our previous model is the amount of newly-introduced variants: in Moran model, it always is set to one at a time-step, and in our

previous model it was more than one at a time (six). Our previous experimental methods or any variations of the Moran model may be a better representation of actual cultural transmission with more gradual change (Evans & Giometto, 2011). The major drawback is the changing speed of the whole population, which is typically N-times slower than the Wright-Fisher model. In this part, for the sake of consumption of time and participant, we adopted a variation of the Wright-Fisher model, since both models produce roughly the same frequency distribution. With the change from the Moran model to the Wright-Fisher model, the analogy between experimental conditions and the theoretical model is reinforced even stronger. Analytical methods we used in the previous part with stronger methodological justification.

8   Methods

8.1   Participants

8.1.1 Participants for logo experiment
In logo experiment, a total of 65 participants took part. Participants were recruited on campus at Chiba University. Their mean age was 23.7, $SD = 3.52$, range = 18–44 years, with design experience including education period year $M = 5.21$, $SD = 3.59$, range = 1–26 years. The ratio of males to females was 25:40. A large part of participants participated in more than one transmission network. During and after the experiment, participants received snacks in exchange for their participation. The procedure was explained to all participants in advance.

8.1.2 Participants for aircraft experiment
Five seed designers were recruited from the author's laboratory (age $M \pm SD = 25.0 \pm 1.9$, design experience $M \pm SD = 6.2 \pm 1.9$). 60 participants were recruited from predominantly undergraduates and graduates in the Division of Design Science, Chiba University (age $M \pm SD = 22.2 \pm 2.1$, design experience $M \pm SD = 3.7 \pm 1.7$). If we suppose these students as future industrial participants, it is reasonable to assume that they perform similarly to the real-world participants. Out of sixty participants, 11 participated in four transmission networks, 16 participated in three, 23 participated in two. The rest 10 participated in one network as selectors.

8.2 Seed and pool preparation

Prior to the transmission network experiment, we asked several pre-transmission participants to design logos for the university laboratory.

8.2.1 Stimuli for logo experiment, and design pool

All designs were done on a sheet of A4 Copic PM Paper in horizontal layout, with a 283 by 170 mm rectangle printed with a laser printer. The participants were asked to fit their design inside the rectangle. The detail of seed and pool designers are described later in Table 2.

Seed.
As the initial $N = 20$ traits at $t = 0$, we asked seed designers to invent N novel logos. We called these designs seeds, for these designs were set to each transmission, then successively *grown* by participants. When the 20 seed design had been invented, five sets of the whole seed designs were copied by laser printer for each transmission network. The copied seeds were attached to 2460 by 1800 mm movable whiteboard screens with a magnet on each logo. The seeds are shown in Figure 10.

Figure 10. *The original stimuli material of 20 logo designs.* Shown in order of identification number. They were presented to the 1st time-step selectors in each chain. Each seed designs were designed by a total of eight designers. All designs were darkened by image processing software and scaled from the originals for better visual understanding. For more accurate copies, see Electronic Supplementary Materials.

Pool.
In addition to that, we also asked another set of designers to invent 39 designs as a *pool* of designs to choose from. The design was done free from any intentions other than the designer themselves and the design criteria. Thirteen logos that were invented in Net2 but were eliminated in the process of voting were also used as Pool design.

Some of them were invented by the same designers. In fact, the twenty Seed logos were designed by eight designers, and 39 *pool* logos were designed by ten designers. This is because

we thought the effects of transmissions and modifications inside an individual's mind was small enough compared to those of between the participants.

8.2.2 Stimuli for aircraft experiment

Seed designers created novel twenty-three seed aircraft before the experiment. Their flying distances were tested and recorded before the transmission experiment started. Top twenty (shown in Figure 11) were selected and used as generation zero for all transmission networks ($t = 0$). The way the seed aircraft were designed and tested was identical to the basic iteration procedure described in 8.5.3.

Figure 11. *Seed aircraft with top twenty flying distance out of twenty-three.* From top left to the bottom right, aircraft were identified with ID 0s1 – 0s20 on their wing. Photographed after the experiment. Some are damaged from test flights and measuring flights.

8.3 Logo experiment

8.3.1 Four roles of participants in logo experiment

In both logo and aircraft experiments, participants were assigned to different roles. In this section, the four different roles of participants for six conditions in the logo experiment is explained. The first two conditions were the same except for one participant. We call these transmission networks with almost identical conditions as Net1.1 and Net1.2. The other four conditions were named as Net2, 3, 4, and 5.

The roles in logo experiment were, 1. director, 2. designer, 3. designer-selector, and 4. selector. In addition to that, we recruited pre-experimental seed and design pool designers (see 8.2.1 for more details) and 20 *post-hoc* evaluators.] The details of the participants are shown in Table 2.

Director (Net1.1 & Net1.2).
Two participants were recruited as the *directors* in Net1.1 and Net 1.2. The director in Net1.1 was an associate professor at Division of Design, Chiba University. The director also participated as a designer-selector in Net2, at the time-step t = 17. The director in Net1 was a master's course student at Division of Design and they also participated as a designer-selector in Net2, at the time-step $t = 4$.

The role of a *director* was to direct the randomly-assigned temporal *designers* to design logos that meet director's own taste. In each time-step, the *directors* described the *designer* in the time-step what kind of novel logo designs they want (*invention*), and which and how a logo design should be improved (*borrowing*). After the mutation process, *directors* voted for the logos. At least one borrowed and one invented logo had to be introduced into the population. The amount to be designed was decided by the director. The *directors* were allowed to show the *designers* some reference materials or eliminated logo designs. They were asked to refrain from designing by themselves, *i.e.*, they were only able to direct *designers* orally.

Designer (Net1.1 & Net1.2).
The *designers* in Net1.1 and Net1.2 were ordered what and how to improve one or more logos from the last time-step, and to invent one or more novel logo by the director in the network. They were allowed to communicate with their *director* freely, while they were prompted to follow any directions from the director.

Designer-selector (Net2).
The *designer-selectors* were the participants who were prompted to behave as both *designers* and *selectors*. Their role was almost identical to the participants in our previous experiment (Part I). They voted, *borrowed* at least one logos from the previous generation, and *invented* at least one logo.

Selector (Net3, 4, & 5).
The *selectors* voted but did not design novel traits. There were two types of *selectors*: volatile selectors and stable selectors. Volatile selec-

tors were only responsible for one generation to select, while *stable selectors* were responsible for the selection of the whole time-step from start to end.

In Net4, the same student as the *director* in Net1.1 participated as the sole *stable selector*. They voted continuously from the beginning to the end of the transmission, without any interventions and interactions with the other participants. At each time-step, the authors randomly chose two logos from design pool and added them to the design population. The selection was thus irrelevant to the selector's intention.

The *selectors* in Net3 and Net5 were *volatile selectors*. In Net3, they were prompted to choose two designs from the design pool. Initially, the pool consisted of 39 pool designs. The designs that had lost their votes were sent back to the pool again and waited for another chance to be adopted into the population by another selector in the future time-step. In Net5, the *volatile selectors* voted at each time-step for 26 times, with two logos randomly chosen and added to the population.

Table 2. *The number of participants who participated in logo experiment.* Age, year of experience in design (including the educational period) are expressed as $M \pm SD$. The director in Net1.2 was also the selector in Net4.

Net	Director			Population		
	n	Age	Experience	n	Age	Experience
Seed	–	–	–	$8^{\dagger}$	25.4 ± 3.3	7.0 ± 3.3
Pool	–	–	–	$10^{\dagger}$	23.9 ± 1.7	5.3 ± 0.9
1.1	1	44	26	$20^{\dagger}$	23.8 ± 1.8	5.0 ± 1.6
1.2	1	24	5	$21^{\dagger}$	23.3 ± 2.3	4.9 ± 1.8
2	–	–	–	$40^{\dagger}$	23.7 ± 3.7	5.2 ± 3.8
3	–	–	–	$46^{\Diamond}$	23.6 ± 3.7	5.1 ± 3.8
4	–	–	–	$1^{\Diamond}$	24	5
5	–	–	–	$26^{\Diamond}$	22.8 ± 1.9	4.2 ± 2.0

†: Designers; ‡: Designer-Selectors; $^{\Diamond}$: Selectors.

8.3.2 Vote (director, designer–selector, selector)

Voting occurred in all transmission networks. Voting is a kind of prior selection (Schiffer, 1996), or social learning (Boyd & Richerson 2005). No variations are created by voting: variations can only be reduced by their polls or eventually be eliminated by voting. The selector moved polls to the traits (logos) that felt more favourable for them, by removing and moving maximum of N magnets to the logo ideas they thought best fit to the design criteria. Consequently, some ideas would acquire more than one votes, while some would lose all the votes and would be eliminated from the panel. The eliminated drawings were stored in a plastic folder (the *graveyard*) as shown in Figure 12. The eliminated sheets never reappeared on the panel, except in Net3. All participants were allowed to inspect the eliminated drawings in the transmission networks they participated in.

Table 3. *Exhaustive list of conditions for six transmission networks for logo experiment.* The stable *selector* selected throughout the whole transmission. The volatile *selector* took turns on each time-step. Directed novel designs were designed by the different *designers* in each time-step, guided by the *director*, who was also the stable *selector*. Individual novel designs were designed by the different *selector-designers* in each time-step, who were also the volatile *selectors*. Detailed explanation of the roles in italic is in 8.3.1.

Net	Voting / Selecting	Mutation
1.1	Stable[1]	Novel designs; Directed[1]
1.2	Stable[2]	Novel designs; Directed[2]
2	Volatile	Novel designs; Individual
3	Volatile	from Pool; Selected
4	Stable[2]	from Pool; Random
5	Volatile	from Pool; Random

[1,2]: directed and/or voted by director 1 and director 2, respectively.

8.3.3 Copying and duplication

Unlike the mortal individuals, many of the genes in our DNA is quite old, even called as immortal coil by Dawkins (1976). Some successful copying error survived, proliferated in the population, without changes for thousands of years, with great fidelity. Old, yet successful design ideas are also sturdy for very long years. Some are blatantly copied by the competitors, while being mass-produced in the form of traits, *i.e.*, modern products and become widely used and remembered in the market. In the experiment, we simplified this process of *copying*, in which there is a room for a slight copying error, into d*uplication*, in which the trait is copied with 100% fidelity. In the last part, the transmission included the latter; we found that in our experimental conditions, with such small population size with short iterations, the effects of unintentional copying error on the quality of design is not comparable to that introduced by intentional design modification. Although it is an important research topic in cultural evolution research programme yet to be examined (for an example of the study concerning unintentional errors on cultural traits, see Nia *et al.*, 2015), our main research question may be investigated without concerning such process.

Copying is the process in which designer tries to copy the trait as close as possible, but with unintentional minor copying errors. Boyd and Richerson defined this as *cultural mutation*, "effects due to random individual-level processes, such as misremembering an item of culture" (Boyd & Richerson 2005). In the previous part, we had asked participants to *copy* the traits in the previous generation by laying their generation's sheet of paper onto that of the previous generation. in addition to the main neutrality study, we wished to observe the prevalent effect of the *cultural mutation*. This certainly led to minor copying errors as expected. However, we found no clear evidence that cultural mutation immediately affecting the quality of design, let alone the design's prosperity, in a relatively short period of transmission. Therefore we omitted the feature for the sake of simplicity of the process.

While copying is a realistic representation of copying process of design, doing so in the laboratory conditions is extremely time-consuming and participant-effort-consuming. Instead, we introduced idealistic copying process of *duplication*. The degree of how many times the duplication of a design has occurred was represented simply as the polls the variants acquire. Thus, the copying fidelity of duplication is, by definition, 100% accurate.

8.3.4 Mutations

Cultural mutation is a product of the transmission process that occurs unexpectedly, without a clear intention of the copier/creator to do so. On the contrary, the following processes are intentional: participants were prompted to modify the design, under certain design restrictions. Boyd and Richerson (Boyd & Richerson, 1985) defined the resulting traits of such deliberate, sometimes purposeful design activities as *guided variations*.

In transmission network, multiple cultural traits

are handed down from one participant to another. In the process, the traits may be modified, eliminated, or newly introduced. In cultural evolution studies, the newly introduced traits are usually called *innovation*, which is equivalent to the mutations in population genetics. In this paper, however, motivated by O'Brien and Bentley (2011), we call them *inventions* instead. More clearly, *invention* is a novelty, while *innovation* is a novelty that has diffused through a population. We also distinguished two types of inventions: *invention* and *borrowing*. *Invention* is created without any influence from the previous population. *Borrowing*, on the other hand, is a novelty that has been somewhat influenced by the variants in the previous generations. In Part I, Pre and Pre.P were *inventions*, and Impr.P and Hybr.P were *borrowings*. Post and Post.P can be regarded as either of them. Hybr.P resides in a category called *combination* or *blending* (Mesoudi, 2011). In either logo experiment nor in aircraft experiment, *combination* did not occur.

Invention and borrowing.
For Net1.1, 1.2 and 2, the director or the designer-selector chose one or more designs to borrow from. In Net1.1 and 1.2, the director ordered their corresponding designer how they would like the design to be improved, and how the selector would like the newly-introduced inventions to be designed. In Net2, the designer-selector invented one or more designs, in this case with their own intention. The amount of design was up to the participant. Usually, they preferred to design the minimum amount, *i.e.*, one invention and one borrowing. In Net1.1, 20 designers were directed to create a total of 44 inventions and 22 borrowings. In Net1.2, 21 designers were directed to create 21 inventions and 32 borrowings. In Net2, 40 designer-selectors created 41 inventions and 47 borrowings.

Participants who had to invent and borrow were provided with sheets of size A4 paper that were identical to those used for seed and pool designs. In case the work was not satisfactory for them, they were allowed to discard the paper and start again with a new sheet, whenever they want. Any drawing materials were allowed including computer software.

After the generation process, the participant was asked to attach the newly-introduced designs on the board with a magnet on each design. This way, a newly-introduced design would achieve one vote. The participant was then dismissed and the next participant took the place.

Selective import.
In Net3, 4, and 5, there was no invention or borrowing involved. Instead, selectors chose (in Net3) or were assigned to put randomly-chosen designs to add to the population. Interestingly, this kind of mutation is not considered important in cultural evolution studies. Recurrent fads are extremely important in design and fashion (e.g., Acerbi *et al.*, 2012; real-world examples include Gothic Revival Architecture, Braun's modernistic product design revived as Apple products, and the revival of vinyl records in the 2010s). In Net3, we adopted the recurrent mutations, in which cultural variants may be omitted from the population, but remain archived in the design pool. The selector subsequently selected two preferred designs from the design pool and imported the designs to the population. In Net3, a total of 92 logos were imported into the population (some had been imported multiple times) by 46 selectors.

Random import.
In Net4 and Net5, two designs were randomly chosen from the design pool, and the 'dead' logos did not go back to the design pool. 48 and 52 designs were randomly imported into Net4 and Net5, respectively. 18 eliminated designs from Net2 were also used in Net5.

Figure 12. *Experimental environment of the Net3, in the state at t = 31.* A total of 20 polls were distributed to eight different logo ideas. Polls were represented by the number of magnets on the logo sheets. Designs were printed and were stuck on a whiteboard with three panels of 1600 mm height * 760 mm width foldable hard metal board. The design pool, *i.e.*, the graveyard is also attached to it by magnets, indicated in pink area. At t = 1, the 20 seed designs were attached on four rows with five columns.

8.3.5 Quantification of quality of design
After the transmission experiment, we wished to know the quality, or goodness, of logo designs. By this, one may be able to detect the successive improvements of the design quality over time. 20 *post-hoc* evaluators evaluated a total of 265 logo designs. Since the amount is considerably large, we only asked them to evaluate as many as possible. As a result, a design was evaluated by 17.5 evaluators in average, $SD = 2.3$. A five-level

Likert scale was used. The score corresponds with following levels: the evaluator thinks the logo is (1 out of 5) no good, and never should be used as the logo for the laboratory, to (5 out of 5) suitable to use as the logo for the laboratory, with refinement in the details. To avoid floor effects, we asked the evaluators to evaluate generously, to roughly keep the average score of 3 for all logos.

8.4 Aircraft experiment procedure

8.4.1 Conditions and the roles for aircraft experiment

In aircraft experiment, the roles were more complex and the differences were in the details. In this section, six different conditions are described. We named the transmission networks as follows: Aes, AesBlind, PerfNoVote, PerfMech, Uniq, and UniqBlind. In Figure 13 the conditions are diagrammatically shown, and we showed the exhaustive list of conditions in Table 4.

Design criteria.
The design criteria were either to pursue the aircraft design that 1a. aesthetically superb and *appears to* fly well, 2. flies the best flying distance, and 3. flies the best flying distance as well as its uniqueness. If they are provided with more than one criteria, they were told to treat them equally.

Criterion 1 was assigned to the participants in nets Aes and AesBlind, and we call this group as *aesthetic-seeking* conditions. Criterion 2 was assigned to the participants in nets PerfNoVote and PerfMech, and we call this group as *performance-seeking* conditions. Criterion 3 was assigned to the participants in nets Uniq and UniqBlind, and we call this group as *uniqueness-seeking* conditions.

8.5 Visual and performance inspection.

Visual inspection of aircraft in the population was available in all conditions except Net. UniqBlind. The polls that were represented by tiny binder clips, *e.g.*, if an aircraft possesses six votes, six binder clips on the aircraft. Participants in the nets PerfNoVote, PerfMech and Uniq could inspect the performance of aircraft, *i.e.*, flying distance, recorded with three trials of measurement of the flying distance of the aircraft, written on the wings or the fuselage. The measurement of flying distance is explained in 8.5.4.

8.5.1 Voting

In the aesthetic-seeking and uniqueness-seeking networks, the participant voted for the population. After inspecting the population from the previous time-step, the participants in nets Aes, AesBlind, and Uniq voted for the aircraft that match design criteria. The participant moved small coloured binder clips that represent polls proportional to their subjective selection of the aircraft design criteria explained in 8.4.1. The participants in UniqBlind voted after designing their own aircraft instead of in the beginning. In the networks except for Net.Aes, one vote was kept for later use (see 8.5.5).

Figure 13. *Diagrammatic explanation of the difference of conditions.* Yellow circles are the experimental conditions of the six transmission networks. Conditions that are biased toward aesthetic appearance are closer to top right. Similarly, performance to bottom right, uniqueness to the bottom left. More designerly biases are on the opposite of performance: either on appearance and/or uniqueness.

8.5.2 Freedom of choice from which aircraft to borrow from

In nets AesBlind, PerfNoVote, Uniq and UniqBlind, the participant had the freedom to choose which existing aircraft in the population to borrow the design from. Their motivations and intentions of their decisions on which design to borrow from were recorded.

In PerfMech, the participant had to improve the aircraft in the top 20%. For instance, if there are 12 unique aircraft in the population, the participant had to choose and improve the aircraft from top two (rounded down from 12 * 0.2 = 2.4) aircraft with the best flying distance.

8.5.3 Designing procedure

After deciding from which aircraft to borrow

design from, the participant was prompted to design the new aircraft of their design. To design aircraft, the participant was allowed to, but not obliged to, use a computer with a copy of Adobe Illustrator CS6 or later installed. In *invention* condition (Net.Uniq, Net.UniqBlind as well as seed designers) they were instructed to draw a 2D drawing of the parts of aircraft of their invention that all parts could fit into an area no bigger than A4 size (210mm * 297 mm). In emulation networks, participants could modify the Illustrator data (.ai) carried on from the previous generation. This way, the fidelity of copy of the 2D drawing was at its maximum. They were also allowed to, but not obliged to, draw sketches on white sheets of paper while designing. They could also directly start building it without any drawings. If the participant wants to print the data, we printed it on a sheet of white A4 paper with laser printer. After that, 1mm-thick A4 size white paper-faced foam board (also known as foamboard, a polystyrene sheet with paper, weighing 373 g/m²) was given to the participants. We advised participants to add slits to the wings and/or fuselage so that they interlock with each other. The participant cut the parts of their aircraft with a cutter and glued or taped them together. When they finished construction, they were advised to, but not obliged to, put one of three kinds of weight on, typically, the nose of the aircraft. We prepared following types of weights: binder clips (weight $M \pm SD$ = 2.8 g ± 0.1 g, n = 10); heavy paper clips ($M \pm SD$ = 1.50 g ± 0.0 g, n = 10); and light paper clips ($M \pm SD$ = 0.40 g ± 0.0 g, n = 10). The participant was told that they should spend at least 30 minutes, and was advised not to spend longer than 60 minutes to build the aircraft. The aircraft construction, launching device, is greatly influenced by the work by Umetani *et al.* (2014).

At t = 21 in Net.Uniq, the novel design was provided by the experimenters themselves, following the designing rules explained above. The aircraft acquired the longest flying distance of all aircraft designed throughout the experiment. With the introduction of such a design that was clearly outperforming the rest of the population that was introduced by outside the micro-environment of the transmission networks, we expected to see the effect of the successful traits to invade the current population. As we will see in the result section, such an effect was not discovered in our experiment.

Table 4. *Exhaustive list of conditions for six transmission networks for aircraft experiment*. The priority order is explained in 8.5.5. Attributes: Vis for Visual of the artefacts, Vis&Perf for Visual and Performance of the artefacts. : mutations are imported from the other networks. †: designers were not given freedom to choose from which to borrow the design. *: voting was done after mutation process. In the other conditions, voting was done before mutation process.

Net	Inspectable attributes	Voting	Mutation	Priority order
Aes	Vis	Yes	( )	2
AesBlind	Vis	Yes	Borrowing	3
PerfNo-Vote	Vis&Perf		Borrowing	5
PerfMech	Vis&Perf		Borrowing†	6
Uniq	V&P	Yes	Invention	4
UniqBlind	[none]	Yes*	Invention	1

8.5.4 Measurement of physical performance

After the initial construction, the participant was allowed to test the aircraft. They could hand launch freely, or use a measuring device explained below. If the participant was not satisfied with the test, they were allowed to refine the design, adjust the angle or position of parts, or even remake from scratch.

Once the participant was satisfied with their design, the design was tested for its physical performance. Caldwell and Millen (2009) measured and recorded the performance of origami paper aeroplane with the best performance out of three, and they were thrown by the participant. Since we were only interested in the pure physical performance of aircraft and their emulation, we thought the angle and the force of throwing must have been the same, and thrown by the experimenter.

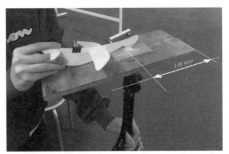

Figure 14. *Launching device for consistent conditions*. One of the experimenters is throwing an aircraft designed in Net. UniqBlind at fifth time-step.

Following Umetani *et al.* (2014), we constructed a glider launching device to achieve consistent conditions (see Figure 14). Aircraft are launched from the thick plywood plate (flight deck) on a tripod with a rubber band attached to the bottom of the plate. The rubber band was occasionally replaced with a new one during the experiment for consistent elasticity. Irrelevant to their size or weight, all aircraft were drawn 140 mm from the edge of the platform and the experimenter launched it as parallel to the platform as possible, without rubbing it to the platform. When drawn for 140 mm, the rubber bands pulled the aircraft with the force of $M \pm SD$ = 6.5 N ± 0.2 N, 6.8 N ± 0.5 N, 6.3 N ± 0.1 N (measured for five times each, after the experiment). The platform was fixed slightly angled upward (around 5°).

Aircraft were thrown three times. We used the median flying distance as the performance of the aircraft. The results of all three trials were written on the bottom of their wing or fuselage with tiny letters. With this, we prevented the participants from knowing the exact flying distance in the *blinded* conditions (namely in Net.Aes, Net.AesBlind, and Net.UniqBlind) by just looking at them. In the conditions other than these, we allowed and encouraged the participants to inspect the results.

8.5.5 Finalizing and iterating
After measuring, the aircraft received one vote that was set aside in the voting process. The participant was then dismissed or carried on to take part in yet another transmission network. We repeated this procedure for the total of T = 60 (Net.Aes), 20 (Net.AesBlind), 17 (Net.PerfNoVote), 16 (Net.PerfMech), 28 (Net.Uniq), and 20(Net.UniqBlind) time-steps.

Priority.
As the participants for the six experiments were drawn from students who mostly majored design science, some of them participated in more than one transmission. With the fear of the participants with the knowledge of the set of flying distance and aircraft design to contaminate other networks' population, we restricted the order of conditions to participate as follows. UniqBlind, Aes, AesBlind, Uniq, PerfNoVote, and then PerfMech. We asked the participants to take part in Net.UniqBlind first, because in UniqBlind participants were asked to invent out of nowhere: with no information on aircraft design whatsoever. We then asked all participants to take part in Aes, in which no performance-related knowledge is preferred.

8.6   Simulation models and scripts

Agent-based model simulations were conducted on R, replicating the model developed by Mesoudi and Lycet (2009), which was originally presented by Neiman (1995), or rather recently Bentley *et al.* (2004). The R scripts are available on Electronic Supplementary Materials.

A model that is almost identical to the Wright-Fisher infinitely-many allele model was used to generate the unbiased frequencies of cultural traits. The only difference between the Wright-Fisher model and ours is that the number of novel traits that are introduced into the population is predetermined. In the Wright-Fisher model, the amount is randomly decided: each of the individuals in the N population has the probability of μ chance of innovating, *i.e.*, though it is extremely rare, there is a tiny chance that all individuals innovate novel variants.

In our experiments, on the other hand, we determined the amount of the novel variant to be introduced beforehand. In logo experiment, the number of logos to be designed in a time-step are decided by the participants, but never had fallen below two in total, *i.e.*, one or more inventions with one or more borrowings. In aircraft experiment, due to the heavy time-consuming nature of artefact construction, the number was fixed to one, except for one condition, Net.Aes, in which no aircraft construction was required. In both cases we simulated the same way: the number of newly-introduced designs, *mutation counts*, in each of the time-steps were aggregated and used them directly as the number of mutations in the simulation (for further details, see R scripts available on Electronic Supplementary Materials). For V = 0.5, the amount of mutation is interpolated between that of V = 0 and V = 1, and then randomly floored or rounded up. We ran the simulation for 1000 times for each condition.

8.7   Analysis

After experiment and simulation runs, we performed several analyses of the observed data and their departure from models and simulation results. In addition to the conventional frequency distribution analysis that is equivalent to the ones performed in Part I, we performed turnover analysis to detect transmission biases.

8.7.1 Frequency distribution and power-law fitting

Discrete power-law distribution fits and tests were performed to examine the plausibility of the hypothesis that the transmissions were actually neutral. We used the R package PoweRlaw (Gillespie, 2015). The package is based on the methods established by Clauset *et al.* (2009).

Using the package, we estimated maximum likelihood power-law exponent α. As is the case with Part I, we set $x_{min} = 1$. After that we calculated its *Goodness-of-fit* between the data and the power-law fit with 1000 bootstrap runs. x_{min} search space was restricted to 1. In each condition, we compared the basic power-law against the power-law with exponential cut-off by Vuong's test, or log-likelihood ratio test (Vuong, 1989) with R scripts available on the web along with the paper (Clauset *et al.*, 2009).

It has been known that frequency distribution generated with neutral drift with large total population N and large total time-steps T with small mutation rate $\mu \ll 1$ obeys power-law very well (Crow & Kimura 1970; Kimura & Crow 1964; Bentley *et al.*, 2004). Recently, it has been demonstrated that the random drift is actually depicted more precisely by power-law with exponential cut-off instead of pure power-law (the tendency in small population with high mutation rate reported in Bentley *et al.*, 20014; analytical formulation with non-zero-sum approximation by O'Dwyer & Kandler, 2017; for our application see Matsui *et al.*, 2017).

Examining the overall proportion of the CCDF plot is a good way to notice discrepancies of the data from simulation runs. We further analysed the fits by plotting both exponents of basic power-law, $\alpha_{power-law}$, and that of power-law with exponential cut-off, $\alpha_{cut-off}$, along with its transition point λ^{-1}.

8.7.2 Pro- and anti-novelty bias detection

O'Dwyer and Kandler (O'Dwyer & Kandler, 2017) showed that the probability of newly-introduced variants with frequency 1 immediately be removed from the population is given by

$$S = P(X(t) = 0 | X(t-1) = 1) = \left(1 - \frac{1-\mu}{N}\right)^N \quad (7)$$

where N is population size (in our experiments, N = 20) and μ is mutation rate. μ is calculated as the average mutation counts (see 8.6 for details) divided by N.

If the observed value of $Pr(X \leq 2)$ is within 95% confidence intervals (CI) estimated from 1000

simulation runs, one can infer that there was no evidence of pro- or anti-novelty biases in the transmission with the certain experimental condition. If not, one can infer that there might be pro-novelty bias.

8.7.3 Turnover

To detect transmission biases, we also examined the turnover rate in the ranked list of the number of copies of the design. The turnover is precisely described by a model proposed by Evans and Giometto (2011),

$$z = d \cdot \mu^a y^b N c, \quad (8)$$

where z is the average turnover in the top list of size y, and d, a, b, and c vary for the data, μ is mutation rate and N is population size. Acerbi and Bentley (2014) simplified the function to

$$z = a \cdot y^b \quad (9)$$

with a representing all the other variables. We call this equation (9) as the generic model. In the case of neutral model, it is demonstrated that the exponent b – 0.06,

$$z = a \cdot y^{0.86} \quad (10)$$

We call this equation (10) neutral model.

Between equation (9) and equation (10), we examined which model was preferred over the other. To do this, we used corrected Akaike's Information Criterion (AIC) estimator, defined by $AIC_c = AIC + 2K(K + 1)/(n - K - 1)$, where n is the size of data point and K is the number of coefficients to fit. Burnham & Anderson recommends AIC_c over standard AIC when $n / K < 40$ (Burnham & Anderson 2002), which is also the case with our condition.

8.7.4 Unique variant count

Since our data is based on the discrete time-steps, we know the exact number of traits in the population on each time-step. We also examine the departure of the number of variants in the data and that of simulation runs. In addition to that, Ewens (Ewens, 1972) showed that the number of unique design in equilibrium is expected to be

$$E(k) = \sum_{i=0}^{n-1} \frac{\theta}{\theta + i}, \quad (11)$$

where n is the size of data and

$$\theta = 2N\mu \quad (12)$$

Usually, the population size N and mutation rate μ is not known for real-world empirical data.

Since we know the exact values for experimental conditions, we can estimate the expected value of the number of variants. For contribution rate $V = 0.5$ and 1, only the designs with one or more frequencies are counted as unique.

8.8 Analyses of minor data

Along with the analysis on $V = 0$, it is technically possible to fit the models to the data in $V = 0.5$ and 1. This naturally brings a few problems: First, we do not know if we can count a variant with fractional frequency, e.g., the designs that have been already omitted from the population, but their offsprings still have been surviving. If we count it as still alive, it is even possible that the total number of unique designs in a population well exceeds the size of the population. This is obviously not desirable. Second, turnover rate cannot be calculated when the total number of unique designs in the population is lower than the top list size (y). According to Evans and Giometto (2011), the threshold is the number of newly-introduced designs per time-step, $N\mu$, is larger than $0.15y$. In aircraft design experiments, the mutation rate was $\mu = 0$ in $V = 1$ except for Net.Aes. This means the probability of fixation in Wright-Fisher model is 1 in equilibrium, and indeed a seed design eventually dominated the population in $V = 1$ assumption.

Furthermore, note that in nets Uniq and UniqBlind the frequency is not determined for $V = 0.5$ and 1, since there are no parent-offspring relationships involved in the transmission (there are only inventions, no borrowing). For the data sets with too little data points, Clauset et al. (2009) present $n \gtrsim 50$ as a reasonable rule of thumb for extracting reliable parameter estimates. Following this, we did not fit the model to the data that are unfortunately falling short in the number of data points, but with a more generous threshold ($n \gtrsim 30$) for reference purpose.

9.1   Frequency distribution

We show the plot of Complementary Cumulative Distribution Function (CCDF) in Figure 15 for logo and Figure 16 for aircraft experiment.

In logo experiment, the experimental data showed a good fit to power-law and/or power-law with exponential cut-off with x_{min} = 1, in all conditions save two (Figure 15). The power-law Goodness-of-fit test was rejected for experimental data in Net2 with V = 1 and Net4 (power-law is not a plausible fit), as well as the log-likelihood ratio test (power-law with exponential cut-off is not clearly favoured over basic power-law fit). However, when x_{min} is set to 2 instead of 1, the frequency distribution showed a good fit to power-law with exponential cut-off (log-likelihood ratio test p = .02 and .01, respectively). The power-law with cut-off fit with x_{min} = 2 are shown in the plots.

In all experimented conditions for aircraft experiment, we found a good fit to either power-law (two performance-seeking conditions) or power-law with exponential cut-off (the other conditions). The maximum-likelihood estimate parameter, on the other hand, shows the major discrepancy from the simulation runs. Due to the insufficient amount of data n < 30, we did not fit any models to data to the frequency distribution acquired in contribution rate V = 1 (Figure 16-[3] except the top). In nets Aes, AesBlind, Uniq and UniqBlind with contribution rate V = 0, the data showed a better fit to power-law with exponential cut-off than without cut-off (tested with log-likelihood ratio test, p-values shown in the plots), with the transition threshold of around $\lambda \approx 35$.

In Figure 17, we show the result of log-likelihood ratio test on observed data and simulation runs. On the density estimation plot (filled black), the area on the left side of dotted grey .05 threshold line represents the amount of simulation runs in which the null-hypothesis of log-likelihood ratio test is rejected, i.e., power-law with cut-off is clearly favoured over pure power-law. This may be because of insufficient data points especially in V = 1, where only N = 20 data points available. Indeed, in Part I drawing experiment, we found that the cut-off model show decisively

better fit with the total mutations of $N + N\mu T$ = 268. Nevertheless, the higher the mutation rate (the smaller the contribution rate V), the more simulation runs showed a tendency to obey power-law with cut-off, which is consistent with the former findings (Bentley et al., 2004).

9.1.1 Maximum-likelihood estimate of parameters

Fitting power-law and its derivative to empirical data is a common practice: from that, one may estimate the parameter $N\mu$. However, on an experimental data in which both N and μ are predetermined, the exponent and the transition point are derived from simulation runs based on N and μ. Merely fitting power-law and its derivative is not enough for analysing experimental data. We think two kinds of inspection are needed: 1) the test for the plausibility of power-law with bootstrap analysis accompanied with Vuong's test to verify the power-law with exponential cut-off as an alternative model, and 2) the inspection on the maximum-likelihood estimated parameters whether the observed data fit simulation runs or not. This is because power-law and power-law with exponential cut-off are fitted relying only on observed data, even though we know the exact value of N and μ. This may mislead us to conclude that the frequency distributions are generated through random copying process just because the data obeys power-law, while in reality, the distribution deviates from simulation runs. Here we demonstrate the deviation by comparing the maximum-likelihood estimated parameters of the fits done on the observed data along with those on the simulation runs.

The maximum-likelihood estimate of exponents of basic power-law, $\alpha_{power-law}$, and that of power-law with exponential cut-off, α_{cutoff}, along with its transition point λ^{-1} are shown in Figure 31. Their individual distributions are shown in Figure 18 (logo) and Figure 19 (aircraft) for $\alpha_{power-law}$, Figure 20 (logo) and Figure 21 (aircraft) for α_{cutoff}, and Figure 22 (logo) and Figure 23 for λ^{-1}. The experimental conditions where power-law with exponential cut-off was not the preferred fit are not shown. Only the runs with Vuong's test p-value to be smaller than 0.05, i.e., the runs out of first 100 runs that have been tested that power-law with exponential cut-off are better fits than basic power-law fits, are plotted.

The estimated transition point λ^{-1} and the exponent α_{cutoff} has a strong correlation: in fact, Generalized Mean Information Coefficient,

GMIC, (Luedtke & Tran, 2013) were 1 for all conditions. In all cases where the log-likelihood ratio test was rejected, *i.e.*, all conditions except performance-seeking conditions, the observed data showed a similar fit to the simulation runs, but with smaller transition point and smaller exponent. The result suggests the moderate mixture of anti-conformity bias (O'Dwyer & Kandler, 2017) in the transmission in these conditions. This tendency is especially obvious in and Net. Uniq (Figure 31 bottom-left) and Net.UniqBlind (Figure 31 bottom-middle).

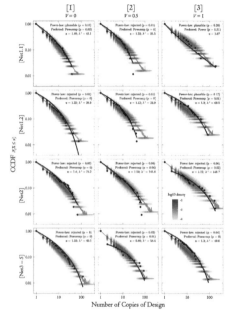

Figure 15. *Frequency distribution.* Complementary Cumulative Distribution Function (CCDF, 1 − $P(X \le x)$) of logo design on log-log plot. Columns indicate the same contribution rate, save the last row. [1]: $V = 0$; [2]: $V = 0.5$; [3]: $V = 1$. Rows indicate the same transmission network, save the last row (from left to right, Net4, 5, and 6). Thin blue points are the data from 1000 simulation runs of the Wright-Fisher model. Light blue line is the mean value of simulation runs. Black dots are the data from the experiment, thick bold line is the fitted model. Preferred model of either "powerexp" (power-law with exponential cut-off) and "power" (power-law) is indicated, along with their parameters α (exponent) and λ^{-1} (transition point). Since the discrete power-law fit only accepts integers, frequencies for $V > 0$ were rounded.

9.1.2 Temporal changes of estimated parameters

As the time-step increases, the frequency distributions are also updated. The change of estimated power-law exponent is plotted, for logo experiment (Figure 24) and aircraft experiment (Figure 25). All the same, the estimated exponent for power-law with exponential cut-off for

logo experiment (Figure 26), aircraft experiment (Figure 27), estimated cut-off transition point for logo experiment (Figure 28), aircraft experiment (Figure 29).

In Figure 30 (logo experiment) and Figure 31, the estimated exponent of power-law with exponential cut-off and transition point, L, for the last time-step of each conditions are plotted. Figure 32 shows that the larger power-law exponent for power-law with exponential cut-off α_{cutoff} is, the more likely that the likelihood ratio test is not rejected. The tendency is stronger with lower V, which is attributable to the nature of lower V to have higher mutation rate. To rephrase, the higher the mutation rate is, the more likely that the power-law with exponential cut-off is clearly favoured over the basic power-law.

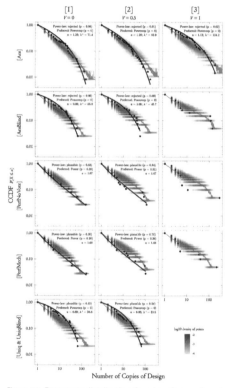

Figure 16. *Frequency distribution for aircraft experiment.* That for logo experiment is given in Figure 15; see that figure for more detailed explanation of the plot. Rows indicate the same transmission network, save the last row (Uniq on left, UniqBlind on right).

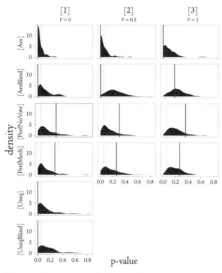

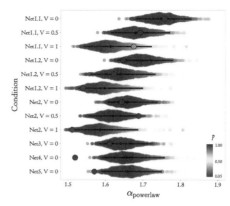

Figure 17. *Comparison of observed data and simulation runs in terms of the p-values for the significance of the likelihood ratio tests for all conditions.* The first 100 of 1000 simulation runs for each of the conditions were tested with Vuong's test (Black smoothed density area). $p = 0.05$ threshold is displayed in dashed line, experimental data is displayed in blue lines. If the blue line is on the left side, the null hypothesis that there is no significant difference in the fitting of basic power-law and power-law with exponential cut-off is rejected.

9.1.3 Residuals of frequency distribution CCDF plot

In the last section, we compared the maximum-likelihood (ML) estimated parameters. In here we compare the raw data without ML fits to further detecting the important deviations. The residuals from simulation runs against the observed data are shown. In Figure 33 and Figure 34 residuals between the observed data and 1000 simulation runs are plotted for both experiments. The residuals are calculated as r = (observed CCDF data) – (simulation data) / (observed CCDF data) * 100. The more the plot deviate from residual of 0 (shown in dashed line), the stronger the bias is. Plots that start with large negative residual for small x and end with large positive residual for large x, such that found in Net4 and Net2 with contribution rate parameter $V = 1$ in Figure 33 suggest the presence of anti-novelty bias, with relatively much higher "infant mortality rate" in the population, with relatively much higher presence of variants with higher frequency. The opposite patterns, such that found in NetUniq and UniqBlind in Figure 34 indicate the presence of pro-novelty bias, with relatively much lower infant mortality rate and relatively lower presence of variants with higher frequency.

Figure 18. *The distribution of maximum-likelihood estimated power-law exponent, $\alpha_{power-law}$, of simulation data and observed data for logo experiment.* 95% CI calculated from 1000 simulation runs is shown as black line range with their median represented in black point. Observed data (large circle) and simulation runs are coloured in accordance with their Vuong's test statistics p, starting at 0.05. Dark grey points indicate runs with p-values smaller than 0.1. The runs and conditions that the test was rejected, *i.e.*, the fit with power-law with cut-off is clearly favoured over that with basic power-law, are greyed out. In all cases except Net1.1 with $V = 1$, Vuong's test was rejected. For Net1.1 with $V = 1$, the power-law exponent was within 95% CI, thus we concluded that the transmission might be described with random copying model.

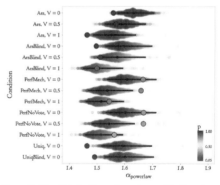

Figure 19. *The distribution of maximum-likelihood estimated power-law exponent, $\alpha_{power-law}$, of simulation data and observed data for aircraft experiment.* That for logo experiment is in Figure 18; see that for details. In Net. PerfNoVote with $V = 0$ and 0.5, Net.PerfMech with $V = 0$ and 0.5, Net.Uniq, Net.UniqBlind, the distribution of exponents in which Vuong's test did not show the evidence that power-law with cut-off is a better fit (i.e., $p > 0.05$).

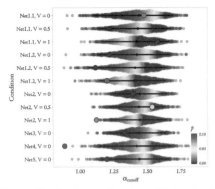

Figure 20. *The distribution of maximum-likelihood estimated power-law exponent in power-law with exponential cut-off fit, α_{cutoff}, of simulation data and observed data for logo experiment.* The details are the same as that for $\alpha_{power-law}$ (Figure 18), except the colour range for Vuong's test statistics p-value that starts from 0 to 0.1. Dark grey points indicate runs with p-values larger than 0.1. In Net2 with $V = 1$ and Net4, we see the significant departure of experimental data from the null model, which might suggest the existence of anti-conformist bias in these conditions.

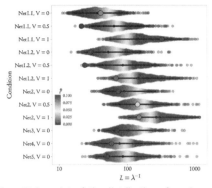

Figure 22. *Log plot of the distribution of maximum-likelihood estimated parameter for transition, L (= λ^{-1}), for power-law with exponential cut-off fit on 1000 simulation runs and experiment data for logo experiment.* In Net1.1 and Net1.2 at $V = 0.5$, the transition point was significantly smaller than that expected from simulation. Note that for estimates of simulation runs, 26 outliers out of 12 000 total data points that exceeded $L = 1\,200$ are omitted from the plot, but not from the line range.

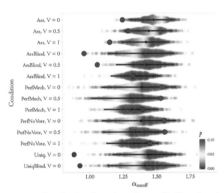

Figure 21. *The distribution of maximum-likelihood estimated power-law exponent in power-law with exponential cut-off fit, α_{cutoff}, of simulation data and observed data for aircraft experiment.* The details are the same as that for Figure 20. In Net.Aes with $V = 0$ and 1, Net.AesBlind with $V = 0$ and 0.5, Net.Uniq and Net.UniqBlind, we see the significant departure of experimental data from the null model, which might suggest the existence of anti-conformist bias in these conditions.Combined with the result shown in Figure 16 for Net.Uniq and UniqBlind, one can infer that the neutral model does not explain the data emerged from these two conditions well. Results with contribution rate $V = 0.5$ also did not overlap with the simulation results either, contrary to the results shown in Part I Figure 9.

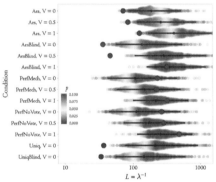

Figure 23. *Log plot of the distribution of maximum-likelihood estimated parameter for transition, L (= λ^{-1}), for power-law with exponential cut-off fit on 1000 simulation runs and experiment data for aircraft experiment.* The details are the same as that for Figure 22. In Aes with all V-value, AesBlind with $V = 0$ and 0.5, Uniq, UniqBlind yielded significantly smaller transition points. Note that 146 outliers out of 14 000 total data points that exceeded $L = 1\,200$ are omitted from the plot, but not from the line range.

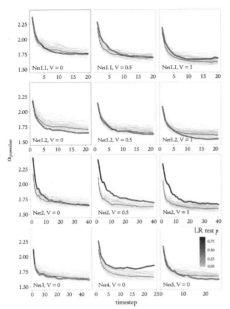

Figure 24. *Changes in power-law exponent over time, logo experiment.* Thick coloured line rimmed with black line represents data from experiments, pale coloured lines are the first 100 simulation runs out of 1000, black line represents their median value. The colour corresponds to likelihood ratio test statistics p-value: we interpreted that the distributions with p-value below 0.05 obey power-law with exponential cut-off clearly better than basic power-law.

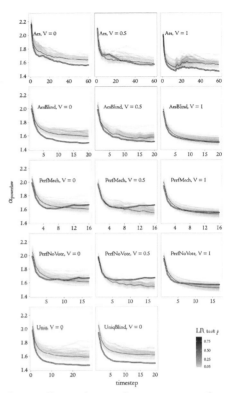

Figure 25. *Changes in power-law exponent over time, aircraft experiment.* That for logo experiment is plotted in Figure 24; see that for details.

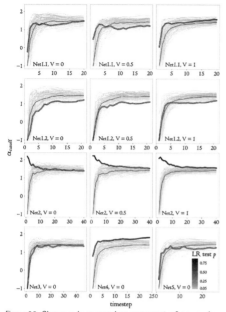

Figure 26. *Changes in power-law exponent of power-law with exponential cut-off fit over time, logo experiment.* The details of the plot are the same as Figure 24.

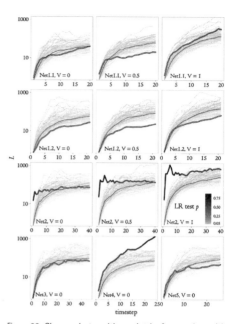

Figure 28. *Changes in transition point L of power-law with exponential cut-off fit over time, logo experiment.* The details of the plot are the same as Figure 24.

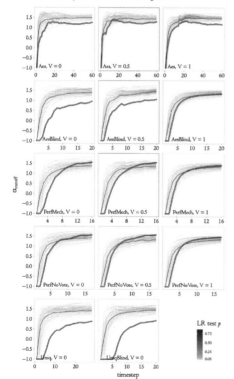

Figure 27. *Changes in power-law exponent of power-law with exponential cut-off fit over time, aircraft experiment.* The details of the plot are the same as Figure 24.

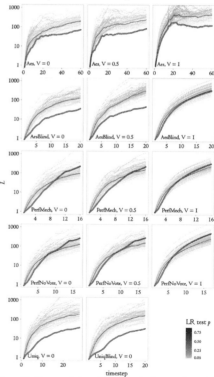

Figure 29. *Changes in transition point L of power-law with exponential cut-off fit over time, aircraft experiment.* The details of the plot are the same as Figure 24.

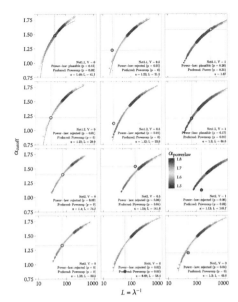

Figure 30. *Semilog plot of estimated parameters of power-law with cut-off fits for simulation runs and experiment data for logo experiment.* X-axis is λ^{-1} (transition point) and Y-axis is α (exponent), both by maximum-likelihood estimation of power-law with exponential cut-off. Experimental data are plotted with bigger points. 1000 simulation runs are plotted smaller (slightly jittered). Runs that log-likelihood ratio was not rejected are plotted with black edge. Black line is GLM fit of $\alpha \sim \log(\log(\lambda^{-1}))$. Note that in Net1.1 $V = 1$, power-law with cut-off was not clearly preferred. Net2 $V = 1$ and Net 4 were fitted with $x_{min} = 2$. For all simulation runs x_{min} is set to 1.

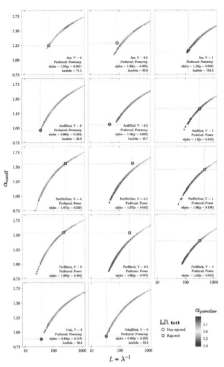

Figure 31. *Semilog plot of estimated parameters of power-law with cut-off fits for simulation runs and aircraft experiment.* That for logo experiment is plotted in Figure 30; see that for more details. Note that in Net.PerfNoVote and PerfMech experiment data were not rejected (meaning power-law with exponential cut-off is not clearly favoured) but coloured in accordance with their estimated power-law exponent for reference purpose. Similarly, note that Net.PerfNoVote and PerfMech with $V = 1$ had too little data points to test Vuong's test.

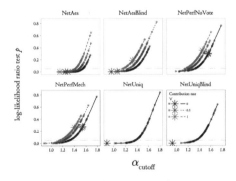

Figure 32. *Relationships between power-law exponent α in power-law with cut-off and log-likelihood ratio test p-values, for aircraft experiment.* Circular points represent 1000 simulation runs, while asterisk(*)-like point represents the estimation no actual experimental data. Lines are Gamma fit of these values, grouped together with the same V-value. Horizontal broken line represents p threshold $p = 0.05$.

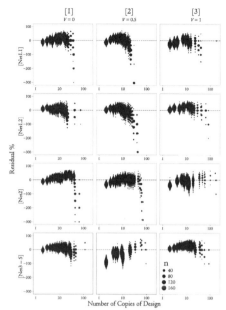

Residual %

[Net1.1] [Net1.2] [Net2] [Net3 – 5]

n
● 40
● 80
● 120
● 160

Number of Copies of Design

Figure 33. *Semilog plot of residuals from random drift simulation runs vs logo experiment data.* Trivial data of residuals being zero at any $x = 1$ are not plotted. Columns represent the same contribution rate V, save the last row. Rows represent the same experimental condition, save the last row: from left to right, Net3, 4, and 5. The deviations for small x accounts for anti-novelty bias. Note that some of the data in the tail are outside of the panel boundary.

9.1.4 Detection of pro- and anti-novelty bias with $Pr(X \leq 2)$

In Figure 35 (logo experiment) and Figure 36 (aircraft experiment), the departure of observed data from the prediction and the simulation calculated by Equation (7) are shown. For instance, the proportion of a variant to achieve two or more copies in Net1.2, $V = 0$ was 3.9% higher than the probability predicted by the neutral model. The value was within 95% CI estimated from 1000 simulation runs, thus we concluded there was no evidence of pro- or anti-novelty biases. Similarly, the observed proportion was 29.3% lower than the prediction, well-exceeding the 95% CI. This suggests that the transmission of design in the experimental condition might be biased toward favouring existing designs, while dis-favouring newcomers. All the same, the conditions with the residuals deviating to negative (e.g., Net2 with $V = 0.5$, 1, and Net4) suggest anti-novelty bias, whereas the residuals that deviate to positive (e.g., Aes with $V = 0$, PerfNoVote with $V = 1$, PerfMech with $V = 1$, Uniq, and UniqBlind) suggest pro-novelty bias. As predicted, simulation runs showed a good match to S.

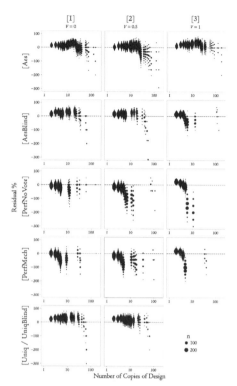

Residual %

[Aes] [AesBlind] [PerfNoVote] [PerfMech] [Uniq / UniqBlind]

n
● 100
● 200

Number of Copies of Design

Figure 34. *Semilog plot of residuals from random drift simulation runs vs aircraft experiment data.* That for logo experiment is given in Figure 33; see that figure for more detailed explanation of the plot. Panels in the last row represent the conditions Uniq (on the left) and UniqBlind (on the right).

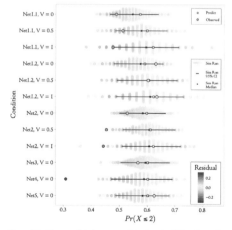

Figure 35. *Observed data vs. predicted probability of newly-introduced variants with frequency 1 immediately do NOT go extinct, for logo experiment.* In other words, the x-axis represents the surviving probability, $1 - Pr(X(t) = 0 | X(t - 1) = 1)$. For simulation runs and the observed data, this is equivalent to the CCDF with $x = 2$, i.e., $Pr(X \leq 2)$. If the observed data (open circle with black line) departs from the value predicted by Equation (7), S (hollow square), there may be anti (if

negative departure) or pro (if positive departure) novelty bias. 1000 simulation runs are plotted in the background, coloured in accordance with the residual from the predicted value. 95% CI and the median of the $Pr(X \leq 2)$ in simulation runs are shown in black line-range and black square, respectively.

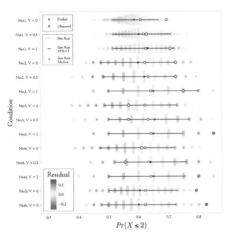

Figure 36. *Observed data vs. predicted probability of newly-introduced variants with frequency 1 immediately do NOT go extinct, for aircraft experiment.* That for logo experiment is shown in Figure 35; see that for details.

9.2   Turnover rate

In Figure 37 the turnover rate of logo design experiment is plotted, and in Figure 38 that of aircraft design experiment is plotted. As a burn-in period, the data until the time-step $\tau = 2$ is discarded.

In five out of six logo experiment conditions, the neutral model, $z = a \cdot y^{0.86}$, fitted to the experimental data better than the generic model, $z = a \cdot y^b$, (see Figure 37). The only transmission network that biased model fitted the data better was Net4 (turnover exponent $b = 1.31$, Akaike's weight $\omega = .857$), in which the stable selector continuously voted for two randomly-introduced logos that are prepared beforehand. In all conditions with inventions and borrowing, contribution rate V did not change the turnover profile: all produced the similar concave ($b < 0.86$) patterns, with Akaike's weight $\omega \approx 1$.

In four out of six aircraft experiment conditions, the generic model fitted to the experimental data better than the null model which supposes neutral, unbiased copying, in contribution rate V = 0 conditions (Figure 38 column [1]). The biased model fitted the data better in the aesthetic-seeking and uniqueness-seeking conditions. More surprisingly, in the purely performance-seeking

conditions, neutral model fitted better, even though we explicitly introduced a positive selection force on the variants with better physical performance.

The turnover profiles were concave ($b < 0.86$) for all four conditions that showed better fit to the generic model: Aes (turnover exponent $b = 0.29$, Akaike's weight $\omega = 1$); AesBlind ($b = 0.27$, Akaike's weight $\omega = 1$); Uniq ($b = 0.27$, $\omega = 1$); and UniqBlind ($b = 0.04$, $\omega = 1$). With higher overall turnover than the neutral model, we understand that despite their higher popularity in the population, aircraft which acquired more votes tend to lose vote relatively faster than less popular aircraft. In other words, the popularity of aircraft gained by their aesthetic and unique attractiveness was relatively temporal and vulnerable. This suggests the existence of anti-conformist bias. The exponents indicate the biases are rather strong: in comparison, take Acerbi & Bentley (2014). The data examined in the study show anti-conformist trend with exponents closer to $b = 0.86$: $b = 0.51$ for USA male baby names from 1960 to 2010, and $b = 0.66$ for that of female baby names.

In the two purely performance-seeking conditions, the data showed a good fit to the neutral model, with their exponent slightly favouring for conformity with turnover profile $b < 0.86$: PerfNoVote ($b = 1.02$, $\omega = .79$); PerfMech ($b = 1.3$, $\omega = 1$) when contribution rate was set to $V = 0$. This result is striking because of the presumption of positive selection bias for the aircraft with better performance. However, as we increase the contribution rate, the profiles fit better to generic model with the turnover exponent $b > 0.86$. This result brings a sense of caution to applying turnover analysis on experimental conditions with very small total time-steps or fewer amount of inventions (the plots in question in Figure 38 have around 50 to 100 data points). The same thing can be said to frequency distribution analysis shown in Figure 16. With contribution V = 0 and 0.5 the frequency distribution in performance-seeking conditions showed no evidence of conformity bias until the V reaches 1 to show a distribution that resembles the one generated by positive frequency-dependent copying in Mesoudi & Lycett (2009).

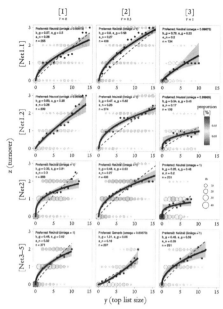

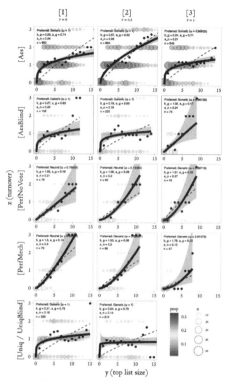

Figure 37. *Turnover in logo design experiment transmission networks.* Y-axis is the size of the top-ranking list (e.g., top 10 designs if y = 10). For burn-in period, τ = 2 is discarded. The bold continuous line represents the best fitted generic function estimated by GLM Poisson regression (z ~ log(y) with log-link), and its 95% CI is displayed in light grey area. Dashed line represents a linear fit of unbiased random copying (neutral model), z ~ I($y^{0.86}$). Coloured points are the turnover value (coloured in accordance with the proportion) and black points are their mean value. Note that the models were fitted using all data except (z, y) = (0, 0). Exponent b in the turnover fit with generic model $z = a \cdot y^b$, and the preferred model between generic and neutral model based on the simple comparison of AIC_c (i.e., the model with a lower value of AIC_c) are also shown. Columns represent the same experimental conditions, rows represent the same V value. Rows represent the same condition, save the last row: from left to right, Net3, 4, and 5. Note that some of the data are outside the panel boundary; for more exhaustive plot see appendix.

Figure 38. *Turnover in aircraft design experiment transmission networks.* That in logo experiment is shown in Figure 37; see the figure for the full explanation of the plot. Rows represent the same condition, save the last row: on the left, Uniq; on the right, UniqBlind.

9.2.1 Instantaneous turnover to detect discrepancy

In certain time-steps of the transmission, the selectors disagreed with the distribution of polls, and moved more votes. This would naturally change the top rank list significantly. Turnover analysis on each time-steps allows us to detect such cases. The temporal turnovers for all time-steps in Net1.1 (Figure 39), Net1.2 (Figure 40). Net2 (Figure 41), Net3 (Figure 42), Net4 (Figure 43), and Net5 (Figure 44) are shown.

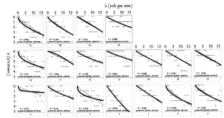

Figure 39. *Temporal turnover and size of the top-ranking list (e.g., top 10 designs if y = 10) per each time-step of the transmission network Net1.1.* The bold continuous black line represents the best fitted generic function estimated by GLM Poisson regression ($z \sim \log(y)$ with log-link). Dotted light-blue line represents a linear fit of unbiased random copying (neutral model), $z \sim I(y^{0.86})$. The numbers on top of the plots are the time-steps that is compared with the previous time-step. Preferred model between generic and neutral model based on AIC_c (i.e., the model with lower value of AIC_c) along with exponent b are shown.

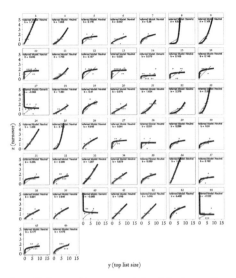

Figure 42. *Temporal turnover and size of the top-ranking list per each time-step of the transmission network Net3.* The details of the plot is the same swith Figure 39.

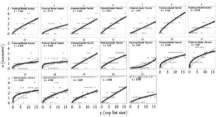

Figure 40. *Temporal turnover and size of the top-ranking list per each time-step of the transmission network Net1.2.* The details of the plot is the same swith Figure 39.

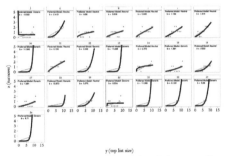

Figure 43. *.Temporal turnover and size of the top-ranking list per each time-step of the transmission network Net4.* The details of the plot is the same swith Figure 39.

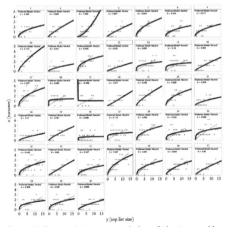

Figure 41. *Temporal turnover and size of the top-ranking list per each time-step of the transmission network Net2.* The details of the plot is the same swith Figure 39.

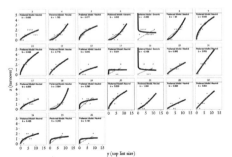

Figure 44. *Temporal turnover and size of the top-ranking list per each time-step of the transmission network Net5.* The details of the plot is the same swith Figure 39.

The temporal transitions of individual frequencies over time are shown in Figure 45 for logo experiment, and Figure 46 for aircraft experiment. Those of the amount of unique design in logo experiment are shown in Figure 47, and aircraft experiment in Figure 48.

In logo experiment, the conditions with directors (Net1.1 and Net1.2), *i.e.*, *directed* conditions, showed a tendency to keep the higher number of variants in $V = 0$ conditions. Furthermore, the amount showed a tendency to drop just as the neutral model did, but then rose again in later generations. This tendency may have been caused by the directors' relatively static selection. For the single-minded directors, it is possible to foresee the future time-steps, while in Net2 the designer-selectors could only be responsible for single time-step. Thus, the designer-selectors showed the tendency to eliminate the designs that they thought poor. As it can be clearly seen in Figure 45, the diversity of variants calculated in $V = 0.5$ was enormous in both Net1.1 and Net1.2, suggesting that in *directed* conditions, blending and the ideas were favoured.

The main difference between the selection of design in the market and the selection of design in the design process is their mutation rates. Real-world datasets often suggest that the actual mutation rates for the variants in the market are fairly low, sometimes as low as $\mu = 0.000\,000\,4$, the novel dog breeds introduced in the market per year (Herzog *et al.*, 2004). Mutation rates in actual design processes, on the other hand, are usually higher. It is not even a rare occasion where a single idea is handed down in a linear manner, just as in transmission chain.

9.3.1 Residuals of number of unique variants

The residuals from the theoretically calculated number of unique variant are shown in Figure 49 for logo experiment, and Figure 50 for aircraft experiment. In logo experiment, Net1.2 showed a tendency to keep the steadily higher number of unique variant. This result is harmonious with the anti-novelty bias we have identified in the frequency distribution fitting in 9.1.4.

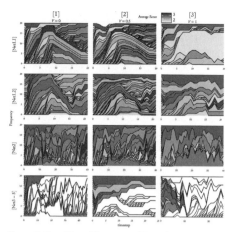

Figure 45. *Transition of frequency of logo through all time-steps.* Columns indicate the same contribution rate V, save the last row. Rows indicate the same transmission network, save the last row: from left to right, Net3, 4, and 5. Coloured in accordance with the average logo quality score.

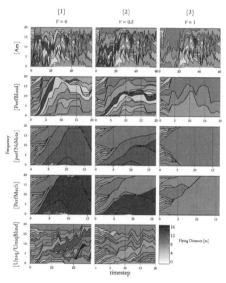

Figure 46. *Transition of frequency of aircraft through all time-steps.* Columns indicate the same contribution rate V, save the last row. From left to right, [1]: $V = 0$; [2]: $V = 0.5$; [3]: $V = 1$. Rows indicate the same transmission network. Note that in Net.Uniq and Net.UniqBlind, the frequency is not determined for $V = 0.5$ and 1, since there are no parent-offspring relationships (only inventions, no borrowing). Coloured in accordance with the median flying distance of the design.

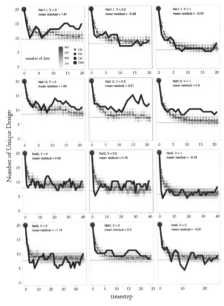

Figure 47. *Transition of the number of unique logo designs throughout the iterations.* Columns indicate the same contribution rate *V*, save the last row. From left to right, [1]: *V* = 0; [2]: *V* = 0.5; [3]: *V* = 1. Rows indicate the same transmission conditions, save the last row: from left to right, Net3, 4, and 5. Coloured points are 1000 neutral model simulation runs (size and transparency correspond to the amount of data at the same values). Dashed line is the mean value of simulation runs. Thick black line along with black points are the data from the experiment. The mean value of residual of the experiment data vs. the unbiased simulation runs is displayed on the bottom left corners of each panel. Residual is averaged through all time-steps except at *t* = 1, because the amount of unique design is always 20 for both simulation and experiment. Grey line corresponds to the number of the unique variants in equilibrium, derived from Equation (11), as has been described in Ewens (1972). In *V* = 0.5, variants with less than one frequency are not counted.

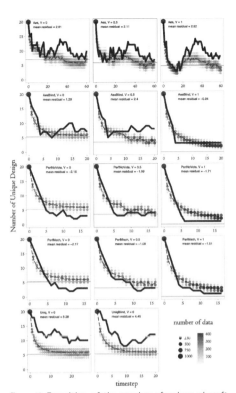

Figure 48. *Transition of the number of unique aircraft designs throughout the iterations.* That for logo experiment is plotted in Figure 47; see that figure for more detailed explanation of the plot. Rows indicate the same transmission network, except for the last row: NetUniq on the left, NetUniqBlind on the right.

345

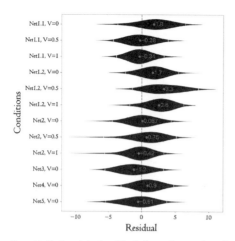

Figure 49. *Violin-plot of residuals from the number of unique variants for logo experiment vs 1000 neutral simulation runs.* Trivial residual of zero at *t* = 0 is omitted. Left-skewed density indicates that the number of the unique logo was constantly lower than that of neutral model runs, and right-skewed histogram indicates that it was constantly higher. Blue points and blue value indicate the mean residual values for each condition. White lines on the side of the violins are 2.5% and 97.5% quantiles.

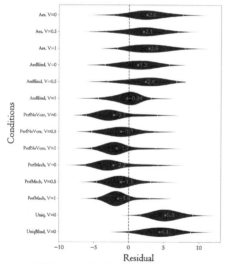

Figure 50. *Violin-plot of residuals from the number of the unique variants for aircraft experiment vs 1000 neutral simulation runs.* That for logo experiment is plotted in Figure 49; see that for more detailed explanations.

9.4 Cumulative design

In Figure 51 the transition of *post-hoc* evaluation score is plotted. Although the trend line in Net1.1 and Net2 look as though the evaluated scores of logos created in these networks were improving as the time-step accumulates, the Maximum

Information-based Non-parametric Exploration (MINE) result parameters show that there are no such relationships (summarised in Table 5). To summarise, there is no strong evidence to support the existence of cumulative culture in logo experiment. There are several possible reasons, and probably the combination of these. First, the task itself might have been too difficult for this population size. Henrich (2004) points out that in order for the culture to cumulatively improve (cumulative cultural adaptation), the population must be higher than a certain threshold. Secondly, the total time-steps was not large enough to allow the transmission to be cumulative. Lastly, the subjective nature of evaluating the goodness of design might have resulted in too much over-dispersion, to an extent that it is impossible to detect any cumulativeness in the goodness.

Contrary to the rather subjective logo evaluation, one might expect that there might have been a clear trend of aircraft cumulatively improving in terms of their quantifiable fitness, or the performance of the flying distance. In Figure 52 we show the transition of the performance. In Henrich's model (2004), all individuals in the population borrowed from the most attractive design and try to copy it. This was close to the setting of Net.PerfMech, in which participants were prohibited to improve aircraft other than the ones with top 20% votes, and the votes were essentially monopolized by the best aircraft in the population. The major difference between Net.PerfMech and Henrich's model is that the participants in Net.PerfMech were told to intentionally *improve* it, not just *copy* it. In the transmissions other than PerfMech, participants were allowed to borrow from any aircraft, so long as the aircraft is still surviving in the population.

As can be seen in Figure 52 and partly in Figure 46 at Net.Aes *t* = 47 and Net.Uniq *t* = 21, the experimenter-designed best-flying aircraft was omitted without any substantial success in the population.

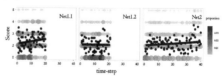

Figure 51. *Logo post-hoc evaluation score.* 5-level Likert scale was used, and individual scores are plotted in light blue. The size and transparency of points corresponds to the amount of the scorers that score the same. Inventions and borrowings are plotted together. Mean score is plotted in black points, the trend in black line.

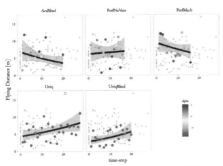

Figure 52. *Flying distance transition in all conditions in which new aircraft were created.* Points indicate the median of flying distance out of three flight trials. The colour of the points represents the change in performance from the parent design. For aircraft with no parents are shown in grey closed circle, except the aircraft designed by the authors in Net.Uniq at *t* = 21, shown in an open grey circle in Net.Uniq panel. Black line is Gamma regression of the flying distance, with its 95% CI shown in light blue area.

9.5 Detecting cumulative improvement of design in logo (subjective) and aircraft (quantifiable performance)

In Table 5 the MINE parameters for each net in both experiments are shown. This time, AesBlind and PerfMech showed weak correlation toward cumulative cultural *mal*adaptation, while Uniq and UniqBlind show a slight trend toward cumulative cultural adaptation. However, the following Gumbel distribution fitting results suggest the contrary.

Table 5. *Family of parameters using Maximum Information-based Nonparametric Exploration, on both logo experiment (first three rows) and aircraft experiment (the rest).* MIC is a correlation measure including nonlinear relationships. MAS, maximum asymmetry score captures how the relationship deviates from monotonicity, and it never exceeds the value of MIC. MIC − R^2 is the value of MIC minus Pearson's correlation coefficient, representing non-linearity. GMIC is generalized for the data with smaller sample size.

Net	MIC	MAS	MIC − R^2	GMIC
Net1.1	0.078	0.047	0.066	0.069
Net1.2	0.052	0.036	0.052	0.046
Net2	0.065	0.043	0.058	0.055
AesBlind	0.397	0.079	0.307	0.292
PerfNo-Vote	0.067	0	0.062	0.067
PerfMech	0.311	0	0.203	0.311
Uniq	0.226	0.016	0.094	0.183
UniqBlind	0.311	0.011	0.144	0.243

9.6 Fitting Gumbel distribution

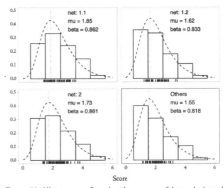

Figure 53. *Histogram of evaluation score of logo designed in different experimental conditions.* Broken line indicates fitted Gumbel distribution, vertical line is mode value of the Gumbel estimate, μ (not to be confused with mutation rate). Gumbel distribution fitting done by pelgum() function in the package LMOM, along with dgumbel() in the package VGAM. The bottom-right panel include the designs from seeds and the designs in the design pool. Small ticks on the bottom indicate individual logo's average score, which are generally in much tighter range than that of individual evaluations.

Motivated by works by Henrich (2004) and the extensive works of the analytical approach (e.g., Kobayashi & Aoki 2011), we fitted Gumbel distribution to the logo evaluation score and the median flying distance of the aircraft created in each network (shown in Figure 53 for logo experiment and in Figure 54 for aircraft experiment). The parameters of Gumbel estimate μ is the mode value, or the performance of the most mediocre aircraft in the condition. β is often regarded as the variance of learning, and is related to the width of the hill in the distribution.

In logo experiment, even though we asked the *post-hoc* evaluators to evaluate generously, flooring effect is observed (Figure 53). Still, the overall shape resembles Gumbel distribution, with a hill skewing to the inferior attraction-level (the fit is even better for averaged score, not shown). While the seed and pool designs were scored as the worst as a whole, the difficulty of designing, β, were almost universal in any conditions.

In aircraft experiment, on the other hand, β ranged widely, from 1.48 to 2.73.(Figure 54). Not very surprisingly, conditions with flying distance information disclosed to the designers had relatively higher mode compared to non-disclosed conditions.

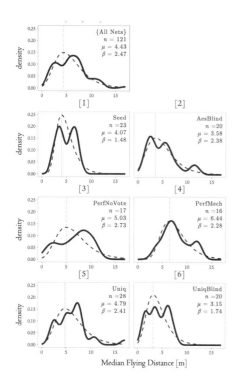

In the figure panels:

[1] {All Nets}
$n = 121$
$\mu = 4.43$
$\beta = 2.47$

[2]

[3] Seed
$n = 23$
$\mu = 4.07$
$\beta = 1.48$

[4] AesBlind
$n = 20$
$\mu = 3.58$
$\beta = 2.38$

[5] PerfNoVote
$n = 17$
$\mu = 5.03$
$\beta = 2.73$

[6] PerfMech
$n = 16$
$\mu = 6.44$
$\beta = 2.28$

Uniq
$n = 28$
$\mu = 4.79$
$\beta = 2.41$

UniqBlind
$n = 20$
$\mu = 3.15$
$\beta = 1.74$

Median Flying Distance [m]

Figure 54. *Smoothed density of flying distance results of aircraft designed in different experimental conditions.* Broken line indicates fitted Gumbel distribution, vertical line is mode value of the Gumbel estimate, μ (not to be confused with mutation rate). Smoothing was done with adjust = 0.7 on R's ggplot2 package stat_density(). [1]: AesBlind; [2]: PerfNoVote; [3]: PerfMech; [4]: Uniq; [5]: UniqBlind; [Altogether] all nets, except seed.

10 Conclusion

In this part, we investigated the possibility to detect the cultural biases that may be working during transmission of populations of design traits in the laboratory.

We could not detect any obvious biases in the most conditions in the transmission of logo, except for one control transmission that did not involve any changes in participants, i.e., the transmission is regarded individual transmission, or *within* transmission (Net3). This result may be attributable to merely an idiosyncrasies of the individual, and we refrain from drawing any strong inference from this. Overall, the results are consistent with many of the previous findings on neutralistic aesthetic cultural trait, initiated by Neiman (1995).

In aircraft experiment, the turnover rate and the

number of unique design showed evidence of anti-conformist bias, when measurable criterion on the performance was provided. Even in the conditions in which the participants were not directed to seek for physical performance and had no access to the actual values of performance (Net.Aes / Net.AesBlind), the results were all the same.

In the performance-seeking conditions, on the other hand, showed a good fit to the neutral model, when aircraft with parents are considered purely unique, i.e., contribution rate of $V = 0$. This is an unexpected result because in these conditions we explicitly introduced a mechanistic voting system in which the poorly performing aircraft lose their votes immediately, and in return the best-performing aircraft gain more votes. This kind of *winner-takes-all* bias is known to act as a positive frequency-dependent copying. Thus we expected the turnover of designs in these conditions to have the exponent of $b < 0.87$, but the comparison of AIC_c showed no strong evidence to support the hypothesis. Indeed, when we consider the borrowed designs as influenced from the parents, i.e., contribution rate of $V = 0.5$ and 1, the exponent indicated the existence of conformity bias (see Figure 38-[2]and [3]), but in $V = 0.5$ we are not justified to count the practically "dead" designs to still have frequency in the population. In Net.AesBlind we found anti-conformist bias, which suggest that paper gliders with less frequency may be considered more attractive in a transmission environment where participants cannot obtain information on actual flying distance. For the two uniqueness-seeking condition networks, the both generic model's exponent b's were well below 0.86 (neutral model prediction), as can be seen in Figure 38. In certain cases, however, the mean value plot (large black dots) might suggest that neither of the model are suitable to explain the data.

Below are the summaries of each experiments. In Table 6, the summary of evidence for and against transmission bias are shown.

In *drawing experiment* examined in Part I, we have shown that the subjectively-designed task had been transmitted neutrally in its design process. In *logo experiment* examined in Part II, we further investigated the we have shown that the close-to-real design task had been transmitted neutrally in its design process, when transmitted from person to person subsequently, with or without modification. Similarly, in *aircraft experiment*, we have shown that the performance-

348

Table 6. *Summary of evidence for transmission biases detected in all conditions for both logo and aircraft experiment.* Three kinds of analyses are shown: frequency distribution (see 9.1 for detailed discussion), turnover rate (9.2), and unique variants (9.3). For frequency distribution, support for power-law fit and the residuals from the median of those of simulation runs (%). Departure of $Pr(X \geq 2)$ from predicted S are also shown (if 0.1, the designs in the experiment condition had 10% more chance achieving more than 1 frequency. Details in 9.1.4). Significantly different values out of 95% CI estimated from simulation runs are shown in bold, except for turnover rate, in which bold corresponds to the result of model selection based on AIC_c. Note that for Net4 the power-law is fitted with x_{min} value of 2. The higher the departure from the predicted value of $Pr(X \geq 2)$, the stronger novelty-bias is. The values that exceed 95% CI are highlighted in bold. For turnover rates, the conditions in which neutral model is preferred is indicated as neutral.

Net	V	Frequency distribution					Turn over	Unique Variants	Judge
		Support for Power-law	$\alpha_{power-law}$ Residual %	α_{cutoff} Residual %	λ^{-1} Residual %	$Pr(X \geq 2)$			
1.1	0.0	w/cut-off	0.5	2.5	12.3	-0.085	Neutral	1.8	Neutral
	0.5	w/cut-off	0.7	-14.8	-66.5	-0.087	Neutral	-0.28	Neutral?
	1.0	yes	3.9	10.6	133.2	-0.144	Neutral	-0.34	Neutral
1.2	0.0	w/cut-off	-2.8	-14.5	-45.2	0.039	Neutral	1.7	Neutral
	0.5	w/cut-off	-1.0	-20.8	-72.3	-0.003	Neutral	3.3	Neutral?
	1.0	w/cut-off	-3.6	-14.5	-53.1	0.012	Neutral	2.6	Neutral
2	0.0	w/cut-off	-0.9	-3.3	-16.9	-0.070	Neutral	0.087	Neutral
	0.5	w/cut-off	4.2	6.8	-0.1	-0.157	Neutral	0.75	Weak Anti-novelty?
	1.0	w/cut-off	-4.7	-22.2	-44.5	-0.179	Neutral	-0.42	Weak Anti-novelty?
3	0.0	w/cut-off	-1.9	-7.2	-32.8	-0.035	Neutral	-1.2	Neutral
4	0.0	w/cut-off*	-8.3	-38.0	-23.7	-0.293	(+)1.31	0.9	Anti-novelty
5	0.0	w/cut-off	-5.3	-16.7	-42.0	0.023	Neutral	-0.51	Neutral
Aes	0.0	w/cut-off	-4.5	-15.8	-61.6	0.086	(-)0.29	2.6	Pro-Novelty/Anti-conformist
	0.5	w/cut-off	-1.3	-10.7	-67.4	0.010	(-)0.57	2.1	Anti-conformist
	1.0	w/cut-off	-5.6	-18.9	-69.5	0.080	(-)0.24	2.9	Anti-conformist
AesBlind	0.0	w/cut-off	-6.3	-31.4	-73.6	0.103	(-)0.27	1.3	Anti-conformist
	0.5	w/cut-off	-3.9	-25.9	-84.0	0.092	(-)0.19	2.4	Anti-conformist
	1.0	yes	-0.5	-1.5	-9.9	0.108	(+)1.02	-0.24	Weak Conformist?
PerfBlind	0.0	yes	4.0	12.2	135.4	-0.055	Neutral	-2.1	[Intrinsically Content-biased]
	0.5	yes	7.9	16.3	66.3	-0.065	Neutral	-1.1	
	1.0	[NED]	3.1	9.0	92.1	0.208	(+)1.51	-1.7	
PerfMech	0.0	yes	3.6	11.1	114.1	-0.011	Neutral	-2.2	
	0.5	yes	7.8	16.7	51.2	-0.079	(+)1.53	-1.1	
	1.0	[NED]	1.9	6.0	47.9	0.158	(+)1.76	-1.5	
Uniq	0.0	w/cut-off	-8.1	-38.6	-82.5	0.169	(-)0.21	5.3	Pro-Novelty/Anti-conformist
UniqBlind	0.0	w/cut-off	-6.9	-34.4	-76.7	0.203	(-)0.04	4.4	Pro-Novelty/Anti-conformist

Evidences for Bias	Evidences supporting bias	Evidences against bias	Evidences suggesting Neutrality

*: x_{min} = 2. With x_{min} = 1, there was no support for basic power-law nor the clear evidence for supporting power-law with cut-off.[NED]: Not enough data for testing likelihood-ratio test.

pursuing task had lost its cumulative cultural evolutionary aspect, by merely including uniqueness as an additional goal. Instead, we have found anti-conformist biases were prevalent among multiple conditions. In other words, the transmissions were biased toward favouring the designs with less popularity, while dis-favouring the designs with more popularity. Note that the bias is irrelevant to the performance: the copies were predominantly favoured based on the Markovian, instantaneous distribution of popularity polls.

Also, we have found very similar anti-conformity bias in aesthetic-pursuing conditions, which contradicts with the results found in drawing and logo design. We believe that this was because of obscured nature of pursuing physical performance that is actually measurable in blinded condition.

Our intention is not to convince the readers that the transmission of design similar to this must *always* be neutralistic with these findings. Instead, we intend to point out the very important dissimilarity of what our evidence suggest and the creation of design commonly believed amongst contemporary industrial designers. It is trivial that individual, microscopic level, creative routines of design themselves are non-random, just as it is so for *any* human behaviour. In the population level, however, such creative, purely non-random designers, and smart, purely non-random consumers need not necessarily be in explaining the success and decline of designed objects: in some cases, just a simple model of random designers/selectors with random thoughts with random creation would do.

11   Author Contributions

Part I

M.M: Minoru Matsui

D.K: Daisuke Kitazaki

M.M designed the experiments; M.M prepared seed designs; D.K recruited the participants; D.K and M.M performed the experiments, 80% of them were of D.K contribution; D.K sorted the parent-offspring relationships; M.M designed and performed the analysis of data; M.M wrote the paper.

Part II

M.M: Minoru Matsui

S.T: Souma Takeuchi

M.M designed the experiments; S.T recruited the participants and seed designers; S.T performed the experiments; S.T measured the performance of designs; M.M designed and performed the analysis of data; M.M wrote the paper.

12 References

Acerbi, A., & Bentley, R. A. (2014). Biases in cultural transmission shape the turnover of popular traits. Evolution and Human Behavior, 35(3), 228–236. http://doi.org/10.1016/j.evolhumbehav.2014.02.003

Acerbi, A., Ghirlanda, S., & Enquist, M. (2012). The logic of fashion cycles. PLoS ONE, 7(3). http://doi.org/10.1371/journal.pone.0032541

Acerbi, A., & Mesoudi, A. (2015). If we are all cultural Darwinians what's the fuss about? Clarifying recent disagreements in the field of cultural evolution. Biology & Philosophy, 30(4), 481–503. http://doi.org/10.1007/s10539-015-9490-2

Aoki, K. (2015). Modeling abrupt cultural regime shifts during the Palaeolithic and Stone Age. Theoretical Population Biology, 100, 6–12. http://doi.org/10.1016/j.tpb.2014.11.006

Bateson, P. (2006). The nest's tale. A reply to Richard Dawkins. Biology and Philosophy, 21(4), 553–558. http://doi.org/10.1007/s10539-005-9001-y

Bentley, R. A., Hahn, M. W., & Shennan, S. J. (2004). Random drift and culture change. Proceedings of the Royal Society of London B: Biological Sciences, 271(1547), 1443–1450. http://doi.org/10.1098/rspb.2004.2746

Bentley, R. A., Lipo, C. P., Herzog, H. A., & Hahn, M. W. (2007). Regular rates of popular culture change reflect random copying. Evolution and Human Behavior, 28(3), 151–158. http://doi.org/10.1016/j.evolhumbehav.2006.10.002

Bentley, R. A., Lipo, C. P., Herzog, H. A., & Hahn, M. W. (2007). Regular rates of popular culture change reflect random copying. Evolution and Human Behavior, 28(3), 151–158. http://doi.org/10.1016/j.evolhumbehav.2006.10.002

Blackmore, S. J. (1999). The meme machine. Oxford University Press. http://doi.org/DOI 10.1126/science.285.5425.206

Boyd, R., & Richerson, P. J. (1985). Culture and the Evolutionary Process. The University of Chicago Press.

Buckley, C. D. (2012). Investigating Cultural Evolution Using Phylogenetic Analysis: The Origins and Descent of the Southeast Asian Tradition of Warp Ikat Weaving. PLoS ONE, 7(12). http://doi.org/10.1371/journal.pone.0052064

Butler, S. (1877). Life and habit (Amazon Ser). Cosimo, Inc.

Caldwell, C. A., & Millen, A. E. (2010). Conservatism in laboratory microsocieties: unpredictable payoffs accentuate group-specific traditions. Evolution and Human Behavior, 31(2), 123–130. http://doi.org/10.1016/j.evolhumbehav.2009.08.002

Caldwell, C. A., & Millen, A. E. (2009). Social learning mechanisms and cumulative cultural evolution: Is imitation necessary? Psychological Science, 20(12), 1478–1483. http://doi.org/10.1111/j.1467-9280.2009.02469.x

Caldwell, C. A., & Millen, A. E. (2008). Experimental models for testing hypotheses about cumulative cultural evolution. Evolution and Human Behavior, 29(3), 165–171. http://doi.org/10.1016/j.evolhumbehav.2007.12.001

Caldwell, C. A., Schillinger, K., Evans, C. L., & Hopper, L. M. (2012). End state copying by humans (Homo sapiens): Implications for a comparative perspective on cumulative culture. Journal of Comparative Psychology, 126(2), 161–169. http://doi.org/10.1037/a0026828

Clauset, A., Shalizi, C. R., & Newman, M. E. J. (2009). Power-law distributions in empirical data. SIAM Review, 51(4), 661–703. http://doi.org/10.1137/070710111

Cloak, F. T. (1975). Is a cultural ethology possible? Human Ecology, 3(3), 161–182. http://doi.org/10.1007/BF01531639

Dawkins, R. (1997). Climbing mount improbable. WW Norton & Company.

Dawkins, R. (2004). Extended Phenotype - But not too extended. A reply to Laland, Turner and Jablonka. Biology and Philosophy, 19(3), 377–396.

Dawkins, R. (2006). The Selfish Gene: 30th Anniversary Edition--with a new Introduction by the Author. Oxford University Press.

Dennett, D. C. (1995). Darwin's Dangerous Idea: Evolution and the Meanings of Life. Simon & Schuster.

Etcoff, N. L., Stock, S., Haley, L. E., Vickery, S. A., & House, D. M. (2011). Cosmetics as a feature of the extended human phenotype: Modulation of the perception of biologically important facial signals. PLoS ONE, 6(10).

Evans, T. S., & Giometto, A. (2011). Turnover Rate of Popularity Charts in Neutral Models. arXiv.org, 10. Retrieved from http://arxiv.org/abs/1105.4044%5Cnpapers2://publication/uuid/C7FFEAF3-710E-4F38-9687-09FEAD74EC68

Ewens, W. J. (2012). Mathematical Population Genetics, I. Theoretical introduction. Interdisciplinary Applied Mathematics (Vol. 27). http://doi.org/10.1007/978-0-387-21822-9

Ghirlanda, S., Acerbi, A., Herzog, H., & Serpell, J. A. (2013). Fashion vs. function in cultural evolution: the case of dog breed popularity. PLoS ONE, 8(9), e74770. http://doi.org/10.1371/journal.pone.0074770

Gillespie, C. S. (2015). Fitting Heavy Tailed Distributions: The poweRlaw Package. Journal of Statistical Software, 64(2), 1–16. http://doi.org/10.18637/jss.v064.i02

Gray, R. D., Atkinson, Q. D., & Greenhill, S. J. (2011). Language evolution and human history: what a difference a date makes. Philosophical Transactions of the Royal Society B: Biological Sciences, 366(1567), 1090–1100. http://doi.org/10.1098/rstb.2010.0378

Gray, R. D., & Atkinson, Q. D. (2003). Language-tree divergence times support the Anatolian theory of Indo-European origin. Nature, 426, 435. http://doi.org/10.1029/2001GC000192

Gray, R. D., Bryant, D., & Greenhill, S. J. (2010). On the shape and fabric of human history. Philosophical Transactions of the Royal Society B-Biological Sciences: Biological Sciences, 365(1559), 3923–3933. http://doi.org/10.1098/rstb.2010.0162

Grove, M. (2016). Population density, mobility, and cultural transmission. Journal of Archaeological Science, 74, 75–84. http://doi.org/10.1016/j.jas.2016.09.002

Hahn, M. W., & Bentley, R. A. (2003). Drift as a mechanism for cultural change: an example from baby names. Proceedings of the Royal Society of London B: Biological Sciences, 270, S120–S123. http://doi.org/10.1098/rsbl.2003.0045

Henrich, J. (2004). Demography and cultural evolution: how adaptive cultural processes can produce maladaptive losses—the Tasmanian Case. American Antiquiry, 69(2), 197–214. http://doi.org/10.2307/4128416

Herzog, H. (2006). Forty-two Thousand and One Dalmatians: Fads, Social Contagion, and Dog Breed Popularity. Society & Animals, 14(4), 383–397. http://doi.org/10.1163/156853006778882448

Huber, J. C. (1998). Invention and Inventivity Is a Random , Poisson Process : A Potential Guide to Analysis of General Creativity.

Creativity Research Journal, 11(3), 231–241. http://doi.org/10.1207/s15326934crj1103

Kimura, M., & Crow, J. F. (1964). The number of alleles that can be maintained in a finite population. Genetics, 49(4), 725–738.

Kobayashi, Y., & Aoki, K. (2012). Innovativeness, population size and cumulative cultural evolution. Theoretical Population Biology, 82(1), 38–47. http://doi.org/10.1016/j.tpb.2012.04.001

Kobayashi, Y., Wakano, J. Y., & Ohtsuki, H. (2015). A paradox of cumulative culture. Journal of Theoretical Biology, 379, 79–88. http://doi.org/10.1016/j.jtbi.2015.05.002

Luedtke, A., & Tran, L. (2013). The Generalized Mean Information Coefficient, 1–16. Retrieved from http://arxiv.org/abs/1308.5712

Lycett, S. J., & Cramon-taubadel, N. Von. (2013). A 3D morphometric analysis of surface geometry in Levallois cores : patterns of stability and variability across regions and their implications. Journal of Archaeological Science, 40(3), 1508–1517. http://doi.org/10.1016/j.jas.2012.11.005

Matsui, M., Ono, K., & Watanabe, M. (2017). Random Drift and Design Creativity : Evolution of Drawings in the Laboratory. Letters on Evolutionary Behavioral Science, 8(2), 24–27. http://doi.org/10.5178/lebs.2017.59

Mesoudi, A., & Lycett, S. J. (2009). Random copying, frequency-dependent copying and culture change. Evolution and Human Behavior, 30(1), 41–48. http://doi.org/10.1016/j.evolhumbehav.2008.07.005

O'Brien, M. J., & Bentley, R. A. (2011). Stimulated Variation and Cascades: Two Processes in the Evolution of Complex Technological Systems. Journal of Archaeological Method and Theory, 18(4), 309–335. http://doi.org/10.1007/s10816-011-9110-7

O'Brien, M. J., Boulanger, M. T., Buchanan, B., Collard, M., Lee Lyman, R., & Darwent, J. (2014). Innovation and cultural transmission in the American Paleolithic: Phylogenetic analysis of eastern Paleoindian projectile-point classes. Journal of Anthropological Archaeology, 34(1), 100–119. http://doi.org/10.1016/j.jaa.2014.03.001

O'Brien, M. J., Darwent, J., & Lyman, R. L. (2001). Cladistics Is Useful for Reconstructing Archaeological Phylogenies: Palaeoindian Points from the Southeastern United States. Journal of Archaeological Science, 28(10), 1115–1136. http://doi.org/10.1006/jasc.2001.0681

O'Dwyer, J. P., & Kandler, A. (2017). Inferring processes of cultural transmission: the critical role of rare variants in distinguishing neutrality from novelty biases. Retrieved from http://arxiv.org/abs/1702.08506

Richerson, P. J., & Boyd, R. (2005). Not by Genes Alone: How Culture Transformed Human Evolution. A Brand New Bird: How Two Amateur Scientists ... (Vol. 52). University of Chicago Press. http://doi.org/10.1111/j.1467-9744.2009.01005.x

Salganik, M. J., Dodds, P. S., & Watts, D. J. (2006). Experimental study of inequality and unpredictability in an artificial cultural market. Science, 311(5762), 854–856. http://doi.org/10.1126/science.1121066

Sasaki, T., & Biro, D. (2017). Cumulative culture can emerge from collective intelligence in animal groups. Nature Communications, 8, 15049. http://doi.org/10.1038/ncomms15049

Schiffer, M. B. (1996). Some relationships between behavioral and evolutionary archaeologies. American Antiquity, 61(4), 643–662.

Shennan, S. J., & Wilkinson, J. R. (2001). Ceramic style change and neutral evolution: a case study from Neolithic Europe. American Antiquity, 66(4), 577–593. http://doi.org/10.2307/2694174

Simkin, M. V., & Roychowdhury, V. P. (2003). Copied citations create renowned papers? Annals of Improbable Research, 11(1), 24–27. http://doi.org/10.3142/107951405781748210

Steadman, P. (2008). The Evolution of Designs (Revised). London/New York: Routledge.

Tamariz, M., & Kirby, S. (2014). Culture: Copying, compression, and conventionality. Cognitive Science, 39(1), 171–183. http://doi.org/10.1111/cogs.12144

Team, S. D. (2016). RStan: the R interface to Stan. R package version. Retrieved from http://mc-stan.org

Tehrani, J. J. (2013). The phylogeny of little red riding hood. PLoS ONE, 8(11). http://doi.org/10.1371/journal.pone.0078871

Thomer, A. K., & Weber, N. M. (2014). The Phylogeny of a Dataset.

Thulman, D. K. (2012). Discriminating Paleoindian point types from Florida using landmark geometric morphometrics. Journal of Archaeological Science, 39(5), 1599–1607. http://doi.org/10.1016/j.jas.2012.01.004

Tomasello, M., Kruger, A. C., & Ratner, H. H. (1993). Cultural learning. Behavioral and Brain Sciences, 16(3), 495. http://doi.org/10.1017/S0140525X0003123X

Umetani, N., Koyama, Y., Schmidt, R., & Igarashi, T. (2014). Pteromys: Interactive Design and Optimization of Free-formed Free-flight Model Airplanes. ACM Transactions on Graphics, 33(4), 1–10. http://doi.org/10.1145/2601097.2601129

Virkar, Y., & Clauset, A. (2014). Power-law distributions in binned empirical data. Annals of Applied Statistics, 8(1), 89–119. http://doi.org/10.1214/13-AOAS710

Vuong, Q. H. (1989). Likelihood Ratio Tests for Model Selection and Non-Nested Hypotheses. Econometrica, 57(2), 307–333. http://doi.org/10.2307/1912557

Wasielewski, H. (2014). Imitation Is Necessary for Cumulative Cultural Evolution in an Unfamiliar, Opaque Task. Human Nature, 25(1), 161–179. http://doi.org/10.1007/s12110-014-9192-5

あとがき
Postface

松井 実

取り返しのつかないくしゃみを取り返す

　『種の起源』の草稿を出版社から受け取った査読者のコメントは「進化について
いての諸々をすべて削除し、鳩についての記述だけ残すべき」だった[1]。もし
ダーウィンが査読意見に従っていたら世界はだいぶ変わっていただろう。

　我々は書籍『進化思考』[2] の招かれざる査読者である。『進化思考』は非専
門家の執筆したビジネス書なので査読もなにもあったものではないが、「進化
についての諸々をすべて削除し、発想法についての記述だけ残せばまだ読める
かも」[3] と批判したのが本書『進化思考批判集』だ。ダーウィンは件（くだん）の査読コ
メントには従わなかったが、出版後に寄せられた批判にはのちの版で応答した。
『進化思考』も批判をうけて 2023 年 12 月末の増補改訂版の出版を予定しては
いるが、残念ながら問題の多い第 1 版は約 1 年半出版され続けた。我々が指摘
したような問題点が改訂版で全面的に改善することもあまり期待できない。そ
のような状況を鑑みて、ウェブに散在する我々の関連文献を相互に関連させつ
つ引用しやすい形でひとまとまりの書籍とすることにした。

脳を乗っ取られ資源を費やすに値する（疑似）科学

　本書は実質的に伊藤による自費出版である。自費出版を専門とする出版社の
ことを英語で vanity press という。*vanity*〔虚栄心、うぬぼれ、無価〕〔値もの、むなしい行為〕とはどぎつい表現だが、
自費出版がしばしば抑えきれない自己愛の捌（は）け口として虚栄心を満たすために
行われるからだろう*。パスカルに従えば持論を公表するのもそれを批判するの

---

*　「知性を見せびらかすためにみんなが買い求める製品は、べつに教育の証明書〔非＝製品〕〔書、学位〕だけではな
　い。消費主義というプリズムをとおして複雑に屈折した知的自己愛は、見せびらかしに利用でき
　る多種多様なものとサービスの虹をつくりだす。ニュース雑誌やノンフィクションの本を買って
　いまどきの話題を仕入れる人〔中略〕ディスカバリーチャンネルを見る人〔中略〕社会人教育ク
　ラスをとって、ピアノ演奏や油絵や家具づくり〔中略〕など、知性を必要とする余暇活動を学ぶ

も虚栄によるものだから*、vanity press でない出版などないことになる。

　論文にせよ書籍にせよ、どなたかに価値を認めてもらってその人の資金によって広く出版するのは簡単なことではない。執筆したものを査読なしで出版し、業績にできたらどんなに楽だろう。一般読者からも需要のある本であれば営利の出版社が商業的価値を見出して出版するだろうから、自費でしか出版できなかったということはあまり意義がない文献なのだとされてしまいかねない。それでもトンデモ自説や疑似科学本がしばしば自費出版されるのは、著者が自ら安くないコストを払ってでも脳に巣食う自説のミーム[4]を広く知らせたいという欲に突き動かされているからだ。私もまた、自ら安くないコストを払ってでも脳に巣食う「デザインの進化」というミームを広く知らせたいという弱さゆえ**の欲に突き動かされている。

　アイディアは私たちの脳に滞在し、ときに私たち宿主を操るウイルスだ***。優秀な思念のウイルスは脳内で増え、十分に増えると、宿主を操って「くしゃみ」として体外に放出させる。おしゃべり、論文、書籍、動画、布教活動などがくしゃみにあたる。ダーウィンが1859年に発した初版わずか1500部という小さめのくしゃみに含まれた進化学のアイディア／ウイルスは、幾度もの変異を重ね、いまやダーウィニズムとして定着・蔓延している。

　自然科学は、多くの人には退屈に感じられる単なる事実と知見の積み重ねに

人〔中略〕自費出版 vanity publishing をする人もいる」[5]

*　　扉（p.3）で引用したパンセ一五〇[6]。また、一五二には「好奇心は、虚栄にすぎない。たいていの場合、人が知ろうとするのは、それを話すためでしかない。さもなければ、人は航海などしないだろう。それについて決して何も話さず、ただ見る楽しみだけのためで、それを人に伝える希望がないのだったら」とある[6]。これに従えばあらゆる写真は他人に見せる限り、あらゆる研究行為は成果を公表する限り、虚栄心に由来するということになってしまう。否この成果は人類のためであって自身の利益のためではないと自己欺瞞に走っても、虚栄はかくも深く…。

**　ヴァレリー。「執筆者とは決して自己確実な存在ではない。完全に自己確実なら人はものを書かないだろうと思われるぐらいだ。〔中略〕ヴァレリー[が]『あなたはなぜ書くか』というアンケートに『弱さから』と答えていたのは、そのとおりだと思う」[7]

***　ミーム学は 2005 年あたりを境に下火になったが、文化疫学[8]のようにアイディアをウイルスのように捉える観点じたいは今も十分に成立する。しかし私はウイルスや疫学の専門家では決してないので、あなたの理解度が私と同じくらいであれば、このあたりの記述はゆるいアナロジーとして捉えてほしい。そもそも、くしゃみはウイルスに操られてするのではなくウイルスを体外に排出して健康を守ろうとする防衛機制であり、アナロジーとしてはよくない。デネットに倣ってハリガネムシや冬虫夏草のような宿主の行動を変えて自らの複製を促す寄生生物を例としたほうがより適切だろうが、ここでは表現の卑近さを優先してくしゃみに統一した。

すぎず、それじたいでは基本的に無害なアイディアだ。実際のウイルスにも無害なものは多い。退屈なアイディアはあまり人の興味を惹(ひ)かないので感染力が低い。そこで人々を狭い空間に押し込み、彼らの前で教員がくしゃみをすることで無理やり退屈な科学のアイディアに感染させようとするのが学校教育だ。

しかし、どんなに無害な科学のアイディアもひろく拡散すれば他の様々なアイディアとつがい[9]、有毒化する機会が増える。核分裂の研究が核兵器開発に、結晶の研究は「水からの伝言」に、進化学は優生学になる。

「幸運は用意された心にのみ宿る」はパスツールの言葉とされる。陰謀論や疑似科学のような不運は用意されていない心にこそ宿りやすい。進化学は科学ウイルスのなかでは比較的強力な感染力を持っている厄介なウイルスで、たくさんの用意されていない心に宿り、変異し、無数の「いいこと思いついた」を生み出してきた[10]。これはひとつには進化を学校で教えているせいだから、進化学をカリキュラムから削除すれば『進化思考』のような有害な進化学変異株は生まれにくくなるだろう。ならば、いっそのこと創造論者のアドバイスに従い、進化をいっさい教えなければ事態は好転するのか？もちろんそうではないと私は思う。逆に、正統な科学教育に加え、陰謀論や疑似科学をも事前に教えることによって「ワクチン」を打ち、少しでも変異株への免疫を獲得させることを目指すべきだ*。進化学のおもしろ変異はこれからも生まれてきて人々を混乱させるだろう。しかし、進化学が多数の用意されていない心に蔓延できているからこそ、科学的に妥当でない変異が生じるのだ。たくさんの時間を科学の理解に費やしてきた専門家が、一般読者の科学への理解不足を嘆いても仕方がない。「いいこと思いついた」の出現は成功した学術分野の税金のようなものだと諦め、淡々とその問題点を指摘し、その時点までの学術的な理解を広めるほかないと私は思う。

我々は社会ダーウィニズム、優生学、インテリジェント・デザイン論などの

---

* 正統的な知識を今よりもたくさん伝えるだけでは疑似科学や陰謀論の効果的なワクチンになりえない。「知性は予防接種にならない。むしろその逆だ。優秀な人が自分のグループの誤った信念を裏づける証拠をいざ探そうと思った場合、彼らは見事にやってのける。〔中略〕高い教養を備え、数学的思考に強く知的な人ほど、集団の過激な思想を指示する傾向にある」[11]。誤った信念を掲げる集団に属する前に知識を予防的に接種するか、そうでなければ逆にめぼしい疑似科学と陰謀論を事前に詳細に教え、それらがいかに間違っているかを示すほうがよいと思う。デネットも同様の論であらゆる宗教を学校で教えるべきだとしている[12]。カワサキも *bozosity*（あほさ）はインフルエンザのようなもので、事前に予防接種して免疫をつけておかねばならないと説く[13]。

有害な進化学変異株を根絶できていない。進化学は危険思想だ[14]。『進化思考』は最新の進化学変異株のひとつであり、広く読まれた結果、進化学とほぼ無関係の疑似科学がたくさんの方の脳に巣食うことになった。「進化学について無知であることは罪ではないが、大声で誇ることでもない」*。進化学ウイルスの強力な感染力ゆえに生じてしまった進化学変異株は罪ではないが大きなくしゃみをして誇ることでもない。

　くしゃみの粒子（書籍）はいざしらず、読者の脳にばらまかれたウイルスをくしゃみした者の鼻に戻す方法はない。本書は、『進化思考』というくしゃみによる悪影響を少しでも緩和する意図で我々が発したくしゃみだ。我々のくしゃみによる『進化思考』の弱毒化（改訂）はあまり望めないにしても、既に感染してしまった方の快復（第一版読者の目を覚ます）や、さらなる有害な進化学変異株の減少（免疫を獲得させ「いいこと思いつ」かせない）の一助になればと思う。

楽しく批判する

　次々と出現する新手の疑似科学の批判は手間のわりに無力感が伴う。誤りを訂正していくのは誤りをつくりだすよりもずっと大変とみなされている。それはそうだろうが、私は批判の学会発表を裁判員や死刑執行人、余命を宣告する医師のような社会や人のために仕方なく行う献身的な自己犠牲としてではなく、自らの信念を根拠とともに表明するという学術者にとっては楽しい行為として行った。だから私はあえて「学術的に批判したりされたりするのが楽しく有益と思えるなら、もっとみんなやるべきだ、楽しさを包み隠さずに」と言いたい。ひとさまが苦労して作ったものを楽しみながら批判する態度は大勢の顰蹙を買うだろうが、顰蹙などどうでもいいではないか**。批判が科学の基礎であるなら、そして科学が楽しいと思うなら、学術的な批判を楽しみながら行うことに私

---

* "For them, the problem is usually not actually insanity or stupidity; it's usually actually ignorance. Ignorance is no crime. We're all ignorant of all kinds of things, so it's no crime to be ignorant of evolution. But you just shouldn't be quite so loud-mouthed about it" ドーキンス。『ニューヨーク公共図書館エクス・リブリス』[15] の冒頭対談。

** 「科学者が一般に受け入れられている信念とは異なる結論に達したとき、彼らはためらうことなくその"常識"を打破しようとする。科学者は文化的帝国主義者なのだ。〔中略〕科学者は自らの見解ができるだけ広く信じられるようになることを願っているが、通文化的普遍性はかれらの信念が真実であること（あるいは"正しいこと"）にとって何の脅威にもなりはしない。知識と理解力のない一般人の信念などどうでもいいではないか」ハル、三中[17] から孫引き。

は違和感がない。我々の学会発表での態度が日本デザイン学会に顰蹙を買った（「知の構築に励む同志としての最低限の配慮」が「欠けていた」）のも、私が楽しそうにやっていたからではないかと伊藤に指摘された。もし太刀川や日本デザイン学会と同様に松井の発表態度を不快に感じたとしたらそれはひとえに私の性格と行儀の悪さに起因するものであって、批判そのものや、批判を楽しくやっていたことに紐づけないでいただければと願う。

　なにかを楽しそうにしていれば興味を抱く人も生じる。学会発表で紹介した文化進化学関連の書籍を読み始めたという報告をいくつかいただいた。私のくしゃみを介して、文化進化学のアイディアが、感染するかは別としてもその方の脳に到達したことを意味するので、非常に嬉しいことだった。我々の学会発表では、『進化思考』の問題点を指摘して批判するだけでなく、より学術的に妥当な別経路を改訂案として提示した。おかしな記述を見破る訓練の途上にあるひとの目の前にある岐路に立って、権威に肩を怒らせて仁王立ちで「ここから先は暗い危険思想ゆえ素人は近づくべからず」と通行止めになるよりも*、「こっちのほうが面白いよ」と楽しげな別経路を光で照らす道案内のほうが効果的で建設的だと私は思う。

この本について

出版に至るまでの経緯

　学位論文を提出してから少しして、ハーバード・ビジネス・レビューに掲載された太刀川の記事[18]を読んだ。進化に関する初歩的な間違いと思い込みによる記述が多かったため、責務として批判をすべきかと思った。しかし、デザインを進化学の文脈で語るデザイン学研究者もデザイナーも非常にめずらしい。自分の研究分野をせっかく高名なデザイナーが盛り上げてくれるかもしれないのに、萌芽の時点で摘んでしまうのは果たして得策なのかとためらった。高名ゆえにいきなり構想段階のメモ書きが記事になってしまったが、きっとまわり

---

*　賛同する人は少ないが「怒るのは楽しい」というのが偽らざる人間の心理ではないかと思う。怒りと暴力は一時的に統一感をもたらすと中井久夫は書いている。

の賢い世話焼きな方が問題点を指摘してくれて、いつかきちんとした進化学の理解に基づいて興味深いものを書いてくださるのではないかと期待し何もしなかった。しかし、残念ながら賢くて世話焼きな方は周辺にいらっしゃらなかったのか、メモ書きは問題点を保ったまま分厚くなり『進化思考』として出版された。進化の学校というオンラインサロンに参加し、すっかり進化思考の虜になった方々のツイートを見ては「なにかしなければ」と思うようになった。デザインの進化を研究している人間は多くないので、私がやらなければ少なくともデザイン学の側から批判がでてくることはないように思われた。日本地理学会における「『ポップ地政学』本の掲載地図批判」[16] や『進化思考』を批判するNote記事に背中を押されて学会での一般書批判に意義を見出し、日本デザイン学会での発表を準備しはじめた。しかし、高名なデザイナーの著書の批判を研究者だけでなく一般の読者まで届くようにするには、着任したばかりの助教による単独発表では心もとない。私と同時に着任した伊藤はデザインの教員にもかかわらず植物について詳しく、農学部出身とのことだったので、趣旨を説明したところ、共同発表者となっていただけることになった。学会発表動画に望外の反響をいただいたのもあり伊藤が2023年初頭に出版を決意したが、「土偶を読むを読む」を参考に内容を拡張し、II部以降を設けたために執筆が遅れに遅れ、『進化思考』増補改訂版とほぼ同時期の出版となってしまったのが本書である。

進化思考の薄い本

　本書は無査読なので、学術書よりも同人誌に近いと私は捉えている。そのため残念ながら厳密なファクトチェックはなされていない。林が執筆した2章は例外で、複数の進化生物学者がコメントをしている。私は文化進化研究者の末席を汚してはいるものの、進化の専門家を名乗るにはあまりに未熟であるため、進化生物学者の方々への橋渡しがなによりもやりたいことだった。特に若手研究者の方々から意外なほどに肯定的な反応をいただき、林に本書に貢献いただいたことはいくら感謝してもしきれない。

　伊藤に進化思考批判の書籍出版を打診されたときは計画になかったが、一般の読者にはまだ馴染みの薄い文化進化学を説明するため、III部には私の学位論文を含む既発表論文を収録していただいた。今回収録した論文はすべてオリジ

ナルがウェブに公開されているが、それらを大きな変更なく掲載した。論文集は単に複数の既発表論文を書籍として綴じるだけでなく、書籍用に加筆修正してこそ意味がある。そのため、III部は論文集というよりはアーカイブと捉えてほしい。これらを批判集に収録する意義は、『進化思考』がハチャメチャに破壊したデザインと進化の関連が、学術的にも興味深い主題だということをなるべく広く、一つでも多くの方策を通じて示したかったという点に尽きる。

　博士課程在学中に執筆した7章は中二病がひどく読み返していると脂汗がでてくるが、まだギリギリ焚き火にくべなくてもよいかなと思うくらいの内容だ。発表時から大きな変更をせずに再掲した。延長された表現型の文脈で人工物を捉える方法は未だに有効だと思う。8章は東京都立産業技術大学院大学研究紀要に2020年度に投稿したスイスアーミーナイフの系統ネットワーク推定で、ほとんど変更を施していない。9章には同紀要2021年度に投稿したポケモンカードゲームの設計時のバイアスを検出する方法について論じた紀要論文に、デザインの国際会議用にアップデートした内容を一部盛り込んだ。どちらも一般消費者むけの安価な製品という現代的な文化形質について取り扱っているが、数多の製品からこれらを選んだのは分析に極めてむく性質を取り揃えていたからだ。デザインに関わる民は世の製品について比較的強い関心を寄せていることが多く、結果様々な文化形質を比較的よく知っている。そのため、こういった事例研究から興味深い現代的な製品の文化進化研究ができるのではないかと思っている。学会で発表するたびに同業者を「みんなも文化進化学を基盤にデザイン学をやろうよ」とお誘いしているのだが、人望のなさゆえ特に進展はない。

　10章は私の学位論文だ。紙面の都合で文字や図表が極めて小さくなってしまったので、試し読み版くらいに捉えていただき、本気で読みたければ千葉大学のレポジトリに保管されたPDFをご覧いただくか、本書電子書籍版でお読みいただければと思う。こちらも内容的にはいくつもしくじったところがあり冷や汗ものだが、「デザインの進化を論じたければ、進化思考ではなく、地味だがこういう方法があるよ」と示せればと思っている。10章冒頭の内容は7章の抄訳なので、再掲されている図がいくつもある。

　『進化思考』批判学会発表以来、私はデザイン学をやる意義をアンドリュー・ゲルマンによる「社会科学を研究する功利的動機」[20]に求めている。

社会科学の問題は、特段大したものを生み出していないことだ。物理学は機関車、半導体、原爆を生み出した。化学は素晴らしい新素材を。生物学はコロナウイルスワクチンやその他色々を。社会科学は…いったい何を？〔中略〕社会科学になんの意味が？私の答えはこうだ：〔中略〕社会科学は社会的な世界を理解するのを助け、また、我々が何をしようと、人々は社会科学を論拠にするからだ。〔中略〕

優れた社会科学なき場合、〔人々に〕残された選択肢は社会科学なしの推論ではなく粗悪な社会科学による推論だ。我々が社会科学をやるのは、四六時中、年がら年中、世界中で、粗悪な社会科学が布教されているからだ。粗悪な社会科学は害をもたらしかねない。

まとめると、自然科学を研究する功利的な動機は我々が健康に、幸せに、快適になることである。いっぽう、社会科学のそれは、粗悪な社会科学による推論から我々を守ることにある。ずいぶんと見劣りするが、それしかないし、なにもないわけではない。

　デザイン学の学術的貢献は社会科学のそれをはるかに下回るから、上記引用中の「社会科学」を「デザイン学」におきかえても成立する。デザイン学を研究する功利的な動機は、『進化思考』のような粗悪なデザイン学による推論から我々を守ることにある。輝かしい業績を残してきた他分野と比較すると見劣りする動機だが、それしかないし、なにもないわけではない。

さらに深く：『進化思考』ではなく何を読むべきか

　文化進化学の本が最近は特にたくさん出版されるようになったが、特にデザイン畑の人には少々とっつきにくいかもしれない。学会発表でも3冊に絞って書籍を推薦したが、もう少し拡張して、私がどのような関連書籍を読んできたか（あるいは恥ずかしげもなく未読積読を人に勧めてきたか）をリストにする。

　アレックス・メスーディの『文化進化論』[21] は、文化進化学の一般向け入門書として分野を端から端まで一気にできる。進化人類学ならジョセフ・ヘンリックの『文化がヒトを進化させた』[22] とケヴィン・レイランドの『人間性の

進化的起源』[23] が入門書の立ち位置だ。

　文化進化学からは少し距離があるが、デザイナーやデザイン学に携わる方に最も強くおすすめしたいのはジェフリー・ミラーによる進化消費者心理学にまつわる『消費資本主義！』[5] だ。ブッ飛んだ内容をブッ飛んだ翻訳で読める。特に8章までの内容は「デザインはなぜあるのか」を理解するのに役立つし、9章から14章までの内容は「なにをどうデザインするか」に役立つと思う。人はステータスのためにデザインを作り出し、ステータスのためにデザインを消費するのだと思わされるウィル・ストーの『ステータスゲームの心理学』[24] も、『消費資本主義！』と似た文脈でおすすめする。

　この2冊が示唆するデザインのメカニズムがあまりに陰鬱に感じるなら、マット・リドレーの『繁栄』[25]『進化は万能である』[26]『人類とイノベーション』[27] は、テクノロジーとデザインのイノベーションに興味のある方にはこの順で強くおすすめできる。アイディアの交換・交流・交易がイノベーションの源泉だとする『繁栄』は冒頭の「アイデアが生殖するとき」から順に読んでいくだけでおもしろい。主流の文化進化学よりもやや文化におけるボトムアップなプロセスを重要視する『進化は万能である』は5章の「文化の進化」と、特に7章「テクノロジーの進化」が参考になる。ボトムアップによる技術の進化は『人類とイノベーション』で実例をあげてこれでもかと主張されている。

　ダニエル・デネットの『ダーウィンの危険な思想』[14] は鈍器本だが案外平易だ。12章「文化のクレーン」を筆頭に6–9章もおもしろい。スチュアート・カウフマンによる『自己組織化と進化の論理』[28] はデザイン畑の人間には難しいところが多いが、8章「高地への冒険」は『進化思考』が「進化の螺旋」で「最適に向かうデザインの収束」として説明しようとして失敗したことを適応度地形を用いてずっとよい方法で説明している。9章「生物と人工物」も文化進化学とはまた違ったアプローチで設計の進化を説明しようとしており、非常におもしろい。W・ブライアン・アーサーの『テクノロジーとイノベーション』[29] も文化進化学とは少し違い、経済と技術に重点をおいていておもしろい。

　さらに詳しく知りたければ文化進化学の数理的な入門に田村光平『文化進化の数理』[30] が非常によいと思う。英語の文献でもよければアレックス・メスーディらによるRを用いた文化進化プロセスのシミュレーション入門[31] と、リチャード・マッカリスとロバート・ボイドによるシミュレーションではなく解

析的な数理にまつわるより学術的な書籍[32] がある。文化系統学なら『文化系統学への招待』[33]、進化人類学なら東大の講義をもとにした『人間の本質にせまる科学』[34]、進化考古学なら『文化進化の考古学』[35] がある。文化進化学諸研究への批判はマッカリスのレクチャー[36] が極めて刺激的で勉強になる。

　逆に『進化思考』に劣らぬ「いいこと思いついた」が読みたければ、農学部の教授による書籍[37] が知識を試される。デルフト工科大学のデザインの教授が執筆した書籍[38] もフォーティーの記述[39] もムナーリの記述[40] もミラノ工科大学教授のインタビュー[41] も問題が多い。デザインの進化にまつわる問題の多い文献のリストはきりがない。デザイナーは新しいアイディアに寛容である（開放性が高い）ほうが優秀とみなされやすいだろうし、「いいこと思いつく」のが仕事だからもしかすると仕方のないのかもしれないが、にしてもだ*。

　ここに挙げた文献はかなり信頼できると思っているが、所詮は専門的な知識を持ち合わせていない進化エンジョイ勢による読書エンジョイ記録にすぎない。本書がどなたかの文献リストに信頼できる参考図書として掲載されることを夢見ているが、文献リストに限らず、本書の内容に疑問や認識の間違い、改善を要する点があれば批判をお願いしたい。本書もまた変異と適応を繰り返すことによって、さらなる最適にむかって進化していく…あ、あれ？ハクション！

参考文献

[1] Dawkins, R (2012) The descent of Edward Wilson. Prospect Magazine. https://www.prospectmagazine.co.uk/ideas/technology/50176/the-descent-of-edward-wilson
[2] 太刀川英輔 (2021) 進化思考：生き残るコンセプトをつくる「変異と適応」. 海士の風
[3] 本書 p.18 第1章『進化思考』批判 – 学会発表梗概」を参照。
[4] Dennett DC (2007) The illusion of consciousness. TED. [YouTube video]. https://www.youtube.com/watch?v=fjbWr3ODbAo
[5] ミラー G (2017) 消費資本主義!: 見せびらかしの進化心理学. 片岡宏仁 (訳). 勁草書房. 271
[6] パスカル (2001) パンセ. 前田陽一, 由木康 (訳). 中央公論新社. 1
[7] 中井久夫 (1995) 執筆過程の生理学,『家族の深淵』. みすず書房
[8] 田村光平 (2023) つながりの人類史：集団脳と感染症. PHP 研究所
[9] リドレー M (2013) アイデアが生殖するとき. 繁栄：明日を切り拓くための人類10万年史. 大田直子, 鍛原多惠子, 柴田裕之 (訳). 早川書房. 17-30
[10] Yuki Kamitani @ykamit (2021)「進化と統計は、素人が「あ、いいこと思いついた！」となりやすい」Twitter. https://twitter.com/ykamit/status/1427200548336406528

---

*　「開放性は、いくつかの点で危険な特徴だ。行動があまりに奇妙・新奇になりすぎると社会的な恥をかくことになることがある。不適応なミームに脳が感染することにつながることもある―ニセ情報、バカなイデオロギー、陰謀論と行ったミームに感染しかねない。カルト教団に入信してしまったり、美術学校に入学してしまったり〔中略〕しかねない。〔中略〕開放性は創造性と強く相関している一方で、精神病（現実理解の喪失）とも相関している」[42]

[11] ストー W (2022) 夢を信じる. ステータス・ゲームの心理学：なぜ人は他者より優位に立ちたいのか. 風早さとみ (訳). 原書房. 176

[12] Dennett, DC (2006) Let's teach religion — all religion — in schools. TED. https://www.ted.com/talks/dan_dennett_let_s_teach_religion_all_religion_in_schools

[13] Kawasaki, G (2013) Lessons of Steve Jobs: Guy Kawasaki at TEDxUCSD [YouTube video]. TED. https://www.youtube.com/watch?v=rWv-KoZnpKw

[14] デネット DC（2001）ダーウィンの危険な思想—生命の意味と進化. 山口泰司（監訳），大崎博, 斎藤孝，石川幹人，久保田俊彦（訳）. 青土社. 802

[15] Wiseman, F (2017) Ex Libris: The New York public library [Film]. ポニー・キャニオン.

[16] 近藤暁夫 (2018)「ポップ地政学」本の掲載地図批判：主に高校地理レベルの内容の誤りについて. 日本地理学会発表要旨集, 2018s, 000334. https://doi.org/10.14866/ajg.2018s.0_000334

[17] Hull, D (1992) Biological species: an inductivist's nightmare. in 三中信宏 (2009) 分類思考の世界：なぜヒトは万物を「種」に分けるのか. 講談社 Kindle Location 2483

[18] 太刀川英輔 (2018). 生物の進化のように発想する「進化思考」. DIAMOND ハーバード・ビジネス・レビュー. https://dhbr.diamond.jp/articles/-/5464

[19] dagaraptor (2021)「進化思考」のモヤモヤポイントまとめ➡修正記事アップしました. Note. https://note.com/dagaraptor/n/n71c4735f1acf

[20] Gelman, A (2021) The social sciences are useless. So why do we study them? Here's a good reason: Statistical Modeling, Causal Inference, and Social Science. https://statmodeling.stat.columbia.edu/2021/03/12/the-social-sciences-are-useless-so-why-do-we-study-them-heres-a-good-reason/

[21] メスーディ A (2016) 文化進化論：ダーウィン進化論は文化を説明できるか. 野中香方子 (訳). NTT 出版

[22] ヘンリック J (2019) 文化がヒトを進化させた：人類の繁栄と〈文化 - 遺伝子革命〉. 今西康子 (訳). 白揚社

[23] レイランド K (2023) 人間性の進化的起源：なぜヒトだけが複雑な文化を創造できたのか. 豊川航 (訳). 勁草書房

[24] ストー. 前掲書

[25] リドレー M（2013）繁栄—明日を切り拓くための人類 10 万年史. 大田直子，鍛原多惠子，柴田裕之 (訳). 早川書房

[26] リドレー M (2016) 進化は万能である：人類・テクノロジー・宇宙の未来. 大田直子，鍛原多惠子, 柴田裕之, 吉田三知世 (訳). 早川書房

[27] リドレー M (2021) 人類とイノベーション：世界は「自由」と「失敗」で進化する. 大田直子 (訳). ニューズピックス

[28] カウフマン S (1999) 自己組織化と進化の論理：宇宙を貫く複雑系の法則. 米沢富美子 (訳). 日本経済新聞社.

[29] アーサー WB (2011) テクノロジーとイノベーション：進化 / 生成の理論. 有賀裕二 (編), 日暮雅通 (訳). みすず書房

[30] 田村光平 (2020) 文化進化の数理. 森北出版

[31] Acerbi, A, Mesoudi, A, Smolla, M (2022) Individual-based models of cultural evolution: A step-by-step guide using R. Routledge

[32] McElreath, R, Boyd, R (2008) Mathematical models of social evolution: A guide for the perplexed. University of Chicago Press

[33] 中尾央, 三中信宏 (2012) 文化系統学への招待：文化の進化パターンを探る. 勁草書房

[34] 井原泰雄, 梅崎昌裕, 米田穣 (編) (2021) 人間の本質にせまる科学：自然人類学の挑戦. 東京大学出版会

[35] 中尾央, 松木武彦, 三中信宏 (2017) 文化進化の考古学. 勁草書房

[36] McElreath, R (2023) The problem with cultural evolution. UCLA Center for Behavior, Evolution, and Culture speaker series. UCLABEC. [YouTube video] https://www.youtube.com/watch?v=Ez3o3uWRSyY

[37] 稲垣栄洋 (2021) 生物に学ぶ ガラパゴス・イノベーション. 東京書籍

[38] Eger, AO, Ehlhardt, H (2018) On the origin of products. Cambridge University Press.

[39] フォーティー A (2010) 欲望のオブジェ：デザインと社会 1750 年以降. 高島平吾 (訳). 鹿島出版会

[40] ムナーリ B (2007) ヒゲソリの進化. 萱野有美 (訳), モノからモノが生まれる (pp. 146–157). みすず書房

[41] ズルロ F (2022) イタリアのデザインスクール POLI.design の教授に聞く 現代のデザイン教育のあり方 (interview by ポデスタ S & 羽山康之) [Interview]. Design Opera Aperta. https://www.axismag.jp/posts/2022/06/483514.html

[42] ミラー. 前掲書. 294

伊藤 潤（いとう・じゅん）東京都立産業技術大学院大学産業技術研究科准教授
同産業デザイン研究所長。博士（工学）。1977 年生まれ。東京大学農学部卒、東
京大学大学院農学生命科学研究科修了、東京大学工学部建築学科卒、千葉大学
大学院自然科学研究科デザイン専攻修了、東京大学大学院工学系研究科建築学
専攻博士後期課程修了。インハウスデザイナー、静岡大学電子工学研究所客
員 准教授を経て 2021 年より現職。専門はデザイン史。所属学会：芸術工学会、
日 本創造学会、商品開発・管理学会、精密工学会、失敗学会。Red Dot Design
Award "best of the best"（独）、iF デザイン賞（独）、GOOD DESIGN AWARD（米）、
グッドデザイン賞特別賞、新・現代日本のデザイン 100 選等国内外の受賞多数。
共著書に『カラー版 図説 デザインの歴史』。
執筆担当：まえがき, 1（共著）, 3, 4（共著）, 5, 6 章

林 亮太（はやし・りょうた）日本工営株式会社中央研究所研究員
武蔵野美術大学非常勤講師。博士（理学）。1979 年生まれ。琉球大学農学部卒、
東京大学大学院新領域創成科学研究科修士課程修了、千葉大学大学院自然科学
研究科博士後期課程修了。2017 年より現職。専門は動物分類学、生態学、生物
多様性科学。所属学会：日本生態学会、日本進化学会、日本動物分類学会、生
き物文化誌学会、環境 DNA 学会。
執筆担当：2 章

松井 実（まつい・みのる）東京都立産業技術大学院大学産業技術研究科助教
千葉大学非常勤講師。博士（工学）。1988 年生まれ。慶應義塾大学理工学部卒、
千葉大学大学院工学研究科デザイン科学専攻博士前期課程修了、同後期課程単
位取得退学。千葉大学特任研究員、富士通デザイン、ウェブデベロッパーを経
て 2021 年より現職。専門は工業設計と文化進化。所属学会：芸術工学会、日
本進化学会、日本人間行動進化学会。共著書に『土偶を読むを読む』。
xerroxcopy.github.io
執筆担当：1（共著）, 4（共著）, 7, 8, 9, 10 章, あとがき

?

表紙などに登場する🐟は松井が学会発表🔲のスライド[1]のために作ったものです。Ἰησοῦς Χρῑστός Θεοῦ Υἱός Σωτήρ の頭文字がギリシャ語で🐟を意味する ἰχθύς; *ikhthús* となることからキリスト教信仰のシンボルとなったのが Ichtys[2] 🐟です。

🐟はローマの時代からの由緒正しいシンボルらしく、いくつかの変異体（バリアント）が生じました[3]。そのひとつが空飛ぶスパゲッティ・モンスター教[4]のシンボル🍝であり（林も松井もパスタファリアンです）、また🔺の生えた🐟（つまり🐟から進化した）Darwin fish 🐟です。🐟をもとに、Truth と書かれた🐟が🐟を呑み込む変異や、逆に🐟が Jesus と書かれた🐟を呑み込む変異体（バリアント）が生まれています。さらにそれらをもとに、「万能酸🧪」[5]たる🐟ism で、まだ足の生えぬ🐟y〔fishy: お魚、魚臭い、胡散臭い、いんちきの、怪しい〕な『進化思考』を丸呑み🐟にしたのが我々の『進化思考批判集』🐟です[6]。

🐟🐟🐟🐟🐟🐟—★🐟🐟🐟🐟🐟🐟🐟

『進化思考』p.92 にも登場するダーシー・トムソンの🐟[7]をはじめ、🐟の形態の多様性はデザイナーを魅了してきました[8]。新しいデザインの🐟を無数に「創造」することは最新技術を使えば簡単です：たとえば各部の扉の🐟たち🐟🐟🐟は fishdraw[9]で生成されたものです。これはインテリジェントデザイナーたる我々による🐟のデザインだと説明できます。いっぽう、アブラハムの宗教（Ichtys）は🐟を造物主（クリエイター）による被造物（クリーチャー）デザインであると説明します。そして、魚類学（Ichthyology）は🐟のデザイン（もしくはドーキンスのいうデザイノイド）は進化によって形成されたことを説明します。これら三位一体🔺のデザインの説明には、🐟の「デザイン」という言葉を介して「関連」し「似ている」から「一緒」に違いない、と

1　https://docs.google.com/presentation/d/1vp4qrnQGAd5-N1vCfYHrPqJovPFSDkq3hWRUHlQ-sPI/edit
2　https://en.wikipedia.org/wiki/Ichthys
3　https://en.wikipedia.org/wiki/Variations_of_the_ichthys_symbol
4　https://en.wikipedia.org/wiki/Flying_Spaghetti_Monster
5　デネット DC（2001）ダーウィンの危険な思想—生命の意味と進化．山口泰司（監訳），大崎博, 斎藤孝, 石川幹人, 久保田俊彦（訳）．青土社
6　🐟は松井が米国でシュタイナー幼稚園に割り振られた個人のシンボルでもあります。
7　Thompson DW (1942) On growth and form. 2nd ed. Cambridge University Press.
8　井下恭介, 増谷誠志郎 (2022) さかなかるた．千葉印刷．https://sakanakaruta.theshop.jp/
9　Huang L (2021) Fishdraw. https://fishdraw.glitch.me/

いうわけにはいかない明確で興味深い差異があります。『進化思考』は進化、擬態、適応、エラーなどの日常会話でも学術でも使われる多義的な用語を巧みに操り、混同すべきでない様々なコンセプトに見出すべきでない関連を見出してつなぎ、混用・誤用する言葉遊びの書です。万能酸⌗である進化学は、正しく運用すれば、これらすべてをつないで溶かす理論的礎になりうると私をはじめ多くの文化進化学研究者は考えていますが、残念ながら『進化思考』は進化学から大きく逸脱[1]しています。

　『進化思考』は釣り餌としては巧妙に設計されています。我々もまんまと引っかかったわけですが、専門家は餌取り（本命の🎣より先に餌を食う外道の🐟）の使命があるように思います。本書によって一尾でも多くの🐟が人間をとる漁師[2]🈷から逃れられますよう。ラーメン。

　冒頭扉の引用は[3]、I部の扉の引用は[4]、II部の扉は[5]と[6]、III部の扉は[7]です。表紙の英題において Critiques of Evolution(ary) Thinking と ary をわずかに残したのは、"Evolution[sic] Thinking" というオリジナル英語表記の不思議さに松井が耐えきれなかったのと、エルンスト・マイアの進化的思考 evolutionary thinking や三中信宏の進化思考[8]evolutionary thinking からの逸脱を消しゴムがけのように表したかったからです。

―

1　リドレー M (2016) 進化は万能である：人類・テクノロジー・宇宙の未来. 大田直子, 鍛原多惠子, 柴田裕之, 吉田三知世 (訳). 早川書房

2　漁師出身の初代ローマ法王ペトロ。https://ja.wikipedia.org/wiki/%E3%83%9A%E3%83%88%E3%83%AD

3　パスカル (2001) パンセ. 前田陽一, 由木康 (訳). 中央公論新社. 1. 116

4　三中信宏 (2009) 分類思考の世界：なぜヒトは万物を「種」に分けるのか. 講談社. Kindle Location 2496

5　オズボーン A (1958) 独創力を伸ばせ. ダイヤモンド社. 256

6　ノーマン DA (2015) 誰のためのデザイン？　増補・改訂版. 新曜社. 236

7　太刀川英輔 (2022) 進化思考批判への意見書. [Google Docs Web Archive]. https://web.archive.org/web/20220705152337/https://docs.google.com/document/d/1wKacpCXHtoqQPabA6Fy_Hzciz0dL_cCAvSZTbVajGpo/edit

8　三中信宏 (2010) 進化思考の世界：ヒトは森羅万象をどう体系化するか. 日本放送出版協会.

進化思考批判集
デザインと進化学の観点から

CRITIQUES OF EVOLUTION THINKING: FROM DESIGN & EVOLUTIONARY PERSPECTIVES

2023 年 12 月 15 日　初版第 1 刷発行

著者	伊藤潤　林亮太　松井実
編者	伊藤潤
発行所	産業デザイン研究所出版局
	〒 140–0011　東京都品川区東大井 1–40–10
	東京都立産業技術大学院大学 155a
	080-6798-9314
	http://press.rcfi.design/
印刷・製本	モリモト印刷
装丁	松井実

https://github.com/xerroxcopy/critiques-of-evolution-thinking
本書籍のサポートページです。上記ウェブサイトで本書籍の PDF 版が無料でダウンロードできます。PDF 版の本書籍には URL や DOI にリンクが貼られていたり、また本文内の引用から参考文献リストの該当する文献へ飛べる章があります。正誤表や付録などが追加される可能性もあります。